MADE IN GERMANY II

Deutschlands Wirtschaftsgeschichte
seit der Wiedervereinigung 1990

(mit einer kurz gefassten Weltwirtschaftsgeschichte seit Ende des 18. Jahrhunderts)

exemplarisch dargestellt anhand
ausgewählter Wertpapiere

zusammengestellt von
Lothar Groß

MADE IN GERMANY II

Deutschlands Wirtschaftsgeschichte
seit der Wiedervereinigung 1990

(mit einer kurz gefassten Weltwirtschaftsgeschichte seit Ende des 18. Jahrhunderts)

exemplarisch dargestellt anhand
ausgewählter Wertpapiere

zusammengestellt von: Lothar Groß

Herausgeberin: Sabine Groß

Der Autor, Dipl-oec. Lothar Groß, geboren 1954 in Mülheim an der Ruhr, absolvierte in den 70er Jahren in seiner Heimatstadt eine Banklehre und studierte anschließend Wirtschaftswissenschaften an der Universität Duisburg. Von 2000 bis 2021 leitete er das Wirtschaftsgymnasium im Berufskolleg Wirtschaft und Verwaltung der Stadt Remscheid. Er ist verheiratet und hat zwei Kinder.

Verlag: BoD • Books on Demand GmbH, In de Tarpen 42, 22848

Norderstedt

Druck: Libri Plureos GmbH, Friedensallee 273, 22763 Hamburg

ISBN: 978-3-7597-8304-2

Inhalt

Vorwort

Das Hauptwerk „Made in Germany – Deutschlands Wirtschaftsgeschichte seit 1800" beinhaltet die Zeit seit 1990 nur auf 10 Seiten. Dies hat vor allem mit der Tatsache zu tun, dass das Werk eine geschichtliche Darstellung sein soll; die Zeit nach der Wiedervereinigung hingegen reicht unmittelbar bis in die Gegenwart.

Da sich aber gerade in dieser Zeit das Wirtschaftsgeschehen in Deutschland rapide weiter entwickelt und verändert hat, sollte das Hauptwerk eine Ergänzung und Erweiterung durch einen zweiten Teil erfahren, der gerade den Zeitraum nach der Wiedervereinigung genauer darstellt.

Dem Leser wird auffallen, dass dieser zweite Teil wesentlich weniger durch Wertpapiere illustriert wurde als der erste. Das eigentliche Anliegen des Autors, die geschichtliche Entwicklung der Wirtschaft anhand exemplarischer Wertpapiere darzustellen, ist auch deutlich schwieriger geworden; denn schon im ausgehenden 20. Jahrhundert wurden weniger Effekten gedruckt als zuvor. Zunehmend wurden die effektiven Stücke ersetzt durch Sammel-Wertpapiere (z. B. durch Sammelaktien, also Urkunden über mehrere Aktien) oder sogar durch „Wertrechte" (digitale Datensätze), was bei der inzwischen bei börsennotierten Kapitalgesellschaften üblichen Verwaltung der Wertpapiere durch Finanzinstitute auch sinnvoll wurde. Mit der Einführung des EURO und der Stückaktie (anstelle der Nennwertaktie) wurde der Druck einzelner Wertpapiere mehr oder weniger zur Ausnahme.

Dem Leser wird auch auffallen, dass sich die Branchen-Schwerpunkte in diesem zweiten Teil der Abhandlung im Vergleich zum Hauptwerk verschoben haben: Die Ausführungen zu Handel und Dienstleistungen, Verkehr, Logistik und Transport, Telekommunikation, Medien- und Freizeitindustrie und auch zur Finanzwirtschaft haben im Vergleich zu Bergbau und Industrie einen wesentlich größeren Umfang bekommen. Damit folgt dieses Buch den Entwicklungen in der Realität.

Im Anschluss an die Beschreibung der deutschen Wirtschaftsgeschichte folgt ein kurz gefasster Blick auf die gesamte Weltwirtschaftsgeschichte seit dem Ende des 18. Jahrhunderts geworfen, und zwar unter besonderer Berücksichtigung der führenden Wirtschaftsmacht USA.

Schließlich wird im Anhang noch der Versuch einer Prognose gewagt.

Wir wünschen den Lesern viel Freude bei der Lektüre dieses Werks. Bitte bedenken Sie dabei aber auch, dass auch für diesen Teil des Werks gilt, dass aufgrund der Komplexität des Themas keine Garantie für die Richtigkeit aller Aussagen übernommen werden kann.

1 Das wiedervereinigte Deutschland ab 1990

Der Potsdamer Platz in Berlin gehörte während der Teilung Deutschlands zur DDR und war wegen der räumlichen Nähe zu West-Berlin unbebaut geblieben. Die privatwirtschaftlich ausgerichtete Neubebauung des Potsdamer Platzes nach 1990 ist somit auch ein Symbol der Wiedervereinigung.

Das Jahrzehnt der Wiedervereinigung (1990 – 2000)

Am 9. Nov. 1989 fiel die Berliner Mauer. Am 1. Juli 1989 wurde die gesamtdeutsche Wirtschafts- und Währungsgemeinschaft etabliert und die DM auch im Osten eingeführt. Am 3. Okt. 1990 wurde die Wiedervereinigung realisiert: Die DDR trat der Bundesrepublik Deutschland bei (Anschluss der DDR an die Bundesrepublik Deutschland gemäß Artikel 13 des Grundgesetzes) und brachte fünf neue Bundesländer ein. Die wiedervereinigte Hauptstadt Berlin wurde ebenfalls zu einem neuen Bundesland.

Als internationale Bestätigung der Wiedervereinigung gilt der „2-plus-4-Vertrag", ein Staatsvertrag zwischen den USA, Russland, Großbritannien, Frankreich, der Bundesrepublik und der DDR, in dem die vier Siegermächte des Zweiten Weltkriegs ihre Rechte und Verantwortungen für das Nachkriegsdeutschland endgültig aufgaben. Der Vertrag war am 12. Sept. 1990 unterzeichnet worden und trat formal am 15. März 1991 in Kraft. Er ist aber ausdrücklich kein „Friedensvertrag", sondern gilt nur „anstelle eines Friedensvertrags".

Die **Wirtschaftspolitik** des wiedervereinigten Deutschlands war zunächst streng neoliberal-angebotsorientiert ausgerichtet. Es herrschte die Meinung vor, dass durch den Zusammenbruch der osteuropäischen sozialistischen Staaten der eindeutige Beweis geführt wurde, dass der Kapitalismus bzw. (Neo-) Liberalismus die einzige langfristig erfolgreiche Wirtschaftsordnung wäre. Die von 1982 bis 1998 regierende CDU/CSU/FDP-Koalition folgte in ihren Grundzügen den Vorbildern aus Großbritannien (M. Thatcher) und den USA (R. Reagan) mit ihren Schwerpunkten Deregulierung, Privatisierung, Steuersenkungen und Abbau des Sozialstaats. Der konjunkturelle Aufschwung in der ersten Zeit der 1990er Jahre („Vereinigungsboom") schien die Richtigkeit dieser Wirtschaftspolitik zu beweisen.

Nach dem Zusammenbruch des „real existierenden Sozialismus" im Osten Europas war die wirtschaftliche Entwicklung in den „neuen Bundesländern" im Durchschnitt wesentlich schneller vorangekommen als in den anderen ehemaligen „Ostblockländern", die nicht in eine westeuropäische Volkswirtschaft integriert wurden. Bereiste man in den ersten Jahren nach der Wiedervereinigung die östlichen deutschen Gegenden, so war durchaus erkennbar, dass sich die Infrastruktur (Eisenbahnen, Straßen etc.), aber auch die Gebäude in Privateigentum in den neuen Bundesländern in der Regel in einem wesentlich besseren Zustand befanden als z. B. in Tschechien oder in Polen, vielfach sogar (vor allem, was die Infrastruktur betraf) in einem besseren Zustand als in einigen Teilen der alten Bundesländer. Der „Aufbau Ost" wurde von Seiten der öffentlichen Hand vor allem durch den „Solidaritätsbeitrag" finanziert, der als Erhöhung der Einkommenssteuer angesehen werden konnte.

Trotzdem bedeutete die Wiedervereinigung 1990 für den Staat und Bürger aus beiden Teilen Deutschlands deutliche Mehrbelastungen, weil die DDR-Wirtschaft sich größtenteils als äußerst marode darstellte. Dabei traf es die Menschen im Osten sicherlich härter als im Westen: Einige mitteldeutsche Betriebe bzw. Unternehmen konnten sich zwar etablieren; ein großer Teil wurde von Westfirmen übernommen, ein weiterer großer Teil der DDR-Wirtschaft aber wurde wegen (tatsächlicher, manchmal aber auch nur angebliche fehlender) Überlebensfähigkeit „abgewickelt".

Auch der Umtauschkurs DM (West) – Mark (Ost) spielte dabei eine Rolle. Die DM war international ein Vielfaches der (Ost-)Mark wert, trotzdem wurden Löhne, Gehälter, Renten etc. im Verhältnis 1:1 umgetauscht, sonstige Forderungen in der Regel im Verhältnis 2:1. Politisch war dieses Umtauschverhältnis sicherlich nicht zu umgehen - denn die Bevölkerung der ehemaligen DDR hätte einen „schlechteren" Umtauschkurs als Diskriminierung empfunden - in der Wirtschaftspraxis wurden Betriebe der DDR dadurch häufig überfordert.

Für die Integration der Wirtschaft der ehemaligen DDR in die westdeutsche Wirtschaft war die **Treuhandanstalt** verantwortlich. Die auch kurz „Treuhand" oder – nicht ganz korrekt „Treuhandgesellschaft" genannte Behörde existierte vom 1. März 1990 bis zum 31.12.1994. Sie wurde noch von Ministerrat der DDR-Regierung unter Hans Modrow gegründet und erhielt am 01.07.1990 mit der Einführung der Wirtschafts- und Währungseinheit der beiden damals noch existierenden deutschen Staaten die Zuständigkeit für die Sanierung und anschließende Privatisierung - oder eben auch für die Schließung - von ca. 8.500 bis dahin „volkseigenen" Betrieben in der DDR. Die betroffenen Betriebe hatten höchst unterschiedliche Größenordnungen und beschäftigten mehr als 4 MIO Arbeitnehmer. Die Treuhand wurde mit der Wiedervereinigung am 03. Oktober 1990 zu einer Anstalt des öffentlichen Rechts unter der Fachaufsicht des Bundesfinanzministeriums.

Schon vor dem Tätigkeitsbeginn der Treuhand gab es verschiedene Verkaufsverträge für unterschiedliche Betriebe. Am schnellsten hatten die westdeutschen Großbanken Deutsche Bank und Dresdner Bank reagiert: Schon zum Zeitpunkt der Wirtschafts- und Währungsreform hatten sie das Einlagengeschäft, die meisten Filialen (und damit auch Kunden) der Staatsbank der DDR mit ihrem 1990 gegründeten Tochterunternehmen, der „Deutschen Kreditbank", mehrheitlich unter sich aufgeteilt und in ihre eigenen Systeme integriert. Der verbliebene Teil der DKB (Deutsche Kreditbank AG) wurde 1995 an die Bayrische Landesbank verkauft und gehörte somit zum Bereich der deutschen Sparkassen, wobei sie seitdem hauptsächlich als Direktbank (Internetbank mit nur wenigen realen Filialen) agiert. Die verbliebenen „Reste" der Staatsbank der DDR wurden schließlich (1994) auf die Kreditanstalt für Wiederaufbau (KfW in Frankfurt am Main, die größte westdeutsche Förderbank, eine Anstalt öffentlichen Rechts) übertragen.

Der erste Treuhandchef wurde der bisherige Hoesch-Manager Detlev Carsten Rohwedder. Unter seiner Leitung wurde schon wenige Tage nach der Wiedervereinigung der erste namhafte Betrieb der DDR, der Kameraproduzent Pentacon (Praktika-Kameras), liquidiert. Weitere Abwicklungen ließen aber auf sich warten, auch weil das SPD-Mitglied Rohwedder seine Aufgabe eher in der Sanierung und dem anschließenden Verkauf der Betriebe sah, weniger in der Schließung. Rohwedder wurde am 1. April 1991 von Mitgliedern der westdeutschen linksradikalen Terrororganisation RAF (Rote Armee Fraktion) ermordet. (Später stellte sich heraus, dass die RAF gute Beziehungen zur DDR gepflegt hatte; mehrere in Westdeutschland gesuchte RAF-Mitglieder hatten die ihnen gegebene Möglichkeit genutzt, in der DDR unter neuem Namen eine neue Identität aufzubauen.)

Zur Nachfolgerin Rohwedders wurde die CDU-Politikerin Birgit Breuel gewählt. Der Sitz der Treuhand wurde in das ehemalige NS-Luftfahrtministerium bzw. in das DDR-„Haus der Ministerien" verlegt. Unter Breuels Leitung wurde die Anzahl der Liquidationen von Betrieben wesentlich erhöht, wohl auch deshalb, weil politisch ein bestimmter Zeitdruck aufgebaut wurde, damit die Privatisierungsbemühungen in der ehemaligen DDR schnellstmöglich durchgeführt werden sollten. Zu den bekanntesten Beispielen abgewickelter Großbetriebe gehören die Fluggesellschaft Interflug und der Computerhersteller Robotron.

Welche Detailprobleme bei der Wiedervereinigung gelöst werden mussten, zeigt beispielhaft die Geschichte der 1902 gegründeten Berliner **Terrain-Gesellschaft am Teltow-Canal Rudow-Johannisthal Aktiengesellschaft,** *zu deren Besitz 1942 mehrere Grundstücke im späteren Ost-Berlin gehörten. 1990 wurden für alle enteigneten Grundstücke Rückübertragungsanträge gestellt.*

Potenziellen Investoren aus Mitteldeutschland fehlte oft das Eigenkapital zur Übernahme oder zum Weiterbetrieb der ehemaligen DDR-Betriebe, häufig wurden sie auch von den Banken als weniger kreditwürdig angesehen. Eine eigenständige Fortführung scheiterte häufig an den großen Verbindlichkeiten der ostdeutschen Betriebe: In der DDR waren Rücklagenbildungen für Investitionen nicht erlaubt; Investitionen wurden vom Staat festgelegt und durch „Kredite" finanziert. Damit waren diese „Kredite" eigentlich Steuerungsinstrumente des planwirtschaftlich-sozialistischen Staates. Die Investitionsgüter, die Kredite und der „Schuldendienst" waren somit von vornherein staatlich geregelt; die einzelnen Betriebe brauchten sich keine Sorgen um Kreditrückführungen zu machen. Mit der Überführung in die Marktwirtschaft galten diese Zahlungen aber als „echte" Kredite. Gerade Industrieunternehmen mit modernem Maschinenbestand waren daher hoch verschuldet.

Als Ausweg blieb häufig nur der Verkauf an westliche Investoren. Einige „doppelte" Unternehmen sorgten dabei für eine **„Wiedervereinigung auf Firmenbasis"** – unter Federführung der Westbetriebe. Ein gutes Beispiel dafür waren die Reclam-Verlage in Leipzig und Mannheim (bzw. seit 1980 im nahe gelegenen Ditzingen, das nach der Wiedervereinigung zum Hauptsitz wurde). Reclam stand in Ost und West, vor und nach der „Wende" hauptsächlich für den preiswerten Nachdruck von Klassikern, der vor allem als Schullektüre diente.

Ein anderes Beispiel für die „unternehmerische Wiedervereinigung" stellten die Zeiss-Werke in Baden-Württemberg und in Jena dar. Im württembergischen Oberkochen wurde 1946 die Carl Zeiss AG gegründet, um in Westdeutschland die seit 1846 bestehende Unternehmenstradition aus Jena fortzuführen. In der DDR existierte gleichzeitig der VEB Carl Zeiss Jena, der von 1948 bis 1953 auch Objektive an die westdeutsche Carl-Zeiss-Tochter Zeiss-Ikon AG in Stuttgart lieferte (aufgrund mengenmäßig unzureichender Eigenproduktion von Zeiss in Oberkochen). Von 1990 bis 1991 wurde der VEB Carl Zeiss Jena in die Carl Zeiss Jena GmbH und die Jenoptik GmbH aufgespalten, wobei erstere das optische Kerngeschäft beinhaltete. Carl Zeiss Oberkochen übernahm 1995 die Carl Zeiss Jena GmbH. Die Produktionspalette der Zeiss-Gruppe umfasste nach der Wiedervereinigung unter anderem Mikroskope, Ferngläser, Spiegelteleskope, Ausrüstungen für Observatorien und Planetarien, Halbleiter, medizinische Instrumente sowie Brillengläser.

Die **Jenoptik AG** beschäftigt sich mit Laser & Materialbearbeitung, Optischen Systemen, industrieller Messtechnik, Verkehrssicherheit sowie mit Verteidigung & Zivilen Systemen. Sie beliefert Unternehmen der Automobil-, Medizin-, Halbleiter-, Luftfahrts- und Sicherheits- bzw. Rüstungsindustrie. Zu den bekanntesten Produkten des Unternehmens zählen die als „Starenkästen" bekannten Geschwindigkeits-Messgeräte für Automobile. Als ein besonderes „Highlight" der Jenoptik (genauer: des Tochterunternehmens Jena-Optronik GmbH) erwiesen sich die „Sternsensoren" der Astro-Familie, eine Art „Navigationssystem für den Weltraum", deren Grundlage noch in der DDR für die sowjetische Raumfahrt gelegt worden waren. Die Sternsensoren, die den Kurs von Raumkapseln und Raumsonden selbstständig korrigieren können, wurden nun zu Standardbestandteilen der westlichen Raumfahrt. Die Jena-Optronik wurde 2010 an den Airbus-Konzern verkauft.

Die Jenoptik als nach der „Wende" gegründeter eigenständiger mitteldeutscher Betrieb stellte aber eine Ausnahme dar. Der Normalfall, zumindest bei größeren Betrieben war aber die Übernahme mitteldeutscher Betriebe durch westliche Unternehmen – oder die „Abwicklung" (Schließung). Dies galt in verschiedensten Branchen:

Mitteldeutsche **Bergbaubetriebe** wurden von westeuropäischen Konzernen aufgekauft: Vattenfall, RWE und weitere Energieversorger übernahmen die Braunkohlereviere. RWE und weitere westdeutsche Energieversorger beschafften sich in einem mehrstufigen Verfahren auch die Eigentumsrechte an den ehemaligen Energiekombinaten. Der Kalibergbau wurde durch Kali + Salz fortgeführt, die Harzer Gipsvorkommen wurden u. a. von den Südharzer Gipswerken abgebaut, einem Tochterunternehmen des Recycling- und Wasserwirtschaftskonzerns Remondis aus Lünen.

Ein Sonderfall war die (ehemalige) **Uranförderung**: 1991 wurde der russische Anteil an der SDAG Wismut an Deutschland übertragen. Die nunmehrige Wismut GmbH war schon zu diesem Zeitpunkt vor allem ein Sanierungsfall, dessen Abwicklung wohl insgesamt mehr als 6 Mrd. EURO verbrauchen würde. Als „Nebenprodukt" der Grubenwasserreinigung wurde auch weiterhin Uran gefördert und verkauft, allerdings in einem vergleichsweise sehr geringen Umfang.

Das größte mitteldeutsche Werk der **Montanindustrie**, das EKO-Stahlwerk in Eisenhüttenstadt, wurde von dem internationalen Konzern Arcelor Mittal übernommen und modernisiert.

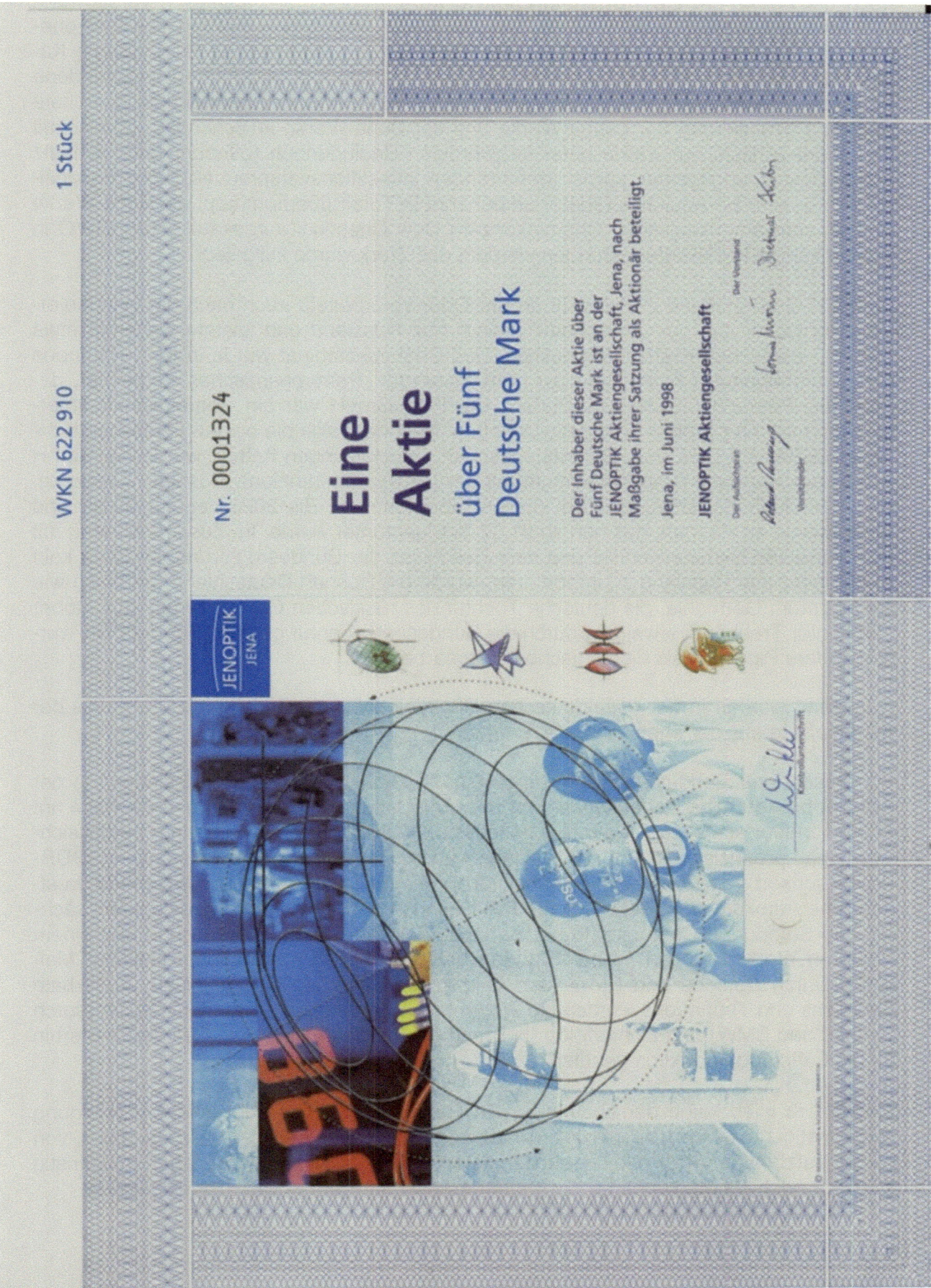

Auch die Werke der DDR-**Chemieindustrie** waren größtenteils technisch veraltet und konnten nur mit Mühe privatisiert werden. Die BASF erwarb den größten Teil ihrer ehemaligen Gründung „Schwarzerde" mit der Planung, dort ein Werk für die moderne Kathodenfertigung (für Batteriezellen) anzusiedeln. In Bitterfeld investierten verschiedene westliche Unternehmen, insbesondere die Bayer AG. Wesentlich langwieriger gestaltete sich die Privatisierung der Leuna-Werke und der Buna-Werke in Schkopau. Leuna (mit den Minol-Tankstellen) wurde unter fragwürdigen Bedingungen (offenbar unter Einsatz hoher Bestechungsgelder sowie irreführender Investitionsversprechen) vom französischen Konzern Elf-Aquitaine (später umbenannt in Total) übernommen; die Buna-Werke wurden vom amerikanischen Chemiekonzern Dow Chemical aufgekauft. Für ORWO in Wolfen konnte kein Käufer gefunden werden; das Werk wurde stillgelegt.

Die PCK-Großraffinerie in Schwedt an der Oder verarbeitete auch nach der Wiedervereinigung Rohöl aus der „Druschba-Pipeline" aus Russland und leistete weiterhin etwa 10% der deutschen Kraftstoffproduktion. Das Chemiekombinat wurde in PCK-Raffinerie GmbH umbenannt. („PCK" stand zu DDR-Zeiten für „Petro-chemisches Kombinat", danach für „Petro-chemische Kraftstoffe".) Die PCK GmbH war ein Gemeinschaftsunternehmen mehrerer großer Erdölgesellschaften. Nachdem sich die beiden deutschen Konzerne VEBA und DEA vom Raffineriegeschäft zurückgezogen hatten, wurde die GmbH von einem internationalen Konsortium mit der BP (Großbritannien), Rosneft (Russland), Shell (Niederlande/ USA) und Eni (Italien) übernommen. Bis 2021 verkauften BP und Shell Anteile an Rosneft, das nun zu 91,67 % Eigentümer wurde. Im Zusammenhang mit dem Russland-Ukraine-Konflikt und dem Beschluss der Bundesregierung, ab 2023 kein Rohöl mehr aus Russland zu importieren, wurde die Rosneft Deutschland (genauso wie die Gazprom Germania, die deutsche Tochter des russischen Gaskonzerns) im Oktober 2022 unter Treuhandverwaltung durch die Bundesnetzagentur gestellt. Für die PCK wurden andere Pipelines als die „Druschba" aufgearbeitet.

Insgesamt wurden in der mitteldeutschen Chemieindustrie langfristig nur etwa 10% der Arbeitsplätze aus der ehemaligen DDR erhalten.

Von besonderer Bedeutung waren für (Gesamt-) Deutschland die Entwicklungen in der **Automobilindustrie**: Dabei wurden vor allem die „alten" DDR-Standorte in Sachsen unt Thüringen (vor allem wegen der dort ansässigen fachkundigen Bevölkerung) berücksichtigt: Opel produzierte nach der „Wende" auch in Eisenach (im ehemaligen DDR-Produktionsort von EMW – Eisenacher Motor-Werke und Wartburg). Der größte westdeutsche Autokonzern, VW, errichtete Produktionswerkstätten in den traditionellen sächsischen Standorten Chemnitz (früher Barkas), Zwickau (früher Trabant) und (mit einem kleinen Werk) Dresden (früher Standort der Rennwagen-Kleinserienproduktion „Melkus"). Durch Porsche und BMW kam Leipzig als weiterer Standort hinzu. Außerhalb Sachsens und Thüringens wurden die – ebenfalls traditionellen – Standorte Berlin (durch Daimler und BMW) und Lichterfelde (in Brandenburg, ebenfalls durch Daimler) weiterhin für die Fahrzeugproduktion genutzt.

Tatsächlich blieb keine der ehemaligen DDR-Automarken nach der Wiedervereinigung längerfristig bestehen. Die einzige Ausnahme davon war Multicar, der Hersteller von Leicht-Nutzfahrzeuge in Waltershausen. Der Begriff „Multicar" lebte aber mittelfristig auch nur noch als Markenname der Muttergesellschaft Hako in Bad Oldesloe weiter.

Phänomen-Werke Gustav Hiller Aktiengesellschaft
ZITTAU.

1000 Reichsmark   AKTIE   Nr. 0853

ÜBER

EINTAUSEND REICHSMARK

Der Inhaber dieser Aktie ist für den Betrag von EINTAUSEND REICHSMARK bei der Phänomen-Werke
Gustav Hiller Aktiengesellschaft als Aktionär mit allen satzungsmäßigen Rechten und Pflichten beteiligt.

ZITTAU, im Juni 1929.

Phänomen-Werke Gustav Hiller Aktiengesellschaft

Der Aufsichtsrat   Der Vorstand

Verkehrstechnisch weniger gut gelegene Standorte wurden bei der neuen Autoproduktion nach der Wiedervereinigung regelmäßig nicht berücksichtigt. Das galt auch für Zittau, der Stadt im Dreiländereck Deutschland-Tschechien-Polen:

Die 1888 von Gustav Hiller gegründeten **Phänomen-Werke** trugen diesen Namenszusatz erst nach der Aufnahme der Fahrradproduktion in den 1890er Jahren. Stückweise wurde die Produktpalette auf motorisierte Zwei-, Drei- und Vierrad-Fahrzeuge ausgeweitet. Nach dem Krieg wurden Maschinen und Einrichtungen des Werks demontiert und in die UdSSR verfrachtet. In den verbliebenen Fabrikgebäuden wurden aber wieder Fahrzeuge hergestellt, diesmal – nach der Enteignung – als volkseigener Betrieb, der ab 1957 (nach Ende eines Namensstreits) unter dem neuen Namen „Robur" produzieren musste. Robur wurde in der DDR relativ schnell zum führenden Hersteller von Klein-Lkw. Nach der Wende wurde die Produktion eingestellt, nicht zuletzt wegen der abseitigen Lage der Stadt Zittau. Die Stadt musste einen erheblichen Einwohnerrückgang verbuchen und versucht seitdem, sich als Drehkreuz der Dreiländerregion Polen-Tschechien-Deutschland neu zu erfinden.

Im Gegensatz zur Automobilproduktion blieben zahlreiche Traditionsmarken im **Lebens- und Genussmittelsektor** bestehen. Die Betriebe wurden aber in der Regel nach der Wiedervereinigung von größeren (westlichen) Konzernen übernommen:

Köstritzer = Bitburger,
Wernesgrüner = Bitburger, später Carlsberg
Hasseröder = InBev,
Radeberger = Dr. Oetker,
Halloren Schokoladenfabrik = in-west Gruppe (Westfalen)
Rotkäppchen und die Nordhäuser Spirituosen wurden Bestandteile des Konzerns Rotkäppchen-Mumm Sektkellereien GmbH. Dieser wiederum gehört zu 58% der westdeutschen Familie Eckes-Chantré.

Im **Lebensmittel-Einzelhandel** der DDR spielten die „Konsum-Genossenschaften im Wirtschaftsplan eine erhebliche Rolle. Sie hatten im Einzelhandel einen Umsatzanteil von knapp einem Drittel. Nach der Wiedervereinigung standen die kleinen Betriebe in der ehemaligen DDR der übermächtigen Konkurrenz westdeutscher Einzelhandelskonzerne gegenüber. Überall wurden neue Aldi-, Lidl-, Edeka- und Rewe-Märkte eröffnet, nur selten bestehende Lebensmittel-Einzelhandelsgeschäfte übernommen. Manche dieser Neuansiedlungen wurden aber schon nach wenigen Jahren (oft nach dem Auslaufen der staatlichen Subventionszahlungen) wieder zurück genommen und in vielen Teilen Ostdeutschlands ergab sich eine neue Art von Versorgungsengpässen.

Mehrfach wurden aber auch **ostdeutsche Betriebe** durch die Investoren und nach relativ kurzer Zeit **stillgelegt**, obwohl ein vergleichbar kleiner Investitionsaufwand zu einer nachhaltigen Wettbewerbsfähigkeit geführt hätte. Kurzfristiges Denken der neuen Inhaber und, wie schon angesprochen, das Auslaufen von Subventionszahlungen spielten hierbei eine verhängnisvolle Rolle. Durch den Zeitdruck bei der **Privatisierung** waren auch „Betriebsplünderungen" (Abzug der Liquidität aus den privatisierten Betrieben mit anschließender Betriebsschließung durch die neuen Eigentümer) und Subventionsbetrug (im Zusammenhang mit dem vom neuen Eigentümer angegebenen Sanierungsinvestitionsbedarf) nicht selten. Manchmal wurde sogar die zielgerichtete Liquidierung mitteldeutscher Betriebe zugunsten von Betrieben im Westen vermutet (um Überkapazitäten abzubauen oder sogar um Konkurrenz zu verhindern).

Bekannte Beispiele für weitere Arten von Wirtschaftskriminalität im Zusammenhang mit der Privatisierung ehemaliger „Ost-Betriebe" sind die Schmiergeldzahlungen (wahrscheinlich mehr als 88 Mio DM) bei der Übernahme der miteinander verbundenen Betriebe Leuna-Werke und Minol (Mineralöl) an den französischen Mineralkonzern Elf-Aquitaine und die Unregelmäßigkeiten im Rahmen der Übernahme des größten Teils der ehemaligen DDR-Werften durch die Bremer Vulkan AG: Etwa 85 MIO DM an EU-Förderungsmitteln für die Werften im Osten wurden offensichtlich für westdeutsche Betriebe zweckentfremdet (was aber den Konkurs des gesamten Konzerns 1996 nicht verhindern konnte; die Eigenkapitaldecke war einfach zu klein).

Die Vielzahl von Stilllegungen, aber auch die Sanierungen im Zusammenhang mit den Verkäufen an Investoren führten zu einer gewissen „De-Industrialisierung" auf dem Gebiet der DDR und zu erhöhter Arbeitslosigkeit. Neuansiedlungen von großen Betrieben (westlicher Firmen) wurden erst in den 2020er Jahren vorgenommen: das Tesla-Automobilwerk in Brandenburg und die Computerchipfabriken von Bosch und Infinion in Dresden sowie von Intel in Magdeburg.

*Auch die Traditionsfirma **Wegelin & Hübner Maschinenfabrik und Eisengießerei AG** aus Halle (Saale) überlebten die Privatisierung nach der Wiedervereinigung nicht nachhaltig. Sie wurde 1869 gegründet, ihr Geschäftsgegenstand war vor allem die Produktion von Anlagen für Chemiewerke, Pumpen und Dampfkessel, ab 1960 (als „Maschinenfabrik Halle/Saale") auch Kältemaschinen. Kurz nach der „Wende" wurde die Produktion eingestellt.*

Zum Zeitpunkt der **Auflösung der Treuhand Ende 1994** hatte die Anstalt ca. 256 MRD DM an Schulden (insbesondere durch Subventionszusagen) aufgebaut. Ca. 85% der privatisierten Ost-Betriebe wurden von westlichen Firmen übernommen. Die Privatisierung der DDR-Betriebe war 1994 (mit dem Ende der „Treuhand") natürlich noch nicht abgeschlossen, insbesondere weil viele Eigentumsrechte noch gerichtlich geklärt werden mussten. Die Aufgaben der Treuhand wurden auf die Bundesanstalt für vereinigungsbedingte Sonderaufgaben (BvS) und andere Nachfolgeinstitute übertragen.

Auch die Umweltschäden und weitere Altlasten (z. B. Bergbauschäden) in der ehemaligen DDR entwickelten sich häufig zu äußerst langfristige Aufgaben. Auf der anderen Seite etablierte die DDR in den letzten Tagen ihres Bestehens fünf neue Nationalparks und eine Reihe weiterer Naturschutzzonen.

Die **Entwicklung der Gesamtwirtschaft auf dem Gebiete der ehemaligen DDR** verlief seit der Wiedervereinigung regional sehr unterschiedlich. Neue Betriebe wurden vor allem im Süden, also in den Bundesländern Thüringen und Sachsen, angesiedelt. Aber trotz einiger Erfolge hinkte die Wirtschaft in den neuen Bundesländern immer noch der westdeutschen hinterher: Zwar war der Modernitätsgrad der Anlagen in Osten und Westen in den Jahren nach der Wiedervereinigung durchaus vergleichbar (teilweise im Osten sogar etwas überlegen, weil die meisten der hoffnungslos veralteten Anlagen aus der DDR-Zeit inzwischen ausgetauscht worden waren), aber die Arbeitslosenquote lag gleichzeitig deutlich über dem „Westniveau", die Gehälter und das Bruttoinlandsprodukt je Einwohner lagen deutlich darunter. Immerhin lag die „Wirtschaftsleistung" (das Bruttoinlandsprodukt pro Einwohner) in den fünf neuen Bundesländern im Jahre 2000 schon bei ungefähr der Hälfte des westdeutschen Werts, nachdem er im Jahre 1991 erst bei ungefähr einem Drittel gelegen hatte. Diese Entwicklung sollte sich auch in den weiteren Jahren fortsetzen. (2021 lag diese Zahl bei etwa 80%).

Viele westliche Unternehmen erlebten in den ersten Monaten und Jahren nach der Wiedervereinigung einen ungeahnten Umsatzzuwachs, weil die Bürger der DDR nun endlich all' jene Produkte kaufen konnten, die sie bisher nur (verbotenerweise) aus der Werbung westdeutscher Fernsehanstalten kannten. Aber auch in anderen Branchen verstanden es westliche Unternehmen, durch ihre langjährigen Erfahrungen mit der Marktwirtschaft lukrative Aufträge in Osten Deutschlands zu erlangen.

*Die **Fröhlich AG** in Felsberg-Gensungen war eins der westdeutsches Unternehmen, das nach der „Wende" die Zeichen der Zeit erkannt hatte und seinen Umsatz durch Bauaufträge in Berlin und im Osten wesentlich erhöhen konnte. Doch da der Zerfall des Kommunismus' sich nicht allein auf die DDR erstreckte, konnte Fröhlich auch mehrere Aufträge aus anderen ehemalig kommunistischen Staaten in Osteuropa an Lnd ziehen. Es wurde sogar vermutet, dass Fröhlich ein großes Bankgebäude am Roten Platz in Moskau bauen sollte. Tatsächlich aber waren die letzten der großen Arbeiten Fröhlichs die Mitarbeit am Bau des Bundespräsidialamts und an der Tiefgarage des Bundeskanzleramts in Berlin. Im Jahre 1997 musste die Fröhlich AG Insolvenz anmelden.*

Die Einführung des EURO

1999 wurde der EURO als Rechnungseinheit eingeführt, zunächst als Buchgeld. Die Einführung des EURO als Bargeld drei Jahre später geschah in den Monaten Januar und Februar 2002; danach galt die DM nicht mehr als gesetzliches Zahlungsmittel, wurde aber noch von der Deutschen Bundesbank und vielen privaten Unternehmen in Zahlung genommen.

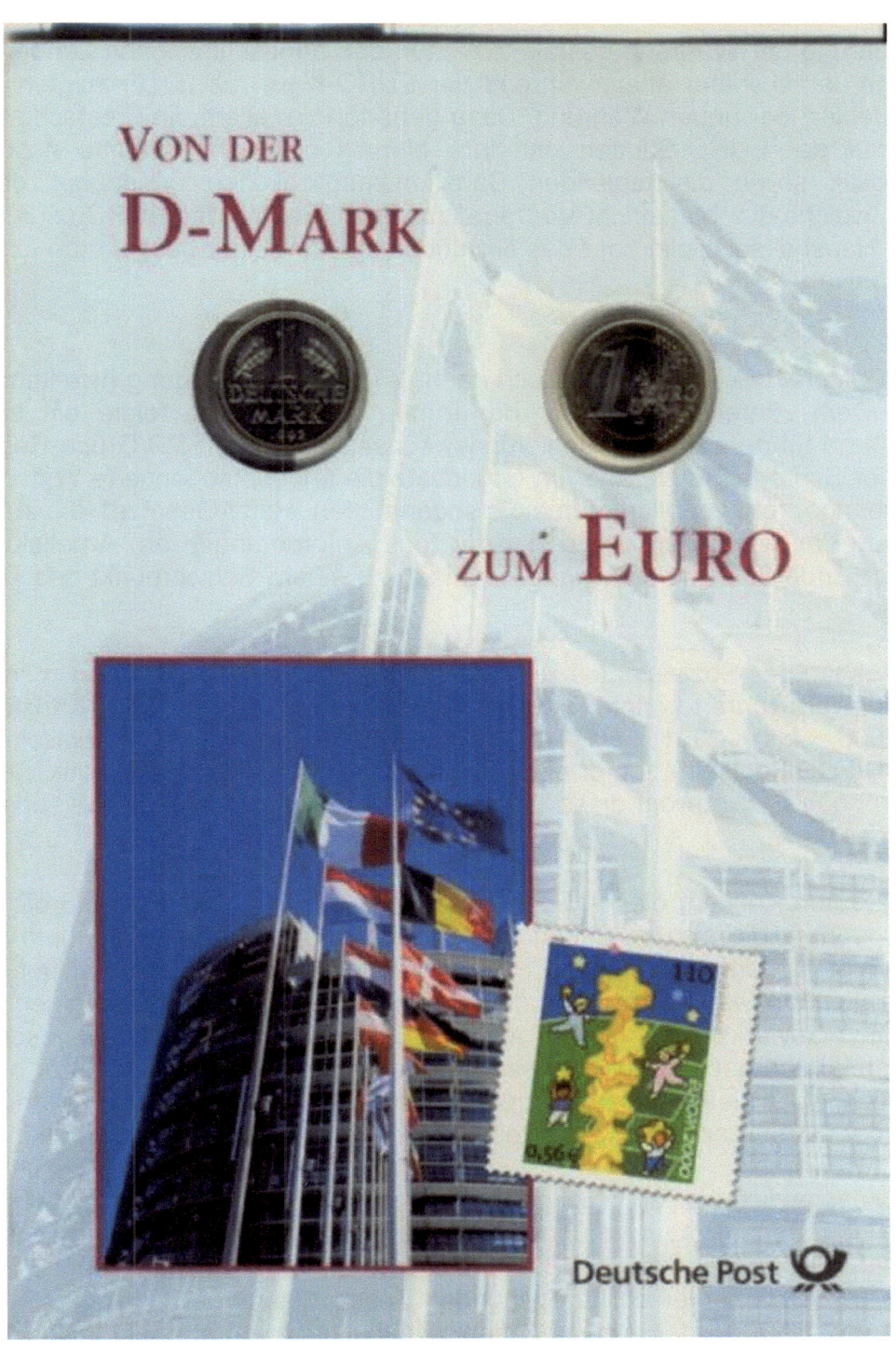

Abgebildet ist eine Sonderveröffentlichung der Deutschen Post zur Einführung des EURO. Sie beinhaltet eine „alte" DM-Münze, eine „neue" EURO-Münze und eine Briefmarke mit DM- und EURO-Wert.

Die von der Europäischen Zentralbank (EZB) in Frankfurt herausgegebenen Euro-Geldscheine haben auf ihrer Vorderseite symbolische Bauwerke aus verschiedenen Zeitaltern als Motiv. Die Abbildung realer Bauwerke wurde vermieden, um keins der EURO-Länder auf diese Weise zu bevorzugen.

Auch der EURO war von Anfang an eine „freie" (nicht durch Gold oder andere Werte gedeckte) Währung mit flexiblen Wechselkursen und voller Konvertierbarkeit (wie schon die DM seit 1958).

Die Einführung der Währung gestaltete sich in den angeschlossenen Ländern problemlos; einige Jahre später aber (während der EURO-Krise" ab 2010) zeigten sich einige „Geburtsfehler" der neuen Währung. Dazu gehörten vor allem die unterschiedliche Wirtschaftskraft der EURO-Staaten und ihre oftmals nicht abgestimmte nationale Wirtschaftspolitik sowie die fehlenden Sanktionsmöglichkeiten gegenüber den EURO-Ländern, welche die „Maastricht-Verträge" zur Stabilisierung des EURO (z. B. die Einhaltung der Haushaltsdisziplin oder das Nichtüberschreiten einer bestimmten Inflationsrate) nicht einhielten.

Die Konjunkturentwicklung verlief auch nach der Wiedervereinigung (wie immer) in Wellenform: Dem „Vereinigungsboom" der frühen 1990er Jahre folgte ein heftiger Abschwung und führte zu einem Regierungswechsel. Die neue SPD/Grüne-Regierung unter Kanzler Schröder setzte aber im Grundsatz die angebotsorientierte Wirtschaftspolitik ihrer Vorgänger fort, vor allem durch die sogenannten „Hartz-Gesetze", die zu einer Neuregulierung der staatlichen Leistungen für (und Anforderungen an) Arbeitslose führten. Weiterhin wurde auch die Ökologie (erstmals) zu einem Schwerpunkt des Regierungshandelns.

Da der Ausbau des Sozialstaates zu Nachteilen deutscher Unternehmen im internationalen Wettbewerb führen konnte, setzten auch die Regierungen unter Kanzlerin Merkel (von 2005 bis 2021 als CDU/CSU/SPD-Regierung mit zwischenzeitlicher CDU/CSU/FDP-Koalition) zuerst die neoliberal geprägte Wirtschaftspolitik ihrer Vorgängerregierungen fort, obwohl diese von einer Vielzahl der Menschen als „unsozial" kritisiert wurde.

Zu den größten Kritikern dieses Sozialstaat-Abbaus zählten naturgemäß die deutschen Gewerkschaften, die sich im neuen Jahrtausend neu formierten. Nachdem sich zuerst (ab den 90er Jahren) die deutsche Gewerkschaftsszene auf Grund rückläufiger Mitgliederzahlen konsolidierte (z. B. durch die Integration der vorher unabhängigen Deutschen Angestellten-Gewerkschaft „DAG" in die DGB-Dienstleistungs-Gewerkschaft ver.di 2001), verstärkten nach der Jahrtausendwende Spezialgewerkschaften (für bestimmte – häufig hoch qualifizierte – Berufsgruppen) ihren Einfluss, z. B. die Pilotenvereinigung Cockpit, der Marburger Bund der Ärzteschaft oder die Gewerkschaft der Lokführer-GdL.

Gesamtwirtschaftlich war ein Rückgang der Bedeutung von Tarifverträgen merkbar: Die Tarifbindung nahm im 21. Jahrhundert weiter ab: In Nordrhein-Westfalen schrumpfte der Prozentsatz der tarifgebundenen Betriebe in den Jahren zwischen 2000 und 2020 von 56 % auf 32 %; der Anteil der tarifgebunden Beschäftigen von 74 % auf 60 %. Das lag zum Teil vor allem an der zunehmenden „Tarifflucht" von Unternehmen (und auch Arbeitnehmern), ein anderer Grund war aber auch die unterschiedliche Entwicklung der Wirtschaftssektoren: Traditionell haben Tarifverträge und Gewerkschaften im (tendenziell eher schrumpfenden) Industriebereich eine größere Bedeutung als im (wachsenden) Dienstleistungssektor.

Spätestens seit Mitte des 20. Jahrhundert sank der Anteil des Primärsektors in den hoch entwickelten Volkswirtschaften, der Anteil der Landwirtschaft sank schon seit Beginn der Industriellen Revolution. Der Anteil des sekundären Sektors steigt im 21. Jahrhundert nur noch in den Entwicklungsländern, in den hoch entwickelten Volkswirtschaften geht der Anteil des Sekundärsektors zurück. Die noch existierende Industrieproduktion der „entwickelten" Länder ist vor allem geprägt durch technisch anspruchsvolle, hochpreisige Produkte, die gut ausgebildete Arbeitskräfte und einen hohen Kapitaleinsatz verlangen.

Zuwächse im Bruttoinlandsprodukt sind aber vor allem auf den tertiären Sektor zurückzuführen. Wie jede hoch entwickelte Volkswirtschaft, so hatte sich auch Deutschland seit den 1960er Jahren eine Entwicklungstendenz von einem Produktions- zu einem Handels- und Dienstleistungsstandort gezeigt, wenngleich der „sekundäre Wirtschaftssektor", also die Produktion durch Industrie und Handwerk, längst nicht so stark geschrumpft war wie z. B. in den Nachbarländern Frankreich oder Großbritannien, wo die Finanzbranchen einen noch viel stärkeren Teil der Wertschöpfung innerhalb der Volkswirtschaft ausmachen.

*Die **Volta-Werke Elektricitäts-AG** sind ein schönes Beispiel für diesen Strukturwandel: Das Unternehmen war 1921 in Berlin-Waidmannslust gegründet und später von der AEG übernommen worden. Das Unternehmen stellte Transformatoren, Hochspannungsanlagen und Elektromotoren her. 1933 war im Rahmen der Weltwirtschaftskrise zur Fortführung des Betriebes eine Kapitalherabsetzung notwendig geworden (nachzulesen auf der Aktie aus dem Jahr 1929). Der Betrieb der Volta-Werke wurde 1987 geschlossen. Das Gebäudeensemble aus den 1880er, 1920er und 1930er Jahren sowie aus den späteren 1950er und frühen 1960er Jahren wurde unter Denkmalschutz gestellt. Nach der Jahrtausendwende zog hier das Baumarkt-Unternehmen Obi mit einer Filiale ein.*

Krisen und Krisenbewältigungen im 21. Jahrhundert

Sowohl die Regierung Schröder als auch die nachfolgenden CDU-geführten „Merkel-Regierungen" (2005 – 2021) und die Regierung Scholz (ab 2021 als Koalition aus SPD, Grünen und FDP) hatten im angebrochenen 21. Jahrhundert mehrere Krisen zu bewältigen. Überhaupt liest sich diese Zeit wie eine Abfolge von Krisen und Katastrophen. Es ging also in dieser jüngsten Geschichte Deutschlands vor allem darum, wie Regierung, Gesellschaft und Wirtschaft diese Krisen meistern konnten:

Die Dotcom-Börsenblase 2000

Die erste dieser Krisen war die sogenannte „Dotcom-Börsenblase" („Internet-Blase") von 2000, als die Börsenkurse verschiedener „New-Economy-Unternehmen", insbesondere aus dem Telekommunikations-Bereich, schlagartig fielen.

Diese „neuen Industrien" wurden zum Ende des 20. Jahrtausends zuerst euphorisch begrüßt; in Deutschland wurde an der führenden Börse in Frankfurt 1997 ein eigenes Segment für Wertpapiere dieser Unternehmen eingerichtet, der „Neue Markt", der bis 2000 ein rasantes Wachstum verzeichnete. Dieses Wachstum entpuppte sich aber als Spekulationsblase, da viele Unternehmen dieses Segments noch in ihrer Anfangsphase standen und keine Gewinne, sondern Verluste produzierten. Die viel zu hoch getriebenen Börsenkurse antizipierten einen zukünftigen Gewinn, der bei vielen Unternehmen nie erreicht wurde. Vielfach mussten sogar Insolvenzen angemeldet werden. Auch solide „Börsenriesen", die nicht im „Neuen Markt" notiert wurden, aber trotzdem zu den sogenannten „Zukunftsbranchen" gehörten, (z. B. die Deutsche Telekom oder Infineon), mussten herbe Kursrückschläge hinnehmen.

Der „Neue Markt" wurde 2003 geschlossen. Im Laufe der Zeit wurden auch mehrfach kriminelle Machenschaften im Zusammenhang mit börsennotierten Werten des „Neuen Marktes" aufgedeckt. Dazu gehörten Insiderhandel, Bilanzmanipulationen, falsche Ad-hoc-Mitteilungen, Luftbuchungen, Untreue und Insolvenzverschleppungen. Eins der bekanntesten Beispiel für den Untergang eines Software-Hauses war die in den 1990er Jahren gegründete Bochumer Firma Phenomedia AG, die weltweit durch das Computerspiel „Moorhuhn" bekannt geworden war. Im Jahre 2001 konnte die Geschäftsführung den Börsenwert der Aktiengesellschaft durch frei erfundene Umsatzrekorde auf eine Milliarde DM steigern, bevor noch im gleichen Jahr Insolvenz angemeldet werden musste. 7 Jahre später wurde der ehemalige Vorstandsvorsitzende des Unternehmens wegen Betrugs, Untreue und Bilanzfälschung verurteilt.

Die Wirtschaftsbranche der „neuen Industrien" konsolidierte sich anschließend. Verschiedene Unternehmen expandierten weiterhin oder wieder, diesmal aber mit realistischeren Zahlen und Prognosen, in Deutschland zum Beispiel die Deutsche Telekom und SAP. Andere Unternehmen zogen sich bewusst aus dem hart umkämpften Markt für Neue Technologien zurück und konzentrierten sich auf andere Bereiche: Siemens z. B. veräußerte seine Handyproduktion 2005 und seine Computerherstellung 2008, RWE, Thyssen und E.ON verkauften ihre Mobilfunknetze 2000.

Die neuen „innovationsträchtigen" Technologien beschränkten sich aber nicht auf die Telekommunikation. Weiter Branchen waren (zum Beispiel) die Nanotechnologie, die Biotechnologie, die Umwelttechnologie, alternative Energietechniken (Solarenergie, Geothermik, Bioenergie etc.) und nach wie vor die Kernkrafttechnologie. Aus unterschiedlichen Gründen waren viele dieser Wirtschaftsbranchen umstritten: Die Nutzung der Kernkraft stieß auf sicherheitstechnische und die Gentechnik als Bestandteil der Biotechnologie auf ethische und gesundheitliche Bedenken. In Deutschland war davon in besonderer Weise die Bayer AG betroffen: Nachdem sie 2018 den amerikanischen Biotechnologie-Konzern Monsanto aufgekauft hatten, mehrten sich in den USA die Klagen vor Gericht. Monsanto wurde vorgeworfen, durch die Nutzung von Glyphosat in Unkrautvernichtungsmitteln Krebserkrankungen in Kauf genommen zu haben. Außerdem erwiesen sich viele Entwicklungen in den neuen Technologien als sehr teuer und verfügten auf absehbare Zeit über ein schlechtes Kosten-Nutzen-Verhältnis, so dass hierbei häufig der Staat (insbesondere bei der Grundlagenforschung) Hilfestellung leisten musste.

*Nicht alle Unternehmen der neuen Technologien überlebten. Als Beispiel hierfür kann die **Recycloplast Aktiengesellschaft für die Wiederverwertung von Kunststoffen** in Egling angesehen werden. In den 80er Jahren gegründet, war die Gesellschaft in einem umkämpften Markt selbst in ihren besten Jahren nur mäßig erfolgreich. Mitte der 90er Jahre wurde die Gesellschaft nach einer Insolvenz aufgelöst.*

Die Terroranschläge vom 11. September 2001

An diesem Tag verübte die islamistische Terrorgruppe Al-Quaida ihre Anschläge in den USA. Das World Trade Centre in New York und das Pentagon in Washington wurden getroffen, Tausende von Menschen verloren ihr Leben. Diese Anschläge wirkten sich wirtschaftlich auf verschiedene Branchen, insbesondere auf die Fluggesellschaften aus.

Die Finanz- und Wirtschaftskrise 2007 ff. mit anschließender EURO-Krise

Vor allem im anglo-amerikanischen Raum war das Wirtschaftswachstum in den Jahren vor und nach der Jahrtausendwende überwiegend durch die Finanzwirtschaft erwirtschaftet worden. Da im internationalen Finanzgeschäft die Spekulation eine herausragende Rolle spielt, waren gefährliche Schwankungen für viele Kritiker aber nur eine Frage der Zeit.

Schon im Jahr 2007 mehrten sich die Anzeichen für eine gravierende Finanzkrise. Zum Ende des Jahres 2008 brach diese durch die Insolvenz der amerikanischen Investmentbank Lehman Bros. endgültig aus. Diese Bank war das erste größere Opfer der sogenannten „Subprime-Finanzkrise", die von den USA in die gesamte Welt exportiert wurde und zum bis dahin schwersten Prüfstein des 21. Jahrhunderts für die Weltwirtschaft wurde.

Die Subprime-Krise wurde ausgelöst durch eine unglaublich hohe Anzahl von Darlehen, mit denen amerikanische Hypothekenbanken für Hauskäufe privater Kunden sorgten, auch für solche Kunden, die nicht über die beste Bonität verfügten („Subprime-Kunden"). Für beide Seiten erschienen die Kredite als „Win-win-Geschäft": Da die Immobilienpreise in den USA jahrelang gestiegen waren, waren die Kreditnehmer der Meinung, die finanzierte Immobilie wenige Jahre später mit Gewinn verkaufen zu können. Die Hypothekenbanken bündelten ihre Kredite zu Anleihen, welche mit den Hypothekenforderungen als Sicherheit, aber eben auch mit allen Kreditrisiken an andere Kreditinstitute verkauft wurden. Die kaufenden Banken schnürten die Hypothekenpapiere wieder zu neuen Anleihen um und verkauften sie wiederum weiter. Diese Vorgänge wurden noch mehrfach wiederholt, so dass die letzten Käufer, das waren Kreditinstitute (und viele ihrer Kunden) auf der ganzen Welt, kaum noch wussten, welche Risiken sie sich mit diesen Anleihen eingekauft hatten.

Inzwischen aber stieg der Hypothekenzinssatz in den USA, und da die Hypotheken-Kreditnehmer in der Regel nur kurzfristige Zinsbindungsfristen ausgehandelt hatten, stiegen auch ihre monatlichen Zahlungsverpflichtungen. Viele Haushalte konnten diese Belastungen nicht mehr aufbringen und mussten daher die finanzierte Immobilie verkaufen. Dies führte zu starken Wertverlusten auf dem Immobilienmarkt, die dann endgültig Zahlungsverzüge, häufig auch Privatinsolvenzen vieler Haushalte mit sich brachten. Die weltweit verkauften Anleihen, in denen diese „geplatzten" Hypothekenkredite gebündelt waren, verloren daraufhin an Wert, und weltweit gerieten Kreditinstitute, die in diesen Anleihen investiert hatten, in „Schieflage". Vor allem aber brach der Markt für Interbankenkredite zusammen, weil jede Bank vermutete, dass ihr Wettbewerber vor allem deshalb Kredite brauchte, weil er in diesen nun kaum noch werthaltigen Anleihen investiert hätte. Dieser Interbankenhandel ist aber eine wesentliche Grundlage für das Bestehen des Bankensystems.

Die Finanzkrise zum Ende des ersten Jahrzehnts im neuen Jahrtausend zeigte die Anfälligkeit des Finanzsystems schonungslos auf. Eine Ursache der Krise waren unterkapitalisierte Kreditinstitute,

Eine andere Ursache sehen Bankenkritiker aber auch in den problematischen Anreizen innerhalb des Banken, dem Bonussystem für Finanzmanager: Dabei werden nicht nur die exorbitante Höhen mancher Boni (die im Extremfall dreistellige EURO-Millionenbeträge pro Jahr erreichen) kritisiert, sondern – und vor allem - auch die gefährlichen Bedingungen für diese Bonuszahlung: Boni werden häufig für kurzfristige Gewinne gezahlt, oftmals nicht aufgrund von Jahres-, sondern von Quartalszahen. Eine Verlustbeteiligung sahen die Anstellungsverträge der Finanzmanager hingegen praktisch nicht vor, bei Verlusten des Geldinstituts hatten sie lediglich ein Schrumpfen der Bonuszahlungen zu befürchten. Nicht zuletzt wegen dieser Bonizahlungen verstrickten sich manche Geldinstitute viel zu tief in Spekulationen.

In diesem Zusammenhang sind vor allem die Termingeschäfte (auf Wertpapiere, Währungen, Rohstoffe usw, z. B. aber auch auf Lebensmittel) zu nennen. In solchen Geschäften einigen sich die Vertragspartner auf Lieferung und Bezahlung eines Wirtschaftsgutes in der Zukunft, legen aber schon bei Vertragsabschluss Preise und sonstige Konditionen fest. Dies sorgt einerseits für eine stabile Kalkulationsgrundlage, andererseits wohnt diesen Geschäften immer auch ein Spekulationscharakter inne.

Banken sind aber für jede Volkswirtschaft von zentraler Bedeutung. Wenn das Bankensystem „zusammenbricht" – da sind sich die Volkswirtschaftler einig – dann bricht das gesamte Wirtschaftssystem zusammen. Daher wurde die Finanzkrise weltweit mit staatlichen Hilfsprogrammen bekämpft, die sich deutlich am Keynesianismus anlehnten. In den USA wurden Ende 2008 vom Staat 700 Mrd. US-\$ für die Bekämpfung der Finanzkrise zur Verfügung gestellt, in Deutschland wurden 470 Mrd. EURO vor allem als Garantie für den ins Stocken geratenen Interbankenhandel als „Rettungsschirm" aufgespannt. Dies half mit, alle größeren Banken zu retten (zumindest in Deutschland), auch wenn diese sehr stark an Substanz verloren. Kleinere Banken wie die Valovis-Bank AG (früher KarstadQuelle-Bank) in Essen wurden „wertschonend" abgewickelt; die Kunden von anderen Kreditinstituten übernommen.

Überall sanken die Aktienkurse, zuerst von Unternehmen der Finanzbranche, später auf breiter Front. Da viele Kreditinstitute aufgrund der beschriebenen Zusammenhänge kaum noch Geld für Kreditvergaben zur Verfügung stellen konnten, ergab sich in vielen Volkswirtschaften eine „Kreditklemme": Nicht wenige Unternehmen der „Realwirtschaft" erhielten ihre notwendigen Kredite nicht mehr und gerieten ebenfalls in Liquiditätsprobleme, die bei einer „normalen" Situation auf den Finanzmärkten gar nicht aufgetreten wären. Auch die Verbraucher fürchteten nun finanzielle Engpässe, was zu einem Konsumeinbruch führte, insbesondere bei der Anschaffung von Autos. Der Automobilabsatz stockte weltweit, insbesondere die amerikanischen Autoproduzenten General Motors, Ford und Chrysler (mit ihren immer noch sehr hohen Anteil an Autos mit hohem Kraftstoffverbrauch) gerieten in Liquiditätsschwierigkeiten; Opel, Ford, Daimler und BMW verfügten in mehreren deutschen Werken einen zeitweisen Produktionsstopp.

Aus der Finanzkrise entwickelte sich also eine allgemeine Wirtschaftskrise, die auch die Realwirtschaft erfasst hatte. Die meisten Staaten antworteten hierauf (in einem zweiten Schritt nach den Hilfen für die Kreditwirtschaft) mit milliardenschweren „Konjunkturprogrammen". In Deutschland wurden z. B. umfangreichere Abschreibungen ermöglicht und eine „Verschrottungsprämie" von 3.000 EURO ausgelobt, wenn ein fabrikneues Auto gekauft und gleichzeitig ein altes „verschrottet" wurde. Natürlich konnten aber auch diese Programme nicht alle angeschlagenen Unternehmen retten.

Nicht nur die Automobilhersteller und -zulieferer, sondern auch weitere Branchen litten unter der weltweiten Krise. Die Chemieindustrie erlitt einen Umsatzrückgang und verfügte zeitlich begrenzte Produktionsstopps an verschiedenen Standorten. Der Software-Entwickler SAP begründete den massiven Kurssturz seiner Aktien mit der Tatsache, dass viele seiner mittelständischen Abnehmer ihre Bestellungen widerrufen hätten, weil sie von ihren Hausbanken keine Kredite mehr erhielten.

Neben einigen kleinen und mittleren Betrieben mussten auch bekannte Großunternehmen in den Jahren 2008 und 2009 Insolvenz anmelden. Dazu gehörten unter anderen der Nähmaschinenproduzent Pfaff, der Modelleisenbahnhersteller Märklin, der Porzellanproduzent Rosenthal, der Textilfabrikant Schiesser, der Fertighaus-Hersteller Kampa, die Warenhausunternehmen Hertie und Deutsche Woolworth, die Osnabrücker Karosserienschmiede Karmann, die Wadan-Werften in Mecklenburg-Vorpommern, der Klavierproduzent Schimmel, das Damenmodeunternehmen Escada, der Tigerpress-Verlag (Lizenznehmer der Fix-und-Foxi-Comics) sowie – als größtes Unternehmen – die Arcandor AG mit ihren Tochtergesellschaften Primondo (mit z. B. Quelle) und dem Karstadt-Warenhausbetrieb.

*Der Kaiserslauterner Blechinstrumentenhersteller Georg Michael Pfaff baute 1862 seine ersten Nähmaschinen. 1960 veränderten sich Rechtsform und Firma in **G. M. Pfaff AG.** 1999 und 2000 durchlief Pfaff zwei Insolvenzverfahren. Im Jahre 2013 wurde Pfaff von einem chinesischen Unternehmen übernommen.*

Hertie, Quelle und der Tigerpress-Verlag mussten tatsächlich 2009 den Betrieb einstellen. Die Rechte am Markennamen „Quelle" sicherte sich der ehemalige Hamburger Konkurrent Otto Versand. Andere Traditionsunternehmen lebten weiter: Kampa wurde als GmbH neu gegründet (vorher AG). Die Deutsche Woolworth wurde vom Tengelmann-Konzern aufgekauft und konzentrierte sich nunmehr auf mittelgroße Ladenlokale. Das Osnabrücker Stammwerk von Karmann wurde in den VW-Konzern eingegliedert. (VW verzichtete dabei auf die Fortführung des Markennamens Karmann.) Ebenso wie Pfaff fanden auch die Wadan-Werke, Rosenthal, Schiesser und Escada neue Investoren. Schimmel und Karstadt (unter Verzicht auf den Namen „Arcandor") überstanden ihr Insolvenz-Verfahren. Bei fast jedem Unternehmen, das die Insolvenz „überlebte", wurde dies aber mit Betriebsverkleinerungen und Arbeitsplatzverlusten „erkauft".

WKN 569 213   STÜCK 1

Nr.008255

EINE VORZUGSAKTIE
ÜBER
FÜNFZIG DEUTSCHE MARK
DER INHABER DIESER VORZUGSAKTIE
IST MIT FÜNFZIG DEUTSCHE MARK
AN DER ESCADA AKTIENGESELLSCHAFT, MÜNCHEN,
NACH MASSGABE IHRER SATZUNG
ALS AKTIONÄR BETEILIGT.
MÜNCHEN, IM APRIL 1986

ESCADA
AKTIENGESELLSCHAFT
DER AUFSICHTSRAT   DER VORSTAND

VORSITZENDER

KONTROLLUNTERSCHRIFT

Die Firma **Escada** *war eine Weiterführung der Strickwarenfabrik Srb GmbH in München. Margaretha Srb, ein Model aus Schweden und gleichzeitig eine gelernte Schneiderin, hatte nach dem Tod ihres Mannes das Unternehmen zuerst übernommen, 1976 aber, zwei Jahre nach ihrer Heirat mit Wolfgang Ley in „Escada" umbenannt. Margaretha Ley konnte den Bekanntheitsgrad des Namens „Escada" durch ihre farbenfrohen, hochwertigen Entwürfe im oberen Preissegment der Damenoberbekleidung rasch steigern. 1984 wurde das Unternehmen in Escada AG umfirmiert, wenig später erfolgte ein Börsengang. Nach Margaretha Leys Tod im Jahre 1992 übernahm ihr Mann Wolfgang die Geschäftsführung (vgl. seine Faksimile-Unterschrift auf der abgebildeten jungen Aktie für den Börsengang), entwickelte sich aber zum Minderheitsaktionär. Die Finanzkrise 2007 ff. führte auch bei Escada zu hohen Umsatzeinbußen, so dass das Unternehmen 2009 insolvent wurde. Dieses Insolvenzverfahren endete aber noch im gleichen Jahr, als Escada von Megha Mittal übernommen wurde, der Tochter des indischen „Stahl-Gurus" Lakshmi Mittal.*

Von der weltweiten Wirtschaftskrise konnten sich nicht alle Staaten gleichzeitig erholen. Während die USA und „EURO-Nordstaaten" (z. B. Deutschland, Finnland und die Niederlande) relativ schnell wieder ein stabiles Wirtschaftswachstum verzeichnen konnten, verblieben andere Länder, insbesondere im südlichen EURO-Raum, in der Rezession.

Da gerade die EURO-Länder während der Finanzkrise riesige Geldsummen erst zur Stützung ihrer Finanzinstitute, später zur Bekämpfung der gesamtvolkswirtschaftlichen Rezession aufwendeten, entwickelte sich zu Beginn der 2010er Jahre die EURO-Krise, in deren Verlauf die EU, die Europäische Zentralbank EZB und der Internationale Währungsfonds IWF (die sogenannte „Troika") zuerst Griechenland massiv unterstützen mussten. Trotzdem wurden griechische Staatsanleihen nur noch teilweise zurückgezahlt. (Die „Finanzaufsicht" über Griechenland endete erst im Jahre 2022.) Weitere Länder, Zypern, Portugal und Spanien, aber auch Irland, erhielten ebenfalls Unterstützungsleistungen. In unterschiedlicher Intensität verspürten diese Volkswirtschaften die Nachteile der Konzentration auf wenige Branchen: Spanien krankte an den Problemen seiner überdimensionierten Immobilienbranche, Irland und Zypern an der dominierenden Bankenbranche innerhalb ihrer Volkswirtschaften.

Die angesprochenen nördlichen EURO-Länder hatten ihre Volkswirtschaften schon vor der Krise durch entsprechende Reformen wettbewerbsfähig gestaltet, in Deutschland z. B. durch die sogenannten „Hartz-IV-Gesetze" im Bereich der Sozialversicherung. (Ob die dadurch gestiegene Wettbewerbsfähigkeit Deutschlands auch zu einer Wohlstandsmehrung in der gesamten Bevölkerung geführt hatte, ist allerdings umstritten.) Solche wirtschaftspolitischen Maßnahmen waren in vielen südlichen Ländern unterlassen worden. Aus diesem Grund war der EURO daher für Deutschland, die Niederlande oder Finnland eher zu niedrig bewertet, was den Warenexport dieser drei Länder zusätzlich forcierte, während der EURO für Länder wie Griechenland eher zu hoch bewertet war; griechische Waren wurden in der übrigen Welt zu teuer. Langfristig können solche „Schieflagen" innerhalb der EURO-Länder nur durch eine harmonisierte Wirtschaftspolitik vermieden werden. Diese war aber nicht in Sicht, und daher zeigte sich hier ein „Geburtsfehler" bei der Einführung des EURO.

Der GAU im Kernkraftwerk Fukushima (Japan) 2011

Im März 2011 wurde das japanische Kernkraftwerk Fukushima durch einen Tsunami schwer beschädigt. Es kam zu Reaktorschmelzen, wobei große Mengen an radioaktivem Material freigesetzt wurden. Dieser Unfall war der bedeutendste Zwischenfall in einem KKW seit dem „GAU" (größten anzunehmenden Unfall) in Tschernobyl (UdSSR) im Jahre 1986).

Die CDU-geführte Bundesregierung initiierte daraufhin unverzüglich die „Energiewende" weg vom Atomstrom, auch wenn zwei der bedeutendsten deutschen Unternehmen, RWE und E.ON (bis dahin zeitweise das größte deutsche Unternehmen, gemessen am Aktienwert) dadurch nachhaltig geschwächt wurden. Dieser Vorgang zeigte ebenso deutlich das Primat der Politik (unterstützt durch die Mehrzahl der Bürger) gegenüber der Wirtschaft auf wie die Reaktion auf die nächste Krise:

Die Krim-Krise 2014

Im Jahre 2014 trennte Russland völkerrechtswidrig mit Waffengewalt die Halbinsel Krim von dem Nachbarland Ukraine ab und fügte sie in den eigenen Staatsbereich ein. Gleichzeitig unterstützte Russland die Separationsbewegungen im Osten der Ukraine.

Der „Westen" (insbesondere die USA und die EU) antwortete mit Wirtschaftssanktionen. Vor allem wurden bestimmte Exporte nach Russland untersagt, beispielsweise Waffen- oder Nahrungsmittelexporte.

Die deutsche Wirtschaft war von dieser Entwicklungen überdurchschnittlich betroffen: Die BASF konnte das bei der Konzerntochter Wintershall angesiedelte Gashandels- und Gasspeichergeschäft nicht an den russischen Partner verkaufen und natürlich auch nicht die im Gegenzug vereinbarten Anteile an sibirischen Erdgasfeldern erhalten. Die durch die „Energiewende" wirtschaftlich angeschlagene RWE AG wollte ihre Erdöl- und Erdgas-Explorations-Geschäftssparte DEA (Upstreamgeschäft mit fast 200 Uspstream-Öl- und Gaslizenzen in der Nordsee und im Nahen Osten) verkaufen. Die Verkaufsverhandlungen zogen sich aber hin. Die DEA konnte nicht schon – wie geplant – im Jahre 2014, sondern erst ein Jahr später an die in Luxemburg ansässige LetterOne Group, eine Investmentgesellschaft im Herrschaftsbereich des russischen Öl- und Banken-Milliardärs Michail Fridman, verkauft werden. (Das „Downstreamgeschäft" der DEA mit den Tankstellen war schon 2002 an Shell verkauft worden). Die Salzgitter AG stoppte die geplante Röhrenherstellung (in der Tochtergesellschaft Mannesmannröhren) für das vorläufig abgesagte South-Stream-Pipeline-Projekt. Darüber hinaus sorgen sich auch viele mittlere und große Unternehmen um ihre Russlandgeschäfte.

Der Flüchtlingsstrom 2015 ff.

Schon innerhalb Europas war das Flüchtlingsproblem (insbesondere aus den Ländern des ehemaligen Jugoslawiens) auch im 21. Jahrhundert niemals vollständig beendet gewesen; aus den außereuropäischen Ländern kamen Flüchtlinge aus Kriegsgebieten (Afghanistan, Sudan etc, ab 2016 in großer Anzahl Syrien) hinzu. Viele weitere Flüchtlinge, insbesondere aus Afrika, werden häufig als „Wirtschaftsflüchtlinge" bezeichnet, die in ihren Ländern nicht wegen ihrer Herkunft, ihrer Religion etc. verfolgt werden, sondern in ihrer Heimat am Existenzminimum leben und sich von einem Leben in Europa eine deutliche Verbesserung ihrer Lebenssituation versprechen. Dieser Flüchtlingsstrom sorgte für erbitterte Debatten in Bevölkerung und Politik und die politisch weit rechts angesiedelte Partei „AfD" eroberte Plätze in verschiedenen deutschen Parlamenten, ohne aber irgendwo politische Entscheidungsmacht zu erreichen. 2017 ebbte der Flüchtlingsstrom vorerst wieder ab.

Für die Wirtschaft stellte dieser Flüchtlingsstrom keine besondere Herausforderung dar. Im Gegenteil: Mehrere Vertreter der Wirtschaft begrüßten die Flüchtlinge zuerst fast schon euphorisch, weil sie sich dadurch mittelfristig eine Verbesserung des Arbeitskräftemangels in verschiedenen Berufen, insbesondere im Handwerk, versprachen. Diese Hoffnung erfüllte sich aber nur sehr ansatzweise, weil viele der Asylsuchenden über eine sehr geringe Bildung verfügten und nicht, wie vermutet, schon nach einem Jahr (mit intensiver Schulung in der deutschen Sprache) ausbildungs- bzw. arbeitsfähig wurden. Viele Flüchtlinge waren an den vergleichsweise gering bezahlten Ausbildungsplätzen auch deshalb nicht interessiert, weil sie sich vor allem in der Pflicht sahen, ihre in den Heimatländern zurück gebliebenen Verwandten bestmöglich zu unterstützen.

Die Corona-Pandemie 2020 ff.

Die Weltwirtschaft befand sich bis zum Frühjahr 2020 im Aufschwung. Dann schlug der Corona- Virus „SARS-CoV-2" zu und sorgte für die größte Pandemie seit der Spanischen Grippe 100 Jahre zuvor.

Am 31.12.2019 wurde in Wuhan (China) der erste Fall einer neuen Lungenkrankheit diagnostiziert, die weltweit den Namen „Covid-19" erhielt. Der Corona-Virus erreichte schon im nächsten Monat Europa, auch Deutschland. In Deutschland verstarben allein im Jahr 2020 mehr als 30.000 Menschen an Corona, außerdem starben über 6.000 weitere Personen zwar nicht direkt an Corona, waren aber mit Covid-19 infiziert.

Bundes- und Landesregierungen in Deutschland reagierten 2020 schnell: Es gab ungeahnte gesellschaftliche Einschränkungen: In Schulen, Kindergärten und Universitäten fiel der Unterricht aus, Messen, Kultur- und Sportveranstaltungen wurden ausnahmslos abgesagt, Grenzen auch innerhalb der EU geschlossen (in der Regel mit Ausnahmen z. B. für berufliche Pendler, insbesondere im Gesundheitswesen), kulturelle Betriebe (Theater, Zoos etc.), Körperpflege-Dienstleistungen (Friseure, Kosmetikstudios, auch Fitnessstudios etc.) und „Amüsierbetriebe" (von Tanz- und Musik-„Clubs" bis hin zu Bordellen) wurden geschlossen, ebenso jegliche Ladenlokale, die nicht der unmittelbaren Versorgung dienten. Lebensmittel, Apotheken, Drogerien, Tierbedarfshandlungen, Kioske etc. durften geöffnet bleiben, unterlagen aber strengen Zugangsbestimmungen. Restaurants durften nur noch außer Haus verkaufen oder liefern. Zusammenkünfte mit mehr als 2 Personen wurden verboten (Ausnahme: mehrköpfige Haushalte). Am 17. März 2020 wurde eine weltweise Reisewarnung ausgesprochen, was jede gebuchte Auslandsreise unmöglich machte. Auch innerhalb Deutschlands wurde der Tourismus schrittweise untersagt. Dieser „Lockdown" wurde prinzipiell – mit verschiedenen Variationen und zwischenzeitlichen Lockerungen – bis zum Frühjahr des nächsten Jahres aufrecht erhalten.

Die Folgen dieser Einschränkungen – auch für die Wirtschaft – waren dramatisch: Die Zahl der Kurzarbeiter stieg in Deutschland bis Ende April auf 10 Mio an; die Anzahl der Arbeitslosen vergrößerte sich im April um 300.000. Der private Konsum ging zurück. Die Börsenkurse fielen steil nach unten; der DAX z. B. gab von 13.789 Punkten am 19. Februar 2019 auf 8.442 Punkte am 13. März 2020 nach. Das entsprach einem Kursverfall von mehr als 38 %.

Bund und Länder zusammen verabschiedeten innerhalb weniger Tage „Hilfspakete" in einer Gesamthöhe von mehr als 200 MRD EURO, die sich aus Beihilfen und Krediten zusammensetzten und zusätzlich einen erleichterten Zugang für Kurzarbeitergeld beinhalteten. Im Juni einigte sich die Regierungskoalition auf ein ca. 130 MRD schweres Konjunkturprogramm, deren Herzstück die Reduzierung des Mehrwertsteuersatzes von 19% auf 16% war (begrenzt bis zum Jahresende). Finanziell unterstützt wurden neben Unternehmen (durch Überbrückungshilfen) auch Eltern (durch eine Einmalzahlung von 300 EURO pro Kind) und finanzschwacher Kommunen. Außerdem wurde die staatliche Kaufprämie für E-Autos von 3.000 auf 6.000 EURO verdoppelt; eine allgemeine Kaufprämie für Autos aller Antriebsarten wurde abgelehnt. Darüber hinaus wurden auch Gelder für Investitionen bereitgestellt.

Durch ein weiteres Bundesgesetz wurden Mieter mittelfristig vor Kündigungen aufgrund von Mietrückständen geschützt. Dies wurde von mehreren Unternehmen (Adidas, Deichmann, C&A, H&M) genutzt, um Mietzahlungen vorübergehend einzustellen.

Adidas war neben dem Tourismuskonzern TUI auch das erste Großunternehmen, das staatliche Kredite nachfragte. Im Dezember stieg der Staat auch mit 25 % des Aktienbestands bei dem Touristikkonzern TUI ein, da die zuvor eingeräumten staatlichen Kredite nicht ausgereicht hatten. Ende April wurde auch dem Flugunternehmen Condor ein Überbrückungskredit bewilligt (zum zweiten Mal seit dem Zusammenbruch des Reisekonzerns Thomas Cook). Der Condor-Konkurrent Ryanair sorgte dafür, dass die Rechtmäßigkeit dieser Überbrückungskredite später rechtlich überprüft werden mussten.

Ebenso wie die TUI beschaffte sich auch die Lufthansa beschaffte sich eine staatliche Beteiligung am Unternehmen. Sie hatte mehr als 90 % ihrer Flüge stornieren und mehr als 100 Passagierflugzeuge zeitweilig stilllegen müssen, weil der Flugverkehr fast zum Erliegen gekommen war. Im Juni 2020 beteiligte sich der Staat mit 20 % an der notleidenden Fluggesellschaft, die im Gegenzug dazu (aufgrund von Auflagen der EU-Wettbewerbsbehörde) ein paar Flugzeuge verkaufen und ein paar Landerechte an Konkurrenten abgeben musste.

Auch die Flughäfen wurden unterstützt, weil beispielsweise im April an den deutschen Flughäfen 98,6% weniger Passagiere gezählt als im Vorjahresmonat. (Im April flogen fast nur noch Passagiermaschinen, die im Auftrag der Bundesregierung Urlauber aus dem Ausland zurückholten.) Der Flughafen Frankfurt-Hahn, der sechstgrößte Transportflughafen Deutschlands, meldete Insolvenz in Form eines „Schutzschirmverfahrens" an.

Das „Schutzschirm"-Verfahren ist, vereinfacht ausgedrückt, ein Insolvenzverfahren in Eigenregie, ohne festgestellte Zahlungsunfähigkeit und ohne den makelbehafteten Begriff „Insolvenz". Das „Schutzschirmverfahren" gibt der Geschäftsführung des Unternehmens (unterstützt durch einen gerichtlich bestellten Sachwalter) drei Monate Zeit, um einen Sanierungsplan aufzustellen. In dieser Zeit ist es vor den Gläubigern geschützt.

Unter diesen „Schutzschirm" flüchteten auch weitere bekannte Namen, z B. der Elektro-Scooter-Hersteller e.Go, vor allem aber Betriebe mit direktem Kundenkontakt wie das Warenhausunternehmen Galeria Karstadt Kaufhof, die Mode- bzw. Textilfilialisten Adler Modemärkte, Sinn (früher Sinn-Leffers), Esprit und das ehemalige Douglas-Holding-Unternehmen AppelrathCüpper, die Deutsche Confiserie Holding (Arko, Eilles, Hussel), Sport Voswinkel, die Steakhaus-Ketten Vapiano und Maredo sowie Europas größter Bordellbetrieb Pascha in Köln. Alle genannten Unternehmen konnten (nach unterschiedlichen Sanierungsmaßnahmen) ihre Geschäfte aufrecht erhalten oder später wieder aufnehmen (ggf. nach unterschiedlichen Umstrukturierungen): viele andere, weniger bekannte Betriebe blieben aber endgültig auf der Strecke.

Viele Unternehmen klagten verstärkt über Belieferungsprobleme für Rohstoffe aus Asien. Aufgrund der rigurosen Covid-Einschränkungen in China brach der Import aus diesem größten Außenhandelspartner Deutschlands besonders kräftig ein. Die Materialknappheit betraf insbesondere die Hersteller von Gummi- und Kunststoffwaren, aber auch die Verwender von Halbleitern (hier vor allem die Produzenten von Automobilen und Maschinen bzw. Geräten der Kommunikations- und Unterhaltungselektronik). Die Materialknappheit aufgrund von unterbrochenen internationalen Lieferketten war in vielen Branchen (auch in der für Deutschland besonders wichtigen Automobilbranche) ein Grund für Produktionsausfälle und Kurzarbeit. Eine Reaktion darauf war der Versuch, die bisherige Konzentration der Halbleiterherstellung im Ausland (vor allem in China) aufzuhebeln. Daher wurde 2022 die Übernahme der Münchner Siltronic AG durch das taiwanesische Unternehmen GlobalWafers durch die Bundesregierung untersagt. Siltronic stellte vor allem „Wavers" her. Diese sind die Grundplatten für elektronische Bauelemente, z. B. für integrierte Schaltkreise (die bekannten „Chips").

Manche Unternehmen konnten von Corona aber auch profitieren. Das galt vor allem für Paketdienste, Internethändler und den Elektrofahrradmarkt, aber auch für Spezialunternehmen, z. B. für die Hersteller von qualitativ hochwertigen Pharmaverpackungen, z. B. von Fläschchen für Impfstoffe. Auch viele Handwerksunternehmen hatten volle Auftragsbücher, da die Verbraucher nicht in Urlaub reisen oder in Restaurants speisen konnten, investierten sie viel Geld in die „eigenen Wände". Die Folge waren hohe Lieferzeiten und steigende Preise.

Die EU investierte ab Mitte April 500 MRD EURO in ein Rettungspaket, das aus Kreditzusagen des EURO-Rettungsfonds ESM, Darlehen der Europäischen Investitionsbank EIB und aus einem europäischen Kurzarbeitergeld bestand.

Ansonsten wurde die internationale Kooperation wurde auf eine harte Probe gestellt: So gab es mehrfach Streit auf internationaler Ebene um den weltweit geringen Bestand von medizinischen Ausrüstungen. Die USA z. B. beschlagnahmten in Asien eine Sendung von Atemmasken, die von dem Land Berlin dort bestellt und schon zur Ausfuhr bereit lagen. Das biopharmazeutische Unternehmen CureVac AG aus Tübingen, das mehrheitlich dem SAP-Mitgründer und Fußballsponsor Dietmar Hopp (TSG Hoffenheim) gehört, wurde von der amerikanischen Trump-Regierung mit hohen Zahlungen zum Umzug in die USA aufgefordert. Forscher des Unternehmens wurden ebenfalls geködert. Der Grund dafür war, dass CureVac ein führendes Unternehmen in der Coronavirusforschung war. Dietmar Hopp widersetzte sich den Avancen der Amerikaner, weil diese eventuellen Erfolge des Labors nur den USA zugute kommen lassen wollten. Hopp, der als einer der reichsten Männer Deutschlands gilt, bestand aber darauf, dass ein eventuell von CureVac entwickeltes Serum allen Menschen zur Verfügung gestellt werden sollte. Im Juni 2020 beteiligte sich der deutsche Staat mit 23 % an Curevac. Wirtschaftsminister Altmaier erklärte dazu: „Germany is not for sale."

Im November 2020 meldete das Mainzer Unternehmen Biontech SE zusammen mit seinem amerikanischen Partner Pfizer einen Erfolg bei der Entwicklung ihres Impfstoffes. Da weitere Hersteller bald folgten, verminderte sich ab 2021 die Zahl der Corona-Kranken und –Toten durch die Impfungen erheblich.

Der „Brexit" zum 31.12.2020

Die Mehrzahl der britischen Bevölkerung, angeführt vom späteren Premierminister Boris Johnson, sah den Austritt des Vereinigten Königreichs aus der EU zwar als „Befreiung" an, aber die Beziehung zwischen dem UK und den verbliebenen 27 EU-Mitgliedern verkomplizierte sich und für die Wirtschaft war der „Brexit" ein herber Rückschlag, allerdings mehr für die britische Wirtschaft als für die Wirtschaft in der EU. Für die EU war der Austritt Großbritanniens vor allem ein politischer Rückschlag.

Der Krieg in der Ukraine

Im Februar 2022 schien die Weltwirtschaft wieder in Schwung zu kommen. Inzwischen waren mehrere wirksame Impfseren auf dem Markt und der nun vorherrschende Corona-Virus, die „Omikron-Variante", war zwar hochansteckend, aber in der Regel weniger gefährlich als seine Vorgänger.Offenbar hatte die Corona-Pandemie ihren Höhepunkt überschritten,

Aber die nächste Katastrophe ließ nicht lange auf sich warten: Am 24. Februar 2022 überfielen russische Streitkräfte auf Befehl des Staatspräsidenten Wladimir Putin die neutrale Ukraine. Die EU und andere westliche Staaten antworteten mit Waffenlieferungen an die Ukraine, mit Verlegung von Streitkräften in die osteuropäischen Staaten und mit abgestimmten Wirtschaftssanktionen.

Die Auswirkungen auf die deutsche Wirtschaft (und die Weltwirtschaft) waren deutlich spürbar. Deutschland importierte zu Beginn des Krieges unterschiedliche Rohstoffe aus Russland, darunter ungefähr ein Drittel seiner Erdöl-Einfuhren und sogar 55% seines Erdgasbedarfs. Der Fortbestand dieser Lieferungen wurde fraglich, auch, weil mehrere russische Banken vom internationalen „Swift"-Zahlungsverkehrssystem ausgeschlossen wurden. Die Bundesregierung stoppte das Genehmigungsverfahren für die „North-Stream-II"-Pipeline. Im Anschluss daran mussten die an North-Stream-2 beteiligten Investoren ihre Anlagen und Kredite abschreiben.

Die über lange Zeit erfolgreiche „Geschäftsidee" des Wirtschaftsstandorts Deutschland (Rohstoffe und Energie preiswert einkaufen, im eigenen Land hochwertige Produkte herstellen und diese überall in der Welt teuer verkaufen) funktionierte aufgrund der gestörten Lieferketten und der drastisch verminderten Energieimporte aus Russland nicht mehr so reibungslos wie zuvor. Die Folge war eine enorme Verteuerung der Energiekosten in Deutschland, auch weil die SPD/Grüne/FDP-Regierung fast gleichzeitig infolge ihres ökologischen Politikansatzes einerseits die Atomenergie in Deutschland beendete und die Kohleverstromung verringerte, andererseits die Infrastruktur für die „alternativen" Energiequellen noch lange nicht in ausreichendem Maß vorhanden waren. Daher musste Strom im Ausland nachgekauft werden.

Deutschland versuchte (wie alle anderen NATO- und EU-Länder auch) die Abhängigkeit von den russischen Gaslieferungen zu vermindern. Ein Schritt in diese Richtung wurde schon im Mai 2022 getätigt, als die Bauarbeiten für das erste von mehreren geplanten LNG-Terminals (für mit Schiffen angeliefertes Flüssiggas) in Wilhelmshaven begannen.

Viele westliche Firmen belieferten Russland (und das mit ihm verbündete Weißrussland) mit vielen Produkten nicht mehr und stellten auch ihre Produktionen in Russland ein (schon eine Woche nach Kriegsausbruch z. B. BMW, Mercedes und VW). Andere schlossen sich diesem Boykott nicht an, z. B. die Bayer AG, die damit argumentierte, dass eine Nichtbelieferung der russischen Bevölkerung mit Arzneimitteln inhuman sei und zudem die Falschen treffen würde.

Auch die Exporte der Ukraine verringerten sich, insbesondere die Ausfuhr von Weizen und anderen Lebensmitteln. Dies betraf Europa, vor allem aber auch Entwicklungsländer in Afrika.

Wieder einmal schlug in einer Krisenzeit die Stunde der Spekulanten (negativer ausgedrückt: der Kriegsgewinnler). Dabei gerieten besonders die großen Ölgesellschaften in den Verdacht: Die Benzin- und Dieselölpreise stiegen an den Tankstellen im März in kurzer Zeit um mehr als 40 Cent pro Liter, obwohl es noch gar nicht zu Verknappungen der Öllieferungen gekommen war. Die multinationalen Ölkonzerne aber verbuchten hohe Gewinnsteigerungen. Auch als der Weltmarktpreis für Rohöl sich kurze Zeit später wieder auf dem „alten" Niveau einstellte, fielen die Preise an den Tankstellen nur langsam und nicht in dem entsprechenden Maße.

Der Staat reagierte u. a. mit verschiedenen Sonderzahlungen sowie mit „Preisdeckelungen" im Gasgeschäft für Privatpersonen und Firmen. Für drei Monate gab es das 9-EURO-Monatsticket, das für den ÖPNV im gesamten Bundesgebiet galt. Außerdem gab es eine (ebenfalls dreimonatige) deutliche Verminderung der Kraftstoffsteuer.

*Die obige Faksimile-Abbildung einer Aktie der 1970 gegründeten **Eifelhöhen-Klinik AG** (Köln) zeigt das 1975 in Betrieb genommene Stammhaus der Unternehmung. 2019 wurde der Betrieb in der Marmagener Eifelhöhen-Klinik zeitweise aufgrund von Hygienemängeln eingestellt, kurz darauf wurde die Stammklinik (nun: Eifel-Klinik Marmagen GmbH) insolvent. Die jüngere Geschiche der Eifelhöhen-Klinik in Netters-heim-Marmagen spiegelt die Krisen der 2020-er Jahre wider. Nach der Insolvenz wurde das Gebäude zuerst (2020) als Corona-Impfzentrum, später (2022) als Flüchtlingsheim (vor allem für Flüchtlinge aus der Ukraine) genutzt. (Von der Schließung, der Insolvenz und den nachfolgenden Maßnahmen nicht betroffen war die Eifelhöhen Klinik AG in Bonn, die sich zwischenzeitlich von der GmbH getrennt hatte.)*

Die Gasimporteure mussten wegen der eingeschränkten Erdgas-Lieferung aus Russland teure Ersatzbeschaffungen durchführen (ohne diese sofort auf ihre Abnehmer abwälzen zu können. Da diese Gasimporteure aber „systemrelevant" waren, wurden die größten Importeure, Uniper und Sefe (das frühere Gazprom Germania) praktisch (durch Ankauf ihrer Aktien) für einen gewissen Zeitraum verstaatlicht.Im Sommer 2021 hatte die EZB ihr zu erreichendes Inflationsziel von „knapp unter 2% p.a." auf „genau 2% p.a" erhöht. Da dieses Ziel mittelfristig erreicht werden soll, sind temporäre Abweichungen nach oben und unten erlaubt, was der EZB eine Weiterführung der „Politik des billigen Geldes" ermöglichte. Diese Entscheidung fiel zu einer Zeit, in der die Deflations-Sorgen überwunden waren und die Inflation in Europa die 2-%-Grenze (insbesondere durch Nachhol-Konsum nach der Corona-Krise sowie aufgrund von Lieferengpässen in der Produktion) überschritten hatte. Im Jahre 2022 erhöhte sich die Inflationsrate infolge des Russland-

Ukraine-Konflikts zeitweise auf mehr als 10% p.a. Die Europäische Zentralbank in Frankfurt (EZB) reagierte mit mehrfachen Zinserhöhungen und beendete damit eine seit der Wirtschaftskrise 2007 ff. anhaltende Niedrigzinsphase.

Diese Geldentwertung bekamen häufig wieder einmal die Unternehmen zu spüren, die auch schon unter der Corona-Krise gelitten hatten. So musste z. B. der Kaufhauskonzern Galeria Karstadt Kaufhof wieder einmal Insolvenz anmelden und kündigte an, dass in der näheren Zukunft von den verbliebenen 131 Filialen mindestens 30 % geschlossen werden sollten. Weitere Insolvenzen betrafen bekannte Unternehmen wie das Schuhhandelsunternehmen Görtz und den Sanitärpapierhersteller Hakle.

Aspekte der gesellschaftlichen Entwicklung

Das Statistische Bundesamt schätzte für 2021 eine Bevölkerungszahl von knapp über 83 MIO. Der Zuwachs war vor allem eine Folge der Zuwanderung und der höheren Geburtenzahlen in Familien mit Migrationshintergrund.

Gestiegene Kosten der Sozialversicherungen, begründet unter anderem durch den technischen Fortschritt auch im Gesundheitswesen, die Kosten der Wiedervereinigung und der demografischen Wandel der deutschen Gesellschaft (mit dem Schlagwort „Vergreisung" zwar sehr plakativ, aber grundsätzlich richtig dargestellt) führten zu einer Reform der Sozialversicherungen: Die Kohl-Regierung (CDU/FDP) führte 1995 die Pflegeversicherung ein. Ab 2000 folgte (durch die Schröder-Regierung SPD/Grüne) eine Reform der Altersrentenversicherung mit einem späteren regelmäßigen Renteneintrittsalter (mit 67 statt 65 Lebensjahren) und einem „demografischen Faktor" bzw. „Nachhaltigkeitsfaktor", der die Quote zwischen Einzahlern und Empfängern von Leistungen der Rentenversicherung berücksichtigte (und durch die demografische Entwicklung Deutschlands ebenfalls zu einer Rentenkürzung führte).

In weiten Teilen der Bevölkerung wurden diese Einschränkungen des Sozialstaats ebenso mit Sorge betrachtet wie die Globalisierung des Arbeitsmarkts. Die „Deutschland AG" wurde ab den 1980er Jahren systematisch abgebaut. Die internationale Konkurrenz führte seit Ende des 20. Jahrhunderts weltweit, also auch in Deutschland, zu einer Entlastung der Unternehmenssteuern und zu einer Belastung der Verbraucher, z. B. in Form der Erhöhung der Mehrwertsteuer (2007) und zu einer Kürzung der Sozialleistungen (insbesondere bei den Renten und durch die Umsetzung der „Hartz-IV"-Gesetze für Langzeitarbeitslose und sozial Bedürftige). Trotzdem wurden vor allem „einfache" Arbeitsplätze ins Ausland verlagert. Die Wirtschaftsaufschwünge im neuen Jahrtausend (die mehrfach durch Krisen unterbrochen wurden) gingen nach Meinung vieler Bürger an den Beziehern kleinerer und mittlerer Einkommen vorbei.

Wenn in Zeiten der Wirtschaftsaufschwünge tatsächlich die Arbeitslosenquote deutlich verringert wurde, so geschah das auch durch die zahlenmäßige Zunahme sogenannter „prekärer" Arbeitsverhältnisse: Teilzeitarbeit, befristete Arbeitsverträge, Quasi-Selbstständigkeit, Leiharbeit und Niedriglohnverträge (auf die der Staat mit der Einführung von Mindestlöhnen reagierte). Seit dem Jahr 2013 war ungefähr die Hälfte aller neu abgeschlossenen Arbeitsverträge befristet. Die Flexibilisierung des Arbeitsmarktes kam der internationalen Wettbewerbsfähigkeit der deutschen Unternehmen sicherlich entgegen; eine längerfristige Planungssicherheit ist in den entsprechenden Privathaushalten aber nicht mehr gegeben; daher konnte auch z. B. die Wohnungsbau-Branche von dem Wirtschaftsaufschwung nur bedingt profitieren. Außerdem besteht bei diesen „prekären" Arbeitsverhältnissen ein latentes Risiko der Altersarmut.

Viele Erwerbstätige, nicht nur im Osten, empfanden auch eine potenzielle Arbeitslosigkeit zunehmend als Bedrohung für ihren Lebensstandard und reagierten mit Mehrarbeit. Kritische Philosophen sehen dies als Folge der neoliberalen Marktwirtschaft im 21. Jahrhundert an. Nach ihrer Meinung entwickelte sich parallel zu der „klassischen" Ausbeutung der Arbeitenden (wie im 19. Jahrhundert) ebenso eine „Selbstausbeutung", von der alle Schichten betroffen seien. Ein Scheitern in dieser Leistungsgesellschaft wird dabei von den Individuen als ihr eigener Fehler angesehen – mit Depressionen und „Burnout-Syndromen" als Folgen.

Die Lohnquote war schon vor der Wiedervereinigung stetig gesunken; dieser Trend setzte sich (mit wechselnder Intensität) auch danach fort. Während die Reallöhne seit der Jahrtausendwende sich kaum veränderten, stiegen die Vermögens- und Gewinneinkommen in der gleichen Zeit an, trotz der geringen Zinsen ab 2007.

Die gesellschaftlichen Schichten drifteten nach der Jahrtausendwende weiter auseinander. Der „Gini-Koeffizient" als internationaler Maßstab für die Ungleichverteilung des verfügbaren Einkommens abbildet, zeigte auch für Deutschland eine Zunahme der Einkommensschere auf: Noch höher liegt dieser Wert allerdings in verschiedenen Entwicklungsländern, ebenso in China und den USA.

Auch die Armuts-Gefährdungsquote stieg in Deutschland im 21. Jahrhundert kontinuierlich an. (Wer mit weniger als 60 % des mittleren Einkommens [Median] im Land auskommen muss, gilt als armutsgefährdet.) Armutsrisiken bestehen vor allem bei alleinerziehenden Elternteilen, bei Rentnern und bei Zuwanderern. Durch die überproportional steigenden Wohnkostenbelastungen (vor allem in Großstädten) und durch die höhere Arbeitslosigkeit entsteht auch hier ein Risikopotenzial, insbesondere in strukturschwachen Gegenden (wie in weiten Teilen Mitteldeutschlands oder im Ruhrgebiet).

Ähnlich sah die Entwicklung bei der Ungleichheit in der Vermögensverteilung aus: Auch hier liegt der entsprechende Gini-Koeffizient vergleichsweise hoch, ebenfalls höher als in fast allen vergleichbaren Industrieländern. (Auch hier lag die Ungleichheit in den USA aber noch höher.)

Dies alles führte in weiten Teilen der Gesellschaft zu einer zunehmenden Unzufriedenheit. Unzufriedenheit ist kein absolutes, sondern ein relatives Gefühl: Der allgemeine Wohlstand hatte in Deutschland seit den Nachkriegsjahren bedeutend zugenommen, grundsätzlich auch im 21. Jahrhundert. Sozialpolitisch brisant ist aber weniger der allgemeine Wohlstandszuwachs, mehr die auseinander klaffende Schere zwischen „armen" und „reichen" Bevölkerungsschichten sowie die Tendenz zur Zweiteilung der Gesellschaft (mit einer schrumpfenden Mittelschicht).

Diese Tendenz zur Zweiteilung der deutschen Gesellschaft macht nicht an den Grenzen der Wirtschaft halt. Auch soziale Beziehungen werden zunehmend ausschließlich in der gleichen Gesellschaftsschicht gelebt; die Zeiten, in denen Mitglieder unterschiedlicher Schichten heirateten, sind prinzipiell längst vorbei: So etwas gab es häufiger in den 1970er Jahren, seit der Jahrtausendwende nur noch in seltenen Ausnahmefällen. Während nun nahezu alle Kinder aus den oberen Schichten das Abitur am Gymnasium und in der Regel anschließend ein Studium anstreben, glauben glauben viele Jugendliche aus den unteren Schichten nicht mehr an eine höhere Bildung als den klassischen Zugangsweg zum gesellschaftlichen Aufstieg. Einen solchen versprechen sie sich mehr und mehr durch Casting-Shows oder als Influencer(in) in den Medien oder durch eine Fußballkarriere.

Auch unter dem Begriff „Kultur" herrschen zwischen den Mitgliedern beiden Schichten völlig unterschiedliche Ansichten; denn das sehr breite, tiefe und vielschichtige Kulturspektrum in Deutschland wird sehr unterschiedlich genutzt: Unterhaltungsshows im Privatfernsehen einerseits und Opernbesuche andererseits sind für die Angehörigen unterschiedlicher Schichten jeweils weitgehend unbekannt. Die „anspruchsvolle", Kunst, die endlich wieder auf ihre avantgardistischen Wurzeln aus der Zeit vor ihrer Verteufelung im Nationalsozialismus aufgreifen konnte, wird nach wie vor vornehmlich von der wohlhabenderen Bevölkerungsschicht wahrgenommen, obwohl viele Künstler damit unzufrieden sind. Stellvertretend hierfür seien die deutschen Literatur-Nobelpreisträger genannt: Heinrich Böll (1972), Gunter Grass (1999) und die um eine Generation jüngere Herta Müller (2009). Die Werke dieser Schriftsteller erwiesen sich immer auch als kritische politisch-gesellschaftliche Stellungnahmen.

Das Interesse an der Politik ging im 21. Jahrhundert zuerst einmal zurück, messbar an den rückläufigen Beteiligungen an Wahlen. In großen Teilen der Bevölkerung entwickelte sich eine Art von „neuem Biedermeier", in der die Freizeitgestaltung (mit Reisen, Privat-TV, Computer und Mobiltelefone) einen steigenden Anteil an der (gefühlten?) „Lebensqualität" erhielt. Die politische Mitbestimmung wurde erst wieder mit dem erstarkten Interesse am Umweltschutz (verstärkt ab ca. 2015), aber auch durch die Flüchtlingswelle, die Corona-Pandemie, den Krieg Russlands gegen die Ukraine und dem immer radikaler werdenden Auftreten der AfD nachhaltig im Bewusstsein der meisten Menschen verankert. Aber auch hier zeigte sich, wenngleich nicht so deutlich wie in anderen Bereichen, die angesprochene Zweiteilung der Gesellschaft:

Für den Umweltschutz engagierten sich vor allem junge Leute, z. B. in der „Fridays for Future"-Bewegung. Aber auch der Umweltschutzgedanke ist in den verschiedenen Schichten unterschiedlich stark vertreten: Oft wird kritisch angemerkt, dass viele der jungen Umweltschützer der „saturierten" Ober- und oberen Mittelschicht angehören, die sich wenig Sorgen um die eigene Zukunft (und um die Arbeitsplätze ihrer Eltern) machen müssten und die auch bei deutlichen Kostensteigerungen durch Umweltschutzmaßnahmen keine gravierenden Einschränkungen in ihrem Lebensstandard zu befürchten brauchten. Bei einem durchaus großen Teil der Bevölkerung wuchs also die Überzeugung, dass es „denen da oben" wichtiger erschien, Umwelt- und Gesundheits-politische Ziele durchzusetzen als Arbeitsplätze zu erhalten. Dabei erkennen auch die meisten Kritiker durchaus die Notwendigkeit einer Klimapolitik und teilen sogar die Meinung, dass diese in der Vergangenheit vernachlässigt worden sei; sie kritisieren aber den besonderen (manchmal auch als „ausschließlich" wahrgenommenen) Schwerpunkt der Politik und großer Teile der Medien auf die Klimaziele - zu Lasten der anderen wirtschaftspolitischen Ziele. Die großen Sorgen der Bevölkerung über die hohen Inflationsraten seit 2022 und über das stagnierende Wachstum der deutschen Volkswirtschaft (im Vergleich zu den Volkswirtschaften aller Nachbarn) mussten daraufhin von der Bundesregierung durchaus wahrgenommen werden.

Auch in anderen Bereichen der Politik drifteten Teile der Gesellschaft zunehmend auseinander: Die Angst vor dem sozialen Abstieg (z. B. vor der Arbeitslosigkeit wegen der veränderten Anforderungen im Beruf und die Sorgen wegen der steigenden Lebenshaltungskosten) sowie die Angst vor einem ungehinderten Zufluss illegaler Einwanderer führten zu einem enormen Aufschwung der rechtspopulistischen Partei AfD. Dabei spielen die modernen Kommunikationskanäle im Netz eine höchst bedenkliche Rolle: Etwa ab der Mitte der 2010er Jahre wurde deutlich, dass in den „sozialen Netzwerken" zunehmend Fehlinformationen und Falschmeldungen verbreitet werden, sogenannte „fake news", die vor allem durch politische Populisten initiiert werden. Da diese Meldungen aber in das Weltbild vieler Nutzer passen, werden die Nachrichten gar nicht mehr auf ihren Wahrheitsgehalt hin untersucht, sondern unkritisch als Beleg für die eigene Weltsicht angesehen. (Dieses Problem hat sich in allen Demokratien Europas und Amerikas entwickelt und nationalistische, meistens politisch weit rechts stehende Populisten wie Trump (USA), Erdogan (Türkei), Kaczynski (Polen), Orban (Ungarn), Johnson (Großbritannien), Berlusconi (Italien) und als besonderer Spezialfall Putin (Russland) an die Staatsspitzen gespült, die unmittelbar anschließend daran gingen, demokratische Strukturen abzubauen, um die einmal erreichte Macht nicht mehr zu verlieren.)

Auf der anderen politischen Seite wurden Meinungsfreiheit, Toleranz und Liberalität ebenfalls bedrängt, wenngleich in wesentlich subtilerer Form und mit einem anderen Ziel, nämlich der Emanzipation unterprivilegierter Bevölkerungsgruppen. Diese kritische (auch selbstkritische), manchmal auch selbstgerechte Bewegung kreierte z. B. das Bildnis des „alten weißen Mannes" als Paradebeispiel für seine (tatsächliche oder nur projektierte) Rolle als gesellschaftlicher Dominator und Unterdrücker mit einem konservativ-reaktionären Gesellschaftsbild. Der Begriff „alter weißer Mann" ist aus den USA übernommen worden und bezieht sich dort auf den in diesem Bevölkerungssegment weit verbreiteten Sexismus und Rassismus. Die dem Bild des „alten weißen Mannes" zugrunde liegende „Critical Race Theorie" ist Bestandteil einer Ideologie, zu der auch „Wokeness" (Bewusstsein für soziale Gerechtigkeit und Rassismus), „Cancel Culture" (Indizierung und Auslöschung diskriminierender Begriffe) zum Teil auch die „political Correctnes" gehören. Anhänger dieser Theorien kämpfen für die tatsächliche Gleichstellung unterprivilegierter Schichten; Kritiker verweisen auf das Fehlen jeglicher individueller Ansätze dieser Theorien, vor allem aber auch auf ihre Tendenz zur Intoleranz, da jede abweichende Äußerung (und auch die sich äußernde Person) sofort als rassistisch, sexistisch etc. abgestempelt werden kann, was jeglichen intellektuellen Diskurs mit kritischen Einwänden verhindern kann.

Die „Empörungskultur" ist in dieser „neuen Linken" also ebenso vertreten wie in dem rechten Populismus. Beide Bewegungen tendieren daher dazu, Kritik nicht argumentativ anzugehen, sondern sofort zu verdammen, was den Glauben an die eigene politische Überzeugung natürlich vereinfacht.

Zwar haben Vereinfachungen und Verallgemeinerungen im politischen Denken in Deutschland im 21. Jahrhundert tatsächlich zugenommen, hier soll dieser Fehler aber nicht begangen werden. Somit soll hier eindeutig festgestellt werden: Schon die oben angesprochene ansatzweise Zuordnung der engagierten Umweltschützer zu den oberen Gesellschaftsschichten e.v.v. ist eine grobe Vereinfachung und Verallgemeinerung; noch gröber (und damit sowohl unzutreffender als auch unzulässiger) wären diese bei einer Zuordnung der gesellschaftlichen Schichten zu den einzelnen politischen Entwicklungstendenzen (Populismus und „Wokeness"), vor allem, weil die demokratischen Grundideen von Toleranz und Liberalität in Deutschland immer noch weitgehend akzeptiert werden.

Toleranz und Liberalität gehören auch unzweifelhaft zu den Grundpfeilern für die weitere Emanzipation von bisher benachteiligten Gesellschaftsgruppen. Die Emanzipation der Frau profitierte im 21. Jahrhundert ebenfalls von US-amerikanischen Importen, z. B. der „Gender Speech" und der „Me-too"-Bewegung, sie hat aber in Deutschland immer noch einen weiten Weg. Immerhin sind inzwischen in der Öffentlichkeit Witze über Frauen verpönt. Im Arbeitsleben hat sich der Anteil der weibliche Erwerbstätigen erhöht: Waren 1991 nur ca. 57% der Frauen der Altersgruppe zwischen 15 - 65 beruflich tätig, so hat sich dieser Prozentsatz 30 Jahre später auf 72% erhöht. Während aber im gesellschaftlichen, politischen und künstlerischen Leben sowie in den öffentlich-rechtlichen Betrieben die Emanzipation der Frauen auch in nennenswertem Umfang führende Positionen erreicht hat, hat sich dies im Wirtschaftsleben noch nicht richtig durchgesetzt: Nur ca. ein Drittel aller Führungspositionen in der Wirtschaft waren mit Frauen besetzt. Erst im Jahre 2021 gelangte mit Belen Garija die erste Frau als Vorstandsvorsitzende an die Spitze eines DAX-Konzerns, des Pharmazieunternehmens Merck.

Auch die LGBT-Gemeinschaft (manchmal erweitert zu LGBTQIA+) für Menschen außerhalb der herkömmlichen heterosexuellen Norm hat in Deutschland einige Rechte erkämpfen können. Zunehmend werden neben homosexuellen auch „diverse" und „queere" Persönlichkeiten nicht nur politisch, sondern auch gesellschaftlich akzeptiert, wenngleich auch hier noch viel zu tun bleibt: Auch in den 2020er Jahren trauen homosexuelle männliche Sportler (vor allem Fußballspieler) kaum sich zu „outen" (und in vielen sogenannten Fanblocks gilt der Begriff „schwul" immer noch als Beleidigung). Dagegen wird das „Outen" bei lesbischen Sportlerinnen, insbesondere im Tennis und im Fußball, eher akzeptiert.

Es gibt aber auch gesellschaftliche Tendenzen, die praktisch für die gesamte, ungeteilte Gesellschaft in Deutschland gelten. Z. B. haben für viele junge Leute – aus allen Schichten - das Fernsehen und sogar das (eigene) Automobil viel von ihrer bis dahin überragenden Bedeutung verloren. (Das Kino noch mehr; dieses Medium überlebte vor allem aufgrund von „Blockbustern" wie die regelmäßig erschienenen „James-Bond"-Filme oder als „Programmkino" mit anspruchsvollen Filmen.) Dafür steigt die Bedeutung von modernen Mobiltelefonen und Sozialen Medien (Soziale Netzwerke, Video-Portale, Streaming-Dienste, Nachrichtendienste etc.).

Insbesondere das Smartphone veränderte die Gesellschaft (Freizeit und Arbeitswelt) nachhaltig. Dieses vergleichsweise preiswerte und leistungsstarke Vielzweck-Gerät verstärkt aber auch die „Selbstentblößung" vieler Nutzer: In den „sozialen Netzwerken" werden höchst sensible private Daten und Bilder in der Öffentlichkeit nach dem Prinzip verbreitet: „Wenn ich im Internet nicht vertreten bin, existiere ich nicht". Viele Nutzer haben inzwischen schlechte Erfahrungen damit gemacht: Da die modernen Medien schnelle und anonyme Reaktion auf Nachrichten und Kommentare zulassen, bietet sich hier ein breites Feld für die oben angeführte undifferenzierte „Empörungskultur" (in Form von „Shitstorms"). Zusätzlich hat – vor allem unter Jugendlichen – das „Mobbing" zugenommen. Manche Nutzer der Sozialen Medien haben auch ihre schlechten Erfahrungen gemacht, als sie unüberlegt freizügige Fotos und Filme von sich selber ins Internet gestellt haben.

Das am meisten nachgefragte Thema im Internet (in allen gesellschaftlichen Schichten und Gruppen) ist der Sex. Aber auch der reale Sex-Markt hatte sich im neuen Jahrhundert weiterentwickelt: Das Prostitutionsgesetz 2002 sorgte für die Abschaffung der Sittenwidrigkeit des Gewerbes und damit für eine Entkriminalisierung und einen weitgehend „normalen Geschäftsverlauf" sowie vor allem für Rechtssicherheit und für eine Erleichterung des Lebens der Sex-Arbeiterinnen selber. Die Zwangsprostitution mit ihren Zuhältern wurde damit deutlich verringert. Da die Zwangsprostitution aber nicht vollständig vernichtet werden konnte, dient sie – neben der angeblichen Amoralität des Gewerbes – als Hauptgrund für immer wiederkehrende Forderungen nach Rücknahme der Liberalisierung. Dem gegenüber sprach sich 2015 die Menschenrechtsorganisation „Amnesty international", die weltweit über 7 MIO Mitglieder verzeichnet, für eine „Entkriminalisierung" der Prostitution aus. Vielleicht gehört diese Thematik auch zu den (häufigen) gesellschaftlichen Fragen, in denen viel und häufig über, aber nur selten mit den betroffenen Personen (hier: Sex-Arbeiterinnen) gesprochen wird. Natürlich wird der Beruf der Sex-Arbeiterin selten als „Traumberuf" angesehen; aber tatsächlich nutzen viele junge Frauen (und Männer) die Möglichkeit, in jungen Jahren „gutes Geld" zu verdienen, bevor später ein anderer Beruf ergriffen wird. Das gilt im Normalfall auch für die vielen Ausländerinnen in der Branche (vornehmlich aus Osteuropa), die heutzutage in der Regel schon bei der „Anwerbung" im Heimatland wissen, welchen Beruf sie in Deutschland ausüben werden. Insbesondere große Bordelle, „Saunaclubs" und exklusive Escort-Services in Deutschland bemühen sich, von dem herkömmlichen „Schmuddel-Image" wegzukommen.

Im sozialen Bereich sind nach wie vor auch die Kirchen, die in der Gesellschaft ansonsten viel an Einfluss verloren haben, von großer Bedeutung. Sowohl die soziale als auch die seelsorgerische Aufgabe werden von den beiden großen Volkskirchen nach wie vor erfüllt, sie stehen aber gesellschaftlich nicht mehr so im Mittelpunkt wie in früheren Zeiten. Ihr politischer Einfluss ist auch aus eigenem Verschulden aufgrund von Fehlleistungen (z. B. der oftmaligen sexuellen Ausbeutung Minderjähriger durch Geistliche und deren Vertuschung) rückläufig, und die hohen Besucherzahlen der Kirchentage sind eher dem Event-Charakter dieser Veranstaltungen als einer tiefen Gläubigkeit unter den jungen Leuten zuzuschreiben. (Die Kirchentage daher eher gute Beispiele für die Entwicklung der Gesellschaft hin zu einer „Event-Gesellschaft".)

Ansonsten verlagert sich die soziale Fürsorge und Mäzenatentum zunehmend zum Staat und zum Stiftungswesen. Die größte privatrechtliche Stiftung in Deutschland, die Volkswagenstiftung, wird aus den Dividenden für die öffentliche Hand (Gewinnanteile des Landes Niedersachsen am ausgeschütteten VW-Gewinn) finanziert; andere große privatrechtliche Stiftungen in der deutschen Wirtschaft mit mehr als 30 Mio EURO jährlichen Gesamtausgaben wurden von ehemaligen oder aktuellen Unternehmenseigentümern selber initiiert: die Bertelsmann-Stiftung, die Robert Bosch Stiftung, die Alfried Krupp von Bohlen und Halbach-Stiftung und die Dietmar Hopp-Stiftung. (Dietmar Hopp ist Miteigentümer der SAP.) Gefördert werden dabei neben Wissenschaft und Forschung auch soziale und kulturelle Einrichtungen sowie die Bildung.

Die „freiwilligen" Leistungen der Unternehmen (Werkswohnungen, Mitarbeiter-Konsumgeschäfte etc.) hingegen werden abgebaut. Andererseits unterstützen viele Unternehmen, vor allem aus Imagegründen, regionale und lokale Einrichtungen; auch der Sport profitiert hiervon. Die größten lokalen bzw. regionalen Mäzene aus der Wirtschaft sind aber doch im Eigentum der öffentlichen Hand: die Sparkassen.

a) Bergbau und Schwerindustrie

Bergbau

Die letzten **Erzgruben** Deutschlands schlossen – nach oftmals langer Historie - zum dem Ende des Wiederaufbaus, spätestens nach der Wiedervereinigung. Die Grube Georg im Westerwald, die eine Zeitlang dem Krupp-Konzern angehörte, war bis zu ihrer Schließung 1965 die letzte Erzgrube im „Sauerländer Revier". Das Rammelsbergwerk im Harz, aus dem seit dem Jahre 968 (erste urkundliche Erwähnung) unterschiedliche Erze gewonnen wurden, schloss im Jahre 1988. Die Schieferbergbauaktivitäten um Mansfeld endeten 1990, der Uranbergbau in Thüringen und Sachsen wurde 1991 eingestellt.

Die Bundesrepublik, die Länder NRW und Saarland sowie die RAG einigten sich 2007 auf das Ende des deutschen **Steinkohlebergbaus**. Dieser lief im Saarland lief 2012 aus, im Ruhrgebiet wurde 2018 die letzte deutsche Steinkohlezeche geschlossen: Prosper-Haniel in Bottrop. Die **RAG** gliederte schon zuvor den „weißen Bereich" des Unternehmens mit seinen Bestandteilen Energie (Steag), Chemie (DEGUSSA,) und Immobilien aus. Dieses neue Unternehmen trug seit 2007 den Namen **Evonik Industries AG**.

Die „Ewigkeitskosten" des nach dem Ende des Steinkohlebergbaus (Wasserhaltung, Vermeidung und Bearbeitung von Bergschäden) übernahm die **RAG-Stiftung**, eine Stiftung des privaten Rechts, die ab 2007 Eigentümer der RAG und auch der Evonik Industries AG wurde. Die bisherigen Eigentümer der RAG (ThyssenKrupp, E.ON, RWE und Arcelor) waren damit einverstanden, ihre Kapitalbeteiligung kostenlos abzugeben; dadurch befreiten sie sich aber auch von den angesprochenen „Ewigkeitskosten".

Zu diesen „Ewigkeitskosten" zählen zum einen die Kosten für die Bergbauschäden, die dadurch entstehen, dass der Boden oberhalb der Strebe an vielen Stellen „nachsackt" und damit an der Oberfläche zu Verwerfungen führt. Zum anderen muss in den Steinkohlegebieten „für alle Ewigkeit" die Wasserhaltung kontrolliert werden: Ohne ein sinnvolles Kanal- und Pumpensystem würden die früheren Bergbauschächte geflutet und das von unten aufsteigende Wasser würde das Grundwasser versalzen. Außerdem würde eine unkontrollierte Wasserbewegung zur Überflutung weiter Teile der Bergbaugebiete führen. Im Ruhrgebiet sorgen z. B. deshalb weitreichende unterirdische Rohrsysteme dafür, dass das von unten in die ehemaligen Bergbauschächte nachsickernde Wasser dort „eingefangen" und über Kilometer lange Wege in den Rhein geleitet werden.

Evonik ging 2013 an die Börse, die RAG-Stiftung blieb aber Mehrheitsaktionär. In den folgenden Jahren trennte sich Evonik von der Steag (durch den Verkauf an ein Konsortium nordrhein-westfälischer Stadtwerke) sowie von den Immobilien und wandelte sich daher in ein reines Spezialchemieunternehmen.

Die RAG-Stiftung legte ihr „frisches" Geld aus dem stufenweisen Verkauf der Evonik-Aktien in mittelständischen Unternehmen fernab der Brachen Chemie und Bergbau an, um von Brancheneinflüssen unabhängiger zu werden. Zu diesen Zukäufen zählten z. B. Anteile an dem Tierfutter-Händler Zooplus, 4,5 % der Aktien der Deutschen Pfandbriefbank und eine Beteiligung an der von Thyssen-Krupp 2020 verkauften Aufzugsparte.

Viele ehemalige Steinkohlezechen wurden umgestaltet. Auf einer Halde der Zeche Prosper-Haniel wurde eine Skihalle gebaut, andere Halden wurden an ihren Spitzen mit Kunstwerken versehen. 1995 wurde der Förderturm der ehemaligen Steinkohlenzeche „Minister Achenbach" in Lünen umgebaut und erhielt das berühme „Colani-Ei" an seiner

Spitze. (Luigi Colani, eigentlich Lutz Colani, war Ende des 20./ Anfang des 21. Jahrhunderts einer der bekanntesten deutsche Designer mit einer besonderen Vorliebe für runde Formen.) Dieser Förderturm kann sich seitdem mit dem Bekanntheitsgrad des expressionistischen Ensembles der Zeche Zollverein in Essen (gestaltet von den Architekten Schupp und Kremmer in den 1920er Jahren, inzwischen UNESCO-Weltkulturerbe) messen.

Die aufgrund der langen Erfahrung hoch entwickelte deutsche Bergbautechnik bleibt aber auch nach dem Ende des Steinkohlebergbaus von internationaler Bedeutung.

Weitere Bodenschätze, die in nennenswertem Umfang in Deutschland gefördert wurden, blieben die Braunkohle, Kalk, Sand, Kies, Kaolin (zur Porzellanherstellung), Kali und Salz. Während die Rohstoffverarbeitung mit Hilfe von Recycling immer bedeutsamer wurde, beschränkte sich die Gewinnung anderer Rohstoffe in Deutschland zunehmend auf eher bescheidene Ausmaße.

Der **Braunkohlebergbau** Deutschland konzentrierte sich auf das rheinische Braunkohlerevier und die mitteldeutschen Lagerstätten um Leipzig-Halle sowie in der Lausitz. Zu den bedeutendsten Braunkohlenförderern und Braunkohlekraftwerksbetreibern entwickelten sich die **RWE Power AG** (dieser Braunkohlenbereich des RWE-Konzerns hieß früher „Rheinbraun") in Westdeutschland sowie **Vattenfall** bzw. **EPH** im Osten.

Die Braunkohleförderung und –verarbeitung litt wegen ihrer Umweltproblematik zunehmend unter der mangelhaften Akzeptanz durch weite Teile der Bevölkerung und der Politik. Das schwedische Unternehmen Vattenfall, verkaufte 2016 seine Produktionsstätten im Osten Deutschlands an das tschechische Versorgungsunternehmen EPH, das dem Tschechen Daniel Kretinsky und dem Slowaken Patrik Tkac gehört. Mit dem Eigentümerwechsel änderte sich auch der Firmenname in LEAG („Lausitzer Energie", Cottbus. Die EP-Gruppe investierte kurze Zeit später auch durch den Ankauf von Metro-Aktien in den deutschen Handel.) Im Westen, am Niederrhein, musste der RWE-Konzern auf politischen Druck seine Abbaupläne drastisch vermindern. Die Politik setzte dem Braunkohlebergbau und seiner Verstromung ein Ende im Jahre 2038, „idealerweise 2030" (im Koalitionsvertrag SPD/Grüne/FDP 2020).

Die Arbeiten rund um den Bergbau enden aber auch bei der Braunkohle nicht mit der letzten Schicht. Die Tagebaustätten müssen renaturiert werden. Häufig geschieht das durch die Anlage von künstlichen Seen. Wie vorsichtig dabei vorgegangen werden muss, zeigte sich im Jahre 2009 spektakulär durch einen Erdrutsch im sächsisch-anhaltischen Nachterstedt. Dort hatte eine Flutung in einem alten Braunkohletagebergbauloch eine benachbarte, lose aufgeschüttete Abraumhalde unterspült und teilweise zum Absturz gebracht. Weil aber diese Halde schon besiedelt war, verloren einige Menschen ihr Leben, viele andere ihre aus Sicherheitsgründen nicht mehr zugänglichen Wohnungen.

Kalk war ein notwendiger Rohstoff zur Herstellung von Roheisen. August Thyssen hatte 1903 die Rheinischen Kalkwerke (Wülfrath) gegründet, um die Förderung Rohstoffs zu sichern. Schon 16 Jahre zuvor war die **Rheinisch-Westfälischen Kalkwerke AG** in Wuppertal-Dornap entstanden. Die belgische Lhoist-Gruppe, der weltweit größte Anbieter von Kalksteinerzeugnissen, übernahm beide Unternehmen gegen Ende des 20. Jahrhunderts und führte sie 1999 zur Rheinkalk GmbH, Wülfrath, zusammen.

Kalkstein ist aber nicht nur ein unverzichtbarer Rohstoff für die Roheisengewinnung, sondern auch für die Herstellung von Zement und Beton. Dafür werden aber noch weitere Rohstoffe benötigt, zum Beispiel **Sand und Kies**. An der Gewinnung und Verarbeitung von dieser beiden letztgenannten Bodenschätze sind in Deutschland neben dem börsennotierten Baustoffkonzern HeidelbergCement AG (gegründet 1874) vor allem mittelständische Unternehmen tätig.

Die deutsche **Kali- und Salz**-Förderung konzentrierte sich auf ein Unternehmen: die **K+S** (früher Kali und Salz AG) mit Sitz in Kassel. Nach der deutschen Wiedervereinigung übernahm die Kali und Salz AG die mitteldeutschen Betriebe der gleichen Branche. 1999 wurde das Unternehmen umbenannt in K+S AG. Die K+S AG wurde neben der Förderung von Kali und Salzen auch in der Düngemittelherstellung (COMPO) tätig und dabei zu einem der größten Düngemittelproduzenten in Europa.

Die inländische **Erdölförderung** (in Norddeutschland und in der Nordsee) deckte im 21. Jahrhundert nur noch etwa 5 % des deutschen Bedarfs ab, hat aber eine lange Tradition. Lange vor der Diskussion um das „Fracking" wurde in den deutschen Mittelgebirgen Ölschiefer gefördert. Eins der bekanntesten ehemaligen Abbaugebiete Deutschlands ist die Grube Messel bei Darmstadt, die seit 1995 aufgrund einer Vielzahl von Fossilienfunden ein UNESCO-Weltnaturerbe ist. Die Förderungsgeschichte der Grube begann mit der Gewinnung von Eisenerz durch die bergrechtliche Gewerkschaft Messel im Jahre 1859, schon wenig später wurde auf Ölschieferförderung umgestellt. Dieser Tagebau wurde bis 1971 fortgesetzt.

Das führende deutsche Unternehmen in der **Erdöl- und Erdgasexploration** (auch und vor allem im Ausland) blieb auch im 21. Jahrhundert die BASF-Tochter Wintershall (nach der Fusion mit DEA 2019 nunmehr die **Wintershall Dea AG** in Celle). Seit den 2020er Jahren bemüht sich die BASF um den Verkauf von Wintershall-Dea, um sich auf ihr Kerngeschäft, die Chemie, zu konzentrieren.

Wintershall Dea ist in der Nordsee, in Südamerika und im Arabischen Raum aktiv.

Seit 1993 betrieb Wintershall zusammen mit dem russischen Gasunternehmen Gazprom ein gemeinsames Gasleitungsnetz, seit 2006 war Wintershall auch in der direkten Gasförderung aktiv – ebenfalls in Zusammenarbeit mit Gazprom.

Um die Versorgung Deutschlands mit russischem Erdgas sicherer zu gestalten, wurde 2011 eine Pipeline von Wyborg (nahe St. Petersburg, Russland) durch die Ostsee nach Lubmin in Vorpommern eröffnet. Damit wurde die Pipeline durch die Ukraine und durch Polen ergänzt. Der Bau wurde von der **Nord Stream AG** (mit Sitz in Zug, Schweiz, Anteilseigner: Gazprom, Russland, 51%, BASF-Wintershall 20%, E.ON 20%, Nederlandse Gasunie 9%) durchgeführt. Vorsitzender des Aktionärsausschusses der Nord-Stream wurde der ehemalige deutsche Bundeskanzler Gerhard Schröder, der 2005 gemeinsam mit dem russischen Präsidenten Putin dieses Pipeline-Projekt politisch auf den Weg gebracht hatte. Die notwendigen Röhren stammten vorwiegend aus der Produktion von Europipe, Mülheim a. d. Ruhr, einem Gemeinschaftsunternehmen der Mannesmannröhren-Werke und der Dillinger Hütte.

Der größte Teil des Erdgases für die Nord Stream stammte aus dem russischen Gasfeld Yushno Russkoje, an dem der russische Gaskonzern Gazprom 50% sowie die deutschen Unternehmen Wintershall und E.ON-Ruhrgas mit jeweils 25 % beteiligt waren. 2017 verkaufte die E.ON-Ruhrgas ihren Anteil.

Die Zusammenarbeit Deutschlands mit russischen Unternehmen wurde als Reaktion des Überfalls Russlands auf die Ukraine 2022 gedrosselt bzw. gestoppt. Die Pipeline „Nord Stream 2" (ebenfalls von Russland nach Lubmin) wurde 2021 zwar fertiggestellt, der Betrieb aber von der Bundesregierung nicht genehmigt.

Eisen und Stahl

Die **Eisen- und Stahlsparte** ist in Deutschland nach wie vor an vielen traditionellen Standorten vertreten. Aber die Familien Thyssen, Krupp, Hoesch, Klöckner und Stinnes im Ruhrgebiet sowie Röchling und Stumm im Saarland sind längst nur noch zu einem geringen Teil oder sogar gar nicht mehr in den nach ihnen benannten Konzernen als Eigentümer vorhanden. Die Konzerne selbst sind – wie früher – mehrheitlich Mischkonzerne, von denen einige ihre Abhängigkeit von dem konjunkturabhängigen früheren Kerngeschäft, der Eisen- und Stahlindustrie mit seiner starken internationalen Konkurrenz, vermindern wollen.

1991 vereinnahmte der **Krupp**-Konzern die Hoesch AG in Dortmund durch die erste feindliche Übernahme in der Bundesrepublik. Ein vorheriger Zusammenschluss Höschs mit einem holländischen Unternehmen hatte einige Jahre zuvor, 1972, zu einem ersten multinationalen Unternehmen mit deutscher Beteiligung geführt, war aber schließlich erfolglos: Die damals entstandene Hoogovens-Hoesch war 1982 wieder entflochten worden.

Nach der Hoesch-Übernahme wurde – begleitend von harten Arbeitskämpfen - die meisten der durch hohe Transportkosten belasteten Arbeitsstätten der Hoesch-Westfalenhütte schrittweise stillgelegt, der letzte Hochofen im Jahre 2001. (Aber auch die verkehrstechnisch wesentlich besser gelegene Krupp-Hütte Rheinhausen ereilte wenig später das gleiche Schicksal.)

1999 wurde durch die Fusion der beiden „Stahlriesen" Krupp und Thyssen die **ThysenKrupp AG** gegründet, die in Dortmund noch einige kleinere Unternehmen mit dem Namen „Hoesch" führte. ThyssenKrupp war damit das einzig verbliebene große Montanunternehmen im Ruhrgebiet, gehörte weltweit gesehen aber nicht mehr zu den 10 größten Stahlerzeugern. Vielmehr wurde ThyssenKrupp ein Mischkonzern mit Aktivitäten in den Bereichen Stahl und Edelstahl, Industrie-Anlagen, Industriegüter, Aufzugstechnik und den zugehörigen Dienstleistungen. 2010 verlegte der ThyssenKrupp-Konzern seinen Sitz wieder ins Ruhrgebiet, in einen Neubau nicht weit vom ersten Krupp-Werk westlich der Essener Innenstadt.

Im Jahre 2002 wurde der Betrieb der ehemaligen Eisen- und Hüttenwerke AG, der sich inzwischen auf die Herstellung von Elektroblech spezialisiert hatte, aus der ThyssenKrupp AG ausgegliedert und wurde unter dem traditionellen Namen „Stahlwerke Bochum GmbH" ein selbstständiges Unternehmen.

ThyssenKrupp verkaufte in den Jahren 2009 und 2010 sein ziviles Schiffbaugeschäft (u.a. von Blohm + Voss in Hamburg und die Nordseewerke in Emden, die vor dem Kriege noch zu den Konzernen Stinnes und Vereinigte Stahlwerke gehört hatten). Ohne diesen Verkauf wäre zumindest bei Blohm + Voss eine Insolvenz unumgänglich gewesen, da seit 11 Jahren kein Auftrag aus dem Ausland mehr vorgelegen hatte und der Bau mehrerer Luxusjachten aufgrund der Weltwirtschaftskrise storniert worden war. Die Howaldtswerke blieben bei ThyssenKrupp und wurden als „ThyssenKrupp Marine Systems GmbH" zur neuen Dachgesellschaft der verbliebenen Werften im Konzern, die vor allem Schiffe und U-Boote für das Marine-Militär herstellen.

Die ThyssenKrupp AG baute auch ihr Geschäft außerhalb der Werften nach und nach um. Die Stahlproduktion wurde eingeschränkt. So verkaufte der Konzern z. B. die Edelstahlsparte „Inoxum" nach ca. 100 Jahren seines Bestehens an den finnischen Stahlproduzenten Outokumpu. Grund für den Verkauf waren weltweite Überkapazitäten im Edelstahlbereich, die vor allem aufgrund der explosionsartig gewachsenen (und staatlich geförderten) chinesischen Stahlherstellung entstanden waren.

Im Jahr 2012 kulminierten bei der ThyssenKrupp AG trotz der Umstrukturierungen der vergangenen Jahre die schlechten Nachrichten: Millionenschwere Fehlinvestitionen in Stahlwerken in Brasilien und den USA verhagelten das Geschäftsergebnis. Hinzu kamen negative Presseberichte über Luxusreisen für Aufsichtsräte und Journalisten. Erstmals seit vielen Jahren wurde keine Dividende gezahlt. Der ehemalige Vorstandsvorsitzende Schulz wurde schon durch Heinrich Hiesinger ersetzt. Der Aufsichtsratsvorsitzende Gerhard Cromme trat Ende März von diesem Posten zurück, nachdem ihm auch die Rückendeckung durch den Hauptaktionär, die Krupp-Stiftung entzogen wurde. (Die Stiftung hielt damals noch 25% des Aktienkapitals und wurde immer noch durch den schon 99jährigen ehemaligen Krupp-Generalbevollmächtigten Berthold Beitz vertreten.)

Weitere Kosten kamen auf ThyssenKrupp zu, als mehrere rechtswidrige Kartellverträge aufgedeckt wurden. Die größten (und am härtesten bestraften) Kartelle waren das Aufzug- und Fahrtreppenkartell (aufgedeckt 2004, Bußgeld für ThyssenKrupp: fast 480 MIO EURO), das Schienenkartell (aufgedeckt 2011, Bußgeld für ThyssenKrupp: 103 MIO EURO) und das Grobblechkartell (Bestand bis 2016, Kosten für ThyssenKrupp im dreistelligen Millionen-EURO-Betrag). Neben den hohen Kosten erlitt ThyssenKrupp damit vor allem auch einen mindestens ebenso hohen Imageschaden.

Zwar konnten im Herbst 2013 die defizitären neuen Stahlwerke in den USA, 2017 auch das brasilianische Stahlwerk verkauft werden, die Finanznot war damit aber nicht beendet. Eine Kapitalerhöhung bei der ThyssenKrupp AG wurde unumgänglich, da die Eigenkapitalquote inzwischen weit unter 10% gesunken war. Die Krupp-Stiftung, die bisher mit knapp über 25 % des Eigenkapitals eine Sperrminorität besaß, konnte bei dieser Kapitalerhöhung allerdings nicht mithalten und musste ihren Anteil am Unternehmen auf ca. 23 % begrenzen. Diese Entscheidung war die erste maßgebliche Entscheidung der Stiftung ohne ihren langjährigen Vorsitzenden, den ehemaligen Krupp-Generalbevollmächtigten Berthold Beitz, der im Jahre 2013 verstorben war.

2019 zwang die Finanznot den Konzern schließlich, auch die Aufzugsparte (die einzige Sparte, die zu jenem Zeitpunkt noch einen Gewinn einfuhr und die 2017 noch einen großen Erfolg mit der Vorstellung des ersten seillosen Lifts erreicht hatte) verkaufen, und zwar an ein Konsortium, das aus der RAG-Stiftung und zwei Finanzinvestoren bestand. Trotzdem verlor die Aktie an Wert und musste 2019 aus dem „DAX" absteigen.

Anfang der 2020er Jahre verbesserte sich die Situation von ThyssenKrupp. Die Automotive-Sparte des Konzerns konnte in Puebla (Mexiko) zwei neue Werke eröffnen: ein Achsenwerk und ein Betrieb, der vor allem elektromagnetische Lenkungskomponenten für den wieder erstarkten amerikanischen Markt herstellen konnte. Solche Lenkungssysteme sind Voraussetzungen für Fahrerassistenzsysteme wie Parkassistenz, Spurerkennung und Abstandswarnung. Die räumliche Nähe der Zulieferbetriebe zu den großen Automobilwerken der USA wurde von den amerikanischen Autokonzernen verlangt.

Aber auch im angestammten Stahlbereich wurden Anfang der 2020er Jahre Neuerungen angekündigt. Der Konzern kündigte an, sich in Zukunft an der Entwicklung der Technologie zur Gewinnung von Wasserstoff zu beteiligen, um durch die „Direktreduktion mit Wasserstoff" den Koks bei der Roheisengewinnung im Hochofen durch Wasserstoff ersetzen zu können. Auf diese Weise kann bei der Stahlherstellung eine wesentlich geringere Umweltbelastung generiert werden.

Die **Saarstahl AG** entstand nach der Stahlkrise 1993 ff. im Rahmen der „Hüttenlösung" für die saarländische Stahlbranche. Die Saarstahl AG mit Werken in Völklingen, Burbach und Neunkirchen sowie mehreren Tochtergesellschaften führt ihre Geschichte unter anderem auf die Stumm-Unternehmen in Neunkirchen (Saar), auf die Röchling-Unternehmen in Völklingen und auf die Burbacher Hütte in Saarbrücken zurück. Die 1986 stillgelegte „Völklinger Hütte" ist inzwischen ein Industriemuseum und gehört zum UNESCO-Weltkulturerbe. Die Saarstahl AG ist auch, gefolgt von der ArcelorMittal, der größte Aktionär der Dillinger Hütte. AG. Die Saarstahl AG gehört der Montan-Stiftung Saar, die aus Landesmitteln finanziert wurde und dem Land immer noch nahe steht.

ArcelorMittal ist der größte Stahlproduzent der Welt mit Sitz in Luxemburg und verschiedenen Standorten auch in Deutschland. Der ArcelorMittal-Konzern entstand 2007 aus einer Fusion der luxemburgischen ARBED mit dem Unternehmen des indischen Großindustriellen Lakshmi Mittal. (Die ARBED, 1911 gegründet, war zeitweilig auch als Konzernholding auch an anderen deutschen Unternehmen beteiligt, z. B. bis 1979 an der Felten & Guilleaume Carlswerk AG und bis 1993 an dem Eschweiler Bergwerks-Verein.)

Die **Preussag AG** war 1923 durch die Konzentration der staatlich preußischen Bergwerke, Hütten, Bernsteinwerke und Salinen in einer AG entstanden. Zum Ende des Jahrhunderts veränderte dieser Konzern sein Geschäftsbereich komplett und wandelte sich schließlich zum Touristikunternehmen TUI.

Zum Preussag-Konzern gehörte ab 1989 auch die **Salzgitter AG**. Dieses Unternehmen, das zwischenzeitlich „Preussag Stahl AG" hieß, wurde 1998 von der Preussag-Konzernmutter wieder verkauft. Nach einer „Zwischenlagerung" beim Land Niedersachsen und der niedersächsischen Landesbank wurde Preussag Stahl anschließend wieder als „Salzgitter AG" an die Börse gebracht.

Im Jahre 2000 kaufte Salzgitter aus dem kurz zuvor zerschlagenen Mannesmann-Konzern die Mannesmannröhren-Werke AG.

2007 übernahm Salzgitter auch die **Klöckner Werke AG** in Duisburg. Diese war 1923 durch eine Zusammenführung verschiedener Unternehmen der Steinkohle, der Stahl erzeugenden und verarbeitenden Industrie innerhalb des Klöckner-Konzerns entstanden. Die Klöckner-Werke AG geriet Anfang der 1990er Jahre in den Strudel der „Stahlkrise" und wurde zerschlagen. Nach mehreren Eigentümerwechseln wurde 2010 der Kern des Unternehmens als Spezialist im Anlagenbau rund um Flüssigkeiten, insbesondere für Abfüllanlagen, in den Salzgitter-Konzern eingegliedert. Später wurde die Klöckner-Werke AG eine Konzern-Zwischenholding im Salzgitterkonzern mit einem Schwerpunkt in der Entwicklung und Herstellung von Abfüll- und Verpackungsanlagen. 2017 wurde die Klöckner Werke AG aufgelöst und ihre Geschäftstätigkeit komplett in die Salzgitter AG eingefügt.

Eine zweite Traditionslinie Klöckners (neben der früheren Klöckner Werke AG) ist das Unternehmen **Klöckner & Co** SE (bis 2008 Klöckner & Co KGaA), Duisburg, Dieses Unternehmen gelangte Ende der 1980er Jahre durch ein missungenes Rohöl-Termingeschäft an den Rand der Insolvenz, wurde aber durch einen Kredit der Deutschen Bank gerettet. Die Firma war nun nicht mehr im Familienbesitz Klöckners, sondern wurde zuerst von der VIAG übernommen, später (2006) an die Börse gebracht. Zum Kerngeschäft des Unternehmens wurde der internationale Stahl- und Metallhandel.

Kupfer-, Zink-, Aluminium und Bleiindustrie

Zum Salzgitter-Konzern gehört auch ein Geschäftsanteil an dem 2009 neu strukturierten marktführenden Unternehmen der **Kupferproduktion**, der Aurubis AG. Die Norddeutsche Affinerie (später in „Aurubis" umbenannt) war in den 1870er Jahren der Wegbereiter in der elektrolytischen Feinmetallgewinnung. Nach der Jahrtausendwende diversifizierte Aurubis auch in das Recycling anderer Metalle, z. B. Nickel, Zink, Zinn und Blei. Nachdem die Norddeutsche Affinerie AG, Hamburg, im Jahr zuvor das belgische Kupferunternehmen Cumeiro übernommen hatte, benannte es sich 2009 in Aurubis AG um. Der Name ist vom lateinischen „rotes Gold" abgeleitet. Die Aurubis AG wurde zum größten Kupferproduzenten Europas und zum weltweit größten Recycler von Kupfer.

Ein anderer Schwerpunkt der Kupferindustrie lag und liegt in Sachsen-Anhalt. Nachdem der ehemalige VEB Mansfeld Kombinat Wilhelm Pieck 1990 privatisiert wurde, endeten noch im gleichen Jahr seine Bergbauaktivitäten aufgrund der nicht mehr konkurrenzfähigen Förderkosten. Auch die Kupfer- und Bleiverhüttungen wurden im ersten Jahrzehnt des 21. Jahrhunderts eingestellt. Die Kupfer- und Messingverarbeitung wurde aber in Mansfeld bzw. Hettstedt weitergeführt, seit 2019 unter der Regie der KME SE (Osnabrück).

Die **Zinkindustrie** wandelte sich seit den letzten Jahrzehnten des 20. Jahrhunderts zunehmend: Anstelle der Zinkherstellung stand zunehmend die Zinkverarbeitung im Vordergrund. Selbstverständlich bestand die Zinkproduktion weiter fort, aber auch hier gab es eine gravierende Änderung: Durch die leistungsstärkeren Kraftwerke und Leitungsnetze wurde das herkömmliche hüttentechnische Produktionsverfahren durch das schon seit dem 19. Jahrhundert bekannte, aber erst seit den 1960er Jahren wirtschaftlich einsetzbare Elektrolyseverfahren nahezu vollständig abgelöst.

Im Laufe der Zeit wurde Zink immer häufiger durch Legierungen wie Titanzink veredelt. Trotz der zunehmenden Konkurrenz durch Kunststoffe wurde der Zinkdruckguss weiterhin benötigt, z. B. für die Herstellung von Computerrahmen.

Eine zunehmend größere Bedeutung erhielt dabei die Rostschutzfunktion des Zinks. Die Zinküberzüge von Stahlprodukten durch Feuerverzinkung oder Galvanisierung wurde zur wichtigsten Verwendungsmöglichkeit dieses Metalls.

Auch dem **Aluminium** erwuchs seit dem letzten Drittel des 20. Jahrhunderts durch die zunehmend komplexer werdenden Kunststoffe eine immer ernsthafter werdende Konkurrenz, ohne dass der Aluminiumverbrauch absolut gesunken wäre. Insbesondere durch die – häufig nur geringen - Zusätze von Silizium, Mangan, Kupfer, Magnesium, Zinn oder Zink wurden die Eigenschaften des Aluminiums den jeweiligen Verwendungsmöglichkeiten optimal angepasst.

Die Unternehmensstruktur in der Aluminiumindustrie Deutschlands kam Ende des 20. Jahrhunderts in Bewegung: Die Aluminium Rheinfelden Group GmbH wurde 1993 durch ein Management-Buy-out von der schweizerischen Muttergesellschaft Alusuisse in die Selbstständigkeit entlassen. Zum größten deutschen Aluminiumhersteller wurde aber die Trimet Aluminium SE in Essen (1985 als Metallhandelsgesellschaft gegründet), die 1993 in die Sekundär-Aluminiumproduktion (= Recycling von Aluminium aus Aluminiumschrott) einstieg. Ein Jahr später kaufte Trimet die Essener Aluminiumhütte von der Alusuisse und wurde damit auch zum Primär-Aluminiumproduzenten. Wie energieintensiv die Aluminiumherstellung ist (und damit von Umweltschützern sehr kritisch betrachtet wird), lässt sich daran ablesen, dass Trimet in diesem Jahr alleine etwa ein Prozent des gesamten Stroms in Deutschland verbrauchte, während es am Bruttoinlandsprodukt (ca. 2,8 Billionen EURO) nur mit schätzungsweise 0,05% beteiligt war.

Auch die **Bleiindustrie** musste mit ihrem Image als Branche mit Umweltproblemen und mit der zunehmenden Konkurrenz durch Kunststoffe kämpfen und setzte zunehmend auf die Sekundärproduktion. Der größte Bleiproduzent in Deutschland, die Berzelius Metall GmbH in Braubach bei Koblenz, betreibt seit 1970 in Stolberg bei Aachen den Betrieb „Binsfeldhammer" als Primärbleihütte; daneben gehören in Braubach und Freiberg (Sachsen) aber auch jeweils Sekundärhütten zur Berzelius-Gruppe. Die drei Hüttenwerke blicken allesamt auf lange Historien zurück, die bis ins 19. (Stolberg), ins 17. (Braubach) und sogar ins 14. (Freiberg) Jahrhundert zurückreichen. Die Berzelius Metallhüttengesellschaft selber war 1920 in Duisburg als Muttergesellschaft mehrerer Zinn-, Zink- und Bleihütten gegründet worden und gehörte bis zum Ende des 20. Jahrhunderts zur Metallgesellschaft AG, seit 1996 mittelbar (als Teil der Eco-Bat Technologies in Großbritannien) zum US-amerikanischen Konzern Quexco, dem größten Bleiproduktionskonzern der Welt.

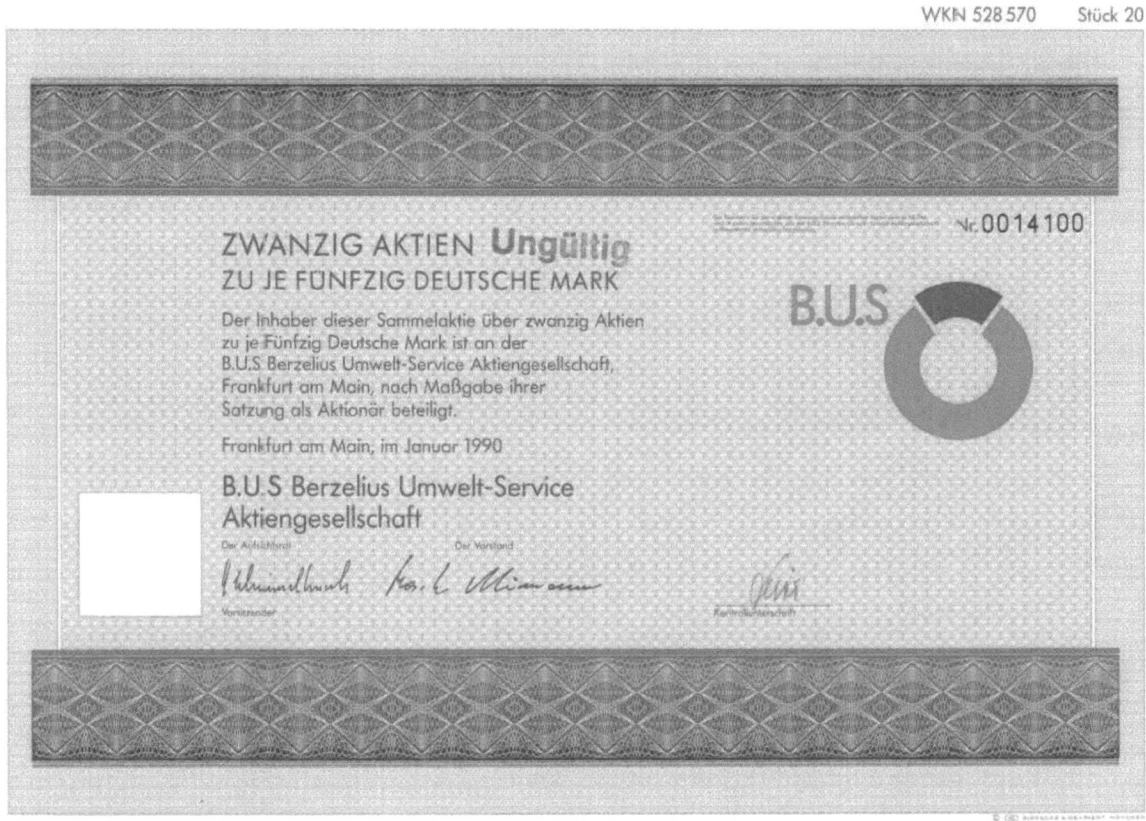

*Die **B.U.S – Berzelius Umwelt-Service AG** war ein Unternehmen, das 1987 in Frankfurt gegründet wurde. Die Hauptaufgabe des Unternehmens lag in der Entsorgung und Aufarbeitung von industriellen Reststoffen (Aluminium-Schrotten und –Salzschlacken sowie Stahlwerkstäuben). 1996 siedelte die BUS AG nach Duisburg um, wo es im Jahre 1999 zu einem Zwischenfall kam, als ca. 900 kg hochgiftige dioxinhaltige Stäube aus einer BUS-Filteranlage ausgetreten waren. Auch Betriebe der Umwelt-technologie-Branche können also durchaus gefährlich für Umwelt (und Anwohner) sein. Nachdem die BUS AG zwischenzeitlich an das Recycling-Unternehmen Nordag AG (ehemals Doornkaat!) verkauft worden war, landete sie im Jahre 2004 beim spanischen Umwelt-Technologiekonzern Befesa S.A. (einem früheren Tochterunternehmen der BUS).*

Untergegangene Konzerne

Andere Konzerne mit Bergbau- und Montanindustrieschwerpunkten sind vom Markt verschwunden, z. B. Mannesmann und Stinnes.

Die **Mannesmann AG** trat 1990 in den Mobilfunkmarkt ein (Mannesmann-D2) und plante für die Zeit ab 1999 eine Konzentration auf diesen Markt sowie den Verkauf der anderen Geschäftsfelder. Der Erfolg von Mannesmann-D2 weckte aber das Interesse der englischen Telekommunikationsfirma Vodafone. Dieses führte 2000 – unterstützt durch internationale Investmentfonds - eine feindliche Übernahme durch.

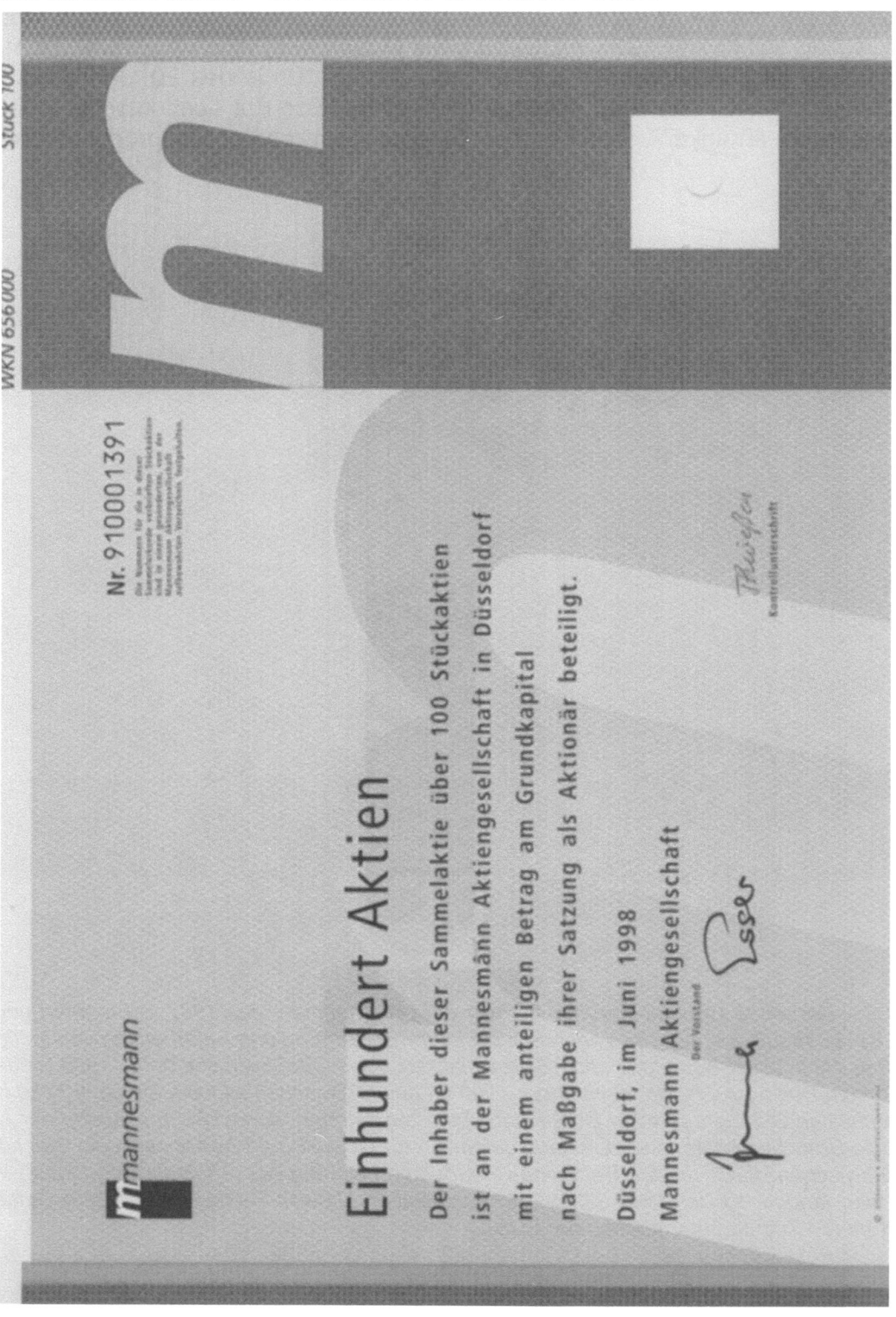

Die „Übernahmeschlacht" um Mannesmann dauerte Wochen. Zuletzt ging es nur noch darum, welchen Preis Vodafone pro Aktie zahlen sollte. Bei den abschließenden Übernahmeverhandlungen machten verschiedene Manager – insbesondere durch ihre ausgehandelten Provisionen – eine unglückliche Figur. Der Vorstandsvorsitzende Esser (vgl. die Unterschrift auf der dargestellten Aktie) wurde erst 2008 von dem Verdacht der Bestechlichkeit freigesprochen.

Die Mannesmann AG wurde zerschlagen: Der Mobilfunkbereich wurde in das Unternehmen Vodafone integriert, wo der Name „Mannesmann" unterging; die anderen Geschäftszweige der ehemaligen Mannesmann AG wurden verkauft, vor allem an Siemens und Bosch. Die Salzgitter AG führte den Namen des Konzerns weiter, verkaufte aber 2023 die „Mannesmann Stainless Tubes" (Mülheim a. d. Ruhr) an den italienischen Konzern Cogne Acciai Speciali. Die Kran-Herstellung firmierte seit 2006 wieder unter dem traditionsreichen Namen DEMAG Cranes AG. Im Jahre 2011 wurden die DEMAG Cranes mehrheitlich von dem amerikanischen Konkurrenten Terex übernommen.

Nach langen Jahren als Teilbereich des VEBA/ EON-Konzerns, wurde die **Stinnes** AG, die sich unter VEBA-Führung zu einem reinen Logistik-Unternehmen gewandelt hatte, 1999 an die Börse gebracht. 2003 wurde die Stinnes AG von der Deutschen Bahn gekauft und dem Bahnkonzern als Teil seiner Logistik-Sparte eingegliedert. Der Firmensitz wechselte nach Berlin. 2008 wurde die Stinnes AG in „DB Mobility Logistics" umbenannt.

Nach der deutschen Wiedervereinigung verlegte der (im Vergleich zur Stinnes AG kleinere) Familienkonzern Hugo Stinnes OHG mit Mathias Stinnes als Nachfolger seines Großonkels Otto den Unternehmensschwerpunkt nach Mecklenburg-Vorpommern. Nach der Jahrhundertwende verkaufte Mathias Stinnes bis 2011 nach und nach alle seine Konzernteile. Der Name Stinnes wurde nur noch durch die ehemalige Konzerntochter Hugo Stinnes Schiffahrt GmbH (Rostock) weitergeführt – ohne Verbindung zur Familie Stinnes.

b) Energieversorgung

Die Entwicklung des Strommarktes in Deutschland wurde schon bald nach der Wiedervereinigung vor allem zu einem Politikum (Stichwort: „**Energiewende**": weg von fossilen Brennstoffen und der Kernenergie, hin zu möglichst umweltschonenden erneuerbaren Rohstoffen). Schon nach der Katastrophe im japanischen Fukushima-Kernkraftwerk (2011) entschied die damalige CDU/FDP-Bundesregierung den mittelfristigen Ausstieg aus der Kernkraft. Bis zum Jahre 2022 wurden tatsächlich alle Kernkraftwerke in Deutschland abgeschaltet.

In den 2010er Jahren hatte die „Energiewende" deutlich Fahrt aufgenommen: Im Jahre 2020 hatten die erneuerbaren Energien einen Anteil von 45% an der gesamten Stromversorgung, davon leistete die Windkraft allein 24%.

Die Geschichte der Großwindanlagen begann 1983 mit der von der öffentlichen Hand geförderten und federführend von MAN gebauten „Großen Windenergieanlage" (Growian), an der sich auch das RWE beteiligte. Auch wenn die Growian aufgrund mehrerer Mängel kein Erfolg war, wurde das Projekt „Windkraft" als zukunftweisend angesehen. In Teilen von Bevölkerung und Politik wurde die Windkraft allerdings kritisch betrachtet; denn viele Menschen wehrten sich gegen die „modernen Windmühlen" in ihrer Nachbarschaft, die ihrer Meinung nach das Landschaftsbild störten. Auch der Tierschutz blieb skeptisch gegenüber den Großwindanlagen; denn diese konnten für fliegende Vögel gefährlich werden.

Die Energiewende war auch an der Entwicklung der beteiligten Unternehmen ablesbar: Der norddeutsche Windenergieanlagenhersteller Nordex SE (Hamburg, Produktion hauptsächlich in Rostock) war ursprünglich ein dänisches Unternehmen, das 1985 gegründet wurde und eine Zeitlang zum Babcock-Borsig-Konzern gehörte. Zum Ende der 2010er Jahre wurde Nordex das umsatzstärkste Unternehmen in Mecklenburg-Vorpommern. Dann aber musste das Unternehmen Verluste verkraften und beschloss die Rotorblattproduktion in Rostock stillzulegen.

Als besonderes Problem von Windkraftanlagen erwies sich in den 2010er Jahren das Leitungsnetz, das verstärkt ausgebaut und modernisiert werden musste.

Deutlich unter 10% der Stromversorgung in Deutschland blieben im Jahr 2020 (in dieser Reihenfolge) die Energieerzeugung aus Photovoltaik, Biomasse, Wasserkraft und Hausmüll.

Trotz vereinzelter Fehlschläge hatte die Photovoltaik in Deutschland in den ersten Jahren des neuen Jahrtausends grundsätzlich eine fulminante Entwicklung erlebt, die vor allem aufgrund der staatlichen Unterstützung dieser alternativen Energieerzeugung zustande kam. Nach dem Regierungswechsel zu CDU/ FDP 2009 aber litt die Branche nicht nur unter der ausländischen (häufig staatlich geförderten) Konkurrenz, sondern auch unter der Kürzung der staatlichen Subventionen in Deutschland. Große Konzerne wie Bosch (2013) stiegen aus der Solarenergie aus, andere führende Spezialunternehmen dieser Branche hatten mit drohenden (SolarWorld AG, 2013) oder eingetretenen (Q-Cells, 2012) Insolvenzen zu kämpfen.

*Bei der **Sunlive AG** in Starzach, die in der Solartechnik tätig war, verhinderte 1999 ein Aktionär eine Kapitalerhöhung. Die jungen Aktien waren schon gedruckt, konnten aber nie ausgeliefert werden. Daher fehlt auf der abgedruckten Aktie auch das Datum. Die Sunlive AG wurde kurz darauf aufgelöst.*

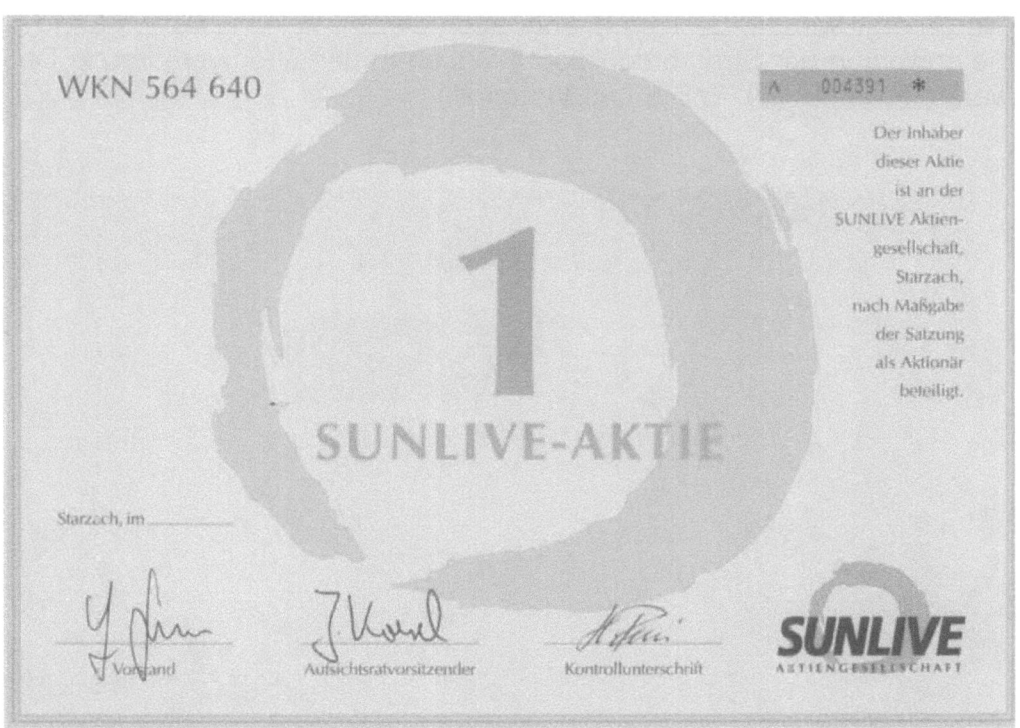

Bei den **fossilen Energien** dominierten in der Stromversorgung 2020 Braunkohle und Erdgas (mit jeweils 16%) vor der Kernkraft und der Steinkohle.

Im letzten Viertel des 20. Jahrhunderts sicherte die **Ruhrgas** ihren Anteil an der Gasförderung in der Nordsee. 2002 wurde die Ruhrgas (durch eine der sehr seltenen Ministererlaubnisse trotz ursprünglicher Untersagung durch das Kartellamt) von der neu gegründeten E.On übernommen. Als „E.On Ruhrgas" beteiligte sich die Ruhrgas an dem „North-Stream"-Pipeline-Projekt von Russland durch die Ostsee nach Deutschland sowie (bis 2017) an dem sibirischen Erdgasfeld Juschno Russkoje. Im Jahre 2010 wurden der Gastransport und das Gasspeichergeschäft aus der Ruhrgas ausgegliedert, wodurch die Ruhrgas zu einem reinen Gashandelsbetrieb wurde. Mit der Aufteilung der „alten" E.ON im Jahre 2016 wurde das Gashandelsgeschäft der ehemaligen Ruhrgas AG aber wieder aus dem E.On-Konzern herausgelöst und als „Uniper Global Commodities SE" zu einem zentralen Teil der neuen „**Uniper**".

Eigentlich sollten nach dem Willen der Politik auch die Kohlekraftwerke mittelfristig auslaufen. Die neue Bundesregierung von 2021 plante den kompletten Ausstieg aus der Kohlewirtschaft „idealerweise" für 2030. Der Überfall Russlands auf die Ukraine ließ dieses Ziel aber als zweifelhaft erscheinen, da Deutschland sich (als Wirtschaftssanktion) möglichst schnell von Russland als Erdgaslieferant trennen wollte. Ein sofortiger kompletter Lieferstopp war zwar nicht möglich, da die deutschen Gasimporte größtenteils aus Russland geliefert wurden, aber die Liefermengen wurden deutlich eingeschränkt. Ersatzweise wurden einige Kohlekraftwerke wieder „hochgefahren" und ihre Laufzeiten verlängert. Alle weiteren Ersatzmaßnahmen für die preiswerten russischen Energie-Rohstoffe (z. B. die Nutzung von Flüssiggas) erwiesen sich als teuer und erhöhten das – im Vergleich zu anderen Industriestaaten – ohnehin schon hohe Preisniveau für Energie in Deutschland noch weiter, zumal eben auch fast zeitgleich die letzten drei Kernkraftanlagen in Deutschland abgeschaltet wurden. Deutschland musste verstärkt Energie aus dem Ausland zukaufen.

Die „Energiewende" bestimmte aber auch die Entwicklung der großen Energiekonzerne, die sowohl in der Stromproduktion als auch in der Stromversorgung Deutschlands tätig waren (RWE, E.ON, EnBW und Vattenfall).

Im Jahre 1999 fusionierten die **VEBA** (die noch 1999 die DEGUSSA aufgekauft hatte), die VIAG und die Bayernwerk AG zur E.ON AG.

Die neu entstandene **E.ON** wollte sich auf ihr Kerngeschäft, die Energieerzeugung, spezialisieren. Zu diesem Zweck wurden zahlreiche Beteiligungen verkauft, so z. B. der Mobilfunkbereich VIAG Interkom (an die britische BT-Group), der überregionale Energie-, Wasser- und Abwasserversorger Gelsenwasser AG (an die Stadtwerke in Bochum und Dortmund), die Aral AG (an BP), Stinnes und (eher unfreiwillig) auch die Thüga:

Nach der Entstehung der E.ON AG wurden auch die verbliebenen Tochterunternehmen des Konzerns umstrukturiert. Die bis dahin dem VEBA-Konzern angehörige Thüga AG übernahm das Gasgeschäft der Deutschen Contigas Deutsche Energie AG (die bis dahin zum VIAG-Konzern gehörte; bei der Contigas verblieb allerdings noch ihr Stromgeschäft). In der E.ON fungierte die Thüga vor allem als Beteiligungsgesellschaft an mehr als 100 Stadtwerken im ganzen Bundesgebiet. Die Forderungen der EU nach einer Entflechtung des deutschen Energiemarktes führten aber 2009 zu dem Entschluss der E.ON AG, die Thüga an die „angeschlossenen" Stadtwerke zu verkaufen. Aus einer Beteiligungsgesellschaft der E.ON wurde also ein Energie- und Wasserversorger ohne eigene Produktion, der sich umsatzmäßig hinter E.ON und RWE, aber noch vor den anderen Versorgungskonzernen EnBW und Vattenfall einordnete.

Die E.ON AG war noch im Jahre 2007 das (nach dem Marktwert seiner Aktien bemessene) größte Unternehmen Deutschlands (ca. 100 Mrd. EURO). Diese Führungsstellung verlor das Unternehmen, als es von der politischen Entscheidung zum mittelfristigen Ausstieg aus der Atomkraft (im Anschluss an den Super-Gau des Kernkraftwerks im japanischen Fukushima im Jahre 2011) überrascht wurde. Der Börsenwert von E.ON verlor zwischen 2008 und 2012 ca. 70%.

Die E.ON reagierte darauf mit einer Aufspaltung ihrer Geschäftsbereiche: Die konventionelle Stromerzeugung aus Gas, Kohle und Wasserkraft und das Gashandelsgeschäft wurden abgespalten.

Der nunmehr deutlich kleinere E.ON-Konzern selber konzentrierte sich zunehmend auf das Stromnetz und den Stromvertrieb. Dazu einigte man sich 2018 mit dem RWE auf eine Aufteilung der Geschäftsbereiche: E.ON erwarb den Netzbetreiber Innogy von der RWE; im Gegenzug wurde die Stromerzeugung aus erneuerbaren Energien wurde an RWE abgegeben. Die E.ON SE wollte eigentlich auch die Atomstromsparte abspalten und damit eine jahrzehntelange Haftung für die Spätfolgen der Atomenergie vermeiden. Da aber die Bundesregierung darauf mit einer Gesetzesänderung reagierte, verblieb der Atomstrom (Betrieb und Rückbau der Kernkraftwerke) doch bei der „neuen" E.ON, und zwar aus Imagegründen unter einem Namen, der auf den ersten Blick nicht auf E.ON verwies: dem 2016 reaktivierten Traditionsnamen PreussenElektra. (Die „alte" Preußenelektra war 1999 im Zuge der E.ON-Gründung aufgelöst und der Geschäftsbereich in den E.ON-Konzern eingegliedert worden.)

Der abgespaltene Teil der E.ON, also die konventionelle Stromerzeugung aus Gas, Kohle und Wasserkraft und das Gashandelsgeschäft (das Kerngeschäft der ehemaligen Ruhrgas AG) wurden in das in das neue Unternehmen **Uniper SE** überführt. Uniper wurde 2020 mehrheitlich vom finnischen Energiekonzern Fortum aufgekauft. Da 2022 — nach Beginn des russischen Überfalls auf die Ukraine mit der Folge der eingeschränkten Lieferung des billigen russischen Erdgases - die Ersatzbeschaffung des Erdgases enorm teurer wurde, die Abnehmer von Uniper aber längerfristige Preis- und Liefergarantien hatten, übernahm der deutsche Staat für eine gewisse Zeit 99% des Uniper-Grundkapitals, um das Unternehmen vor der Insolvenz zu schützen.

Der (nach der VEBA bzw. der E.ON) zweitgrößte Energieversorger Deutschlands, die **RWE AG**, hatte im Jahre 2000 mit ihrem Mitbewerber Vereinigte Elektrizitätswerke Westfalen (VEW) fusioniert. In der Folgezeit konzentrierte sich das RWE auf seine weltweiten Tätigkeiten als Energie- und Wasserversorgungsunternehmen: Das Eigentum der RWE an verschiedenen Steinkohlebergwerken war schon 1969 an die Ruhrkohle AG übergegangen, die Gelsenkirchener Bergwerks AG wurden 1975 an die VEBA verkauft. Nach der Jahrtausendwende trennte sich RWE von vielen weiteren Beteiligungen: Nun wurden auch das Bauunternehmen Hochtief, der Mobilfunkbetreiber E-plus, (später zusammen mit der ehemaligen VIAG Intercom von dem neuen Eigentümer, der spanischen Telefonica, zur Marke O2 vereinigt) sowie die Raffinerien und das Tankstellennetz der DEA verkauft. Die Braunkohleförderung im Abbaugebiet nördlich der Eifel allerdings verblieb bei der RWE.

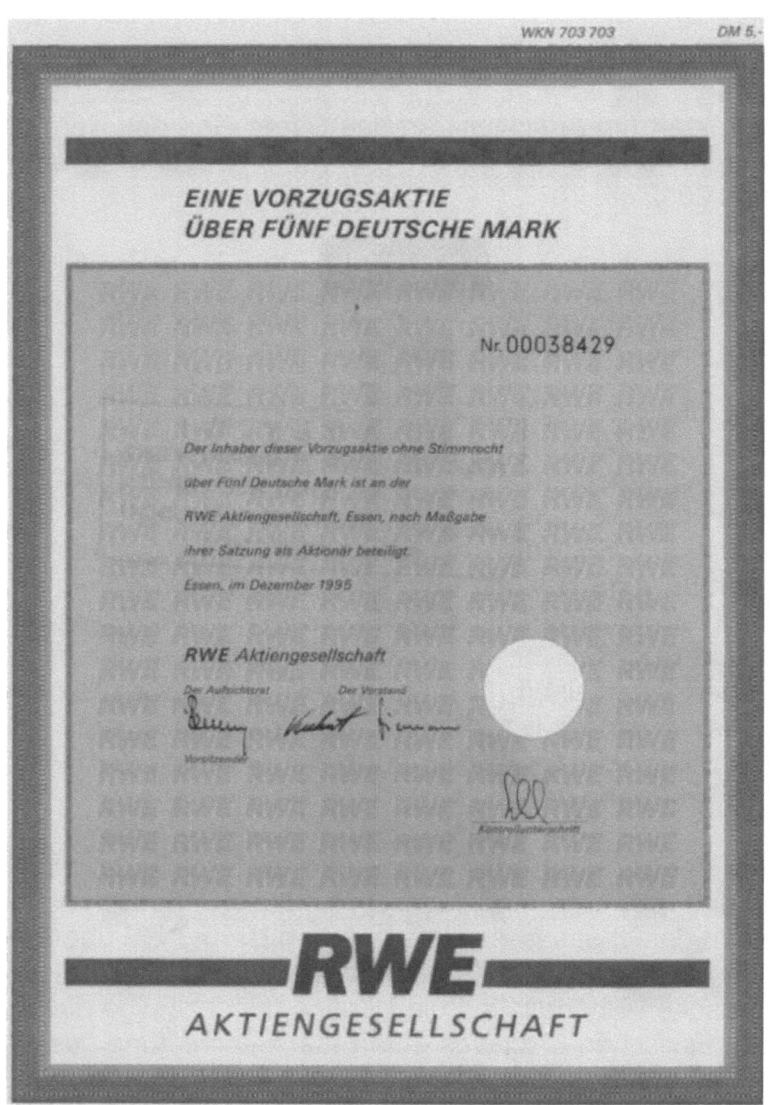

Die Vorzugsaktien der **RWE** *wurden früher von den Kommunen gehalten Da die Vorzugsaktien der RWE Mehrstimmrechtsaktien waren (später nicht mehr erlaubt), konnten die Kommunen bei geringem Kapitalaufwand die Geschäftsführung von RWE dominieren.*

Die RWE tat sich bei einer Neuorientierung ihrer Geschäftsfelder nach der „Energiewende" schwerer als die E.ON, weil die RWE einerseits wesentlich stärker in die Förderung und Verstromung fossiler Brennstoffe involviert war (durch die Braunkohlengebiete nördlich der Eifel), andererseits, weil sie wegen einer gewissen Abhängigkeit von den Kommunen, die 25 % der RWE-Aktien besaßen, nicht so frei auf dem Markt agieren konnte wie die E.ON. Daher erfolgte der Aufspaltungsplan der RWE mehr als ein Jahr später als derjenige der E.ON, nämlich erst im Dezember 2015. Die „Zukunftsgeschäfte" (Ökostrom, Netze, Vertrieb) wurden in eine neue Gesellschaft namens Innogy SE ausgegliedert und später an die E.ON verkauft, die alten „Problemgeschäfte" (Kohle- und Gaskraftwerke, Atomkraft) verblieben bei der RWE AG.

Auch die Suche und Förderung von Erdöl und Erdgas durch die DEA verblieb noch bis 2019 im RWE-Konzern. (Die DEA war in den 1960er Jahren von dem amerikanischen Ölmulti Texaco erworben und 1988 an die RWE weiter verkauft worden.) Im Jahre 2019 fusionierte die DEA (über Umwege) mit ihrem Konkurrenten Wintershall zur BASF-Konzerntochter **Wintershall Dea AG.**

Die **EnBW Energie Baden-Württemberg AG** war die um die Jahrtausendwende im Rahmen einer Privatisierung vom Land Baden-Württemberg mehrheitlich an den französischen Energiekonzern EDF verkauft, 2010 aber vom Land zurückgekauft worden. Dieser Rückkauf des (nach E.ON und RWE drittgrößten deutschen Energieunternehmens) wirbelte einigen Staub auf, weil von mehreren Seiten der Rückkaufspreis als deutlich überhöht angesehen wurde und die damalige Landesregierung sich infolgedessen mit Korruptionsvorwürfen konfrontiert sah.

Das schwedische Unternehmen **Vattenfall** war als Energieversorger mit seiner deutschen Tochtergesellschaft vor allem im Norden und im Osten der Bundesrepublik aktiv. Zu seinen Tätigkeiten gehörten auch der Abbau und die Verarbeitung der Braunkohlenvorräte in der Lausitz. Vattenfall verkaufte 2016 seine Braunkohlesparte mit Betrieben in Sachsen und Brandenburg aufgrund von politischem Druck aus dem Heimatland (wegen der Klimaproblematik der Braunkohleverstromung) an den tschechischen **EPH**-Konzern des Großunternehmers Daniel Kretinsky

Mit der Übernahme der Aral AG katapultierte sich die Deutsche BP AG (später **BP Europa SE**) in Hamburg in die Liste der 10 umsatzgrößten Unternehmen Deutschlands. Mit dem Zukauf der Aral erhielt BP das größte Tankstellennetz in Deutschland. Hiermit schließt sich ein Kreis; denn wie schon früher erwähnt, hat der British-Petrol-Konzern durchaus deutsche Wurzeln. Die ehemaligen Aral-Tankstellen der BP in Deutschland und Österreich wurden unter ihrem eingeführten Traditionsnamen „Aral" weitergeführt, die bisherigen „BP"-Tankstellen in „Aral" umbenannt.

Die Liberalisierung im Energiemarkt führte aber nicht nur zu Preissenkungen, sondern auch zu bisher nicht gekannten Problemen auf der Seite der Anbieter. Einer der ersten und bekanntesten Fälle war derjenige des Stromanbieters Teldafax:

Das Unternehmen **Teldafax** gehörte 1998 zu den ersten Anbietern im deregulierten Telefonmarkt. 2001 geriet das Unternehmen in Insolvenz. Der Markenname Teldafax wurde aber ab 2002 für einen neuen Konzern verwendet, der seit 2006 verstärkt im ebenso liberalisierten Strommarkt als Billiganbieter tätig war. Schon seit 2008 lebte Teldafax aber offensichtlich nur noch von den Vorauszahlungen neuer Kunden. Dieses Geschäftsmodell brach 2011 in sich zusammen. Am 11. Juni 2011 wurde auch von der („neuen" Strom-) Teldafax Holding AG ein Antrag auf Insolvenz gestellt. Dieses Verfahren wurde im September des gleichen Jahres eröffnet. In einer Gläubigerversammlung im November 2011 wurde bekannt, dass dem Teldafax-Vermögen von ca. 7 Mio. EURO auf der anderen Seite Schulden von rund einer halben Mrd. EURO entgegenstanden. Der Vorwurf gegen das Stromanbieter-Unternehmen lautete, dass es den potenziellen Abnehmern Strom zu unwirtschaftlich niedrigen Preisen versprach.

Teldafax blieb leider kein Einzelfall.

c) Maschinenbau (incl. Elektromaschinen und Rüstungsindustrie)

Die Maschinenbau-Branche steht bei den Exportzahlen Deutschlands an zweiter Stelle (nach der Automobilwirtschaft).

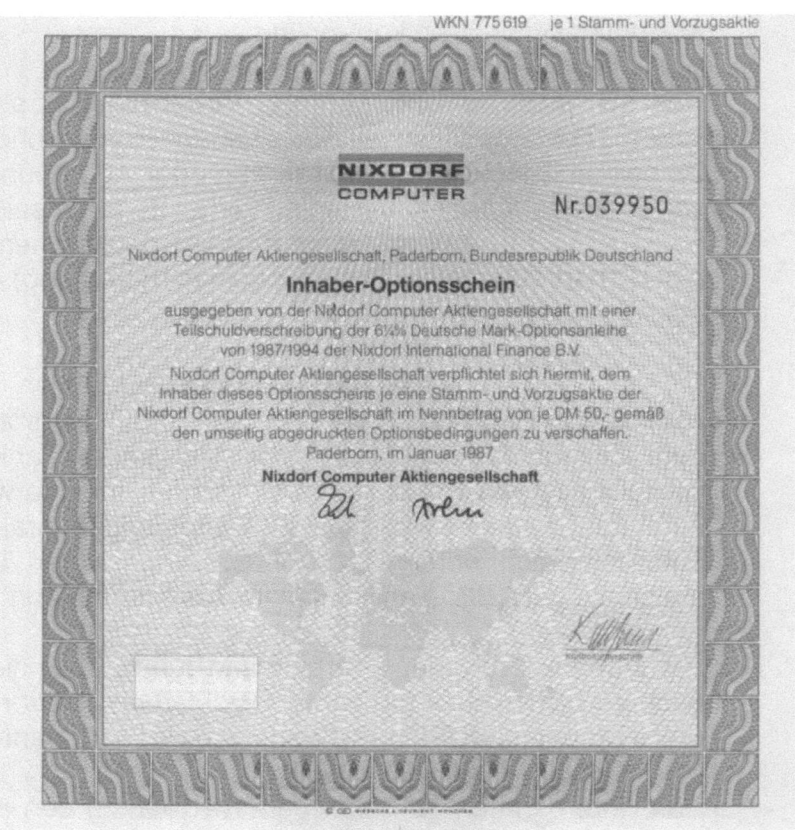

Die **Siemens** AG als führender Hersteller von Elektromaschinen war seit dem Ende des 20. Jahrhunderts auch im Markt der „Neuen Medien" aktiv. 1990 wurde die Mehrheit an dem Computer-Hersteller **Nixdorf AG** übernommen, zur gleichen Zeit wurde auch die Handy-Produktion aufgenommen.

Beide Sparten verblieben aber nicht lange im Konzern; denn wie viele andere Unternehmen (Allianz, Linde, Daimler, Arcandor etc.) trennte sich auch Siemens seit der Jahrtausendwende von Geschäftsbereichen, die nicht oder nicht mehr das „Kerngeschäft" darstellten. Aber bei kaum einem deutschen Konzern wurde dies so konsequent durchgeführt wie bei Siemens. Verkauft wurden zum Beispiel:

- 1999 die Bank- und Kassenautomaten-Produktion „Wincor Nixdorf" (ab 2004 börsennotiert)
- 2000 die Halbleiterproduktion Infineon, heute börsennotiert, mit der Tochtergesellschaft Quimonda AG (Speicherchiphersteller, Dresden)
- 2001 die Maschinenbausparte DEMAG (von dem aufgespaltenen Mannesmann-Konzern übernommen)
- 2005 das Handygeschäft an „BenQ" (Taiwan),
- 2007 die Automobilzubehörsparte VDO (Verkauf an die Continental AG),
- 2008 die Gigaset-Schnurlostelefone „SHC" (Verkauf an „Arques"),
- 2008 die Computerherstellung „Fujitsu Siemens" (Abgabe der 50%igen Beteiligung an den Partner Fujitsu),
- 2013 die Beleuchtungssparte Osram (durch einen Börsengang),
- 2015 die Medizintechnik Siemens Health Care (durch einen Börsengang),
- 2015 die Siemens-Anteile an der BSH Hausgeräte (an den Partner Bosch),
- 2020 die Energiesparte (als Siemens Energy Verkauf an der Börse)

Eine Fusion der Schienen-Verkehrstechnik mit dem französischen Unternehmen Alstom wurde von der EU-Wettbewerbsaufsicht untersagt. Daraufhin wurde diese Sparte ausgegliedert in die Siemens Mobility (München), an der Siemens aber eine 100-%-Beteiligung hielt.

Siemens zog sich damit vornehmlich aus dem Konsumenten-Markt zurück und konzentrierte sich auf die Geschäftsfelder Gesundheit, Energie und Industrie.

Das Weiterleben der ausgegliederten Sparten gestaltete sich sehr unterschiedlich: Während z. B. das Handygeschäft schon ein Jahr nach der Ausgliederung vom neuen Eigentümer BenQ in Deutschland völlig eingestellt wurde, die Quimonda AG 2008 trotz zwischenzeitiger politischer Hilfe aus dem Freistaat Sachsen Insolvenz anmelden musste und 2023 auch Gigaset die Insolvenz in Eigenregier beantragte, entwickelten sich die neuen Aktiengesellschaften Wincor Nixdorf (später Diebold-Nixdorf) oder DEMAG Cranes sehr positiv (so positiv, dass DEMAG Cranes 2011 von dem amerikanischen Konkurrenten Terex aufgekauft wurde). Die Aktien von Siemens Health Care wurden Bestandteil des DAX-30.

2007 wurde durch die „Schmiergeld-Affäre" zu einem Krisenjahr für Siemens. Verschiedene Siemens-Manager waren dabei verhaftet worden (auch Vorstandsmitglieder), der Vorstandsvorsitzende Klaus Kleinfeld wurde durch Peter Löscher ersetzt. Erst im Dezember 2008 konnten Löscher und der Aufsichtsratsvorsitzende Cromme einen Vergleich mit dem US-Justizministerium, der US-Börsenaufsicht und der Staatsanwaltschaft München schließen, wodurch das Verfahren gegen Zahlung von Geldbußen in Höhe von ca. 1 MRD EURO eingestellt wurde.

Siemens' alter Konkurrent aus Deutschland, die **AEG**, war 1985 in den Daimler-Benz-Konzern eingefügt worden. 1996 beschloss jedoch die Hauptversammlung des neuen Eigentümers die Auflösung der AEG. Die Namensrechte wurden verkauft.

Auch ein weiterer großer Name im deutschen Elektrobereich schien in den ersten Jahren des 21. Jahrhunderts zu verschwinden: Der Batterie- und Akkumulatoren-Herstellungs-Konzern **VARTA** (1887 in Hagen gegründet und von 1922 bis zum Kriegsende dem Quandt-Konzern angehörig) wurde sukzessiv bis 2007 zerschlagen, lebte 2011 aber wieder auf und wurde 2017 sogar wieder an die Börse gebracht. Die Varta AG (inzwischen nach Ellwangen übergesiedelt) war seitdem nicht nur im Handel mit Batterien, sondern auch wieder in der Herstellung von Batterien, Akkumulatoren und Ladegeräten aktiv. Diese Branche erlebte durch den neuen Schwerpunkt im Automobilbau, die E-Autos, einen enormen Aufschwung.

Die Robert **Bosch** GmbH (1886 in Stuttgart gegründet, heute die größte GmbH Deutschlands) ist vor allem bekannt als Zulieferer der Kraftfahrzeugindustrie, aber auch als Hersteller von Gebrauchsgütern (Elektrowerkzeuge, Haushaltsgeräte) und Industrie- und Gebäudetechnik (Sicherheitstechnik) sowie von Verpackungstechnik. Im Jahr 2003 führte Bosch als erster Anbieter die moderne Lithium-Ionen-Technik bei akkubetriebenen Elektrowerkzeugen ein. Bosch ist auch im Besitz der Rechte an den Markennamen Junkers und Buderus, die als Namen im Thermotechnik-Bereich des Bosch-Konzerns weiterleben. Weitere Bosch-Marken sind Skil, Dremel, Neff, Constructa und – bis 2008 - Blaupunkt.

*Seit 1996 gehört die **Skil Corp**, ein 1923 gegründeter amerikanische Hersteller von Elektro-Handwerkzeugen, zum Konzern der Robert Bosch GmbH.*

Die Bosch-Gruppe trennte sich von der defizitären Herstellung von Solarzellen und –modulen und verkauft die Geschäftssparte an die Solarworld AG, die wegen der harten internationalen Konkurrenz allerdings 2017 und (als GmbH-Nachfolgeunternehmen) 2018 Insolvenz anmelden musste.

2017 gab Bosch bekannt, eine Chipfabrik in Dresden bauen zu wollen. Die zu produzierenden Halbleiter sollten vor allem in der Automobilindustrie und für das Vernetzen von Geräten im „Internet der Dinge" eingesetzt werden.

Bosch ist auch im Segment der Haushaltsgeräte gut vertreten, und zwar durch die 1967 als Gemeinschaftsunternehmen von Siemens und Bosch gegründete BSH Bosch und Siemens Hausgeräte GmbH in München. Die BSH produziert in mehr als einem Dutzend Ländern auf 3 Kontinenten (Europa, Asien und Amerika). Seit 2015 ist Bosch der alleinige Unternehmensinhaber. Die hergestellten Geräte führten allerdings auch noch danach häufig den Namen „Siemens", weil dieser, insbesondere in Asien, einen hohen Bekanntheitsgrad besitzt.

2008 wurde auch das alte Familienunternehmen **Buderus** von Bosch übernommen und umfirmiert in BBT (Bosch-Buderus-Thermotechnik GmbH), seit 2008 in Bosch Thermotechnik GmbH mit dem Hauptsitz in Wetzlar. (Die Edelstahlwerke Buderus AG wurde 2005 von der Robert Bosch GmbH an den Voestalpine-Konzern verkauft.)

Der Gießereitechnikbetrieb Buderus war schon 1731 gegründet worden, hat aber noch ältere Wurzeln: 1678 war die Familie Buderus Erbpächter der ersten Hochöfen an der Waldschmiede in Hirzenhein gworden. Seit 1884 bestand die Buderus AG in Wetzlar. Von 1991 bis 1994 hatte Buderus zur Frankfurter Metallgesellschaft gehört.

Die **Metallgesellschaft** *war 1881 in Frankfurt am Main für das Geschäft mit den Nichteisen-Metallen gegründet worden. Die Gesellschaft war zuerst im Metallbergbau und im Metallhandel tätig, erweiterte ihre Geschäftsbetrieb aber noch im 19. Jahrhundert auf den Anlagebau. Nach dem Ersten Weltkrieg musste das eigene Bergbaugeschäft durch den Verlust der Auslandsrechte zurückgefahren werden. Zwischen den Weltkriegen vergrößerte die Metallgesellschaft ihr Geschäft insbesondere durch Beteiligungen an anderen Unternehmen. Viele ihrer Beteiligungen wurden von der Metallgesellschaft bis zur Jahrtausendwende wieder verkauft, weil der Konzern in Schieflage geriet.*

Seit 1999 wandelte sich die Metallgesellschaft zum Technologiekonzern (Spezialmaschinenbau) mit den Schwerpunkten Prozesstechnik und Großanlagenbau, vor allem für die Nahrungsmittel-, die Pharma- und die petrochemische Industrie. Zu diesem Zweck benannte sich die Metallgesellschaft 2000 in „mg technologies ag" um.

Da dies Kernbereiche der 1999 übernommenen GEA AG waren (die 1920 in Bochum als Gesellschaft für Entstaubungs-Anlagen mbH gegründet worden war), erfolgte 2005 eine erneute Umfirmierung der „mg" in **GEA Group AG**, verbunden mit einer Firmensitzverlegung nach Bochum, später (2011) nach Düsseldorf und einem Schwerpunktwechsel zum Unternehmen der Umwelttechnologie unter Verzicht auf den Großanlagenbau.

Das Maschinenbauunternehmen Borsig wurde 1970 von der Salzgitter AG an die Deutsche Babcock (Oberhausen) verkauft. Das Unternehmen firmierte nun als **Babcock Borsig AG**. 1988 wurde Babcock Borsig ein „Gründungsmitglied" des deutschen Aktienindexes „DAX", in dem die (nach Börsenumsatz und Streubesitz-Marktkapitalisierung) 30 größten deutschen Aktiengesellschaften aufgenommen wurden. Im DAX blieb Babcock aber nur bis 1995. Noch im Jahre 1999 kaufte Babcock Borsig das Werften- und Industriegeschäft der Preussag AG, doch schon 2002 musste die Babcock-Borsig AG trotz namhafter Unterstützung aus der Politik Insolvenz anmelden. Viele Firmen aus der Insolvenzmasse konnten an andere Unternehmen verkauft werden.

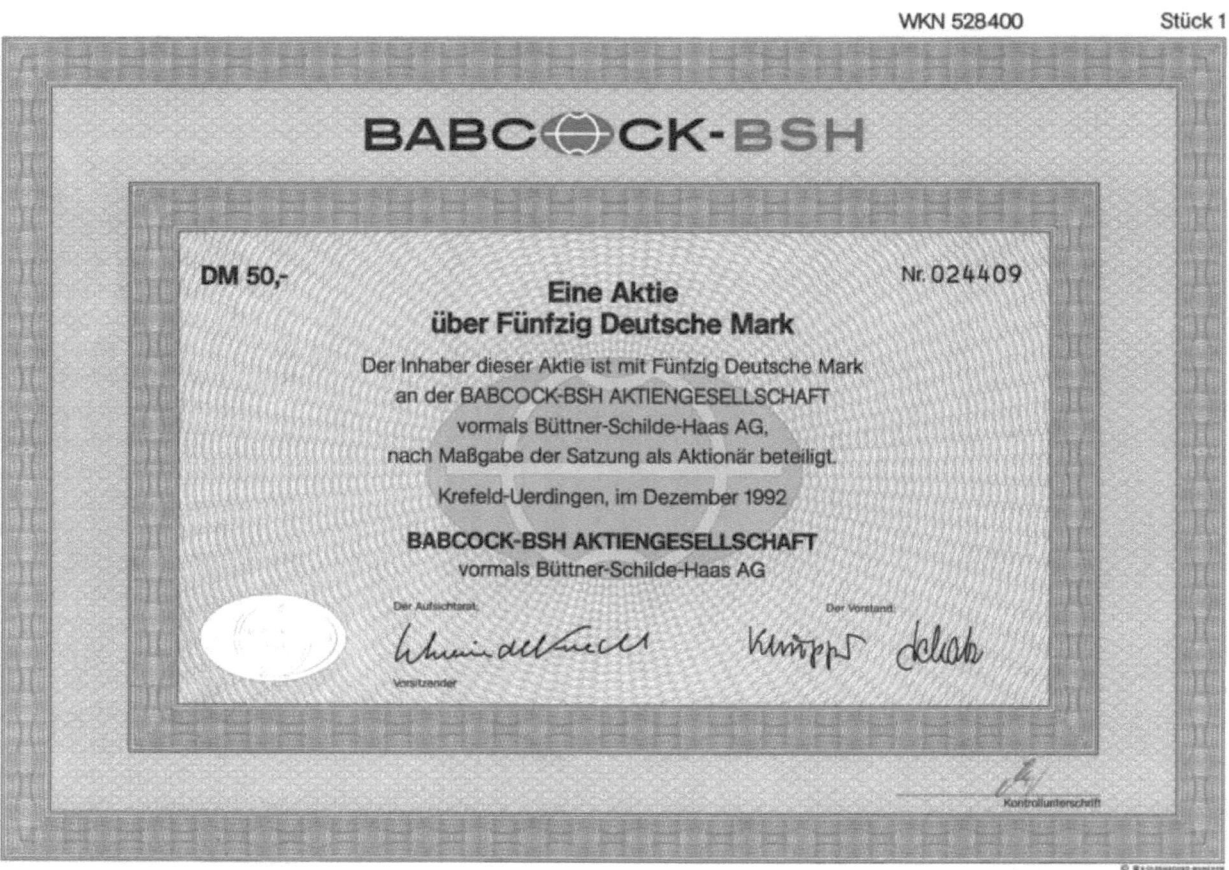

WKN 528400 Stück 1

*Auch die **Babcock-BSH AG**, ein Anlagen- und Maschinenbau-Unternehmen in Krefeld, wurde 2002 vom Babcock-Borsig-Konzern verkauft, und zwar an das bayrische Maschinenbau-Familienunternehmen Grenzebach. „BSH" stand für die Vorgängerunternehmen Büttner (Krefeld-Ürdingen), Schilde (Bad Hersfeld) und Haas (Remscheid-Lennep), allesamt Maschinenfabriken mit langen Traditionen, die 1970 unter dem Konzerndach der Deutschen Babcock fusionierten. Die Babcock-BSH AG in Krefeld wurde 2003 im Handelsregister gelöscht.*

Aus der Insolvenzmasse des Babcock-Borsig-Konzerns bildete sich im Jahr 2003 ein neuer, kleinerer „Borsig-Konzern". Die „neue" Borsig GmbH in Berlin konnte (mit verschiedenen Tochterunternehmen) das Kerngeschäft der „alten" Borsig (Kühlung, Verdichtung, Membran- und Kesselbau) übernehmen. Im Jahre 2008 wurde die Borsig-Gruppe an die malaysische KBN Group Berhad verkauft.

Ein relativ neuer Wettbewerber im Maschinenbau- und Automotive-Geschäft entwickelte sich aus einer alten Teppichfabrik: die **Schaeffler AG**.

Die Schaeffler AG war von Wilhelm Schaeffler, einem Angestellten der Dresdner Bank, 1939 gegründet worden, indem die Betriebsstätten der ehemaligen Davistan AG übernommen wurde. Die Davistan AG selber war 1850 in Berlin gegründet worden und später in Oberschlesien vor allem in der Teppichherstellung tätig. Sie war ein jüdisches Unternehmen, deren Eigentümer sechs Jahre vor der Übernahme durch Scheffler den Betrieb an ein Bankenkonsortium verkauft und anschließend Deutschland verlassen hatten.) Nach dem Ende des Zweiten Weltkriegs war die Schaeffler-Gruppe im bayrischen Herzogenaurach ansässig. Wilhelm Schaefflers Bruder Georg entwickelte 1949 den neuartigen Nadelkäfig für Nadellager, der unter dem Namen INA (Industrienadellager) zur zweiten Keimzelle des Schaeffler-Konzerns wurde (neben der Teppichherstellung).

Nach dem Verkauf der Teppichsparte im Jahre 1999 wandelte sich die Schaeffler AG nach und nach in eine Maschinenbau- und Automotive-Holding mit den Konzernmarken und –firmen INA, FAG (früher FAG Kugelfischer), Continental etc. Georg Schaeffler selber war der Ehemann und Vater von Maria-Elisabeth und Georg Schaeffler jun, den späteren Eigentümern der Schaeffler AG. Die Familie Schaeffler gilt als eine der reichsten Familien Deutschlands.

Im Jahre 2001 übernahm und integrierte der Schaeffler-Konzern im Rahmen einer „feindlichen Übernahme" den Wälzlagerhersteller **FAG Kugelfischer Georg Schäfer KGaA**. „FAG" wurde 2006 zu einer Marke innerhalb der Schaeffler AG.

Die FAG war 1883 in Schweinfurt gegründet worden, nachdem der Firmengründer Friedrich Fischer ein Patent auf ein Verfahren entwickelt hatte, mit dem er Stahlkugeln rund schleifen konnte. Die FAG wurde in den anschließenden Jahren eine der wichtigsten Unternehmen in der Wälzlager-Industrie. 1909 wurde Georg Schäfer Eigentümer des Unternehmens, das selbst in der Weltwirtschaftskrise zum Ende der 1920er/ Anfang der 1930er Jahre florierte.

Das Besondere an der abgebildeten Aktie ist, dass es sich um eine stimmrechtslose Vorzugsaktie einer KGaA (Kommanditgesellschaft auf Aktien) handelt. Diese relativ seltene Konstruktion verbindet für den Haupteigentümer die Vorteile einer Personenhandelsgesellschaft mit denen einer Kapitalgesellschaft. Das Unternehmen hat nach wie vor einen persönlich haftenden Gesellschafter, der das unbestreitbare Recht zur Geschäftsführung innehat (wie bei einer Personengesellschaft); das notwendige zusätzliche Eigenkapital kann in großem Umfang erworben werden durch Ausgabe von Aktien, die an der Börse gehandelt werden können. Da aber die Aktionäre nur ein sehr eingeschränktes Mitspracherecht haben, ist diese Rechtsform in Deutschland relativ unbeliebt.

Große Schlagzeilen machte im Jahre 2016 die Übernahme der Maschinenbauunternehmmung **Kuka AG** durch den chinesischen Investor Midea. Kuka war 1898 in Augsburg gegründet worden und stellte zuerst Generatoren, später (über Jahrzehnte) Schweißgeräte her. Vom Ende der 1920er Jahre an bis 1980 gehörte Kuka zum Quandt-Konzern. (Kuka ist nach mehrfachen Firmenumbenennungen der direkte Nachfolger der DWM – Deutsche Waffen- und Munitionsfabriken im damaligen Quandt-Konzern.) Das Unternehmen weitete nach dem Zweiten Weltkrieg zeitweise seine Produktpalette auf Strick- und Schreibmaschinen aus. Die Roboterproduktion begann 1973. Die Übernahme Kukas durch ein chinesisches Unternehmen wurde vielfach kritisch gesehen, da man einen einen „Ausverkauf deutscher Interessen" durch Verlagerung von Know-how nach Asien vermutete.

Andere bedeutende Maschinenbauer Deutschlands haben im Laufe ihres Bestehens den Unternehmenszweck weitgehend verändert. Zum Beispiel konzentrierte sich die **Linde AG** (später in Linde plc. mit Geschäftssitz in Dublin verwandelt) auf die Gasproduktion und die Erstellung von Chemieanlagen.

Die **ThyssenKrupp AG** hatte sich in der Bundesrepublik zu einem Mischkonzern mit einem starken maschinenbaulichen Anteil entwickelt. Dieser Anteil wurde aber im 21. Jahrhundert durch Verkäufe wieder verkleinert. Das betraf z. B. das Automotive- und das Aufzuggeschäft sowie die Zivilschifffahrt-Produktion. Die Sparte Militär-Schiffbau hingegen wurde von ThyssenKrupp weitergeführt.

Unabhängig von den vorgestellten großen Unternehmen ist der deutsche Maschinenbau vor allem **mittelständisch** strukturiert. Die Vielzahl mittelständischer und kleiner Betriebe in Deutschland wird immer wieder als eine besondere Stärke der deutschen Wirtschaft angesehen.

*Zu diesen mittelständischen Betrieben gehört auch das **Alexanderwerk A. von der Nahmer AG**, welches 1885 von seinem Namensgeber in Remscheid gegründet und 1899 in eine AG umgewandelt worden war. Fast in jedem deutschen Haushalt war später der handbetriebene Fleischwolf des Unternehmens in Gebrauch.*

Das traditionsreiche Alexanderwerk stand im Jahre 1996 am wirtschaftlichen Abgrund, als der BSE-Skandal (die Ausbreitung der auch für Menschen gefährlichen „Rinderwahn-Krankheit") das Geschäftsmodell der Gesellschaft nachhaltig bedrohte. Nach 1996 wurde das Unternehmen umfassend restrukturiert und konzentrierte sich auf die Herstellung von Kompaktier- und Granuliermaschinen und -anlagen für chemische und pharmazeutische, nach wie vor aber auch für lebensmitteltechnische Betriebe.

Die 1999 in Nordkirchen gegründete **Taciak AG** ist ein Hersteller elektrotechnischer Spezialfabrikatio-
nen. Die abgebildete Taciak-Namensaktie mit einem Nennwert von einem EURO aus dem Jahr 2000
ist in mehrfacher Hinsicht eine Besonderheit. Zumindest große und börsennotierte Aktiengesellschaften stellen normalerweise spätestens nach der Umstellung von der DM zum EURO fast nur noch
Stückaktien in Form von Globalaktien her, die also die gesamte Stückzahl aller Aktien (das gesamte
Grundkapital) in einem einzigen Wertpapier verbriefen. Durch die Verwahrung und Verwaltung des
Wertpapiers in einer Wertpapiersammelbank ist ein Handel einzelner Aktien möglich. Die jeweiligen
Eigentümer verfügen dann nur noch über einen Datensatz in ihren (ebenfalls nur als Datensatz beste-
henden) Depots bei ihrem Finanzinstitut.

Die **Unterhaltungselektronik** war seit den 1990er Jahren geprägt durch die Digitalisierung. Diese fing schon im Jahrzehnt zuvor mit dem Speichermedium CD-ROM an, das die Vinylschallplatte ablöste. Die ehemals sehr bekannten deutschen Unternehmen der Unterhaltungselektronik wie Telefunken, Grundig, Blaupunkt, Schaub-Lorenz, Dual oder die Krups- und die AEG-Haushaltsgeräte konnten sich auf Dauer nicht gegen die preiswerteren (und innovativeren) Hersteller aus Fernost behaupten und existieren – wenn überhaupt noch – nur noch als Markenname ausländischer Hersteller.

Ähnliches wie in der Unterhaltungselektronik gilt auch für die **Optik- und Fotoindustrie**, in der spätestens mit der Einführung der Digitalisierung ebenfalls japanische und amerikanische Hersteller die Marktführung übernommen haben. Zumindest im privaten Bereich werden Photos und Filme in neuerer Zeit fast ausschließlich nur noch mit Hilfe der Kameras aufgenommen, die in den Smartphones integriert sind.

Die **Leica Camera AG** aus Wetzlar (gegründet 1849 als Produktionsbetrieb für Optiken und Mikroskope) konnte 2005 eine Insolvenz nur knapp verhindern. Seit 1998 kooperierte Leica mit asiatischen Partnern, zuerst mit Fuji, später mit Panasonic und Huawei, die Smartphones mit Leica-Objektiven auf den Markt brachten.

Die **Carl Zeiss AG** blieb Marktführer in der optischen Industrie Deutschlands. Sie lieferte seit etwa der Jahrtausendwende auch Kameras für Handys und Smartphones. Das Konzernunternehmen Carl Zeiss Vision wurde 2005 zum zweitgrößten Brillenglashersteller der Welt. Zum Zeiss-Konzern gehört auch die Schott AG (bekannt geworden durch das „Jenaer Glas") Weiterhin ist Carl Zeiss unter anderem tätig in der Herstellung von Fotoobjektiven, Mikroskopen, Fernrohren, Geräten zur Augenheilung sowie weiteren feinmechanisch-optischen Produkten. Die Carl Zeiss AG gehört zu 100% der Carl Zeiss Stiftung. Die Stiftungsverwaltung besteht dabei aus Personen, die von den Bundesländern Baden-Württemberg und Thüringen entsendet werden.

Die **Agfa AG** war über Jahrzehnte einer der größten europäischen Hersteller von fotografischen Filmen und Laborausrüstungen nach den weltweit führenden Konkurrenten Kodak und Fujifilm. Mit dem Aufkommen der Digitalkameras geriet dieser Produktionszweig jedoch zum Nischenprodukt. Die – inzwischen belgische - Agfa-Gevaert AG verkaufte Mitte 2004 den unrentabel gewordenen Geschäftsbereich Fotografie, der früher das Kerngeschäft der Agfa AG darstellte. Die neu entstandene AgfaPhoto überlebte immerhin 2005 ein Insolvenzverfahren.

Auch die **Uhrenindustrie** Deutschlands ist geschrumpft. Die Zentren der deutschen Uhrenproduktion liegen heute sicherlich im thüringischen Ruhla und in Glashütte, dem sächsischen „Tal der Zeit", wo mehrere Uhrenhersteller sich auf die Herstellung hochpreisiger Produkte spezialisiert haben. Preiswertere Armbanduhren werden in jüngerer Zeit zunehmend durch die Zeitfunktion in den Smartphones und vor allem durch sogenannte „Smartwatches" ersetzt.

*Die Schwarzwälder Uhrenfabrik **Junghans** war um 1900 der größte Uhrenproduzent der Welt. 1956 wurde Junghans von der Diehl-Gruppe (Überlingen, Maschinenbau- und Rüstungskonzern) übernommen. 1972 konnte die gesamte Welt zusehen, wie Junghans die Zeitmessung bei den Olympischen Spielen in München meisterte. 1985 beeinflusste das Unternehmen maßgeblich die Entwicklung der modernen Funkuhren. 1990 wurde die Uhren-Sparte an Egana Goldpfeil verkauft, was 2008 zur Folge hatte, dass die Junghans-Uhrenfirma in den Niedergang der neuen Muttergesellschaft verwickelt wurde. Junghans wurde aber von dem Schramberger Unternehmer Steim übernommen und als „Uhrenfabrik Junghans GmbH & Co. KG" weiter geführt. Die Junghans Wehrtechnik verblieb beim Rüstungskonzern Diehl.*

Im **Büromaschinenmarkt** schloss der traditionsreiche deutsche Hersteller **Triumph-Adler** 2003 eine strategische Allianz mit dem japanischen Hersteller Kyocera ab und stellte dem neuen Partner 30% des Grundkapitals zur Verfügung. 2008 erfolgte eine Komplettübernahme durch Kyocera. Seitdem konzentriert sich TA auf Dienstleistungen im Rahmen der Bürokommunikation (Drucken, Faxen, Archivieren: Hard- und Software).

Die Adlerwerke waren vor dem Zweiten Weltkrieg vor allem als Fahrzeugproduzent bekannt, hatten aber schon 1896 auch mit dem Bau von Schreibmaschinen begonnen. Dieser Produktzweig wurde 1998 geschlossen, nachdem die traditionellen Schreibmaschinen im Zeitalter der Home- und Personal-Computer nicht mehr gebraucht wurden. Die Aktien von 1994 (Abbildung) waren der letzte Aktienjahrgang der Adlerwerke AG (innerhalb der TA-Holding).

Triumph-Adlers ehemaliger Hauptkonkurrent, die Firma **Olympia Werke**, die nach dem Zweiten Weltkrieg von Erfurt nach Wilhelmshaven umgezogen war, lebt seit der Werksschließung im Jahr 1991 nur noch als lizenzierte Marke anderer Hersteller weiter.

Der in der DDR verbliebene Werksteil von Olympia durfte sich damals nach einem Urteil des Internationalen Gerichtshofs in Den Haag nicht mehr „Olympia" nennen und firmierte daraufhin als „**Optima**". Dieser Betrieb ging 1978 in den VEB Robotron auf. Die Privatisierung der Robotron scheiterte ebenso wie das Nachfolgeunternehmen Optima Schreibmaschinenwerk Erfurt schon wenige Jahre nach der Wiedervereinigung.

Rüstungsindustrie

Moralische Bedenken in weiten Teilen der Bevölkerung und der Politik (insbesondere außerhalb des konservativen Lagers) sowie diverse Korruptionsvorwürfe, insbesondere im Zusammenhang mit dem Export, beschränkten seit den 1970er Jahren zunehmend die deutschen Rüstungsindustrie. Deutschland gehörte trotzdem – zusammen mit den USA, Russland und China – immer zu den vier größten Rüstungs-Exportnation der Welt. Dies wurde vor allem kritisiert, wenn Waffen in Krisengebiete oder in undemokratisch geführte Länder exportiert werden (z. B. die Belieferung Saudi-Arabiens). Auf der anderen Seite wurde auch die deutsche Bundeswehr nach der Wiedervereinigung aufgrund der – zuerst - friedlichen „Großwetterlage" systematisch zahlenmäßig verringert. Die öffentliche Meinung über die Rüstungsindustrie änderte sich erst wieder während des Kriegs Russlands gegen die Ukraine und ließ auch die veraltete und teilweise marode technische Ausstattung der Bundeswehr wieder zu einem Politikum werden.

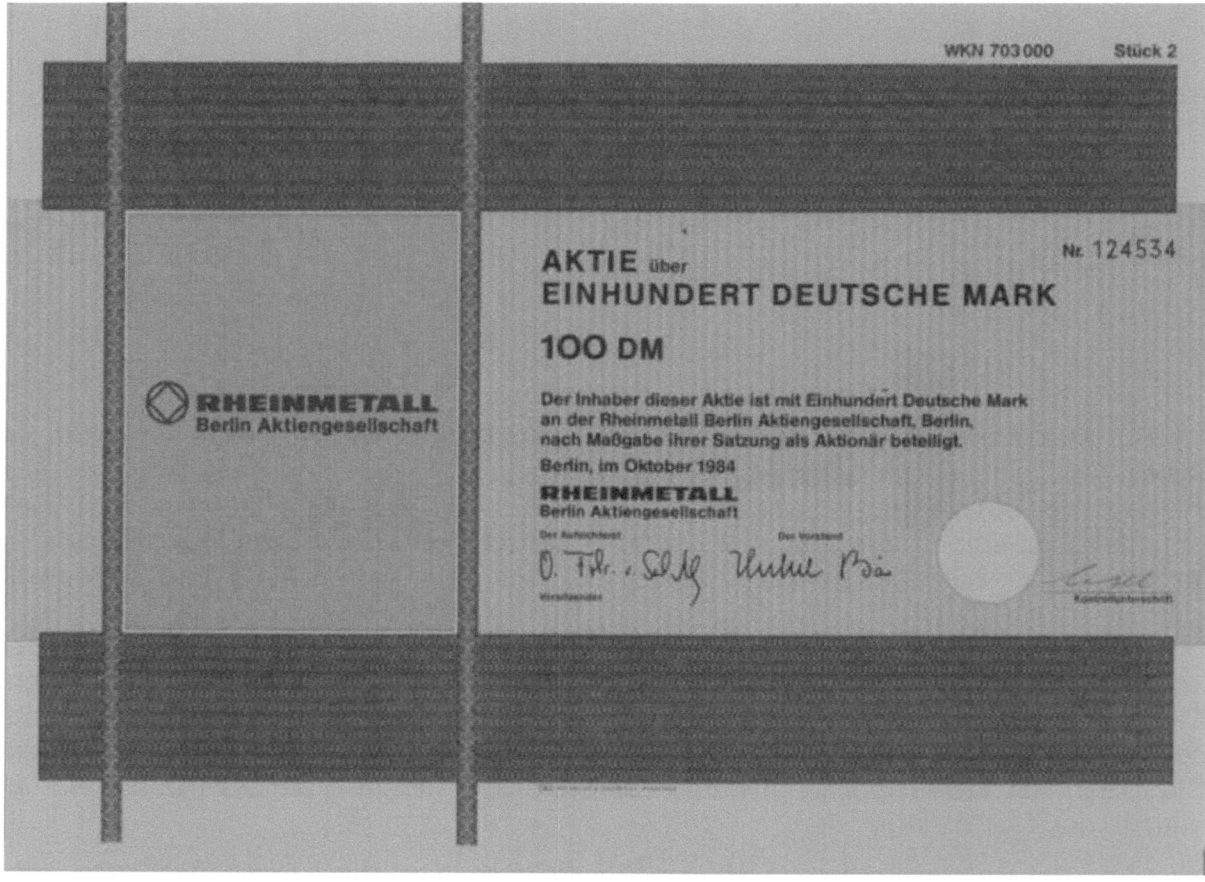

Die **Rheinmetall AG** gehört mit mehr als 25.000 Mitarbeitern zu den 10 größten Rüstungsunternehmen Europas (Stand 2022). Bekannte Produkte aus der Zeit nach der Wiedervereinigung sind die Panzer „Marder" und „Dachs" oder der Waffenträger „Wiesel" nach Zukauf der MaK GmbH in den 90er Jahren. 1996 übernahm Rheinmetall die Rüstungssparte der abgewickelten Werft Bremer Vulkan AG.

Der Rheinmetall-Konzern betreibt neben einer Vielzahl von Konzernbetrieben auch Gemeinschaftsunternehmen mit anderen Rüstungskonzernen wie Diehl oder Krauss-Maffei-Wegmann.

Die Firma Krauss-Maffei gehörte seit den 50er Jahren nacheinander zu den Konzernen Buderus, Mannesmann-DEMAG und Siemens, ehe das Unternehmen aufgeteilt wurde: Die KraussMaffei Technologies GmbH stellte anschließend Maschinen für die Kunststoff- und Kautschukindustrie her, der Wehrtechnikbereich wurde mit Wegmann & Co. 1999 zu **Krauss-Maffei Wegmann** mit Sitz in München fusioniert. Dieses neue Unternehmen entstand firmenhistorisch gesehen aus zwei ehemaligen Schienenfahrzeugherstellern: dem Wehrtechnikbereich des ehemaligen Lokomotivbauers Krauss-Maffei und dem Waggonbauer Wegmann & Co. (bekannt durch den „Henschel-Wegmann-Schnellzug" aus den 30er Jahren). Krauss-Maffei Wegmann wurde zu einem führenden Rüstungsbetrieb Deutschlands. Bekannte Produkte des Unternehmens sind z. B. die Panzer „Leopard", „Luchs" und „Puma", zu denen Rheinmetall in der Regel wichtige Komponenten lieferte. (Der „Puma" geriet im Dezember 2022 in die Schlagzeilen, weil bei einem Manöver der Bundeswehr alle 18 eingesetzten „Pumas" wegen unterschiedlicher Defekte ausfielen.)

Im Jahre 2015 wurde ein Zusammenschluss zwischen Krauss-Maffei Wegmann und Nexter S. A., einem französischen Rüstungsunternehmen in Staatsbesitz, beschlossen. Dieser erfolgte in Form einer Holding mit dem Namen **KNDS** (KMW + Nexter Defence Systems N.V.) mit Sitz in Amsterdam.

Im Marinebereich wurde die ThyssenKrupp AG wurde durch ihren Konzernbereich **ThyssenKrupp Marine Systems** (in Kiel) zum europaweit größten Anbieter von Rüstungsgütern. „Vorzeigeobjekte" des Konzernunternehmens waren z. B. die ab 2003 bei der ehemaligen HDW in Kiel gebauten U-Boote der Klassen 212 A bzw. 214 mit außenluftunabhängigem Brennstoffzellenantrieb. In Hamburg wurden (in der früheren Blohm & Voss-Werft) weiterhin Marineschiffe (Fregatten und Korvetten) gebaut.

ThyssenKrupp Marine Systems expandierte: 2017 übernahm ThyssenKrupp Marine Systems den Anteil des bisherigen Miteigentümers Airbus an dem Rüstungsbetrieb Atlas Elektronik GmbH, einem Spezialisten für Ausrüstungen für Schiffe und U-Boote der Marine: Sonar, Torpedos, Marinelektronik und unbemannte Unterwassersysteme. 2022 kaufte ThyssenKrupp Marine Systems die Wismarer Werft von der insolventen MV Werften.

Weitere große Rüstungsbetriebe sind **Airbus** (früher „EADS", insbesondere durch die führende Mitarbeit am Jagdflugzeug „Eurofighter" sowie durch die Entwicklung des Transportflugzeugs A 400 M) und **Diehl** (Generalunternehmer des Lenkflugkörpers „Sidewinder", außerdem der größte Hersteller von Fahrzeugketten in Deutschland.) Wie erwähnt, ist auch die Wehrtechnik-Sparte von Junghans (Junghans Microtec GmbH) im Mehrheitsbesitz von Diehl. Im Oktober 2022 wurde das maßgeblich von Diehl mitentwickelte Luftabwehrsystem Iris-T (ein Luft-Luft-Lenkflugkörper) einer größeren Öffentlichkeit bekannt, als Deutschland der Ukraine ein solches System im Kampf gegen Russland zur Verfügung stellte.

Im Schusswaffensegment blieben bei Militär und Polizei die Traditionsunternehmen Carl **Walther** (Ulm und Augsburg) und **Heckler & Koch** (Oberndorf) führend.

d) Chemie- und Pharmaindustrie
(mit Drogerieartikeln)

Die chemische Industrie ist die drittgrößte Exportbranche Deutschlands. Traditionellerweise wird auch die Pharma- und Drogerieartikelbranche hierzu gezählt.

Nach der Aufteilung der IG Farben (1950) wurde die **BASF SE** in Ludwigshafen das größte deutsche Chemieunternehmen. Zu Hauptgeschäftsfeldern der BASF wurden Chemikalien, Kunststoffe (z. B. das von der BASF 1951 entwickelte „Styropor"), Veredelungsprodukte, Pflanzenschutz/ Ernährung, Funktional Solutions (Katalysatoren, Fliesenkleber, Spezialböden, Anstrichmittel) sowie Öl/ Gas (Exploration und Produktion) durch das Tochterunternehmen Wintershall (später Wintershall-Dea). Das Pharmageschäft war 2001 abgestoßen worden. Die seit 1990 von BASF auch betriebene Bio- und Gentechnologie hatte in den Folgejahren in Europa mit großen Akzeptanzproblemen zu kämpfen.

Ab 1990 gehörte auch die BRABAG (Lausitz) zur BASF (als BASF Schwarzheide GmbH). Die BASF übernahm 2009 auch die Schweizer CIBA AG und integrierte das Unternehmen in den Konzern. Dieser Spezialchemie-Produzent war zwölf Jahre zuvor aus der dem Pharmazie-Konzern Ciba-Geigy (nach dessen Fusion mit Sandoz zum Pharmahersteller Novartis AG) abgespalten worden.

Im Oktober 2016 wurde am BASF-Standort in Ludwigshafen wieder einmal die Gefährlichkeit der Chemieproduktion deutlich, als im Hafenbereich bei Ausbesserungsarbeiten an einer Rohrleitungs-Trasse ein Feuer ausbrach, das mehr als einen Tag lang loderte und drei Menschenleben kostete.

Das zweitgrößte Chemieunternehmen, die **Bayer AG**, Leverkusen, ist ebenfalls aus der IG Farben hervorgegangen. Nach der Ausgliederung einiger anderer Produktionssparten befasste Bayer sich neben der Pharmazie vor allem mit Pflanzenschutz und Saatgut. Aber gerade dieser Geschäftsbereich sollte Bayer besondere Probleme bereiten: Seit 2016 bemühte sich die Bayer AG um die Übernahme des US-amerikanischen Biotechnologiekonzerns Monsanto. Diese Übernahme gestaltete sich nicht einfach. Ein großer Teil der Politik und der Öffentlichkeit kritisierte Bayer für seine Übernahmepläne: Schließlich galt Monsanto als eins der Unternehmen mit den weltweit schlechtesten Images. Die kartellrechtlichen Prüfungen zogen sich über lange Zeit hin, wurden aber 2018 erfolgreich abgeschlossen. Die EU genehmigte den Ankauf aber nur unter der Maßgabe, dass Bayer sein bisheriges Saatgutgeschäft und große Teile seines bisherigen Pflanzenschutzgeschäfts an die BASF abgab. Später hätten sich viele Bayer-Manager gewünscht, dass die Übernahme gescheitert wäre; denn ab 2018 kam es in den USA zu einer Klagewelle wegen des von Monsanto hergestellten, angeblich Krebs erzeugende Unkrautvernichtungsmittel Glyphosat. Immer wieder wurde Bayer zu hohen Schadenersatzzahlungen verurteilt oder musste kostentreibende Vergleiche mit den Klägern eingehen.

Die **Monsanto Co.** war 1901 als Süßstoff-Produktionsunternehmen in St. Louis gegründet worden und entwickelte sich zum weltgrößten Hersteller von gentechnisch verändertem Saatgut. Die Herstellung von genmanipuliertem Saatgut brachte Monsato ebenso in das Fadenkreuz von Umwelt- und Verbraucherschützern wie die Produktion von Glyphosat. Für die Zukunft plante Monsanto das „Digital Farming", bei dem z. B. nicht nur Saat und Pflanzenschutzmittel verkauft werden, sondern auch komplementär dazu entsprechende Wetterdaten, um die Anpflanzungen zu optimieren.

Die Spezialchemie-Produktion wurde von Bayer 2004 in die Firma Lanxess AG (Köln) ausgegliedert, die Kunststoffsparte 2015 in die Firma Covestro AG (Leverkusen). Diese beiden neuen Unternehmen wurden von der Bayer AG erfolgreich an die Börse gebracht.

Die **Lanxess AG** bestritt in den ersten Jahren ihres Bestehens den allergrößten Teil ihres Umsatzes mit dem 1909 bei Bayer entwickelten synthetischen Kautschuk. Der größte Teil dieser Produktion wird an die Automobilindustrie abgesetzt (vor allem, aber nicht nur für die Reifenherstellung). Auch die Schuhindustrie ist ein Großabnehmer. Die relativ einfache Produktionstechnik führte aber rasch zu vielen Konkurrenten und zu einer weltweiten Überproduktion. Im Jahre 2015 war Lanxess daher glücklich darüber, in Saudi Aramco, dem größten Ölförderunternehmen der Welt, einen Partner gefunden zu haben, mit dem ein Zugang zum Hauptrohstoff gesichert wurde. Das Joint Venture (Anteile jeweils 50%) erhielt seinen Sitz unter geschäftlicher Führung der Lanxess in den Niederlanden. Kurze Zeit später verkaufte Lanxess seinen Anteil an seinen arabischen Partner und konzentrierte sich auf die Spezialchemie, insbesondere auf Hochleistungs-Kunststoffe, die vor allem in der Automobil-Herstellung eingesetzt wurden. Leichte, aber sehr feste Kunststoffverbindungen verdrängten das Metall aus Produktteilen wie Motor-ölwannen, Airbag-Gehäusen, Dachrahmen und das „Frontend" der Fahrzeuge. Dabei wurden vor allem Metall-Hybrid-Materialien verbaut, um eine Gewichtsreduzierung zu erreichen.

Die **Covestro AG** befasst sich vorrangig mit Polymerstoffen. Zu den bekanntesten Produkten der Bayer- bzw. Covestro-Polymere gehörten (seit 1986 fast regelmäßig).die Bälle der Fußball-Weltmeisterschaften und der Kunststoff Macrolon, aus dem weltweit ca. 20% aller CDs hergestellt wurden. Der Covestro AG gelang im neuen Jahrtausend eine chemische Sensation, als sie Kohlendioxid in ein Vorprodukt für Schaumstoffe, das sogenannte Polyurethan, einbauen konnte. Ein erstes Anwendungsgebiet waren Matratzen. Ein weiterer Meilenstein in der Chemie war die von Covestro entwickelte Produktion von Anilin aus Biomasse. Anilin, das bisher ausschließlich aus fossilen Rohstoffen wie Erdöl gewonnen werden konnte, ist ein Rohstoff für Polyurethan-Hartschaum, einem sehr effizienten Dämmstoff.

Ein weiteres ehemaliges IG-Farben-Unternehmen, die Farbwerke **Hoechst AG**, Frankfurt, wurde 1999 mit der „Rhone-Poulenc" zur „Aventis" fusioniert. 2004 wurde die Aventis von dem französischen Chemiekonzern **Sanofi** übernommen. In dem nun drittgrößten Chemiekonzern der Welt spielt der Name Hoechst keine Rolle mehr.

Die Degussa AG (bis 1980 Deutsche Gold- und Silberscheideanstalt AG) in Frankfurt wurde 1999 von dem Energiekonzern VEBA übernommen, der die Degussa mit einer anderen Tochtergesellschaft zur **Degussa-Hüls AG** fusionierte. Die DEGUSSA als führendes Spezialchemieunternehmen beschäftigte sich nach wie vor mit der Scheidung und Verarbeitung von Edelmetallen, aber auch mit der Herstellung von Edelmetalldrähten und -blechen sowie Legierungen, außerdem von Zahngold, Schädlingsbekämpfungsmitteln etc. Die Fusion VEBA-VIAG zur EON AG führte zu weiteren Veränderungen, an deren (vorläufigem) Ende 2005 die Integration der Degussa AG in die RAG stand. Die Degussa-Aktien wurden nicht mehr gehandelt. Der RAG-Konzern spaltete 2008 seine „weiße Sparte" (DEGUSSA, Steag und die Immobilienverwaltung) unter dem Namen **Evonik Industries AG** ab. 2012 verkaufte Evonik seine Energiesparte Steag an ein Konsortium von Stadtwerken. Ein Jahr später wurde auch die Immobiliensparte veräußert. Übrig blieb die Spezialchemie-Sparte (früher: DEGUSSA-Hüls). Der Alleineigentümer der Evonik war zu Anfang die RAG-Stiftung, die nach Ende des Steinkohlebergbaus in Deutschland für die Bergbau-Folgekosten („Ewigkeitslasten") auf kommen muss.

Dazu gehört vor allem die dauerhafte Regulierung des Grundwasserspiegels. Zur Finanzierung dieser ihrer Hauptaufgabe plante die RAG-Stiftung einen zeitlich gestreckten Verkauf ihrer Evonik-Aktien. Im April 2013 wurde ein erster Börsengang mit einer Teilplatzierung von 14% des Aktienkapitals durchgeführt. Langfristig gesehen will die RAG-Stiftung nur eine Sperrminorität von 25,1% der Aktien an der Evonik behalten.

Die Evonik war zum Zeitpunkt des Börsengangs schuldenfrei und hatte genügend Rücklagen, um ihr Geschäft durch Zukäufe zu erweitern. Auch Evonik legte großen Wert auf die Bereiche Forschung und Entwicklung. Beispiele hierfür sind der frühzeitige Einsatz von Virtual-Reality-Brillen bei der Wartung von Anlagen schon in den frühen 2010er Jahren sowie ein Verfahren zur verstärkten Umweltfreundlichkeit bei der Lachszucht: Im Fischfutter-Segment des Unternehmens wurde ein Verfahren entwickelt, um aus Algen statt Fischmehl wertvolle Omega-3-Fettsäuren herzustellen. Zum Ende des 2. Jahrzehnts im 21. Jahrhundert arbeiteten Evonik-Forscher außerdem an der künstlichen Photosynthese.

Die **Linde AG** in München hatte sich im Jahre 2006 endgültig von ihrem ursprünglichen Geschäftsbereich, der Kältetechnik, getrennt. (Sie war 1879 von dem Erfinder des Kühlschranks, Carl Linde, gegründet worden.) Nachdem der in den 1930er Jahren aufgenommene Bau von Gas- und Dieselmotoren sowie von Traktoren schon seit Jahrzehnten aufgegeben worden war, wurde ebenfalls 2006 auch der 1958 aufgenommene Bau von Gabelstaplern eingestellt. In den 2010er Jahren verstärkte Linde sein Engagement im Wasserstoffsegment und war schließlich an allen Stationen der Wasserstoff-Wertschöpfungskette tätig.

Im Jahre 2017 entstand durch einen Aktientausch zwischen den nun hauptsächlich auf Industriegase fokussierten Unternehmen Linde und Praxair aus Danbury (Connecticut, USA) der weltweit größte Industriegase-Konzern, der damit umsatzmäßig auch an dem Pariser Unternehmen Air Liquide vorbeizog. Der Name „Linde" wurde für dieses neue Unternehmen beibehalten. Die „alte" Linde AG brachte in die Holding auch ihre weiteren Geschäftsfelder ein: Medizingase und Anlagebau. Der Sitz der Holding (Linde plc.) wurde in das europäische „Steuerparadies" Irland verlegt.

Die 1874 durch Philipp Mühsam gegründete und 1937 von Stinnes übernommene **Brenntag SE** (Mülheim an der Ruhr, ab 2017 Essen) wurde 2004 wieder von der Stinnes AG abgetrennt und 2010 in den Börsenhandel eingeführt. Die Brenntag SE wurde zum Weltmarktführer im Chemiehandel.

Pharmazie

Die forschenden Pharmaunternehmen legten im neuen Jahrtausend ein besonderes Merkmal auf die Entwicklung der „personalisierte Medizin". Insbesondere aus der Krebsforschung ist bekannt, dass bestimmte Medikamente und Behandlungsmethoden nur bei einem Teil der Erkrankten Wirkung zeigen. Die forschenden Pharmaunternehmen bemühten sich dabei um Biomarker, z. B. Tumormarker, welche die Voraussetzung für individuelle, zielgerichtete Krebsmedikamente darstellen.

Während der Corona-Pandemie zeigte sich ein gravierendes Problem der Globalisierung: Da viele der Wirkstoffe in den Medikamenten vorwiegend nur noch in China hergestellt wurden, wurde die Versorgung mit einzelnen Medikamenten aufgrund der chinesischen Gesundheitsregeln und aufgrund der vielfach unterbrochenen Lieferketten knapp.

Im Jahre 2001 erlitt die Pharma-Sparte des **Bayer**-Konzerns einen herben Rückschlag, als das weit verbreitete Cholesterin-senkende Arzneimittel Lipobay wegen gravierender Nebenwirkungen vom Markt genommen werden musste. Wie gefährlich das Geschäft mit verschreibungspflichtigen Pharmazeutika war, erlebte Bayer nochmals im Mai 2014, als bekannt wurde, dass das neue Schlaganfall-Mittel „Xarelto" in Verbindung mit 102 Todesfällen aus dem Jahre 2013 gebracht werden konnte.

Bayer wollte somit aus guten Gründen ein Gegengewicht zum ertragsstarken, aber risikobehafteten Marktsegment der rezeptpflichtigen Medikamente aufbauen. Schon im Jahre 2004 kaufte Bayer daher die rezeptfreie Medikament-Sparte des Schweizer Konkurrenten Roche (mit der Marke Bepanthen). 2014 folgte die Übernahme gleichen Medikamenten-Sparte des US-amerikanischen Herstellers Merck & Co. Inc. Damit erhielt Bayer Markennamen wie „Dr. Scholl's Fußpflege".

Das amerikanische Unternehmen Merck & Co. Inc. in New Jersey ist nicht zu verwechseln mit dem deutschen Pharmazierhersteller Merck KGaA; hier liegen nur gleiche Firmenwurzeln vor: Die amerikanische Firma war nach dem Ersten Weltkrieg durch eine Enteignung des Vermögens der deutschen Merck-Firma in den USA entstanden. Die amerikanische Merck & Co Inc. ist heute das größere der beiden Merck-Unternehmen; sie ist ein amerikanischer Pharmakonzern, der außerhalb Amerikas als MSD Sharp & Dohme firmiert. Im Jahre 2007 war die amerikanische Schering-Plough Inc. von Merck & Co. Inc. übernommen worden. Auch Schering-Plough Inc. war dadurch entstanden, dass deutsches Auslandsvermögen verstaatlicht wurde (in diesem Fall das Auslandsvermögen des deutschen Schering-Konzerns nach dem Zweiten Weltkrieg). Das mit dem Inlandsvermögen in Deutschland (in Berlin) verbliebene Pharmaunternehmen **Schering AG** wurde 2007 ebenfalls von Bayer übernommen.

Die deutsche **Merck KgaA** in Darmstadt ist seit 1995 an der Börse gelistet, befindet sich aber nach wie vor zu mehr als 70 % in Familienbesitz. In Nordamerika handelt es unter dem Namen EMD (abgeleitet von Emanuel Merck Darmstadt).Die Merck KGaA ist nach wie vor in der Spezialchemie als auch im Pharmabereich tätig. Sie ist einerseits der weltgrößte Produzent von Flüssigkristallen, die in der LCD-Technik verwendet werden, andererseits Hersteller verschiedenster Medikamente. Zu den bekanntesten Marken Mercks gehören „Nasivin" und „Multibionta". Einen besonderen Forschungsbereich im Pharmabereich bildet die Onkologie.

Eins der größten forschenden Pharmaunternehmen in Deutschland ist die 1885 gegründete **Boehringer Ingelheim Pharma GmbH & Co. KG**, die sich ausschließlich in Familienbesitz befindet. Bekannte Produkte aus Ingelheim sind die Schmerzmittel „Buscopan" und „Thomypyrin".

Zu einem Großunternehmen im Pharmabereich entwickelte sich auch die **Ratiopharm GmbH**, ein 1974 in Ulm gegründetes Generika-Unternehmen, das einige Zeit später aber auch eine eigene Forschungsabteilung etablierte. Ratiopharm gehörte zum Merckle-Konzern, der 2008 – vor allem durch Fehlspekulationen des Seniorchefs Alfred Merckle – in finanzielle Nöte geriet. Mehr als ein Jahr nach dem Selbstmord Alfred Merckles wurde die „Konzernperle" Ratiopharm für 3,625 Mrd EURO an den weltweit größten Generika-Hersteller, den israelischen Pharmakonzern Teva verkauft.

Ein weiteres großes Pharma-Unternehmen in Deutschland ist die **STADA-Arzneimittel AG** (mit den bekannten Produkten „Ladival" und Mobilat"). Im Jahre 2017 wurde die STADA mehrheitlich von einem amerikanischen Finanzinvestor übernommen.

*Die **STADA** wurde 1895 in Dresden als Apotheker-Genossenschaft gegründet (Standart-Apothekerbedarf) gegründet. 1948 begann in der BRD ein Wiederbeginn, seit 1956 ist das Unternehmen in Bad Vilbel ansässig. 1970 wurde das Unternehmen in eine AG umgewandelt, und seit 1975 stellt das Unternehmen Generika (Pharmazie-Nachahmerprodukte ohne eigene Forschung) her.*

Die STADA-Aktien sollten ursprünglich nur an Apotheker und Ärzte verkauft werden. Daher handelt es sich hier um vinkulierte Namensaktien.

<u>Drogerieartikel</u>

Die Hamburger **Beiersdorf AG** gehört mehrheitlich zur „Tchibo"-Familie Herz. Das 1882 gegründete Unternehmen bietet seine Produkte unter verschiedenen bekannten Markennamen an. Dazu gehören u. a. Nivea (seit 1911 auf dem Markt), Hansaplast (seit 1922), Tesa (seit 1936) 8x4 (seit 1951).

Die **Henkel KGaA** (später AG & Co. KGaA in Düsseldorf), zu dessen Konzernbereich auch z. B. das Haarpflegeunternehmen Schwarzkopf und der Klebstoffhersteller Loctite gehören, erwarb nach der Wiedervereinigung ihr ehemaliges Werk in Genthin zurück und wurde damit auch Eigentümer des seit 1968 erfolgreich in der DDR produzierten Waschmittels „Spee". Den Markennamen nutzte Henkel auch weiter, nachdem der Standort Genthin 2009 wieder verkauft worden war. „Spee" wurde nun in Düsseldorf hergestellt.

Das Unternehmen Henkel war 1876 in Aachen gegründet worden, aber schon 1882 nach Düsseldorf umgezogen. Seine erste große Produktentwicklung war das Vollwaschmittel „Persil" im Jahre 1907, das den Wäscherinnen das Reiben der Wäsche auf dem Waschbrett sowie das Klopfen, Bürsten und Bleichen abnahm. Außerdem griff es die Wäsche nicht an wie das zuvor häufig gebrauchte Chlor. Die Werbung Henkels mit Wanderkinos, Waschlehrgängen und „Persilschulen" sorgte für einen deutschlandweiten Bekanntheitsgrad des Produktes. Weitere bekannte Markenentwicklungen Henkels waren Ata 1909, Somat 1962 und Pritt 1969.

Henkel erwarb 2014 den französischen Konkurrenten Spotless, der vor allem in Frankreich, Spanien und Großbritannien bekannt ist.

Im Jahre 2016 erfolgte die nächste Akquisition, als der US-Waschmittelhersteller Sun Products übernommen wurde und Platz zwei unter den größten Waschmittel-Anbieter im nordamerikanischen Markt erobert werden konnte – auch mit der inzwischen auch in Amerika bekannten Hausmarke „Persil", die inzwischen zu einer Produktfamilie weiterentwickelt wurde (mit Variationen für dunkle Wäsche, sehr feine Wäsche etc.).

Henkel KGaA

Die Nummern für die in dieser Sammelurkunde
verbrieften Vorzugsaktien über je 50 DM sind in
einem gesonderten, von der Henkel KGaA aufbe-
wahrten Verzeichnis festgehalten.

Nr. 301715

Fünfzig Vorzugsaktien
zu je 50 Deutsche Mark

Der Inhaber dieser
Sammel-Vorzugsaktie ist mit
fünfzig Vorzugsaktien
zu je Fünfzig Deutsche Mark
an der Henkel KGaA,
Düsseldorf, nach Maßgabe
der Satzung
als Aktionär beteiligt.

Düsseldorf, im Oktober 1985

Henkel Kommanditgesellschaft auf Aktien

Kontrollunterschrift

Das Haarpflegeunternehmen **Wella** wurde 1880 in Oberwiesenthal als Friseurgeschäft durch Franz Ströher gegründet. Seine Söhne ließen 1925 ihre Dauerwellapparate und Kosmetikartikel unter dem Namen „Wella" schützen.

Von 1937 bis zur Verstaatlichung 1945 lag der Standort des Unternehmens im thüringischen Apolda. Nach dem Zweiten Weltkrieg gehörte auch Wella zu den Betrieben, die es zweimal gab: je einmal in Ost- und Westdeutschland. In der DDR wurde der Betrieb als „VEB Wella", später als „VEB Londa" weitergeführt, im Westen wurde das Unternehmen im hessischen Hünefeld neu gegründet und später nach Darmstadt verlegt. 1950 wurde Wella eine AG, die seit 1983 ihre Vorzugsaktien auch an der Börse handeln ließ. Nach der Wiedervereinigung wurde der DDR-Betrieb vom westdeutschen Wella-Unternehmen übernommen.

Der weitere Unternehmensweg von Wella war sehr kurvenreich: 1994 kaufte Wella die Muehlens KG (Köln) mit der bekannten Marke 4711. Im Jahre 2003 wurde die Wella AG von dem internationalen Konzern Procter & Gamble übernommen. 4711 wurde ein Jahr später wieder verkauft und Wella in eine GmbH mit Sitz in Schwalbach am Taunus umfirmiert. Procter & Gamble verkauften Wella im Jahre 2015 weiter. In einem Bieterwettkampf siegte dabei der New Yorker Konzern Coty (der zum österreichischen Familienkonzern Benckiser-Reimann gehört) über den Düsseldorfer Familienkonzern Henkel.

e) Medizintechnik /Gesundheitsbranche

Die Gesundheitsbranche ist der größte Wirtschaftszweig in der deutschen Volkswirtschaft. Sie trug im Jahre 2019 ca. 12% zur Bruttowertschöpfung Deutschlands bei – Tendenz steigend. Zum Vergleich: Der Fahrzeugbau als zweitgrößte Branche kommt in dieser Rechnung auf ca. 5,1%, der Tourismus und der Maschinenbau erreichen jeweils mehr als 4%, die Finanzwirtschaft (Banken und Versicherungen) liegt mit ca. 2,5% nur auf Platz 5. Die Gesundheitsbranche (Kliniken, Arztpraxen etc. mitsamt Personal) geriet während der Corona-Pandemie an die Grenzen ihrer Leistungsfähigkeit.

Zur Gesundheitsbranche gehört natürlich auch die Pharmazie (Arzneimittelbranche), die hier aber schon unter dem Punkt „Chemie" behandelt wurde.

Ein weiterer Bestandteil der Gesundheitsbranche ist die Medizintechnik. Seit der Gründung im Jahre 1899 produziert das **Drägerwerk** (Lübeck) Maschinen und Instrumente in den Bereichen Medizintechnik und Tauchtechnik, z. B. Narkose-, Beatmungs- und Wiederbelebungsgeräte. Während der Corona-Pandemie konnte das Drägerwerk relativ schnell die sprunghaft erhöhten Nachfragemengen nach Atemschutzmasken und Beatmungsgeräten befriedigen.

Das Drägerwerk wurde 1970 zur AG und 2007 zur AG & Co, KGaA. Durch das Komplementärunternehmen und den Mehrheitsbesitz an den Stammaktien befindet sich das Drägerwerk nach wie vor in der Hand der Gründerfamilie.

Ein weiterer Elektromaschinenhersteller mit dem Schwerpunkt Medizintechnik ist die **Fresenius** Medical Care AG & Co. KGaA (Hof), die sich vor allem auf Dialysegeräte spezialisiert hat. Die Gesellschaft gehört zum Konzern der 1912 entstandenen Unternehmens Fresenius SE & Co. KGaA (Bad Homburg vor der Höhe), der seine Geschichte auf die 1462 in Frankfurt gegründete Hirsch-Apotheke zurückführt.

Das in Hilden ansässige Biotechnologie-Unternehmen **Qiagen** war eine Ausgründung der Düsseldorfer Heinrich-Heine-Universität im Jahre 1984. Innerhalb weniger Jahre wurde das Unternehmen Weltmarktführer für molekulare Diagnostik, also für das Auffinden der Genspuren von Viren und Bakterien. Seit 1996 arbeitet der Hildener Betrieb zusammen mit mehreren anderen Tochterunternehmen in mehr als einem Dutzend Staaten unter dem Dach der Holding Qiagen N.V., Venlo (Niederlande); der operative Sitz jedoch ist in Hilden geblieben. Ebenfalls schon 1996 wurde die Qiagen in den Handel der amerikanischen Technologie-Börse NASDAC eingeführt.

Qiagens bekanntestes Produkt ist eine Kombination aus Soft- und Hardware mit einem Lesegerät, dem „Gene Reader" als zentralem Bestandteil, mit dessen Einsatz Personen auch mit Hilfe von defekten oder unvollständigen DNA identifiziert werden können. Die Internationale Kommission für Vermisste Personen (ICMP in Den Haag) kann mit Hilfe der Qiagen-Geräte jährlich eine fünfstellige Zahl von Vermisstenfällen bearbeiten. Qiagen-Technik kam sowohl bei den Anschlägen vom 11. September 2001 als auch bei der Tsunami-Weihnachtsflut 2004 zum Einsatz. Auch in individuelle Verfahren wurde auf die Qiagen-Technik zurückgegriffen, z. B. im Mordprozess gegen den Football-Profi O. J. Simpson (1994), im Sex-Skandal um den USA-Präsidenten Clinton und seine Praktikantin Monica Lewinski Ende der 1990er Jahre, im Zusammenhang mit dem Mord an dem Modeschöpfer Rudolph Mooshammer 2005 oder bei der Identifizierung des britischen Königs Richard III, der im 15. Jahrhundert gelebt hatte und dessen Leiche 2013 gefunden wurde. Im Zuge der Maßnahmen gegen die Verbreitung des Corona-Virus entwickelte Qiagen einen Corona-Schnelltest, der eine längere Zeit lang konkurrenzlos war.

Das 2008 in Mainz gegründete Biotechnologieunternehmen **Biontech SE** wurde im Herbst 2020 weltberühmt, weil es, in Zusammenarbeit mit dem US-Pharmaziekonzern Pfizer, den ersten wissenschaftlich getesteten Impfstoff gegen die Covid-19-Virenerkrankung („Corona") entwickelt hatte. Dabei handelte es sich um einen „mRNA-Impfstoff", einem Spezial-Forschungsgebiet von Biontech. Ein mRNA-Impfstoff ist ein genetischer Impfstoff, der dafür sorgt, dass aus der RNA (Ribonukleinsäure) ein Protein hergestellt wird. Dieses wiederum löst eine Immunreaktion im Körper des Geimpften aus. Im November 2020 informierte die Biontech SE die Öffentlichkeit damit, dass ihr neu entwickelter Impfstoff einen Wirksamkeitsgrad von 95% erreichen würde. Im nächsten Monat wurden das Präparat von der europäischen Kommission zugelassen und die ersten Menschen geimpft.

Sowohl Biontech als auch sein größter deutscher Konkurrent **Curevac** aus Tübingen konnten 2019 bzw. 2020 einen erfolgreichen Börsengang an der US-amerikanischen Technologiebörse Nasdaq verbuchen. Da Curevac aber bei der Entwicklung von Corona-Impfstoffen nicht den Erfolg von Biontech erreichen konnte, entwickelten sich auch die ökonomischen Erfolge dieser beiden Unternehmen sehr unterschiedlich. Ebenso wie Qiagen war Curevac eine Ausgründung aus einer Universität, in diesem Fall aus der Uni Tübingen im Jahre 2000. Inzwischen gehört das Unternehmen mehrheitlich Dietmar Hopp, dem SAP-Mitgründer und Fußballsponsor (TSG Hoffenheim).

Kliniken wurden in Deutschland früher traditionell durch die öffentliche Hand oder durch die Amtskirchen betrieben. Lediglich einige Privatkliniken für finanzstarke Patienten bildeten die Ausnahme. Seit den 70er Jahren des 20. Jahrhunderts drängten aber verstärkt private Träger auf den Markt. Mitte der 2010er Jahre war der Markt dreigeteilt; ungefähr jeweils ein Drittel an der Anzahl aller Kliniken in Deutschland war in privater, öffentlicher oder gemeinnütziger Hand, wobei der Anteil der privaten Betriebe seitdem weiter anstieg.

Marktführend bei den privaten Klinikbetrieben sind die **Sana Kliniken AG** (Ismaning, gegründet durch mehrere Krankenversicherungen Deutschlands) und die **Helios Kliniken GmbH** (Berlin), die Krankenhäuser-Tochtergesellschaft der Fresenius AG.

f) Fahrzeugbau

Straßenfahrzeuge

1. Personenkraftfahrzeuge (Pkw)

Die deutsche Automobilbranche ist die größte Exportbranche in einem der größten Exportländer der Welt. Deutschland gehört nach wie vor zu den bedeutendsten Automobilproduzenten: Hinter China, den USA und Japan, aber vor Südkorea und Frankreich belegte es zu Beginn der 2020er Jahre weltweit den vierten Platz.

Der anhaltende Erfolg der deutschen Automobilproduktion erklärt sich unter anderem aus dem Image der Produkte und der Produzenten. Autos aus Deutschland gelten weltweit als „typisch deutsches" Qualitätsprodukt („Made in Germany") und können daher in der Regel höhere Preise am Markt erzielen als vergleichbare Konkurrenzprodukte.

Dieses positive Image ist sicherlich auch ein Grund dafür, dass insbesondere Autos der Konzerne BMW, Daimler und VW auch bevorzugt als Firmenwagen ausgewählt werden. Besonders beliebt in diesem Geschäft waren Dieselfahrzeuge. Den Diesel-Fahrern drohte allerdings im Februar 2018 Unheil, als das Bundesverwaltungsgericht ein Verbot von Dieselfahrzeugen zur Luftreinerhaltung grundsätzlich für rechtens erklärte.

Überhaupt erschwerte der Umweltschutz die Geschäfte der Automobilwirtschaft: Verschärfte Grenzwerte für Verbräuche und Emissionen führten um 2020 zu einer **Veränderung der Angebotspalette** vieler Automobilproduzenten. Kleinwagen wie die Modelle „Adam" und „Karl" bei Opel oder die VW-Modelle „Lupo", „Fox" und „Up" wurden nicht mehr produziert. Schon in der Vergangenheit waren die Gewinnspannen bei den Kleinwagen recht gering. Die deutschen Hersteller konzentrierten sich daher zunehmend auf das – ertragstärkere – höherpreisige Segment. Für die weitere Zukunft setzten die Automobilhersteller vor allem auf die Produktion von **E-Autos**, erkennbar an der verstärkten Werbung für Autos dieser Art.

Dieser Strategiewechsel wurde sicherlich auch angetrieben durch politische Vorgaben bei der Zulassung von Automobilen: So sollen z. B. nach einem Beschluss der EU ab 2035 keine Automobile mit traditionellen Verbrennungsmotoren mehr zugelassen werden.

Bis in die 2020er Jahre hinein war den Elektroautos der große Durchbruch noch nicht gelungen. Die hohen Anschaffungskosten, die beschränkten Fahreigenschaften - insbesondere die geringe Reichweite - und die weithin gering ausgebaute Infrastruktur für Elektroautos sowie die langen Ladezeiten ließen in Europa lediglich für Hybridautos einen nennenswerten Marktanteil entstehen. In Amerika verkauften sich die Autos des Branchenführers „Tesla Motors Inc." (2003 in Palo Alto, Kalifornien gegründet und seit 2010 börsennotiert) zu dieser Zeit schon wesentlich erfolgreicher.

Marktführer bei den E-Autos in Deutschland waren zur Mitte der 2010er Jahre Renault. BMW und Tesla, dem US-amerikanischen Weltmarktführer. Den vierten Platz belegte die Streetscooter GmbH in Aachen, ein 2010 gegründeter Spin-off der Technischen Hochschule Aachen, mit ihrer Eigenentwicklung.

2014 wurde die **Streetscooter GmbH** eine hundertprozentige Tochtergesellschaft der Deutsche Post AG, die vor allem einen Elektrolieferwagens mit 80 km Reichweite und einer möglichen Zuladung von vier Kubikmetern einsetzte. Wenige Jahre später stockten allerdings die Verkaufszahlen; wahrscheinlich war der Streetscooter für den Gesamtmarkt zu einfach konstruiert. Die Deutsche Post blieb mit der einzig nennenswerte Nachfrager des verlustträchtigen Herstellers und verkaufte es schließlich (2022) an ein luxemburgisches Konsortium.

Eine nennenswerte Umsatzerweiterung konnten die E-Autos erst in den 2020er Jahren verzeichnen. Im Jahr 2021 stiegen die Zulassungszahlen auf 13,6% „reine" E-Autos bzw. 28,8% Hybridwagen. Dabei war die Marktführerschaft auf das hochpreisige (und – im Gegensatz zu den Konkurrenten) sehr lieferfähige Unternehmen **Tesla** übergegangen. Tesla Inc. eröffnete im März des Jahrs 2022 den Bau einer Automobilfabrik im brandenburgischen Ort Grünheide (in der Nähe des Flughafens Berlin-Brandenburg) – trotz umfangreicher Proteste von Umweltschützern, die sich dabei insbesondere um die Wasserhaltung des Gebiets sorgten.

Ein Grund für die erhöhten Verkaufszahlen von E-Autos waren auch die staatlichen Zuschüsse, die 2020, während der Corona-Pandemie, teilweise auf 9.000 EURO angehoben wurden. Trotzdem fuhren in 2021 nur ca. 1,3% aller Autos als E-Autos durch die deutschen Straßen; der entsprechende Wert der Hybrid-Autos lag bei ca. 3,4% - allerdings bei steigenden Werten. Nach dem Auslaufen der Förderung im Jahre 2023 stockte der Verkauf von E-Autos wieder. (Automobile mit Gasantrieb erreichten hingegen bei den Zulassungen nie einen Wert über 1%.)

Der Umstieg von den herkömmlichen Verbrennungsmotoren- zu den E-Automobilen ist in mehrfacher Hinsicht nicht unproblematisch. E-Autos sind teurer und bisher (wie oben beschrieben) weniger alltagstauglich als Verbrenner-Autos, und selbst der „ökologische Fußabdruck" von E-Autos ist eher durchschnittlich: Die Problematik der oftmals Umweltunverträglichen Gewinnung von Rohstoffen für die Batterien sowie die Komplikationen bei brennenden (sehr schwierig zu löschenden) Batterien sind bis heute nicht geklärt.

Die Nutzung von **Wasserstoffzellen als Automobilmotoren** vermeidet manche Nachteile eines „reinen" E-Autos, insbesondere die langen Ladezeiten. Dafür ist die Produktion von Wasserstoff (insbesondere von „grünem", also umweltfreundlich produziertem Wasserstoff aber teuer und die entsprechenden Motoren sind schwerer als diejenigen der „reinen" E-Autos. Deshalb bot sich die Entwicklung von Brennstoff- (Wasserstoff-) Zellen als Motoren vor allem für die Eisenbahn (Triebwagen des französischen Unternehmens Alstom fahren seit 2020 auf deutschen Schienen), Lkw und Schiffsmotoren an. Die ersten in Deutschland eingesetzten Busse waren aber allesamt im Ausland produziert worden (z. B. von dem belgischen Unternehmen van Hool).

Wasserstoff eignet sich nicht nur als Treibstoff, sondern auch als Energiespeicher sowie als Rohstoff, z. B. für die Ammoniakherstellung. Im Jahre 2021 legte die Bundesrepublik Deutschland ein Programm zur Förderung der Wasserstoff-Technologie auf, das insgesamt 62 Investitionsprojekte mit mehr als acht MRD EURO umfasste.

Neben einer verstärkten Produktion von alternativen Motoren lenkten die Automobilfirmen und ihre Zulieferer ihr Augenmerk besonders auf die weitere **Automation**. Schon zu Beginn des letzten Viertels des 20. Jahrhunderts wurden Brems- und Lenkkraftverstärker, Zentralverriegelung und elektrische Fensterheber zum Standard in den meisten Automobilen der Ober- und Mittelklasse. Noch vor der Jahrtausendwende galt das gleiche für ABS (Antiblockiersysteme) und ASR (Antischlupfsysteme). Nach der Jahrtausendwende verfügten die Automobile zunehmend über Bordcomputer (vor allem zur Fehlerdiagnose), die vielen nicht markengebundenen Werkstätten erhebliche Umsatzverluste einbrachten. Ab 2010 wurden verstärkt Tempomate, Fahrspurhalte-, Fahrspurwechsel-,

Einpark-, Notbrems-, Aufmerksamkeits-, Abstandsregel- und sonstige Assistenten sowie automatische Notarztanrufer (nach Unfällen) in Serienwagen eingebaut und bildeten damit die ersten Schritte zum selbst fahrenden Auto.

Im Jahre 2013 fuhr ein autonomer Prototyp von Mercedes-Benz, ein „Intelligent Drive"-Automobil, unter strengen Auflagen selbstständig von Mannheim nach Pforzheim. (Dies war eine Hommage an die erste „Langstrecke", die ein Automobil zurücklegte: ein Benz-Motorwagen mit Bertha Benz am Steuer.) In den folgenden Jahren folgten auch Audi und BMW mit ihren selbstfahrenden Prototypen.

Aber obwohl z. B. im Jahre 2016 mehr als 50% aller Patente zum autonomen Fahren auf deutsche Hersteller entfielen, sind auch in diesem Segment andere Produzenten, auch hier wieder Tesla, führend. Tesla musste allerdings im Sommer 2016 einen herben Rückschlag hinnehmen, als in den USA eins seiner selbstfahrenden Automobile einen Lkw mit einem Hinweisschild verwechselte und es daraufhin zu einem für den „Fahrer" des Tesla tödlichen verlaufenden Unfall kam.

Ein weiteres Feld, in dem die Automobilhersteller zunehmend innovativ wurden, waren die Bedienungssysteme der Fahrzeuge. Zuerst führten alle namhaften Hersteller für bestimmte Zubehörteile (z. B. die Audioelemente) die vergleichsweise einfach zu handhabende Sprachsteuerung ein (auf fakultativer Basis in den Spitzenmodellen). Mitte der 2010er Jahre verfügten einige BMW- und VW-Modelle schon über Geste-Steuerungen (ebenfalls für die Audioanlagen, aber auch schon für die Bedienung der Schiebedächer). Andere Hersteller hielten sich bei der Gestensteuerung noch zurück, weil Fehlbedienungen durch gestenreiche Fahrer und Beifahrer nicht auszuschließen waren. VW experimentierte ab Mitte des Jahrzehnts mit Eyetracking-Bedienungssystemen, die den Augen des Fahrers folgen und daraus bestimmte Bedienbefehle ermitteln und ausführen können. BMW prüfte derweil in einigen Versuchsautos eine holografische Menüführung. Auch bei diesen Innovationen standen die deutschen Hersteller natürlich in einem weltweiten Innovationswettlauf mit anderen Produzenten.

Auch an völlig anderen Stellen der Automobilproduktion wurden Innovationen getätigt, z. B. bei der Verwendung von **Recycling**-Kunststoffen: 2016 wurden in der Mercedes-S-Klasse fast 50 kg an wiederverwertetem Kunststoff eingebaut, im Kleinwagen Opel Adam wurden 170 recycelte Komponenten verwendet, beim Elektroauto BMW i3 bestanden ca. 25 % der thermoplastischen Kunststoffe aus Rezyklaten. Da Kunststoff-Granulat mit weniger Druck und bei niedrigeren Temperaturen hergestellt werden kann, vermindern sich durch die Verwendung von Recycling-Kunststoffen auch die Produktionskosten. Recycling wurde aber nicht nur beim Kunststoff verwendet, sondern auch z. B. beim Stahl in der Karosserie. Die Beimengung von „Alt-Stahl" geschieht in der Regel schon bei der Stahlherstellung.

Auf der anderen Seite sorgte die Automobilindustrie zu Beginn des neuen Jahrtausend für unterschiedliche **Skandale**: Im September 2015 wurde bekannt, dass der VW-Konzern die bordinternen Abgasmessungen in Dieselfahrzeugen manipuliert hatte. Die US-amerikanische Umweltschutzbehörde beklagte, dass eine Software die Abgasbegrenzung beim normalen Fahren ausgeschaltet und bei Abgastests wieder eingeschaltet hätte. VW gab diese Manipulation umgehend zu – bei ca. 11 Millionen verkauften Automobilen weltweit. In Anbetracht der zu erwartenden Strafen und des nicht abzuschätzenden Imageverlustes sank der Kurs der VW-Aktie am Folgetag um mehr als 23%. Langwierige Verhandlungen, zuerst mit US-amerikanischen, später auch mit anderen Behörden und getäuschten Automobilisten führten zu Straf- und Schadenersatzzahlungen in Milliardenhöhe.

Neben dem hauptsächlich von VW verschuldeten Diesel-Abgas-Lügengebäude gab es weitere Marktmanipulation deutscher Automobilproduzenten: Im Juli 2017 wurde eine Absprachen zwischen den Konzernen VW (mit Audi und Porsche), BMW und Daimler öffentlich gemacht, die sich auf Märkte, Lieferanten, Techniken, Kosten und Strategien bezog. Auch die „AdBlue-Technik" zur Abgasreinigung für Dieselfahrzeuge, deren Handhabung im Zentrum des „Dieselskandals" stand, war zwischen den Konzernen besprochen worden. Daimler hatte schon im Jahre 2015 eine Selbstanzeige gestellt; VW folgte mit einer ähnlichen Selbstanzeige einige Zeit später. 2021 wurden VW und BMW mit einer Kartellstrafe von insgesamt 875 MIO EURO belegt. Daimler kam als Kronzeuge straflos davon, VW als zweiter Kronzeuge erhielt eine Strafreduzierung von 45 Prozent.

Der größte Autoproduzent Deutschlands ist die **Volkswagen AG (VW)**. Umsatzmäßig handelt es sich um das größte Unternehmen Deutschlands. VW profitierte über Jahrzehnten vor allem von seinem hervorragenden Image, das der Konzern sich mit seinen viel verkauften Standardmodellen Polo, Golf und Passat aufgebaut hatte. Der VW-Mittelklassewagen Golf hatte sich in der Nachfolge des Käfers jahrzehntelang als das meistverkaufte Auto in Deutschland erwiesen.

Zur Geschäftspolitik von VW gehören das weltweite Angebot und der Aufkauf von „VW-kompatiblen" Marken wie Audi, Skoda, Seat, Porsche, Bentley, Bugatti, Lamborghini oder – im Lkw-Bereich: MAN und (seit 2008) Scania. Den Tochterunternehmen wurde weitgehend freie Hand bei der Entwicklung ihrer Autos gelassen; auf ein gewisses „Baukastenprinzip" wurde dabei aber Wert gelegt. VW lag Anfang der 2020er Jahre in der Reihenfolge der größten Automobilproduzenten der Welt auf Platz 2 hinter Toyota.

Das größte Tochterunternehmen des VW-Konzerns ist die **Audi AG** in Ingolstadt. Der aus dem früheren sächsischen Auto Union hervorgegangene Automobilproduzent gehört seit Mitte der 1960er Jahre zu VW und deckt im Konzern den sportlich-gehobenen Nachfragebereich ab. Audi war 1994 Pionier in der modernen Hybridantriebstechnik (Verbrennungs- und Elektromotor); die damaligen Hybridautos waren wegen ihres hohen Preises aber unverkäuflich. 2012 wurden von Audi der italienische Motorradhersteller Ducati gekauft, dessen Maschinen erfolgreich in der Motorrad-Weltmeisterschaft mitfuhren.

Die Dr. Ing. h. c. F. **Porsche** AG wurde 2010 in den VW-Konzern integriert. Diese Zusammenarbeit spiegelt historische Zusammenhänge wieder: Sowohl bei VW (bzw. beim KdF-Werk des VW-Vorgängers) als auch bei Porsche war Ferdinand Porsche der wichtigste Ingenieur während der Gründungsphase. Auch nach der Übernahme durch VW blieb Porsche ein reiner Sportwagenhersteller mit Mittelmotoren (in den Jahrzehnten vor und nach der Jahrtausendwende vorgestellt) und mit dem traditionellen Heckmotor (Modell 911 in verschiedensten Versionen ab 1963.) Seit 2002 war Porsche mit seinem Modell „Cayenne" auch in dem überdimensional wachsenden Markt der SUV-Autos (Geländelimousinen) vertreten.

Zu Beginn des neuen Jahrtausends hatte Porsche versucht, den wesentlich größeren Automobilproduzenten VW zu übernehmen. Dieser Versuch hatte zu einer exorbitanten Kursveränderung bei VW geführt, in deren Verlauf der deutsche Milliardär Adolph Merkle (damals Miteigentümer von HeidelbergCement und Ratiopharm) mehr als eine Milliarde EURO verlor, was sicherlich der Hauptgrund für seinen anschließenden Selbstmord war.

Der Versuch von Porsche, VW aufzukaufen, misslang. Stattdessen kaufte VW seinerseits Porsche auf. Nach der kompletten Übernahme Porsches durch VW verblieb die Muttergesellschaft Porsche Automobil Holding SE aber weiterhin Großaktionär der VW AG (50,7% der Stammaktien). Der zweitgrößte Aktionär blieb das Land Niedersachsen mit knapp 20,1%. (Der Teil der VW-Dividenden, welcher der öffentlichen Hand, also dem Land Niedersachsen, zusteht, fließt der Volkswagenstiftung zu, der größten privatrechtlichen Stiftung in Deutschland überhaupt. Die Stiftung stellt pro Jahr ca. 100 MIO EURO für Wissenschaft und Forschung zur Verfügung.) Drittgrößter Eigentümer von VW wurde das Emirat Katar mit 17%. Knapp 10% der (ehemaligen) „Volksaktie" befanden sich noch in Streubesitz.

2014 wurden die Eigentumsverhältnisse im VW-Konzern neu strukturiert. Die Stammaktien der Muttergesellschaft Porsche Holding SE kamen wieder komplett in der Hand der Porsche-Familien. Der Staatsfonds des Emirats Katar verkaufte seine Anteile an die Gründerfamilie. Gleiches tat auch der langjährige Vorstands- und spätere Aufsichtsratsvorsitzende Ferdinand Piech, ein Enkel von Ferdinand Porsche. (Piech, ein erbitterter Gegenspieler des anderen Porsche-Familienzweigs, hatte den lange andauernden Konkurrenzkampf um die Vorherrschaft im Konzern verloren.)

Nachdem die Porsche SE (die Konzernmutter) schon seit 2007 mit Vorzugsaktien an der Börse vertreten war, wurden ab 2022 auch Aktien der Konzerntochter Dr. Ing. h. c. F. Porsche AG (des Sportwagenherstellers) gehandelt. Die Porsche SE erhöhte ihren Anteil am Stammkapital des Sportwagenherstellers auf mehr als 25%, womit die Familie Porsche wieder einen größeren Einfluss auf den Sportwagenhersteller erlangte.

Im Gegensatz zum Sportwagenhersteller Porsche konnte sich **BMW** seine Eigenständigkeit mit seinen sportlich-eleganten hochpreisigen Fahrzeugen bis heute bewahren (und wird dabei nach wie vor von der Familie Quandt als Aktien-Großbesitzerin unterstützt). Beim „Ausverkauf" der englischen Automobilwerke um die Jahrtausendwende sicherte sich BMW die ehemaligen britischen Vorzeige-Automobilhersteller Mini (1994) und Rolls Royce (2003). Zu BMW gehört aber nur die Automobilsparte des ehemaligen Rolls Royce-Unternehmen; die Flugzeugtriebwerke-Produktion verblieb als eigenständiges Unternehmen in England.

In den 1990er Jahren verkaufte **Daimler**-Benz den größten Teil seiner Nicht-Automobil-Bereiche (AEG, Adtranz u. a.), um sich, wie viele andere Großunternehmen auch, verstärkt dem Kerngeschäft zu widmen. 1998 fusionierte Daimler-Benz mit dem amerikanischen Fahrzeughersteller Chrysler (der in großen wirtschaftlichen Schwierigkeiten war) zur DaimlerChrysler AG mit Sitz in Stuttgart. Aber das Engagement bei Chrysler stand nicht unter einem günstigen Stern: Chrysler erwies sich langfristig als Verlustquelle und wurde 2007 verkauft. Das Stuttgarter Unternehmen nannte sich in Daimler AG um.

Im Jahre 2009 erhöhte die Daimler AG ihr Grundkapital, um in der Krise die Entwicklung effektiver alternativer Antriebskonzepte, insbesondere der Elektromotoren, voranzutreiben. Aabar, der Staatsfonds des Emirats Abu Dhabi, übernahm komplett alle jungen Aktien dieser Kapitalerhöhung und investierte damit 1,95 Mrd. EURO in das Unternehmen. Aabar wurde mit 9,1 % des gesamten Aktienkapitals größter Miteigentümer der Daimler AG vor dem Staatsfonds von Kuwait mit 6,9 %.

Im Jahre 2010 beschlossen die Automobilkonzerne Daimler AG und Renault eine gegenseitige Kapitalbeteiligung von 3,1%. Daimler wollte vor allem sein defizitäres Kleinwagen-Geschäft (Smart, A-Klasse) durch eine Zusammenarbeit wirtschaftlicher gestalten, z. B. durch eine gemeinsame Fortentwicklung der Kleinwagenmodelle Smart und Twingo und durch eine Renault-Motorisierung der A-Klasse. (Renault war schon zu jener Zeit der größte Miteigentümer des japanischen Automobilherstellers Nissan und verfügte seinerseits über eine französische Staatsbeteiligung von mehr als 20% des Aktienbestandes.)

Im Februar 2018 erhielt Daimler einen weiteren Großaktionär mit knapp 10 % des Grundkapitals: den chinesischen Autobauer Geely, der wenige Jahre zuvor schon das schwedische Traditionsunternehmen Volvo aufgekauft hatte. Letztlich ging es in beiden Fällen – wie so oft bei Übernahmen und Beteiligungen chinesischer Unternehmen – um den Technologietransfer. Geely gab unumwunden zu, insbesondere an der Batterietechnologie von Daimler interessiert zu sein. Andererseits hatte Daimler schon vor Geelys Einstieg geplant, seine Investitionen in China zu intensivieren, allerdings eher mit dem Geely-Konkurrenten BAIC.

Im Herbst 2021 spaltete Daimler die LKW- und Bus-Sparte als Daimler Truck AG vom Konzern ab und brachte das ehemalige Tochterunternehmen an die Börse (behielt aber dabei die Aktienmehrheit). Gleichzeitig wurde entschieden, die Daimler AG, die nun nur noch die Pkw-Sparte beinhaltete, im Jahre 2022 in Mercedes-Benz Group AG umzubenennen.

Im Kfz-Markt war Daimler auch mit der Nobelmarke Maybach vertreten. Die Maybach-Motorenbau GmbH war 1909 von Wilhelm Maybach und Graf Zeppelin gegründet worden. Nach der Übernahme des Unternehmens durch Daimler (1960) entschied der Konzern im Jahre 2002, seine Spitzenprodukte unter dem Traditionsnamen „Maybach" zu vermarkten – allerdings nur mit mäßigem Erfolg. Schon 2012 wurde dies Marke „Maybach" wieder eingestellt; die Oberklasse der Pkw-Konstruktion wurde wieder die „S-Klasse".

Seit den 1990er Jahren ist Daimler auch mit dem „Smart" im Markt vertreten, einem kleinen, stadttauglichen Automobil, das Daimler ab 1994 (zusammen mit dem Uhrenhersteller Swatch, der später aus der gemeinsamen Firma ausstieg) entwickelt hatte. Diese Marke des Unternehmens erwirtschaftete allerdings viele Jahre lang keinen wirtschaftlichen Erfolg. Ab 2019 beteiligte sich auch der chinesische Autohersteller Geely an Konstruktion, Herstellung und Vertrieb des Smart. Der Smart wurde Anfang der 2020er Jahre der erste Kleinwagen eines deutschen Unternehmens, der komplett auf E-Betrieb umgestellt wurde.

Im Bau von „reinen" Elektroautos war Daimler eigentlich schon in den 1990er Jahren durch die Weiterentwicklung der englischen „Zebra"-Batterie weit vorangeschritten. Diese Batterie war schon 1994 einsetzbar gewesen, das Projekt wurde jedoch aufgrund fehlender Nachfrage am Markt nicht weiter entwickelt. Die Entwicklung von Elektro- und Hybridautos hatte seitdem seinen Schwerpunkt eher außerhalb Deutschlands. Erst im Jahre 2009 sollte sich das wieder ändern, als Daimler das weltweit erste Hybridauto mit Lithium-Ionen-Akku vorstellte. Erstmals konnte damit die gesamte Hybrid-Technik unter der Motorhaube zusammengefasst werden. Dieser Motor wurde zusammen mit BMW entwickelt.

VW (mit Audi und Porsche), Daimler und BMW blieben selbstständige Unternehmen, während die beiden anderen großen Pkw-Hersteller in Deutschland, **Opel** und Ford-Deutschland, nach wie vor zu amerikanischen Großkonzernen gehörten. Die **General Motors Corporation** war die Muttergesellschaft der deutschen Adam Opel AG. Sie war 1908 in Detroit gegründet worden und wurde im dritten Viertel des 20. Jahrhunderts das größte Privatunternehmen der Welt, geriet aber 2009 (im Rahmen der weltweiten Finanzkrise) in Insolvenz. Die europäischen Opel- bzw. Vauxhall-Werke als Tochterunternehmen von GM sollten verkauft werden. Bis zum Oktober 2009 erschien ein Verkauf an ein Konsortium aus dem österreichischen Automobilzulieferer Magna und der russischen Sberbank als sehr wahrscheinlich, ehe die Unternehmensleitung der – nach Ablauf des Insolvenzverfahrens wiedererstarkten – „neuen" GM einen Verkauf doch ablehnte, da weite Absatzteile in Europa und wichtige Patente dadurch verloren würden. Nachdem GM die Krise um das Jahr 2009 überstanden hat, gehört dieser Unternehmensverbund neben Toyota und VW wieder zu den drei größten Automobilkonzernen der Welt.

Die Probleme bei der Adam Opel AG waren aber damit nicht erledigt. Während die selbstständigen deutschen Unternehmen VW, Daimler und BMW ihren Absatz und auch ihren Gewinn zum Ende der Krise weltweit stabilisieren, zum Teil sogar noch erweitern konnten, fiel Opel in ein tiefes Absatzloch und produzierte Verluste. Ein Grund hierfür war, dass Opel aufgrund der Konzernregie seine Autos nicht außerhalb von Europa verkaufen durfte, weil die amerikanische Muttergesellschaft Kannibalisierungseffekte an ihren anderen Marken, z. B. Chevrolet, befürchtete. Gerade in Europa, insbesondere in den bevölkerungsreichen südeuropäischen Staaten, verringerte sich aber der gesamte Automobilumsatz während und auch nach der Krise von 2008 ff. erheblich, also auch der Absatz von Opel-Autos. Dies führte schließlich zur (hart umkämpften) Stilllegung der Herstellung im Werk Bochum im Jahre 2014 und zu Stellenkürzungen in anderen Produktionsstätten.

Im Jahre 2017, fast 90 Jahre nach dem Erwerb, verkaufte General Motors seine chronisch defizitären europäischen Autobauer Opel (D) und Vauxhall (GB) für den vergleichsweise geringen Preis von 2,2 MRD EURO an den französischen PSA-Konzern (Peugeot, Citroen). PSA erwartete natürlich langfristig einen Gewinnbeitrag von Opel. Eine entsprechende Rentabilitätssteigerung sollte vor allem durch Kostensenkungen (z. B. durch gemeinsame Entwicklungen mit Peugeot und Citroen), aber auch durch die Freigabe außereuropäischer Märkte für Opel erreicht werden. Ein weiteres, von PSA auch offen angesprochenes Kaufmotiv war das weltweit bessere Image deutscher Autos im Vergleich zu den französischen.

2019 beschloss die PSA eine Fusion mit dem italienisch-amerikanischen Automobilkonzern Fiat-Chrysler. Unter dem Holding-Namen „Stellantis NV" entstand damit (aus steuerlichen Gründen in Amsterdam angesiedelt) der viertgrößte Automobilkonzern der Welt (nach Toyota, VW und dem Renault-Nissan-Verbund).

Ford-Europa (in Deutschland: Ford Werke GmbH, Köln) hatte ähnliche Schwierigkeiten wie Opel, konnte diese aber wesentlich geräuschloser lösen als die General-Motors-Tochter. Anfang 2023 wurde bekannt, dass Ford viele Arbeitsplätze in der Produktion in Deutschland abbauen und die Forschung größtenteils in den USA konzertrieren wollte.

Die Abbildung zeigt eine Fremdwährungsanleihe des Ford-eigenen Finanzinstituts, die sich an deutsche Anleger wandte (mit Unterschrift eines Ford-Familienmitglieds).

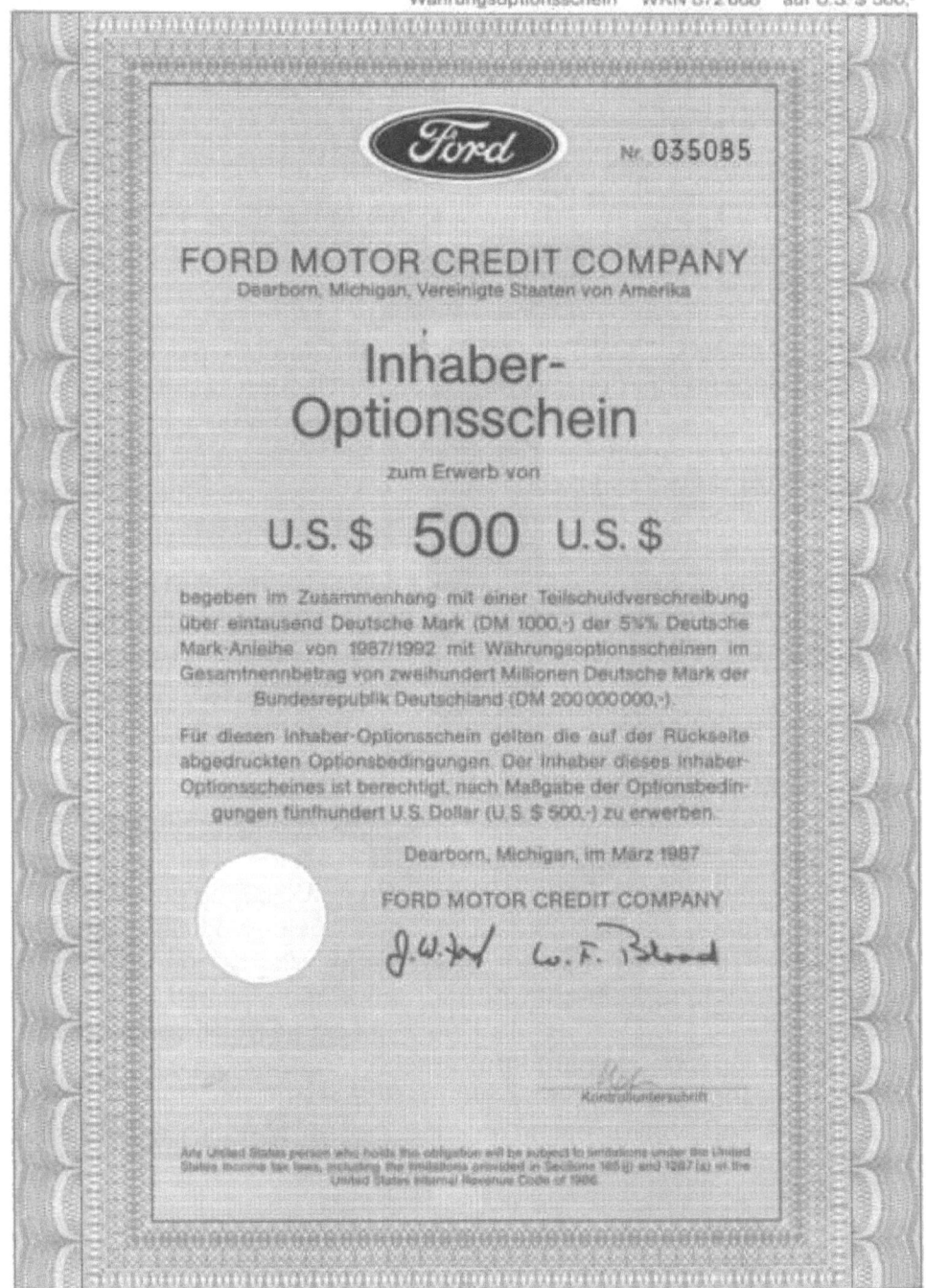

2. Autobusse, Lkw- und Landmaschinen-Produktion

Im Öffentlichen Nahverkehr, also in Straßenbahnen, U-Bahnen und Bussen, konzentrierten sich die Weiterentwicklungen auf einen vergrößerten Fahrgastraum, die Fahrgast-Bequemlichkeit und den Umweltschutz. Daher wurde zum ersten ein besonderer Wert auf die Entwicklung von Gelenk- und Doppelgelenkbussen und zum zweiten auf die Konstruktion von Niederflurbusse gelegt, um auch Personen mit Behinderungen oder mit Kinderwagen den Ein- und Ausstieg zu erleichtern. Zum dritten wurden Busse der neuen Generation mit Elektro- oder Wasserstoffantrieb entwickelt; die altbekannten Oberleitungsbusse blieben allerdings in Deutschland auf ihre historischen Standorte Solingen, Esslingen und Eberswalde beschränkt.

Der Automobilkonzern **Daimler** betrieb seit jeher den Bau von Bussen und Lastkraftwagen als zweites Standbein. 1995 wurde die Firma Kässbohrer-Setra (gegründet 1951) aufgekauft. Seitdem werden die hochwertigen Reisebusse Daimlers unter dem Namen „Setra" hergestellt. 2021 wurde die Lkw-Sparte als Daimler Truck AG vom Daimler-Konzern abgetrennt.

Zu den Konkurrenten von Daimler im Lkw- und Bus-Bereich gehört vor allem die **MAN**, München. Großaktionär der MAN wurde 2012 die VW AG. Neben Lkw und Bussen fertigt die „neue" MAN auch Dieselmotoren (insbesondere für Schiffe) und Turbomaschinen. Weitere Produktionslinien wie der Triebwagenbau (die Eisenbahnsparte) wurden zwischenzeitlich aufgegeben. 2018 wurde die MAN SE zusammen mit den weiteren VW-Nutzfahrzeuge-Tochtergesellschaften Scania und Neoplan in die neu geschaffene **Traton** SE überführt.

Weitere europäische LKW-Produzenten sind Iveco (die frühere LKW-Sparte von Fiat, mit KHD- und Magirus-Historie) sowie die schwedischen Unternehmen Scania, an dem seit 2008 der VW-Konzern Mehrheitsaktionär ist, und Volvo (mit den Marken Renault und Mack. (An der Volvo-Nutzfahrzeuggruppe sind Geely und Renault beteiligt.) Die niederländische DAF-Lkw-Produktion wurde 1996 von dem US-amerikanischen Paccar-Konzern übernommen, die Marke DAF blieb dabei aber erhalten.

Auch die europäischen Lkw-Hersteller gerieten in den 2010er Jahren in den Fokus der europäischen Wettbewerbsaufsicht. Im Juli 2016 wurden die bis dahin höchsten Kartellstrafen durch die EU-Kommission verhängt: Daimler, DAF, Volvo/Renault und Iveco mussten insgesamt 2,90 MRD EURO zahlen, davon Daimler allein eine MRD. MAN ging als Kronzeuge straffrei aus.

Der Kölner Motorenpionier **Deutz** AG hatte sich nach den 1970er und 1980er Jahren (damals noch unter dem Namen KHD – Klöckner-Humboldt-Deutz am Markt) verkleinert und auf sein traditionelles Kerngeschäft, den Motorenbau, spezialisiert. So wurde z. B. der Traktorenbau (Deutz Fahr) 1995 verkauft. Vollständige Lkw oder Traktoren wurden nicht mehr gebaut, die Belegschaft verringerte sich von 35.000 auf unter 5.000. Neben der Produktion unterschiedlicher, durch spezielle Kundenaufträge sogar individueller Dieselmotoren setzte Deutz im neuen Jahrtausend zunehmend auch auf Elektro- und Wasserstoff-Motoren. Dazu baute Deutz neben seinen Produktionsstätten in Köln, Spanien und den USA mit seinem strategischen Partner Sany, einem chinesischen Baumaschinenhersteller, ein Motorenwerk in China auf. Im Juli 2017 verlor Deutz seinen Hauptaktionär AB Volvo, der in Zukunft eigene Motoren entwickeln wollte. Die Deutz-Aktien verloren auf einen Schlag mehr als 13 % ihres Wertes.

Auch wenn die **Traktorenhersteller** Deutz-Fahr und Fendt schon seit den 1990er Jahren in ausländischer Hand sind (Deutz-Fahr: SAME bzw. SDF, Italien, die 1972 schon die Lamborghini-Treckerproduktion übernommen hatten, Fendt: AGCO, USA), werden nach wie vor noch Traktoren unter diesen Namen in Deutschland hergestellt. Die Traktorenfabrik Lanz wurde schon in den 1950er Jahren vom Marktführer John Deere übernommen; der Name „Lanz" wird allerdings von dem amerikanischen Eigentümer seit 1967 nicht mehr verwendet – auch nicht für Produkte des nach wie vor bestehenden Traktorenwerks in Mannheim.

3. Zweirad-Produktion

Im Markt für motorisierte Zweiräder dominieren seit dem letzten Drittel des 20. Jahrhunderts die ostasiatischen Staaten.

BMW wurde zum einzigen bedeutenden deutschen Hersteller von Motorrädern, hauptsächlich von hubraumstarken Maschinen, die auch für längere Strecken geeignet sind. Auch die Polizei Deutschlands bevorzugt BMW-Motorräder. Der auffällige, überdachte Motorroller C1 wurde hingegen nur von 1992 bis 2003 produziert, obwohl der C1 einen weit höheren Wetterschutz (vor allem Regenschutz) und ein geringeres Verletzungsrisiko als andere motorisierte Zweiräder aufwies. (Z. B. war durch die zwei Sicherheitsgurte und durch das „Dach" das Tragen eines Helms nicht verpflichtend.) Andererseits war der C1 relativ teuer und beinhaltete natürlich auch ein paar „Kinderkrankheiten".

1997 stellte **Fichtel & Sachs** (mit den zwischenzeitlich zugekauften Traditionsmarken DKW, Victoria und Hercules) seine Motorradproduktion ein. F&S gehört seit 2001 zum Konzern ZF Friedrichshafen AG.

Die am schnellsten wachsende Sparte der Fortbewegungsmittel zu Lande war seit Beginn des neuen Jahrtausends der **Fahrradmarkt** mit den Teilmärkten für E-Bikes, Pedelecs und E-Scooter. Viele Fahrradhersteller haben auch diese Elektrofahrräder bzw. Elektroroller ins Programm genommen.

4. Exkurs: Fahrzeugbau im Gebiet der ehemaligen DDR

Der ehemalige DDR-Fahrzeugbau brach nach der Wende zusammen. Die einzige Betrieb, der nachhaltig noch weiter produzierte, war der Kleinnutzfahrzeug-Hersteller Multicar in Waltershausen, der 2005 von der Hako GmbH in Bad Oldesloe übernommen wurde. Konzerne aus dem Westen errichteten in Mitteldeutschland aber verschiedene Produktionsstätten, vor allem im Sachsen und Thüringen, so z. B. auch an dem Traditionsstandort Eisenach (früher z. B. Dixi und BMW, danach Wartburg, seit 1992 Opel).

Auch die großen und bekannten Motorrad-Hersteller in der ehemaligen DDR überlebten die Wiedervereinigung praktisch nicht: Das Unternehmen Simson aus Suhl, das fast 6 Millionen Zweiräder hergestellt hatte (darunter die bekannte „Schwalbe"), ging schon 1991 in Insolvenz. (Simson war 1856 gegründet worden und hatte zuerst Gewehre produziert, seit 1907 auch Automobile und schließlich – seit 1936 – Motorräder. Im nationalsozialistischen Deutschland waren die jüdischen Eigentümer enteignet worden, in der DDR war Simson als Volkseigener Betrieb zum größten Zweiradhersteller in ganz Deutschland geworden.) Die sächsische Traditions-Motorradfabrik MZ in Zschopau, die sich in den 1920er Jahren aus der Firma DKW entwickelt hatte, wurde 2008 geschlossen, ein Jahr später wiederbelebt, zuerst mit der Produktion von Elektromotorrollern, später auch wieder mit Rollern und Motorrädern mit Verbrennungsmotoren. Auch im Rennsport war MZ wieder aktiv. Schon 2012 musste aber doch wieder ein Insolvenzantrag gestellt werden.

5. Automotive-Produkte

Die **Robert Bosch GmbH** ist mittlerweile als multinationales Unternehmen der größte Automobilzulieferer weltweit. Die Kraftfahrzeugtechnik ist der umsatzstärkste Teil des Unternehmens. Bekannte Entwicklungen von Bosch seit 1990 sind das Elektronische Stabilitätsprogramm ESP (1995) und die Common-Rail-Hochdruck-Dieseleinspritzung (ab 1997 in mehreren „Generationen").

Die **Continental AG** war auch nach der Wiedervereinigung vor allem durch ihre Reifenproduktion bekannt, machte aber bald mehr Umsatz in anderen Sparten der Automobil-Zulieferung. 2008 erwarb die **Schaeffler-Gruppe** (Herzogenaurath), fast 50 % des Aktienkapitals der Continental AG. Da aus diesem Grund die Zahl der frei handelbaren Aktien deutlich gesunken war, musste Continental den DAX, den Frankfurter Börsenindex für die 30 umsatzstärksten deutschen Aktien, verlassen. Bei der Übernahme bewies die Schaeffler-Gruppe nicht das richtige „Timing", weil sie sich für die Übernahme der – durch den Kauf der Messtechnik-Sparte VDO von Siemens 2008 selbst hoch verschuldeten Continental AG – ihrerseits hoch verschulden musste. Die Finanzkrise, die nach der Übernahme ausbrach, brachte die Finanzierungspläne beider Unternehmen (jeweils in Höhe von mehreren Mrd. EURO) kräftig durcheinander.

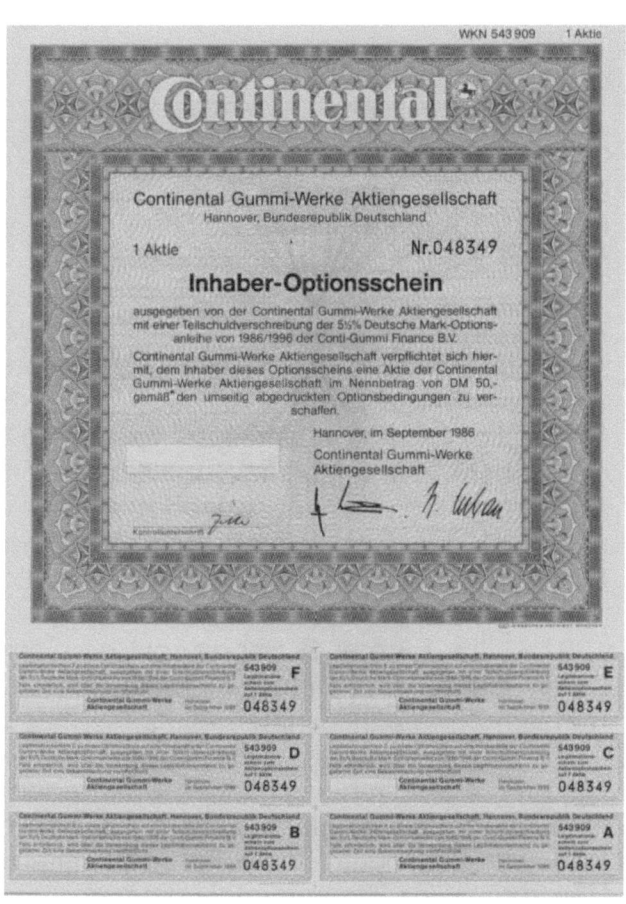

Die **ZF Friedrichshafen AG** , ein Nachfolgeunternehmen von Zeppelin („ZF" bedeutet „Zahnradfabrik" und weist auf den Produktionsinhalt zum Gründungszeitpunkt 1915 hin), hatte sich vor allem mit dem Ankauf der Firma Fichtel & Sachs im Jahre 2001 mit seinen Schwerpunkten „Antriebs- und Fahrzeugtechnik" zum drittgrößten Automobil-Zulieferer Deutschlands entwickelt. Im Jahr 2000 hatte die ZF Friedrichshafen schon die frühere Steyr Antriebstechnik vom Automobilzulieferkonzern Magna übernommen. ZF Friedrichshafen beliefert aber auch die Schiff- und Luftfahrtindustrie. Das Unternehmen befindet sich mehrheitlich im Besitz der Zeppelin-Stiftung der Stadt Friedrichshafen.

Auch die Automobil-Zuliefererbranche blieb nicht von Skandalen verschont. Im Jahre 2018 wurde bekannt, dass die EU Millionenstrafen gegen Bosch und Continental wegen unerlaubter Kartellbildung verfügte. Beide Unternehmen sollten sich bei Bremssystemen für VW, BMW und Daimler verbotenerweise abgesprochen haben.

Im Bereich der Produktion von **Anhängern** (stagnierend bzw. weniger werdende Absatzzahlen) und Sattelauflegern (steigende Zahlen) dominierten die Unternehmen Schmitz Cargobull AG (Altenberge, 1892 als Wagenschmiede gegründet) und die Krone-Gruppe aus dem Emsland (1906 als Maschinenfabrik als Nachfolgerin einer Schmiede gegründet). Während sich der Geschäftsbereich Anhänger- und Auflegerbau bei Krone erst in den 1970er Jahren entwickelte, war Schmitz praktisch von Anfang an im Wagenbau tätig. 1997 übernahm die Schmitz-Gruppe die traditionsreiche Waggonfabrik Gotha.

Schienenfahrzeuge

Die Umstrukturierungen bei der Deutschen Bahn verstärkten eine Tendenz im Lokomotiv- und Triebwagenbau, die spätestens mit der Vereinigung der beiden deutschen Staatsbahnen in den 90er Jahren sowie mit der Privatisierung und dem zunehmenden Einfluss weiterer Privatbahnen Einzug gehalten hatte: Neue Lokomotiven und Triebwagen werden nicht mehr baugleich von unterschiedlichen Herstellern nach Vorgabe der Staatsbahn gebaut; vielmehr stellen die Hersteller Prototypen vor, die dann von den einzelnen Bahngesellschaften in unterschiedlichen Variationen bestellt werden. Dieses System wird schon seit längerem im Flugzeugbau angewendet.

Im Personenverkehr ging der Trend hin zum Triebwagen. Der erste ICE (Hochgeschwindigkeitszug InterCity-Express) von 1990 hatte zwar nur Triebköpfe, aber schon der ICE-3 (1997) verfügte auch über Antriebsmotoren in den Mittelwagen. Als Elektroantrieb setzte sich dabei zunehmend die Drehstromtechnik durch, sowohl im Lok- als auch im Triebwagenbau. Im Nahverkehr wurden seit 1995 verstärkt „Leichtbau-Triebwagen" hergestellt, zuerst nur mit Diesel-, später auch mit Elektromotoren. Seit 2004 sind auch bei den Leichtbau-Triebwagen Hybrid- (Diesel- und Elektro-) -Antriebe auf dem Markt, seit 2016 auch Antriebssysteme mit Brennstoffzellen.

Nach wie vor gehört **Siemens** zu den großen Herstellern von Schienenfahrzeugen. 1988 hatte Siemens die DUEWAG aufgekauft; 1994 wurde die Eisenbahnsparte von Krupp in den Siemens-Konzern integriert. Nach der Übernahme eines entsprechenden Teils des 2000 zerschlagenen Mannesmann-Konzerns kam schließlich noch die inzwischen dort angesiedelte Eisenbahn-Traditionslinie von Krauss-Maffei hinzu. Auch im zweiten Jahrzehnt des neuen Jahrhunderts war Siemens gut im Geschäft. Das Unternehmen konnte z. B. eine Vielzahl von Desiro-Triebwagen und Vectron-Lokomotiven (jeweils in Elektro- und Diesel-Ausführungen) verkaufen. Hinzu kamen die ICEs, die ins Ausland vor allem unter dem Namen „Velaro" verkauft wurden.

2019 wurde eine Fusion der Eisenbahnsparten des französischen Bahnproduzenten Alstom mit Siemens durch die EU aus Wettbewerbsgründen untersagt. Zwei Jahre später erlaubte die EU hingegen, dass **Alstom** die Schienenfahrzeugsparte des kanadischen Herstellers **Bombardier** übernahm. (Schon 1994 hatte Alstom die Mehrheit an den Linke-Hofmann-Busch-Werken übernommen und firmierte in Deutschland bis 2009 als „Alstom LHB"). Alstom brachte 2016 den ersten Brennstoffzellen (mit Wasserstoff betriebenen) Triebwagen „i-LINT" auf den Markt. Ebenso wie Siemens und das Schweizer Unternehmen **Stadler** betreibt auch Alstom nach wie vor Betriebe in Deutschland.

Die Dieselmotoren der in Deutschland eingesetzten Triebfahrzeuge stammten dabei häufig von deutschen Produzenten: Bombardier und Stadler setzten vorrangig auf Motoren von MAN und Fiat (bzw. dessen Konzerntöchter Iveco, FTP und CNH), in die Alstom-LINT-Triebwagen wurden MTU- und Daimler- (Mercedes-Benz-) Motoren verbaut, Siemens vertraute auf Motoren von MAN und MTU. Seit den 2020er Jahren haben sich Bombardier, Siemens und Stadler aus der Produktion von Diesel-Traktionen verabschiedet, so dass in Europa nur noch Alstom (mit seinen LINT - Leichter innovativer Nahverkehrs-Triebwagen) und das polnische Unternehmen PESA Diesel-Triebwagen herstellten.

Der mit Abstand größte Hersteller im Eisenbahnmarkt ist aber die chinesische **CRRC Group Corp** (China Railway Rolling Stock Corporation), die 2015 aus einer Fusion von zwei chinesischen Unternehmen (CNR und CSR) entstand. Beide Vorgängerunternehmen waren jeweils einzeln schon größer als ihre größten Konkurrenten. Einen Einstieg in den europäischen Markt erhielt CRRC im August 2019, als die **Vossloh AG** ihr Geschäftsfeld „Locomotives" (also insbesondere das Tochterunternehmen MaK in Kiel) an den chinesischen Konzern verkaufte. Die Vossloh AG in Werdohl konzentrierte sich anschließend auf die Herstellung von Eisenbahnweichen und die Produktion sowie den Einsatz von Schienenbefestigungssystemen. Mit dem vermuteten Ansteigen der Eisenbahnbewegungen und dem damit verbundenen verstärkten Verschleiß von Schienen erschien dieses Geschäft dem Unternehmen zukunftssicherer. Zum Vossloh-Konzern gehört auch der Elektro-Ausstatter Kiepe (Vossloh Kiepe GmbH), der seit 1906 auf eine Herstellungsgeschichte von Elektrokarren, Oberleitungsbusse, Straßenbahnen zurückblicken kann.

Die Rheiner Maschinenfabrik Windhoff AG entstand 1913 aus der Fusion zweier ortsansässiger Unternehmen der Familie Windhoff, die ihrerseits in den Jahren 1889 und 1902 gegründet worden waren. Im Jahre 1993 ging die nunmehr als „**Windhoff AG**" firmierende Gesellschaft an die Börse, musste aber schon 8 Jahre später Insolvenz anmelden. Im Jahre 2002 wurde der Schienenverkehrsbereich der Windhoff AG von der Georgsmarienhütte GmbH übernommen.

Die **Voith GmbH** (Heidenheim) stellte 2014 die Produktion eigener Lokomotiven ein, war anschließend aber nach wie vor mit Antriebs-, Brems- und Getriebeelementen auch im Lokbau vertreten.

Einige Namen verschwanden auch ganz aus der Liste der Eisenbahn-Produzenten: Henschel, ABB (Asea Brown Boveri, früher BBC - Brown, Boveri und Cie.), Krupp, Krauss-Maffei, AEG, Adtranz, Talbot, DWA, Waggon Union sowie die volkseigenen Betriebe in der ehemaligen DDR. Diese Firmen konzentrierten sich auf andere Geschäftsbereiche oder verschwanden durch Fusionen. Viele ihrer alten Betriebsstätten existierten unter anderen Namen aber noch weiter.

Die großen Ellok-Hersteller sind auch im Bau von **Straßen- und U-Bahnen** vertreten. Ebenso wie bei den Omnibussen im Öffentlichen Personennahverkehr wurde zunehmend auf die Produktion von Niederflurfahrzeugen Wert gelegt.

Die Wuppertaler **Schwebebahn** wurde in ihrem inzwischen weit über 100-jährigem Bestand zwar mehrfach modernisiert, in neuerer Zeit z. B. durch die 2015 vorgestellte „Generation 15"-Schwebebahnzüge der Vossloh Kiepe GmbH (die aufgrund von Mängeln später bei Talbot in Aachen nachgebessert werden mussten), blieb aber lange ein Unikat. Erst der 2002 nach langer Versuchszeit in Betrieb genommene „**Sky Train**" am Düsseldorfer Flughafen kann als eine Art von Nachfolgebetrieb angesehen werden. Die von der Firma Siemens gebaute automatisch gesteuerte Großkabinen-Hängebahn hatte zuerst immer wieder mit Störungen zu kämpfen. Erst seit ca. 2006 lief die Anlage im Großen und Ganzen störungsfrei. (Eine kleinere Anlage ähnlicher Art war allerdings schon seit 1984 auf dem Campus der Universität Dortmund in Betrieb.)

Eine weitere Einschienenbahn-Entwicklung, der **Transrapid**, war von mehreren deutschen Unternehmen unter Führung von Thyssen und Siemens seit 1969 entwickelt worden. Im Jahre 2004 wurde die erste Transrapidstrecke im Regelverkehr in Shanghai in Betrieb genommen. In Deutschland aber kam der Transrapid nie über eine Versuchsanlage im Emsland hinaus. Nach einem schweren Unfall dortselbst im Jahre 2006 sowie nach der Erkenntnis, dass der Transrapid in Deutschland nicht wirtschaftlich eingesetzt werden könnte, wurde die Gesellschaft „Transrapid International" 2008 aufgelöst.

Schiffbau

Auch nach der Wiedervereinigung konnte sich die Situation der deutschen Werften nicht nachhaltig verbessern. Die größte Werft auf dem Boden der ehemaligen DDR, die **Neptun-Werft** in Rostock (ein ehemaliges Mitglied des Deschimag-Werftenverbunds) wurde von der **Bremer Vulkan AG** übernommen, die jedoch 1996 nach einem Insolvenzverfahren ihre Produktion einstellen musste. Dieses Insolvenzverfahren war das größte seiner Art, das es bis zu diesem Zeitpunkt in der deutschen Werftengeschichte gegeben hatte.

*Die **Schichau Seebeckwerft AG** in Bremerhaven hatte mehrere Wurzeln: Das Wort „Schichau" deutet auf den 1837 im westpreußischen Elbing gegründete Maschinenbau-Konzern hin, der neben seiner Torpedo- und U-Boot-Produktion auch durch seine Lokomotivherstellung bekannt geworden war. Die polnischen und mitteldeutschen Werftanlagen des Unternehmens wurden nach dem Zweiten Weltkrieg verstaatlicht. Der Schiffbau in Elbing selber wurde später eingestellt, die ehemalige Tochterwerft in Danzig, die „Lenin-Werft" wurde zum Ende des 20. Jahrhunderts durch die Gründung der polnischen „Solidarnosc"-Gewerkschaft mit dem späteren polnischen Staatspräsidenten Lech Walensa weltberühmt. In Westdeutschland gründeten 1950 ehemalige Werksangehörige ein neues Unternehmen unter dem alten Namen „Schichau" in Bremerhaven. Die Seebeckwerft in Bremerhaven als zweites Vorläuferunternehmen hatte ihr erstes Schiff im Jahr 1879 zu Wasser gelassen. 1928 wurde sie ebenfalls ein Bestandteil des Werftenverbundes „Deschimag". In den 1980er Jahren übernahm die Bremer Vulkan Verbund AG sowohl die „Schichau Unterweser AG" als auch die Seebeckwerft und fusionierte beide 1988 zur Schichau Seebeckwerft, die unter anderem auch Kreuzfahrtschiffe und Fähren herstellte. Als Konzernbestandteil der Bremer Vulkan musste auch die Schichau Seebeckwerft AG 1996 Konkurs anmelden. Im Jahre 2003 wurde der Nachfolgebetrieb SSW Schichau Seebeck Shipyard GmbH gegründet, die Containerschiffe baute, aber schon 2009 endgültig geschlossen wurde.*

Bei der abgebildeten Aktie handelt es sich um die Gründungsaktie nach der Fusion von Schichau und Seebeckwerft.

Drei große Werften in Mecklenburg-Vorpommern (in Rostock-Warnemünde, Wismar und Stralsund) waren zu Beginn der 2010er Jahre von einem russischen Milliardär (Firmenname: **Nordic Yards**) übernommen und 2016 an den chinesischen Genting-Konzern (Hongkong) weiterverkauft worden. **Genting Hong Kong Ltd**, von Hause aus ein Betreiber von Spielcasinos und Kreuzfahrtschiffen, gründete für die drei Ostsee-Werften das Zwischenholding-Unternehmen **MV Werften** und kaufte im gleichen Jahr auch die Lloyd-Werft in Bremerhaven auf. Aber auch Genting geriet aufgrund der Corona-Pandemie in wirtschaftliche Probleme. Im Januar 2022 gingen sowohl die MV-Werften als auch die Lloyd-Werft in die Insolvenz, nachdem Genting sich geweigert hatte, sich an einer Überbrückungshilfe der öffentlichen Hand mit mindestens 10% zu beteiligen. Im Insolvenzverfahren der MV Werften GmbH wurden die Werften an verschiedene Inhaber verkauft: In Stralsund entsteht ein Gewerbe- und Technologiepark der Gemeinde, die Wismarer Werft wurde von ThyssenKrupp Marine Systems übernommen, die Rostocker Werft von der Deutschen Marine.

Die **Meyer-Werft GmbH**, gegründet 1795 in Papenburg, hat sich als Anbieter hoch entwickelter Kreuzfahrtschiffe einen Namen gemacht. Die Meyer-Werft übernahm 1997 im Zuge der Bremer-Vulkan-Insolvenz die Rostocker Neptun-Werft, stellte dort vor allem Fluss-Kreuzfahrtschiffe her und konzentrierte sich zusätzlich auf Reparaturen und Modernisierungen. 2014 folgte die Übernahme eines finnischen Konkurrenten, der anschließend in Meyer Turku umbenannt wurde. Schon ab 2013 fertigte die Meyer-Werft auch Kreuzfahrtschiffe, mit dem vergleichsweise schadstoffarmen Flüssigerdgas-Antrieb (LNG). Die Meyer-Werft litt, wie alle anderen Kreuzfahrtschiff-Werften auch, sehr stark unter der Absatzflaute während der Corona-Zeit.

Die **Lloyd Werft Bremerhaven GmbH**, die als Reparaturwerk des Norddeutschen Lloyd gegründet worden war, hatte die Insolvenz der Muttergesellschaft Bremer Vulkan überlebt und wurde 1996 selbstständig. Die Werft bestätigte anschließend ihren Ruf als Spezialist für Reparaturen und Umbauten z. B. in den Jahren 2009 und 2011, als zwei in der Meyer-Werft gebaute Kreuzfahrtschiffe der Celebrity-Klasse jeweils in Rekordzeit in die TUI-Kreuzfahrtschiffe „Mein Schiff 1" bzw. „Mein Schiff 2" umgebaut wurden. 2016 wurde die Lloyd-Werft von der chinesischen Genting-Gruppe aufgekauft, nach deren Insolvenz an die Bremer Unternehmensgruppe Rönner und Zech weitergegeben. Kurze Zeit später erhielt das Bremer Werftenunternehmen Lürssen einen Minderheitsanteil. Die Lloyd-Werft soll sich auch im neuen Konzernverbund auf Reparaturen und Ausbesserungen spezialisieren.

Das Unternehmen **ThyssenKrupp Marine Systems (TKMS)** in Hamburg) entstand 2005 durch eine Fusion der Howaldtswerke-Deutsche Werft (HDW) mit den ThyssenKrupp-Werften. Der ThyssenKrupp-Konzern war an TKMS anfangs zu 75% beteiligt, übernahm 2008 aber von seinem Partner, einer US-amerikanischen Finanzgesellschaft, auch deren Anteil und führte anschließend den Betrieb nur noch als Konzernbestandteil, nicht mehr als selbstständiges Unternehmen. TKMS war zuerst europaweit vertreten: in Kiel durch die HDW, in Hamburg durch Blohm & Voss, in Emden durch die Nordseewerke, außerdem in Rendsburg sowie in Malmö (Schweden) und Skaramanga (Griechenland). Die Produktpalette reichte von der Yacht über Containerschiffe, Ölbohrinseln und Marineschiffen bis zu U-Booten. Im zweiten Jahrzehnt des 21. Jahrhunderts stieß ThyssenKrupp alle nicht-militärischen Werftgeschäfte ab. Der Konzern trennte sich außerdem von den Werften in Schweden, Griechenland, Emden und Rendsburg sowie vom zivilen Teil der Hamburger Blohm + Voss-Werke. 2022 wurde die Wismarer Werft der insolventen MV Werften übernommen.

Trotz hohen Umsatzes braucht TKMS in Deutschland auch nicht viele Werften; denn militärische Wasserfahrzeuge werden häufig in Deutschland nur als Prototypen herge-stellt; die Lizenz-Folgebauten werden im Ausland gefertigt. Die TKMS entwickelte neben Marineschiffen auch konventionelle (nicht-atomgetriebener) U-Boote. TKMS wurde dabei zum weltweit ersten Produzenten mit einem von der Außenluft unabhängigen Brenn-stoffzellen-Motor, der eine Tauchfahrt über mehrere Wochen zulässt. An der U-Boot-Produktion sind auch Unternehmen wie MAN Ferrostal (Druckkörper), Siemens (Elekt-romotoren, Brennstoffzellen), MTU (Dieselmotoren) und Zeiss (Seerohre) sowie das TKMS-Tochterunternehmen Atlas Elektronik (1902 in Bremen gegründet) beteiligt.

Die zivile Teil der Hamburger Traditionswerft Blohm + Voss GmbH wurde 2016 von der **Fr. Lürssen Werft GmbH & Co KG** erworben. Der Familienkonzern Lürssen ist beteiligt am Bau und an der Reparatur von Marineschiffen, Seenotrettungsschiffen und Großyachten.

Flugzeug- und Raumfahrtindustrie

Die Dornier Luftfahrt GmbH wurde 1996 von Daimler-Benz an Fairchild Aviation verkauft; der Käufer nannte sich in **Fairchild-Dornier** um, musste aber seinen Betrieb 2002, nach dem Terroranschlag auf die Welthandelszentrums-Türme in New York und der anschlie-ßenden Flaute im Flugzeugbau, einstellen. Einzelne Mitglieder der Dornier-Familie ver-suchen sich seit der Jahrtausendwende erneut an verschiedenen Flugzeugprojekten.

Das Daimler-Benz-Tochterunternehmen Deutschen Aerospace AG, die spätere **DASA**, erwarb nach 1990 auch Flugzeugwerke in Dresden, Ludwigsfelde und Rostock. 2000 wurde die DASA mit der französischen Aerospatiale Matra und der spanischen CASA zur **EADS** fusioniert.

2014 benannte EADS sich um. Seitdem firmierte er unter dem Namen seiner bekanntes-ten Produktlinie „Airbus" als Airbus SE und gilt als der zweitgrößte Flugzeughersteller der Welt (hinter Boeing, Seattle, USA). Mit der Umbenennung wurde auch die Geschäftsor-ganisation geändert: Neben den weiter bestehenden Geschäftsfeldern ziviler Zivilflug-zeug-Bau und Hubschrauberbau trat die Sparte „Airbus Defence & Space", die aus der Zusammenlegung der bisher eigenständigen Geschäftsfelder Raumfahrt und Rüstung entstand. Die Eigentümerstruktur blieb weitgehend unverändert: Jeweils 11% am Grund-kapital des Konzerns hielten die Staaten Frankreich und Deutschland, 4% wurden vom Staat Spanien gehalten; die restlichen 74% des Aktien-Grundkapitals befanden sich im Streubesitz und gehörten ab 2019 an der Börse zum Aktienindex DAX.

Der Konzern hat überall in den beteiligten Ländern Standorte und ist auch beteiligt an der „Ariane Group", welche vor allem die Entwicklung der europäischen Weltraumfahrt betreibt (z. B. die Herstellung der „Ariane-Raketen", die von Kourou in Französisch-Guyana in den Weltraum geschossen werden).

Airbus ist auch an dem „Artemis-Orion"-Programm beteiligt, mit dem die amerikanische NASA ihre Mondlandungen wieder aufnehmen wollen. Die europäische Weltraumagen-tur ESA baute das europäische Servicemodul ESM bei Airbus in Bremen. Das ESM soll für den Antrieb, für die Atemluft und die Klimatisierung sowie für die Versorgung mit Strom und Wasser des zukünftigen Raumschiffs verantwortlich sein. An der ESA ist auch die DLR, das deutsche Zentrum für Luft- und Raumfahrt (Köln) beteiligt.

Zu einem „Leuchtturmprojekt" von EADS/ Airbus sollte die A 380 werden, das bis dahin größte Passagierflugzeug der Welt. Am 28. Juli 2008 lieferte Airbus in Hamburg das ers-te A-380-Großraumflugzeug an die Fluggesellschaft Emirates in Dubai aus. Die A 380 erwies sich aber als wenig markttauglich, so dass 2019 beschlossen wurde, die Produk-tion auslaufen zu lassen.

Die Produktion des Mehrkampf-Flugzeugs Panavia Tornado, einer Entwicklung von 1979, an dem auch schon diverse EADS-Vorgänger-Unternehmen beteiligt waren, wurde bis 1998 fortgeführt. Schon im Jahre 1986 hatten aber sich Deutschland, Spanien, Großbritannien und Italien auf den Bau eines Mehrkampf-Flugzeugs geeinigt und die **„Eurofighter Jagdflugzeug GmbH"** im bayrischen Hallbergmoos gegründet. Für Spani-en und Deutschland waren die jeweiligen Ländersparten der EADS/ Airbus dabei, wäh-rend Frankreich dem Projekt fernblieb, wahrscheinlich, um das heimische Unternehmen Dassault nicht zu gefährden. Erst nach vielen Entwicklungsjahren wurde der Eurofighter 2003 der Öffentlichkeit erstmals vorgestellt.

Bei der Entstehung der EADS wurde die MTU als reiner Triebwerkhersteller aus dem Konzern ausgegliedert. Der Motorenbau wurde aufgeteilt in die MTU München und die MTU Friedrichshafen und 2005 verkauft.

Die MTU München (später **MTU Aero Engines AG**) beschäftigt sich mit der Herstellung und Instandhaltung von Flugzeugmotoren. Die Aktien des Unternehmens wurden 2019 Mitglied im Aktienindex DAX.

Die MTU Friedrichshafen wurde zu einem Hersteller von Großdieselmotoren und Antriebssystemen, vorrangig für die Schifffahrt. Sie bildet den größten Teil des Konzerns Tognum AG, Friedrichshafen, der zuerst (im Jahre 2011) zu gleichen Teilen von der Daimler AG und dem britischen Flugzeugmotorenhersteller **Rolls-Royce Group,** später (2014) von Rolls Royce komplett übernommen wurde. Tognum (mit der „Traditionsmarke" MTU-Friedrichshafen) wurde umbenannt in Rolls Royce Power Systems AG (Friedrichshafen). Die Rolls Royce plc als Mutterunternehmen hatte sich mittlerweile zum Standard-Lieferanten für Triebwerke für EADS/ Airbus-Flugzeuge entwickelt.

Der Name Rolls-Royce ist vor allem als Hersteller von Luxus-Automobilen bekannt. Das zweite Standbein von Rolls-Royce, der Flugzeug-Triebwerksbau, war schon über lange Zeit umsatzmäßig stärker als die Automobilproduktion gewesen. Nach der Insolvenz von Rolls Royce 1971 wurde die Automobil-Sparte von der Triebwerks-Sparte getrennt. Im Gegensatz zur Auto-Sparte verblieb die Triebwerkssparte unter dem Namen Rolls-Royce Group plc. ein selbstständiges englisches Unternehmen in Derby, das seine Triebwerke an Airbus, aber auch an weitere zivile und militärische Flugzeugbauer (Boeing, Tornado, Euro-Fighter etc.) liefert. Rolls Royce produziert darüber hinaus auch Schiffs- U-Boot- und Hubschraubermotoren.

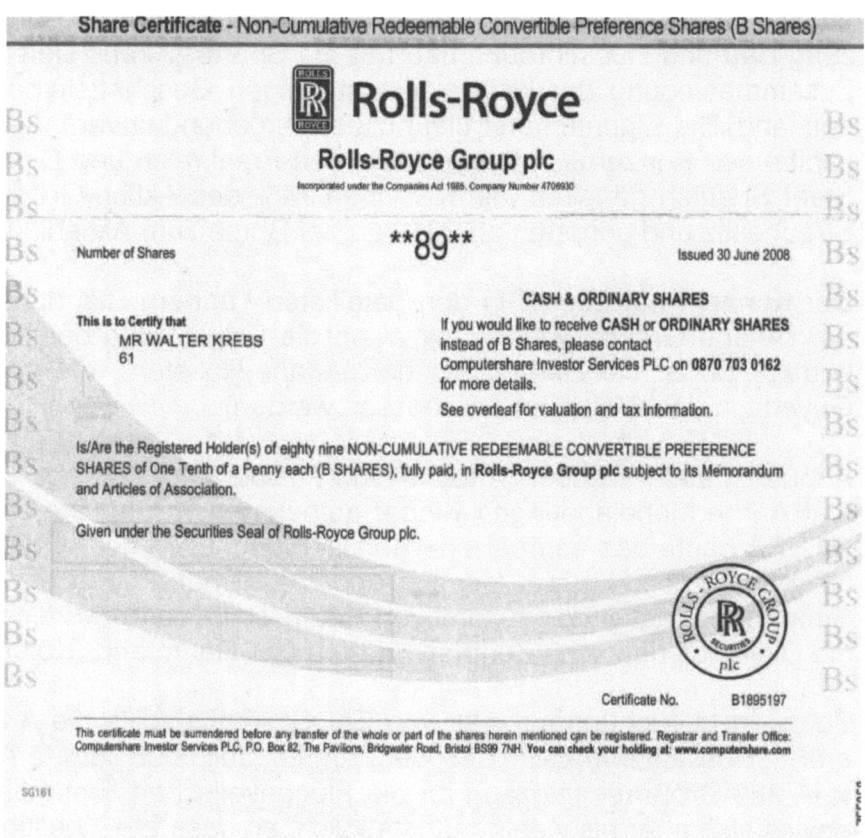

Die Raumfahrt-Sparte (insbesondere Komponenten der europäischen Ariane-Raketen) ist der umsatzmäßig stärkste Teil des Unternehmens **MT Aerospace AG** (Augsburg), das aus der MAN hervorgegangen ist. Es produziert Komponenten in den Bereichen Luft- und Raumfahrt, sowie Antennenbau und Mechatronik. Ein Standort des Unternehmens ist Kourou in Französisch-Guyana.

Auch andere Teile der Flugzeugindustrie Deutschlands sind beteiligt an verschiedenen **Raumfahrt**-Forschungsprogrammen Europas. Auch die Raumfahrtprogramme anderer Staaten (z. B. – wie schon angeführt - das Mondlandeprogramm Artimis der USA) sehen die Beteiligungen deutscher Firmen vor.

Der **Zeppelin**-Konzern baut durch seine Tochterfirma LST Zeppelin Luftschifftechnik GmbH seit 1997 wieder (in geringer Stückzahl) halbstarre „Zeppeline NT" (NT = Neue Technologie). Luftschiffe hatten und haben nach dem spektakulären Absturz der „Hindenburg" ihre Einsatzzwecke vor allem bzw. nur noch in der Meteorologie, dem Tourismus und in der Werbung. (Die zwischenzeitlich von anderen Produzenten gebauten „Blimp"-Prall-Luftschiffe konnten sich auf Dauer nicht als Konkurrenten der Starr-Luftschiffe etablieren.)

Die geplante Wiederauferstehung des Luftschiff-Gedankens durch die 1996 gegründete **CargoLifter AG** geriet zu einem Wirtschaftskriminalstück: Das Wiesbadener Unternehmen wollte im brandenburgischen Brand (Gemeinde Halbe) Ballone und Luftschiffe für den Gütertransport herstellen. 2000 wurde dazu die größte stützenfreie Halle der Welt errichtet. Das mit öffentlichen Mitteln unterstützte Unternehmen sollte eine regionale Strukturmaßnahme mit „Leuchtturm-Charakter" darstellen. Im Mai 2000 ging CargoLifter an die Börse. Schon 2002 allerdings musste das Insolvenz-Verfahren eröffnet werden; die Investitionsmaßnahmen waren nicht finanzierbar. Die CargoLifter-Halle wird seit 2004 umgenutzt als „Tropical-Island"-Ferienparadies. Eine solche Umnutzung ist für gescheiterte industrielle Großprojekte nichts Einmaliges: So ist z. B. auch die Gebäude des „Schnelle Brüter" in Kalkar, eine Kernkraftwerks-Sonderform, die nie in Betrieb ging, inzwischen zum Vergnügungspark „Wunderland Kalkar" mutiert.

Die CargoLifter AG existierte nicht lange genug um tatsächlich Aktien emittieren zu können. Es reichte zeitlich nur zu einer Ausgabe von „Zwischenscheinen", die nach dem effektiven Druck der Aktien ausgetauscht werden sollten. Das abgebildete Wertpapier ist aber weder eine Aktie noch ein Zwischenschein, sondern lediglich eine Bestätigung über die Einzahlung des Eigenkapitalanteils. Im Gegensatz zu einem Zwischenschein braucht diese Bescheinigung nicht zurück gefordert oder für unwirksam erklärt werden, andererseits kann sie aus diesem Grund auch keine Eigentumsrechte verbriefen.

g) Bau- und Immobilienwirtschaft

Eins der größten Bauunternehmen Deutschlands war die **Philipp Holzmann AG** in Frankfurt. Das Unternehmen geriet aufgrund von mehreren Fehlinvestitionen 2002 trotz zwischenzeitlicher Hilfe aus der Politik in die Insolvenz.

Der ehemalige große Konkurrent Holzmanns, die Firma **Hochtief** aus Essen (zeitweise zum RWE-Konzern gehörend) hatte früher die meisten seiner Aufträge für Bauten in Deutschland erhalten (z. B. 1930 Schacht 12 der Zeche Zollverein, Essen, in neuerer Zeit: 1991, der Frankfurter Messeturm, 1996 der Commerzbankturm, ebenfalls Frankfurt, 1975 bzw. 2003 die neuen Hamburger Elbtunnel sowie von 2007 bis 2016 – wegen der großen zeitlichen Verzögerungen und der explodierenden Kosten in der Öffentlichkeit vielfach als „Skandalprojekt" charakterisiert – die Hamburger Elbphilharmonie).

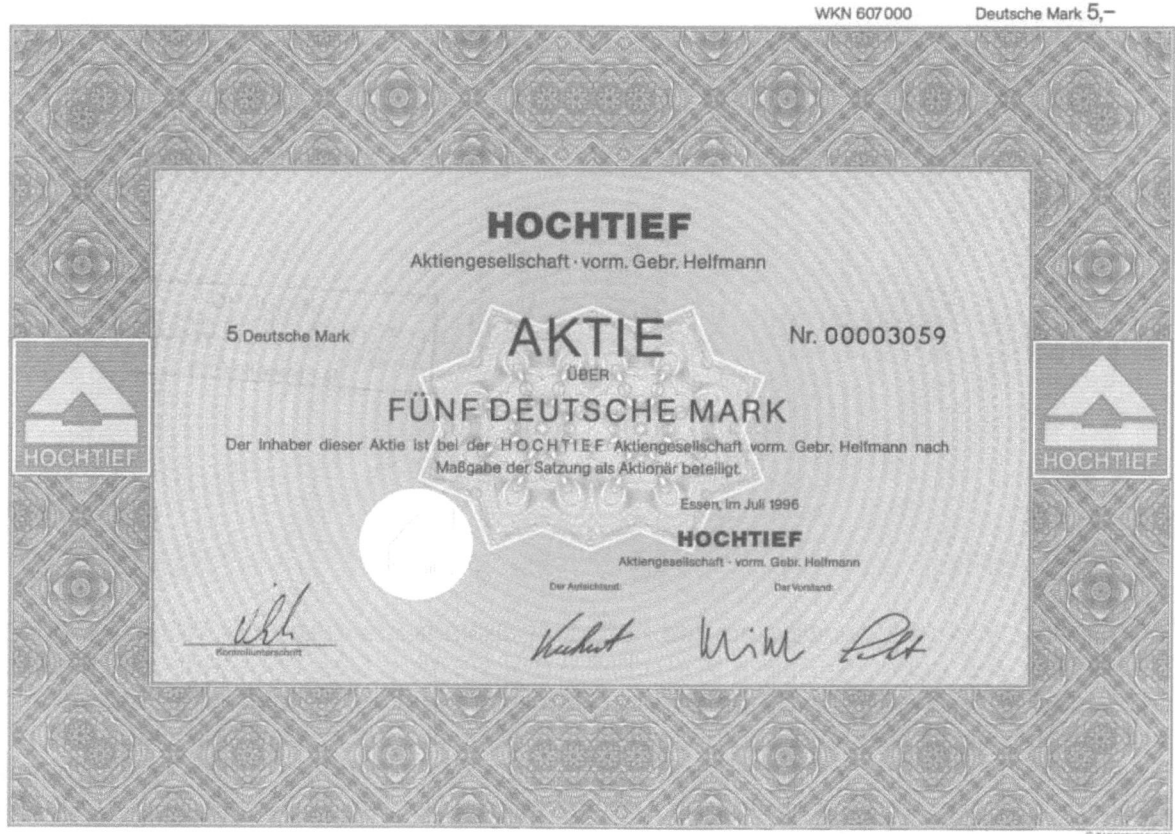

Aber auch im Ausland war Hochtief vertreten, z. B. durch Großbauten wie die Umlegung des Abu-Simbel-Tempels in Ägypten (1968), die Brücken Bosporus (1974), Großer Belt (1995) und Öresund (2000). Nach der Jahrtausendwende erwirtschaftete das Unternehmen sogar 80% seines Umsatzes im Ausland, z. B. durch den Bau mehrerer Steinkohlezechen in Australien (ab 2005), durch die Mitarbeit am Gotthard-Basistunnel in der Schweiz (eröffnet 2016), und durch die Erweiterung des Flughafens Riad zum Ende der 2010er Jahre.

Im Jahre 2010 erlangte die spanische Baugesellschaft ACS im Rahmen einer feindlichen Übernahme die Mehrheit am Hochtief-Konzern.

Ein weiteres großes Unternehmen der Branche ist die **Bilfinger SE**. Bilfinger Berger (so der Name bis 2012) war ebenfalls am Bau des Gotthard-Basistunnels sowie maßgeblich an der Errichtung des Schiffshebewerks Niederfinow Nord (2009 – 2021) und am Bau der Nord-Süd-Stadtbahn in Köln beteiligt. Beim letztgenannten Bauauftrag muste Bilfinger Berger als Generalunternehmer einen herben Schlag verzeichnen, als 2009 beim Einsturz einer Baustelle das Kölner Stadtarchiv zerstört wurde und zwei Personen in einem ebenfalls schwer beschädigten Nachbarhauses starben. In manchen Teilbereichen der Baustrecke waren, wie sich später herausstellte, noch nicht einmal 20% der vorgeschriebenen Stahlträger eingebaut worden; der Rest war offenbar von Bauarbeitern gestohlen und an Schrotthändler verkauft worden. Kurze Zeit später wurden auch sicherheitsrelevante Mängel an weiteren Bauaufträgen bekannt, an denen Bilfinger beteiligt war.

Die Bilfinger SE verkaufte auf Druck seines Hauptaktionärs, der schwedischen Finanzinvestorengruppe Cevian, 2015 den größten Teil seines Tiefbaugeschäfts („Division Construction"). Als Grund für den Verkauf wurde die mangelnde Rentabilität der Sparte angegeben. Im Jahre 2016 trennte sich Bilfinger auch von seiner Sparte Bau- und Gebäudedienstleistungen. Von einem der einstmals größten Bauunternehmen Europas blieb damit nur noch die Sparte Industriedienstleistungen.

Neben dem Neubausektor werden Reparaturarbeiten zu einem immer bedeutsamer werdender Aufgabenbereich von Bauunternehmen. Nach der Jahrtausendwende häuften sich die „Altersschäden" bei verschiedenen Bauwerken, vor allem bei Brücken. Die herkömmlichen Stahlbeton- bzw. Spannbetonbrücken wiesen verstärkt Risse, Abspaltungen, vor allem auch Korrisionsschäden auf. Neuentwicklungen wie Glasfaser- oder Kohlenstofffaser-Betonbrücken sollen solche Schäden in Zukunft verhindern.

Umsatzmäßig stark vertreten ist die österreichische **Strabag SE**, deren deutsche Wurzeln bis auf das Jahr 1866 zurückgehen und deren deutscher Zweig in Köln ansässig ist.

Eine der bedeutendsten Zulieferindustrien zum Bau ist die Zementbranche. Die **HeidelbergCement AG** (ab 1923 Heidelberg Materials AG) ist der größte Hersteller dieses Wirtschaftszweigs in Deutschland; sie gehört auch international zu den größten Unternehmen ihrer Art. Die Geschichte von HeidelbergCement geht bis ins Jahr 1874 zurück. Im Jahr nach der Gründung wurde mit der Zementproduktion begonnen, 1889 wurde die vormalige OHG in eine AG umfirmiert. Im Jahre 2005 übernahm der Industrielle Adolf Merckle die Mehrheit an der Gesellschaft. Nach seinem Selbstmord 2009 verringerte sein Sohn Ludwig den Anteil des Familienbesitzes am Unternehmen von über 70% auf weniger als 30%. Im 21. Jahrhunderts wurde HeidelbergCement mehrmals wegen verbotener Kartellabsprachen mit Geldbußen belegt.

Das größte Wohnungsverwaltungsunternehmen Deutschlands, die Deutsche Annington SE (Düsseldorf, 2021 mehr als 550.000 Wohnungen), erlebte ihren Börsenauftritt im Juli 2013. Die Deutsche Annington entstand 2001 durch die Übernahme von Eisenbahner-wohnungsgesellschaften in elf der deutschen Bundesländer und vergrößerte sich 2005 durch die Übernahme der Viterra AG, der früheren Veba Wohnen. Im Frühjahr 2015 übernahm die Deutsche Annington mit der Gagfah das (mit ca. 144.000 verwalteten Mietwohnungen) damals drittgrößte deutsche Wohnungsunternehmen. Anlässlich dieser Übernahme wurde der Name der Wohnungsgesellschaft in **Vonovia** umgewandelt. Im Herbst 2015 stieg die Vonovia-Aktie in den DAX auf.

*1918 wurde die **Gemeinnützige Aktien-Gesellschaft für Angestellten-Heimstätten GAGFAH** von verschiedenen Verbänden für gesetzlich versicherte Angestellte unter Führung des Deutschnationalen Handlungsgehilfen-Verbands in Berlin gegründet. Ihrem Zweck entsprechend wurden die Aktien als vinkulierte Namensaktien ausgegeben. 1933, nach dem nationalsozialistischen Verbot der Gewerkschaften, wurde die GAGFAH zuerst der Deutschen Arbeitsfront, danach der Reichsversicherungsanstalt für Angestellte zugeordnet. Aus dieser Versicherungsanstalt entstand in der Bundesrepublik die Bundesversicherungsanstalt für Angestellte (BfA). Später entwickelte sich die GAGFAH zu einem börsennotierten Unternehmen mit Sitz in Luxemburg. Seit den 1990er Jahren verstärkte sich die Kritik der Mieter und der Mieterschutzvereine an der GAGFAH, die vorrangig an der Erzielung hoher Dividenden interessiert sei und dabei die Wohnungen vernachlässigen würde. Ähnliche Vorwürfe wurden auch gegenüber anderen großen Immobilienverwaltungsunternehmen erhoben.*

Die Wohnungsgesellschaft **Deutsche Wohnen SE** in Berlin, folgte der Vonovia 2020 in den DAX und ersetzte dort die Lufthansa. Die Deutsche Wohnen war 1998 von der Deutschen Bank gegründet worden und übernahm als Startkapital den Immobilienbestand der Hoechst Pensionskasse. Durch mehrere Fusionen wurde die Deutsche Wohnen zu einem der größten Wohnungsbaugesellschaften Deutschlands. Im Herbst 2021 wurde die Deutsche Wohnen mehrheitlich von der Vonovia übernommen.

Alle (west-) deutschen Bundesländer hatten relativ früh sogenannte „Landesentwicklungsgesellschaften" als öffentlich-rechtliche Körperschaften (oder als privatrechtliche Kapitalgesellschaften in Landesbesitz) gegründet, welche die Erschließung und Verwaltung von Wohnflächen, insbesondere für Familien, vor allem in unterentwickelten Gebieten, als Aufgaben hatten. In den Jahren seit der Wiedervereinigung wurden einige dieser LEGs zu typischen Beispielen der Privatisierungspolitik. Die größte LEG, die LEG NRW GmbH, später in **LEG Immobilien SE** umfirmiert, entstand 1970. Im Jahre 1987 hatte sie von dem abgewickelten ehemaligen Gewerkschaftsunternehmen „Neue Heimat" ca. 38.000 Wohnungen übernommen. 2008 wurde die LEG an ein Konsortium ausländischer Finanzinvestoren verkauft, welche die LEG im Frühjahr des Jahres 2013 an die Börse brachte. Der Börsengang war so erfolgreich, dass die LEG noch im Juni des gleichen Jahres in den M-DAX „aufsteigen" konnte. Im Jahre 2021 verwaltete die LEG fast 150.000 Mietwohnungen.

Zumindest in ihren Wurzeln älter als die LEG NRW ist die **Vivawest GmbH** (Essen, Hauptverwaltung in Gelsenkirchen auf dem Gelände des ehemaligen Zeche Nordstern, eines heutigen Industriedenkmals). Die Vivawest entstand 2011 durch einen Zusammenschluss der 1920 gegründeten „Treuhandstelle für Bergmannswohnstätten im rheinisch-westfälischen Steinkohlebezirk" und der „Evonik Immobilien GmbH", einem Ruhrkohle-AG-Nachfolgeunternehmen, das durch die Konzentrationsvorgänge im Aachener und im Ruhr-Steinkohlenbergbaugebiet im Laufe der Zeit in den Besitz von ca. 60.000 Wohnungen gekommen war. Haupteigentümer der Vivawest nach dem Ausstieg der Evonik im Jahre 2015 wurden die RAG-Stiftung, die RAG AG, die Gewerkschaft Bergbau, Chemie, Energie und der Evonik-Pensionstreuhandverein. Die Vivawest ist mit ca. 120.000 Wohnungen das drittgrößte Wohnungsimmobilienunternehmen Deutschlands.

Im Privatwohnungsbereich, vor allem auf lokaler Ebene, sind nach wie vor viele **genossenschaftliche Wohnungsgesellschaften** tätig.

Hingegen sind viele **Finanzinvestoren und Immobilienfonds** im Immobilienbereich überregional tätig. Ihre Marktanteile vergrößerten sich speziell nach dem Rückzug mancher Industriebetriebe, die sich (im letzten Drittel des 20. Jahrhunderts, verstärkt im neuen Jahrtausend) von ihren ehemaligen Werkswohnungen und –siedlungen getrennt hatten. Eine Besonderheit bilden dabei Leasingverträge, die diese Finanzinvestoren häufig mit den ortsansässigen Immobiliennutzern (sowohl mit Unternehmen als auch mit der öffentlichen Hand) abschließen. Bei der nicht seltenen Sonderform des Sale-and-leaseback-Verfahrens werden die Immobilien an den Finanzinvestor verkauft, gleichzeitig aber dem Verkäufer zur Nutzung überlassen – gegen eine jährliche Leasing-Gebühr.

Einige der bis zur Finanzkrise 2007 ff. als besonders sicher geltenden offenen Immobilienfonds konnten in der Krise gar nicht so viele Grundstücke verkaufen wie notwendig gewesen wäre, um die mengenmäßig gewaltigen Verkaufsordern der Anleger bezahlen zu können. Verstärkt wurde dieses Problem noch durch die enorm gefallenen Immobilienpreise in der Finanzkrise. So mussten manche dieser Fonds für mehrere Monate geschlossen werden; die Anleger konnten also ihre Fondsanteile nicht zurückgeben und an ihr Geld kommen. Nach der Wiedereröffnung der Immobilienfonds waren wegen der geringen Verkaufserlöse und wegen der notwendig gewordenen (deutlich niedrigeren) Neubewertung der verbliebenen Immobilien die Fondsanteile im Wert stark gesunken.

h) Traditionelle Produktionsbranchen
   (Textil, Möbel, Papier und Porzellan)

Noch 1970 arbeiteten in der **Textilindustrie** in der Bundesrepublik schätzungsweise 900.000 Menschen, in der damaligen DDR ca. 300.000. 40 Jahre später gab es in dieser Industrie im vereinigten Deutschland kaum noch 100.000 Arbeitsplätze. Wegen der größtenteils mittelständischen Organisation der Branche und wegen des geringen gewerkschaftlichen Organisationsgrades wurde überregional von dieser Arbeitsplatzvernichtung vergleichsweise wenig zur Kenntnis genommen – im Gegensatz z. B. zum Arbeitsplatzabbau in der Schwerindustrie.

Dabei handelte es sich - sowohl bei der traditionellen Textilindustrie ebenso wie bei der Kunstfaser-Herstellung - genau genommen nicht um eine Abbau, sondern um eine Verlagerung der Arbeitsplätze ins Ausland im Rahmen der „Globalisierung", vor allem nach Ostasien, aber auch nach Osteuropa. Viele Unternehmen der Branche existieren noch in Deutschland, doch werden hier vor allem Kaufleute und Designer beschäftigt – die Massenproduktion geschieht im Ausland: Dort wird ca. 97 % der von deutschen Unternehmen verkauften Bekleidung produziert. Dabei wird immer wieder der Vorwurf erhoben, dass sich die Unternehmen frühkapitalistische Strukturen in den Produktionsländern zu Nutze machen: ein geringes Lohnniveau, Kinderarbeit, hohe Wochenarbeitszeiten – und geringer Arbeitsunfallschutz: In Sabhar (Bangladesh) stürzte im Jahre 2013 eine Fabrik ein, wobei mehr als 1.000 Todesopfer zu beklagen waren. Zu den Auftraggebern dieser Fabrik zählten auch europäische Unternehmen wie Kik, C&A oder Benetton.

Nicht zuletzt als Reaktion auf diese Katastrophe traten im Jahr 2014 sind 30 deutsche Gesellschaften der Textilbranche einem „Bündnis für Fairness in der Textilbranche" („Textilbündnis") unter Leitung des Bundesentwicklungsministeriums bei, das weltweit soziale und ökologische Standards in der Branche festschreibt. Weltweit produzierende Unternehmen blieben dem Bündnis fern, da sie sich außerstande sahen den gesamten Herstellungsprozess einschließlich der Produktion durch Subunternehmen in Drittweltländern vollständig zu kontrollieren. Daher wurden die Verpflichtungen für die Bündnismitglieder kurze Zeit nach der Gründung weicher formuliert, so dass nun auch ehemals skeptische Firmen wie Adidas, Kik, Aldi, Esprit und Hugo Boss (um nur einige zu nennen) dem Bündnis beitraten. Anfang der 2020er Jahre war damit ungefähr die Hälfte der umsatzstärksten deutschen Textilmarkt-Unternehmen vertreten.

Die in Deutschland verbliebene Textilindustrie erwirtschaftet seit den 2010er Jahren nur noch ein Drittel ihres Umsatzes mit der Produktion von Kleidung. Der größere Teil der Branche erarbeitet Zulieferleistungen für den Fahrzeugbau, die Möbelindustrie, das Gesundheitswesen und für andere Branchen. Viele textile „Verbundstoffe" in Flugzeugen vermindern ihr Gewicht, medizinische Implantate zur Offenhaltung von Gefäßen, sogenannte „Stents", bestehen aus Textilfasern, auch Verbandsmaterialien oder Luftreinigungsfilter werden hauptsächlich aus Textilien hergestellt.

Die Forschung und Entwicklung in der Textilindustrie konzentriert sich seit einigen Jahren auf „Funktionstextilien", die z. B. wind- und wasserdicht, UV-beständig, antimikrobiell, thermoregulierend, atmungsaktiv oder chemikalienresistent sein sollen. Weiterentwicklungen sind sogenannte „intelligente Textilien" (Smart Clothes), die zum Beispiel Energie erzeugen, leuchten, identifizieren, Stoffe abgeben oder heizen sollen. Dies geschieht im Allgemeinen durch die Integration von elektronischen Komponenten. Manche Bestandteile von Funktionstextilien werden aber nur schlecht abgebaut und können daher ein Gesundheitsrisiko darstellen.

Ein bedeutendes Zentrum der Textilindustrie in der Vergangenheit war das Münsterland, insbesondere die Region Gronau/ Epe. Schon vor dem Ersten Weltkrieg waren dort acht große Textilbetriebe entstanden, häufig gegründet von Unternehmern aus den benachbarten Niederlanden. Zur Jahrtausendwende waren davon nur noch Ruinen zu sehen.

*So war es auch bei der 1890 gegründeten **Baumwollspinnerei Gronau AG.** Die abgebildete Aktie aus dem Jahre 1987 wurde im Zusammenhang mit der Übernahme der Textilwerke Ahaus emittiert. Damit versuchte die Unternehmensleitung eine Größe zu erreichen, die das Überleben in der krisengeschüttelten Textilbranche erleichtern sollte. Diese Strategie schlug allerdings fehl: die Aktie von 1987 sollte eine der letzten Aktien des Unternehmens werden: Im Jahre 2002 wurde die Produktion eingestellt.*

Das einstmals größte Textilunternehmen auf dem Kontinent, **Dierig**, gehörte zu den Unternehmen, die nach dem Zweiten Weltkrieg ihren Firmensitz von Ostdeutschland in die Bundesrepublik verlegten, in diesem Fall nach Augsburg. Im Haustextilien- und Bettwäschebereich war die Dierig Holding AG bald wieder führend in Deutschland. Eine Erhöhung der Produktivität aber erschien nur durch die Verlagerung der Produktion ins Ausland erreichbar zu sein. Die ehemaligen Produktionsflächen in Deutschland wurden durch Vermietung zu einem zweiten Standbein des Unternehmenserfolgs.

Zum größten Konfektionär (Hersteller von Fertigbekleidung) Europas hatte sich gegen Ende des Jahrtausends die **Steilmann-Gruppe** aus Bochum-Wattenscheid entwickelt. Steilmann belieferte die meisten großen Textilhändler und ließ seine Produkte zunehmend im Ausland fertigen. Der von Steilmann gesponsorte Vorort-Fußballverein aus Wattenscheid spielte kurzzeitig in der ersten Bundesliga. Aber um die Jahrhundertwende erreichte der Niedergang der deutschen Textilindustrie auch Steilmann. Nach einer ersten Insolvenz 2006 und einem Eigentümerwechsel half auch die Beteiligung an den Modermärkten Adler und Boecker nicht mehr. Eine zweite Insolvenz im Jahr 2016 überlebte die Steilmann Holding nicht mehr.

Auch die Möbelproduktion in Deutschland erlebte einen jahrzehntelangen Strukturwandel, stabilisierte sich aber in den 2020er Jahren mit ca. 100.000 Mitarbeitern. Die wichtigsten Segmente dieser Branche sind die Küchenindustrie sowie die Herstellung von Büro- und Ladenmöbeln.

*Das Unternehmen Mauser Waldeck gehörte einerseits zu den traditionsreichsten Möbelherstellern Deutschlands, wurde andererseits aber auch für einen Beispiel des angesprochenen Strukturwandels. Ein Sohn von Wilhelm Mauser, einem der Gründer der Waffenfabrik Mauser, war Alfons Mauser, der 1896 mit einer Stahlblechwarenfabrik ein eigenes Unternehmen in Oberndorf gründete. 1921 kaufte Mauser die Werksanlagen einer ehemaligen Karbidfabrik in Waldeck (Nordhessen). Dort produzierte der Betrieb zuerst Stahlfässer und Gasflaschen, später Möbel aus Stahlelementen und weitere Möbelstücke. 1953 wurde das Unternehmen in **Mauser Waldeck AG** umbenannt und wenige Jahre später verkauft. Anfang des neuen Jahrtausends wurde die Produktion in Waldeck aufgegeben; der Name „Mauser" lebte aber in einer neuen Firma für Regalbau und Tresore (in Osnabrück) weiter.*

Die **Papierherstellung** ist eine andere traditionelle Produktionsbranche.

Das Unternehmen **Zanders Feinpapiere AG** war ein Papierhersteller mit Sitz in in Bergisch Gladbach und damit ein Vertreter einer in dieser Region typischen Branche. 2001 wurde Zanders von M-real in Espoo, Finnland übernommen, 2021 wurde die Produktion in Bergisch-Gladbach eingestellt.

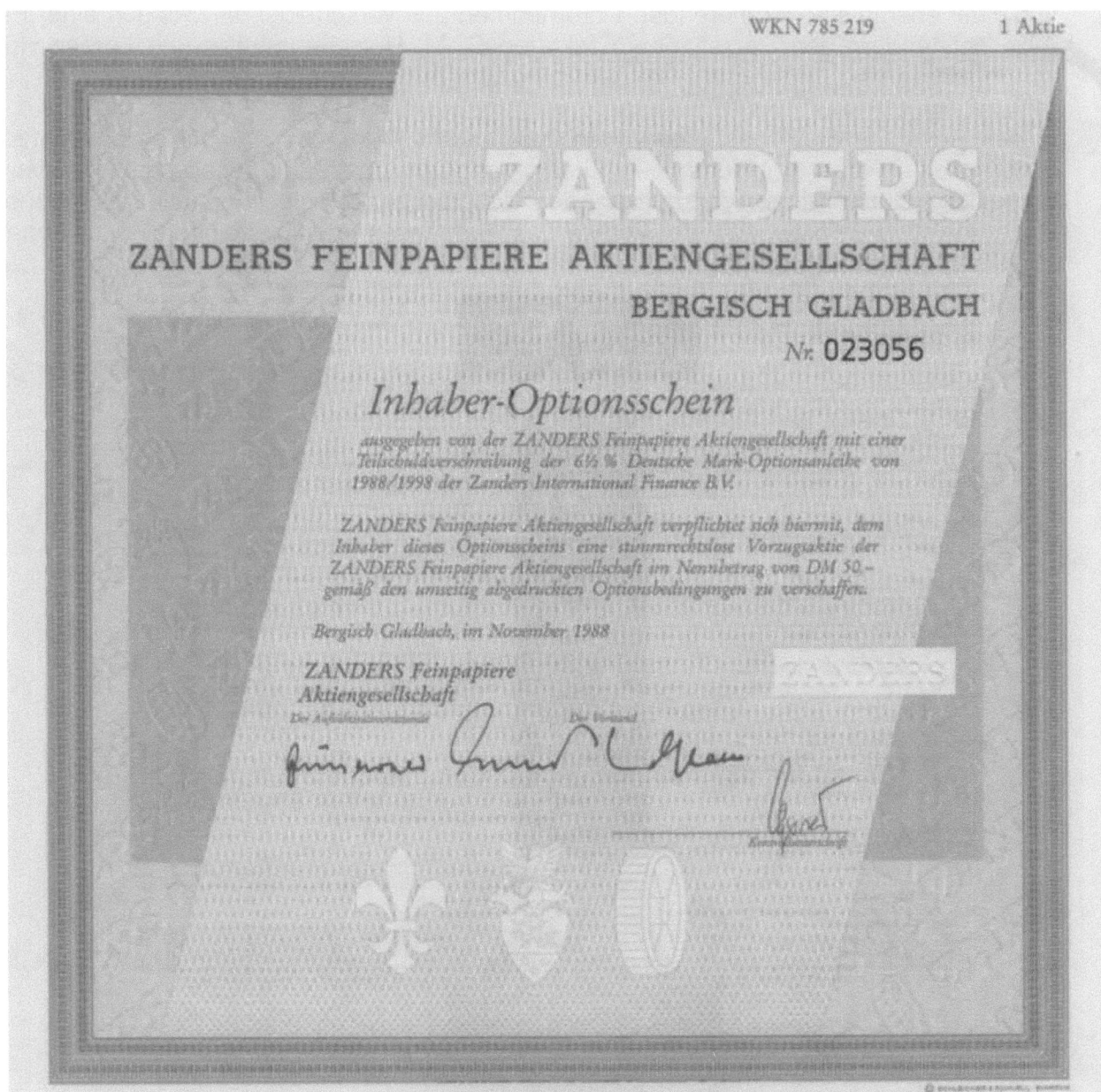

Im Jahre 1822 beteiligte sich der Düsseldorfer Forstbeamte Johann Wilhelm Zanders zusammen mit seinem Kompagnon Gottfried Fauth an der seit 1582 bestehenden Schnabelsmühle an der Strunde. Nach dessen Tode übernahm er das Unternehmen ganz. Im Jahre 1867 übernahm die Familie auch die Gohrsmühle (gegründet 1602), später, 1876 auch die Alte Dombach (gegründet 1614, heute eine Außenstelle des Rheinischen Landesmuseums). Mehrere frühe Todesfälle sorgten ab 1870 dafür, dass das Unternehmen von den jeweiligen Witwen geführt wurde. (Witwen waren bis ins frühe 20. Jahrhundert häufig die einzigen Frauen, die in der deutschen Gesellschaft über eine gewisse Selbstbestimmung verfügten.) Insbesondere Maria Zanders, die das gleichnamige Papierunternehmen 1870 – 1904 führte, blieb den Menschen in der Region als gesellschaftlich engagierte Frau im Gedächtnis. Sie war z. B. maßgeblich beteiligt an der Wiederherstellung des historischen Altenberger Doms.

Auch die **Porzellanbranche** blieb von Rückschlägen nicht verschont.

Die Porzellanmanufaktur **Rosenthal** in Selb (von 1969 bis 2009 AG, danach GmbH) gehörte ab 1997 zu 90 % zum britisch-irischen Waterford-Wedgwood-Konzern. Am Ende des 20. Jahrhunderts übernahm das Unternehmen Teile der Porzellanmarke Hutschenreuther, allerdings ohne den Bereich Hotel- und Gaststättenporzellan, der als BHS tabletop AG (Selb) selbstständig blieb. (Die Hutschenreuther AG war 1969 durch die Fusion von zwei ehemals konkurrierenden Unternehmen aus verschiedenen Zweigen einer Familie entstanden: den Porzellanmanufakturen C. M. Hutschenreuther und Lorenz Hutschenreuther.)

In den Rosenthal-Betriebsstätten waren 2008 ca. 1100 Mitarbeiter weltweit beschäftigt. 2009 musste Rosenthal durch den Zusammenbruch der Muttergesellschaft Insolvenz anmelden. Durch einen Verkauf an den italienischen Besteckhersteller Sambonet-Paderno (noch im gleichen Jahr) konnte das Aus dieses traditionsreichen Porzellanherstellers abgewendet werden.

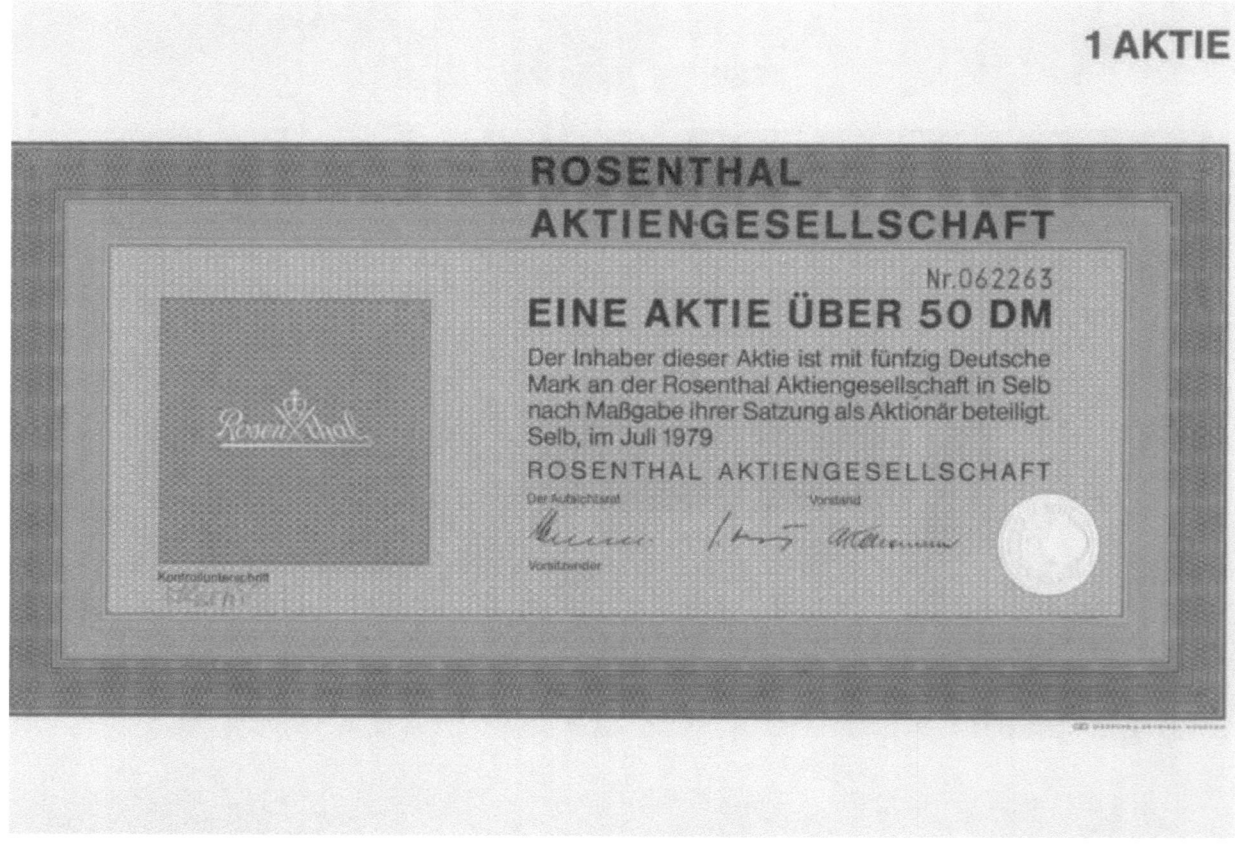

Rosenthal arbeitete traditionell (wie viele andere Porzellanhersteller auch) im Designbereich mit namhaften Künstlern zusammen. Zu diesen Geschäftspartnern gehörten bei Rosenthal im 20. und 21. Jahrhundert z. B. Andy Warhol, Friedensreich Hundertwasser, Luigi Colani und Otmar Alt.

i) Landwirtschaft, Nahrungs- und Genussmittelindustrie

In Deutschland verringerte sich kontinuierlich die landwirtschaftlich genutzte Fläche, und zwar auch in sehr traditionell landwirtschaftlich orientierten Regionen, z. B. in den deutschen Weinbergen. (Gerade dort ist die Arbeit besonders mühevoll und der Ertrag steht nicht immer in einem entsprechenden Verhältnis dazu.) Dafür erhöhte sich die Zahl und Fläche der Naturschutzgebiete.

Wenngleich die Landwirtschaft in Deutschland im Vergleich zu anderen Branchen eine geringe Bedeutung hat, so sind die absoluten Zahlen immer noch beeindruckend: So ist Deutschland weltweit das viertgrößte Herstellungsland von Milch, die wegen ihrer Reinheit und Qualität sogar nach China exportiert wird. In den Regalen der Supermärkte gewinnen die „Erzeugnisse aus der Region" („Spargel vom Niederrhein", „Obst aus dem Alten Land" etc.) einen immer höheren Stellenwert.

Schließlich – vermehrt seit den ersten Jahren des neuen Jahrhunderts - interessiert sich die Öffentlichkeit vor allem für den nachhaltigen ökologischen Anbau und die artgerechte Tierhaltung in der Landwirtschaft. Qualitätssiegel dieser Art können den von vielen Kunden akzeptierten Verkaufspreis deutlich steigen lassen.

Die Lebensmittelindustrie ist aber auch der bisher wirtschaftlich bedeutsamste Markt für die Gentechnologie. Weltweit marktführend ist hier der amerikanische Konzern Monsanto, der 2013 eine Verringerung seiner Aktivitäten in Europa ankündigte, weil hier eine – im Vergleich zu Amerika oder Asien – große Skepsis gegenüber genmanipulierten Pflanzen besteht. Genmanipulierte Pflanzen (seit 1980) und Tiere (spätestens seit 1997, als mit dem Schaf „Dolly" zum ersten Mal ein erwachsenes Säugetier geklont wurde) sind wirtschaftlich vielleicht sinnvoll, ethisch und z.T. auch gesundheitlich aber bedenklich. 2018 wurde Monsanto von der Bayer AG übernommen, die anschließend sehr viel Ärger mit ihrer Neuerwerbung hatte (vgl. oben unter „Chemie").

Die europäische Landwirtschaft wird von der EU stark reglementiert. Ein umstrittenes Nebenprodukt dieser EU-Politik ist die Tendenz zu Großbetrieben, und zwar sowohl in der Landwirtschaft als auch in der verarbeitenden Nahrungsmittelwirtschaft.

Zum größten Getreidemühlenkonzern Deutschlands entwickelte sich die 1898 im bayrischen Landshut gegründete „Vereinigte Kunstmühlen, vormals Krämer-Moos A.G". Nach der Fusion mit der „Kunstmühle Rosenheim AG" wurde der Name in „Vereinigte Kunstmühlen AG", 1990 in **„VK Mühlen AG"** umbenannt. Im gleichen Jahr wurde der Geschäftssitz nach Hamburg verlegt. Die 2014 in GoodMills Deutschland GmbH umbenannte Unternehmensholding ist die Muttergesellschaft für mehr als ein Dutzend angegliederter Betriebe in verschiedenen europäischen Ländern. Der Geschäftsbereich „Mühlen" stellt Erzeugnisse für die Weiterproduktion zur Verfügung; der Geschäftsbereich „Lebensmittel" beliefert den Handel mit Konsumprodukten. Zu den Marken dieses Geschäftsbereichs zählen u. a. Aurora, Müller's Mühle und Diamant. Zwischenzeitlich gehörten auch „Birkel" und „3 Glocken" zum Konzern. Seit 2003 ist die Wiener Beteiligungsgesellschaft LLI Hauptaktionär der VK Mühlen AG. Hinter dieser Beteiligungsgesellschaft stehen verschiedene österreichische Raiffeisenbanken.

Der bedeutendste deutsche Nahrungsmittel-Produzent ist die **Dr. August Oetker KG**, Bielefeld. Das 1891 gegründete Unternehmen wurde zwischenzeitlich ein diversifizierter Konzern. Zum größten Geschäftsbereich wurde zwischenzeitlich die Schifffahrt (vor allem die Containerschifffahrt) der Reedereigruppe Hamburg Süd, die aber 2017 an die dänische Maersk Line verkauft wurde.

Danach konzentrierte sich Dr. Oetker wieder auf seinen Lebens- und Genussmittelbereich, in dem neben den traditionellen Marken wie Dr.Oetker und Coppenrath und Wiese oder Henkell (Sekt, Spirituosen) auch verschiedene Getränkemarken vertreten sind. Für diese Sparte gründete Dr. Oetker das Tochterunternehmen Radeberger Gruppe. Unter diesem Dach werden bekannte Marken geführt wie Radeberger, Jever, Berliner Kindl, Gilden Kölsch, Schlösser Alt und DAB (sowie alle anderen umsatzstarken Dortmunder Biere, die ja nur noch in einer Großbrauerei hergestellt werden), außerdem die nichtalkoholischen Getränkemarken Clausthaler und Selters, dessen Markenname zum Synonym für Mineralwasser geworden ist.

Das Berliner Mitglied der „Radeberger Gruppe" im Oetker-Konzern ist die Berliner-Kindl-Schultheiss-Brauerei GmbH.

*Die Schultheiss-Brauerei war 1842 gegründet worden und fusionierte 1920 mit der Aktien-Brauerei-Gesellschaft Friedrichshöhe vormals Patzenhofer zur **Schultheiss-Patzenhofer Brauerei AG**. Schultheiss wurde später zu einem „Nationalsozialistischen Musterbetrieb" ernannt.*

Im Jahre 1990 fusionierte Schultheiss mit der Berliner Kindl Brauerei (gegründet 1872). Beide Zweige der neuen Gesellschaft hatten verschiedene Braustätten in unterschiedlichen Berliner Bezirken. Mehrere der alten Gebäude wurden unter Denkmalsschutz gestellt; am bekanntesten ist dabei die „Kulturbrauerei", die ursprüngliche Schultheiss-Braustätte.

Dr. Oetker investierte aber nicht nur in die Nahrungsproduktion, sondern auch in die Distribution. 2020 übernahm Dr. Oetker die Flaschenpost SE aus Münster. Die Geschäftsidee der 2012 als „Start-up" gegründeten Flaschenpost war die Lieferung von Getränken an Privathaushalte. Dr. Oetker hatte zuvor lange Zeit vergebens versucht Flaschenpost aufzukaufen und zwischenzeitlich eine Kopie im eigenen Konzern erstellt (Durstexpress GmbH). Nach der Übernahme wurden die beiden Firmen fusioniert.

Wettbewerber der Oetker-Gruppe im Nahrungsmittelbereich kommen vor allem aus dem Ausland, z.B. Nestle (Schweiz), KraftHeinz (USA), Mondolez (eine Abspaltung von Kraft mit einem Minderheitsanteil an dem niederländischen Kaffeekonzern Jacobs Douwe Egberts) und der Konzern Unilever (Rotterdam und London,), der aber auch Hygiene-Produkten im Programm hat).

*Seit 2000 gehört auch der deutsche Traditionsbetrieb **Knorr** zum Unilever-Konzern.*

Ein deutscher Wettbewerber im **Bier- und Mineralwassermarkt** ist Bitburger Braugruppe (neben der namensgebenden Biermarke auch mit den Marken Königs, Köstritzer, Licher sowie dem Gerolsteiner Mineralwasser). Das drittgrößte Brauereiunternehmen Deutschlands, die Oettinger Gruppe, betreibt eine ein-Marken-Strategie und ist im unteren Preisniveau tätig Sie braut an verschiedenen Orten und verzichtet, im Gegensatz zu den anderen großen Bierproduzenten, größtenteils auf das Gaststättengeschäft, auf Merchandising und Werbung. Im deutschen Biermarkt behaupten sich nach wie vor Privatbrauereien, die keinem der großen Konzerne angehören, z. B. die drei großen sauerländischen Privatbrauereien Krombacher, Warsteiner und Veltins.

Die deutschen Brauereien werben nach wie vor mit dem (seit 1987 europaweit eigentlich nicht mehr gültigen) bayrischen Reinheitsgebot von 1516; sie halten sich daran aber in einer etwas modifizierten Form, nach der verschiedene Zusätze während des Herstellungsprozesses erlaubt sind, wenn diese im Endprodukt nicht mehr vorhanden sind. Zum Filtrieren wird beispielsweise auch Kieselgur verwendet. Die Verwendung von Zuckercouleur, Zucker oder von Süßstoffen ist für obergärige Biere ebenfalls erlaubt. Diese und weitere Ausnahmen sind in der „Bierverordnung" von 2005 (einer Nachfolgevorschrift des frühneuzeitlichen Reinheitsgebots) zugelassen.

Europäische Konkurrenten sind u. a. die Carlsberg A/S, Kopenhagen (1847 gegründet), die 1970 den innerstädtischen Konkurrenten Tuborg (gegründet 1880) übernahm, Heineken (Amsterdam) und Guinnes (Dublin), der größte Stoutbier-Brauer der Welt. Der größte Brauereikonzern der Welt ist aber der belgisch-brasilianisch InBev-Konzern. Dieser entstand 2008 durch die Fusion des größten amerikanischen Herstellers Anheuser-Busch mit dem belgischen Braukonzern Interbrew. „InBev" ist heute weltweit vertreten.

Die großen internationalen Bierkonzerne sind auch mit deutschen Marken am Markt vorhanden: Die Brauereien bzw. Biermarken Holsten, Gatzweiler, Wernesgrüner und andere gehören zur Carlsberg-Gruppe, Heiniken ist an Fürstenberg, Kulmbacher und Paulaner beteiligt, und zum InBev-Konzern zählen z. B. auch Becks, Franziskaner oder Löwenbräu. Der amerikanische Marktführer „Budweiser" (auch InBev) darf allerdings auf dem europäischen Festland nur „Bud" genannt werden. Den Markennamen hat sich in Europa weitgehend die tschechische Brauerei gleichen Namens gesichert.

Im deutschen Bierbrauermarkt wurde vom Bundeskartellamt im Jahre 2014 ein Preiskartell aufgedeckt und mit Millionenbußen belegt. Die Brauereien wollten im Jahre 2013 gemeinsam eine Preiserhöhung von 1 EURO pro Kasten durchsetzen. Beteiligt waren neben einigen Regional-Brauereien auch drei der vier größten deutschen Bierhersteller: die Radeberger-Gruppe, die deutsche Sektion von InBev und die Bitburger Braugruppe. Die Gesamtbuße belief sich auf 231,2 MIO EURO. Die InBev blieb als Kronzeugin straffrei.

Viele regional oder lokal verkaufende kleinere Brauereien und Brauerei-Gasthöfe mussten in den letzten Jahrzehnten ihren Braubetrieb einstellen. Dagegen hat sich in den letzten Jahren eine Tendenz zu kleineren „Craft-Bier"-Herstellern entwickelt, die teilweise hochpreisige und sehr fantasievolle Bierkreationen produzieren.

Der Konzentrationsprozess in der Wirtschaft machte auch vor den **Spirituosenherstellern** nicht halt.

*Die **Doornkaat AG** war schon 1806 von dem niederländischen Mennoniten Jan ten Doornkaat gegründet worden. Der dreifach gebrannte Korn aus Norden erreichte im 20. Jahrhundert einen landesweit hohen Bekanntheitsgrad. Aber schon in den 1970er Jahren begann der Stern des Produkts zu sinken. Ein Grund dafür war - neben der zunehmenden Konkurrenz durch Spirituosen-Importe - auch das veränderte Konsumverhalten der Menschen. Nach der Wiedervereinigung erlebte die Doornkaat AG mit ihren Spirituosen einen Umsatzanstieg von 21 %. Doornkaat. Dieser Aufschwung erwies sich aber als Strohfeuer: Lange hielt die Familie Doornkaat ihrem Unternehmen die Treue, wie auch die Unterschrift des Vorstands in der abgebildeten Aktie beweist. Doch 1991 wurde Dornkaat an den Konkurrenten Berentzen (Haselünne im Emsland) verkauft. Der Firmenmantel Doornkaat AG wurde weiterverkauft und inhaltlich völlig umgewandelt. Aus der Spirituosenfabrik Doornkaat wurde das Wertstoff-Recycling-Unternehmen Nordag. Berentzen behielt aber die Rechte an dem Namen und der Rezeptur der Doornkaat-Spirituose und gründete zum Zweck der weiteren Herstellung eine „neue" Doornkaat AG.*

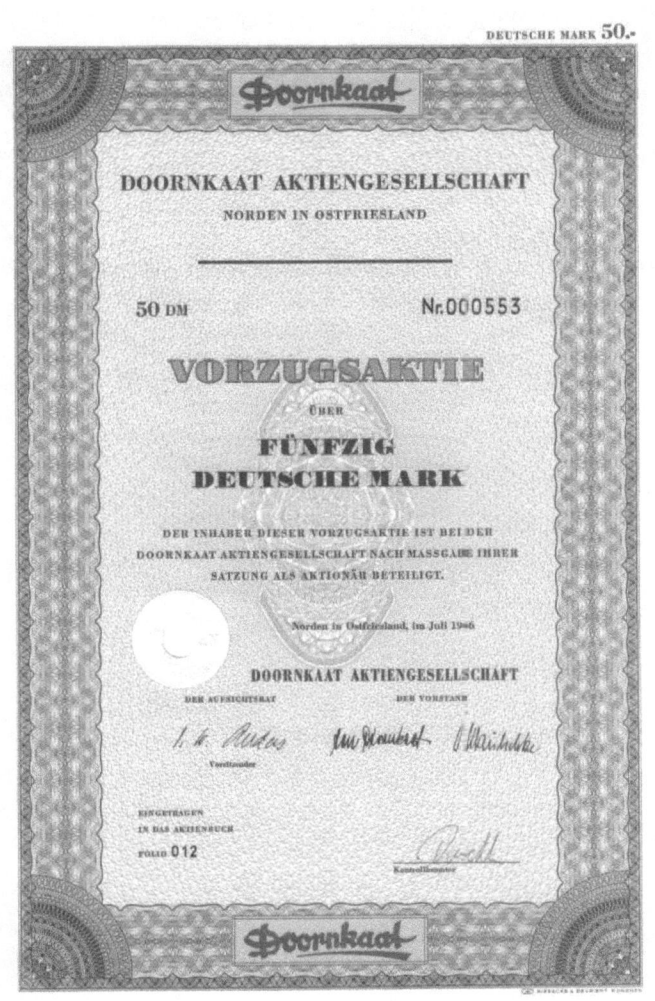

Im Marktsegment der **Erfrischungsgetränke** dominieren in Deutschland die amerikanischen Produzenten Coca-Cola und Pepsi-Cola mit ihren diversen Marken. Die deutschen Hersteller können sich insbesondere mit regionalen Produkten behaupten.

Der **Tabakmarkt** in Deutschland wird von den Global Playern, das sind Philip Morris („Marlboro"), British-American Tobacco (BAT, mit der deutschen Traditionsmarke „HB"), Japan Tobacco („Camel") und Imperial Tobacco („Gauloises") beherrscht.

Die amerikanische Imperial Tobacco ist seit 2002 Eigentümerin des größten deutschen Tabakherstellers, der Reemtsma Cigarettenfabriken GmbH, Hamburg, (u. a. mit den Marken Peter Stuyvesant, West und Drum). Mitte der 30er Jahre wurden zwei Drittel der deutschen Tabakproduktion bei Reemtsma hergestellt, heute hat Reemtsma auf dem deutschen Markt immer noch einen Anteil von ca. 25%. Reemtsma, dessen Unternehmensgeschichte bis ins 19. Jahrhundert zurück reicht, produziert auch die Marke „Rot-Händle", die mehrheitlich aus deutschem Tabak hergestellt wird. Bis in die 1970er Jahre hinein war das Rot-Händle-Rauchen auch eine Demonstration der linkspolitischen Einstellung des Rauchers gewesen.

Es gibt aber auch noch deutsche Tabakproduzenten, die nicht von einem internationalen Konzern aufgekauft wurden. Der größte Hersteller in Familienbesitz ist die Joh. Wilh. von Eicken GmbH in Lübeck, ein Vollsortimenter (Zigaretten, Pfeifentabak, Zigarillos, Zigarren, Zigarettentabak), der z. B. die Marken „Burton", „Pepe" oder „Manitou" führt. Das Unternehmen war 1770 als Kolonialwarenhandel mit Pfeifen- und Schnupftabakproduktion in Broich an der Ruhr gegründet worden. (Aus der bergischen Unterherrschaft Broich entwickelte sich später die Industriestadt Mülheim an der Ruhr.)

Der größte Zigarettenhersteller der Welt, China National Tobacco, ist am deutschen Markt noch nicht vertreten, stellt aber seit den 2010er Jahren in Rumänien Zigaretten der Marke „Regina" her.

j) Gastronomie

Die Gastronomie hat sich seit Kriegsende grundlegend verändert. Die „Eckkneipe" wirft kaum noch Gewinn ab und hat mit den Raucherschutzgesetzen zu kämpfen, Ausflugslokale müssen verkehrsgünstig gelegen sein, eine genügende Anzahl von Parkplätzen aufweisen (weil auch die „Familien-Sonntagsspaziergänge" größtenteils der Vergangenheit angehören) und ein ausgesuchtes Sortiment bereithalten. Während in den 60er Jahren praktisch noch jedes Dorf seine Wirtschaft hatte, ist dies heute eher die Ausnahme.

Die Anzahl der Gastronomiebetriebe hat insgesamt enorm abgenommen; dabei hat sich der Anteil ausländischer Gaststätten vergrößert und dominiert in den Innenstädten. Nach wie vor ist die Gastronomie aber in der Regel noch in Familienhand. Ausnahmen bilden z. B. einige uniform eingerichtete Steakhäuser wie die Maredo GmbH, die während der Corona-Zeit eine Insolvenz überstehen musste.

In der seit den 1970er Jahren verstärkt aufgekommenen Systemgastronomie dominieren die US-amerikanischen Franchise-Unternehmen McDonalds (ab 1971 in Deutschland), Burger King (ab 1976) und Subway (ab 1999), an den Schnellstraßen auch die deutsche Autobahn Tank & Rast (1998 privatisiert). In diesen Franchise-Systemen ist der einzelne Pächter ein selbstständiger Unternehmer. Der Franchise-Geber sorgt für die Einrichtung und die Werbung, der Franchise-Nehmer (der Pächter) ist an die Produktpalette der Franchise-Geber gebunden.

Die Sparte „Fischrestaurant" wird seit Jahrzehnten von der **Nordsee GmbH** (Bremerhaven) dominiert. Mehrere Reeder aus Bremen gründeten 1896 die „Deutsche Dampffischerei-Genossenschaft Nordsee" in Nordenham. Gleichzeitig wurde in Bremen das erste Fischrestaurant eröffnet.

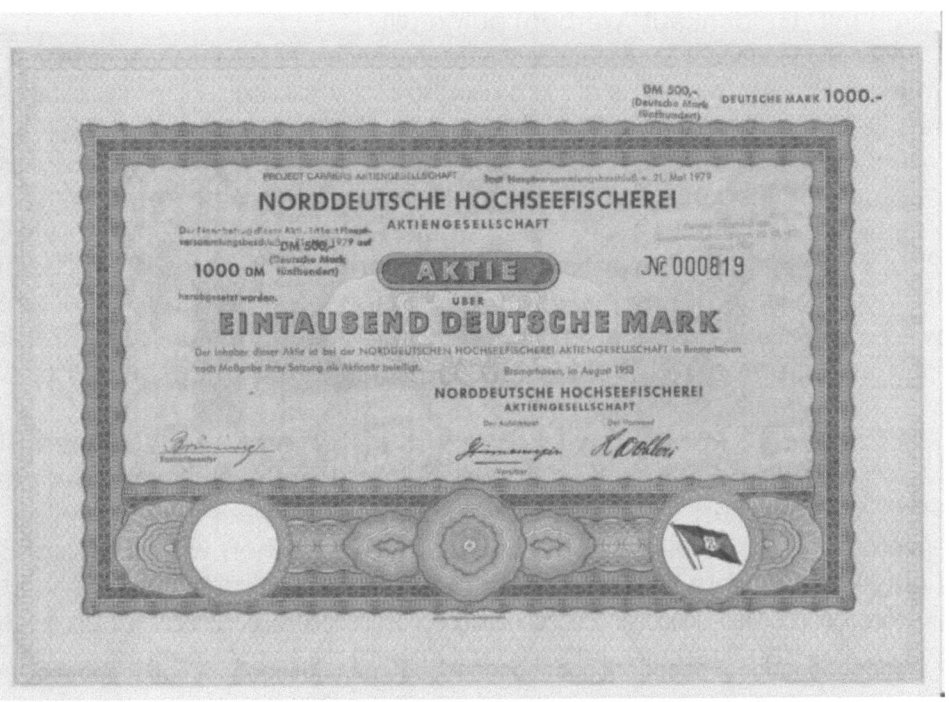

1931 gehörte ungefähr 50% der deutschen Fischereiflotte zur „Nordsee". Zu dieser Zeit gab es in Deutschland und Österreich schon über 150 Filialen. Nach dem Zweiten Weltkrieg baute die zwischenzeitlich als Norddeutsche Hochseefischerei AG firmierende Gesellschaft nach und nach das Fischhandelsgeschäft zu Gunsten des Fischrestaurantgeschäfts ab. 2018 wurde die Nordsee GmbH an ein Schweizer Beteiligungsunternehmen verkauft.

k) Handel und Verbraucher-Dienstleistungen

Der Anteil der inhabergeführten Einzelhandelsgeschäfte schrumpft. Die Folge davon ist ein immer größer werdender Leerstand in den Innenstädten. Dies korrespondiert mit einer Vereinheitlichung der Stadtmitten, da die hohen Mietkosten in den Citylagen häufig nur noch durch Filialisten aufgebracht werden können.

Zu diesen Filialisten gehören (heute mit geringerer Bedeutung innerhalb des gesamten Einzelhandels als noch im letzten Jahrtausend) die Warenhäuser Galeria (früher Kaufhof und Karstadt) und die (deutsche) Woolworth, deren amerikanische Muttergesellschaft 1997 aufgelöst wurde. Der Bedeutungswandel der Warenhäuser ist in Zahlen belegbar: 2017 wurde nicht einmal mehr 1 % des Einzelhandel-Umsatzes in Deutschland durch die Warenhäuser erwirtschaftet, nachdem es in den 1970er Jahren noch mehr als 15 % waren.

Der Niedergang der großen Warenhäuser in Deutschland hatte schon Ende des 20. Jahrhunderts begonnen. Symptomatisch hierfür ist das Bochumer Kaufhaus Kortum, das in den 1990er Jahren seinen Betrieb aufgab. Das denkmalgeschützte Gebäude wurde daraufhin umgebaut in einen innerstädtischen Einzelhandels- und Bürokomplex.

Insbesondere in kleineren Städten, in denen die Ladenmieten etwas geringer ausfallen, wurden die Leerstände häufig zuerst durch Handyläden, später vornehmlich auch durch Friseure, Nagelstudios, Billiggeschäfte, Leihhäuser und kleine Juweliergeschäfte (die vor allem mit „Goldankauf" werben) aufgefüllt.

In allen Städten haben sich seit den 90er Jahren sogenannte „Billig-Anbieter" ausgebreitet. Dazu gehören „1-EURO-Läden" (Haushaltszubehör) ebenso wie Fast-Food-Anbieter, vor allem Döner- und Hamburger-Bratereien, auch Currywurst-„Buden". Diese Unternehmensphilosophie der Billigprodukte weitete sich mit der Zeit aus. Berühmt wurde der Werbespruch „Geiz ist geil" des Medien- und Unterhaltungsgeräte-Händlers Saturn ab 2002. Im Rahmen dieser Entwicklung konnte auch der „Erfinder" dieser Philosophie, die Woolworth-Unternehmung, verloren gegangenes Terrain in Deutschland zurückerobern, während z. B. das eher mittel- bzw. hochpreisige amerikanische Lebensmittel-Handelsunternehmen Wal-Mart in Deutschland nicht nachhaltig Fuß fassen konnte.

Auf der anderen Seite entwickelten sich in den größten deutschen Städten auch „Nobel-Meilen" mit Verkaufsstellen hochpreisiger Hersteller (insbesondere Bekleidungs- und Parfum-Hersteller), deren Produkte – wenn überhaupt – ansonsten nur in großen („angesehenen") Waren- oder Kaufhäusern zu erstehen waren. Je größer die Stadt und je finanzkräftiger ihre Bewohner, desto häufiger waren solche Geschäftslokale anzutreffen. Alteingesessene lokale Einzelhändler mussten sich aus finanziellen Gründen zunehmend aus den Premium-Lagen der Großstädte zurückziehen.

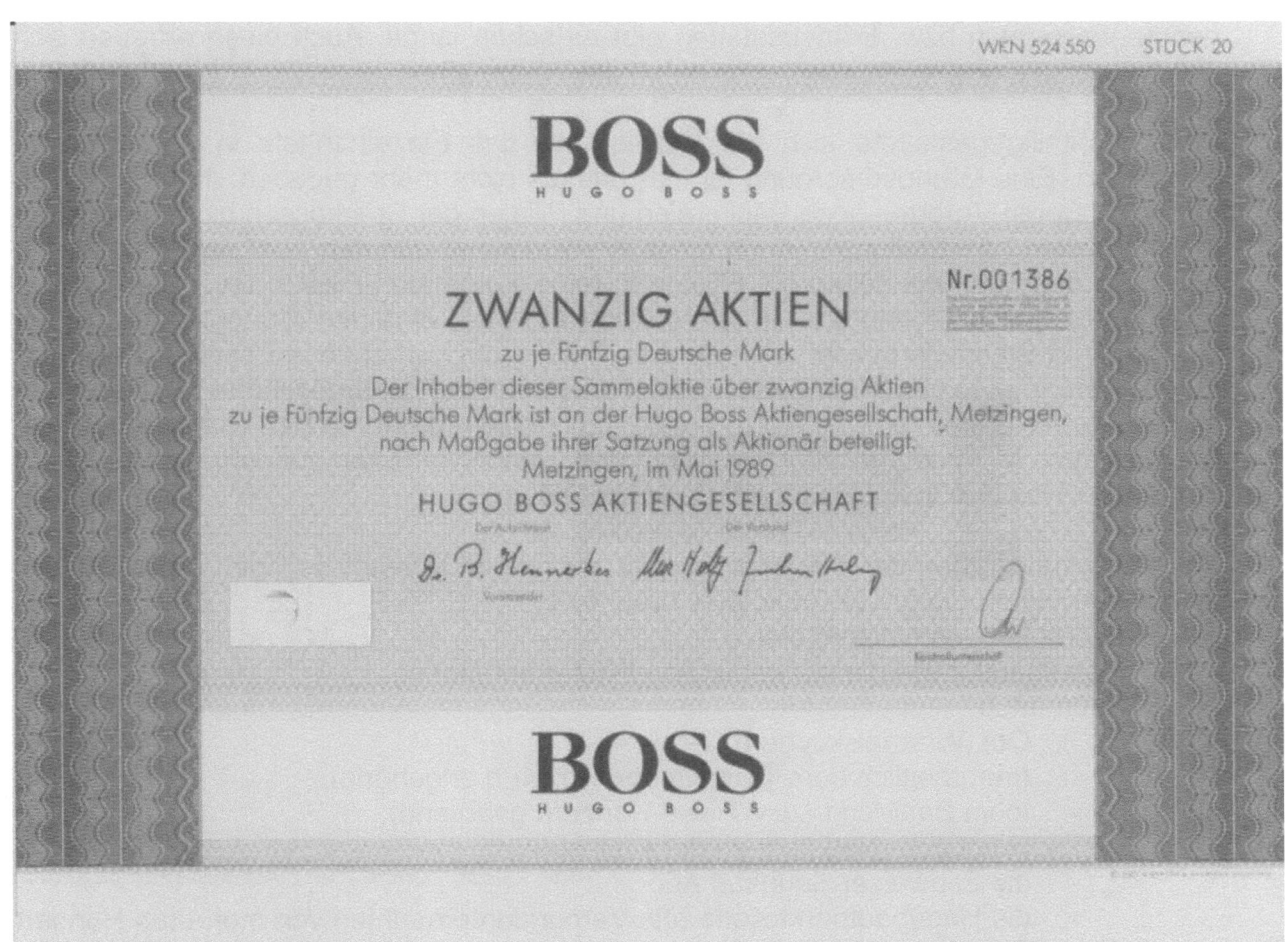

BOSS
HUGO BOSS

ZWANZIG AKTIEN   Nr.001386

zu je Fünfzig Deutsche Mark

Der Inhaber dieser Sammelaktie über zwanzig Aktien
zu je Fünfzig Deutsche Mark ist an der Hugo Boss Aktiengesellschaft, Metzingen,
nach Maßgabe ihrer Satzung als Aktionär beteiligt.

Metzingen, im Mai 1989

HUGO BOSS AKTIENGESELLSCHAFT

BOSS
HUGO BOSS

*Auch die **Hugo Boss AG** verkauft ihre Produkte vorwiegend in eigenen Geschäftslokalen mit „ersten Adressen". Das Unternehmen existiert seit 1924 und produzierte in den 30er Jahren auch militärische und paramilitärische Kleidung. Nach dem Zweiten Weltkrieg wurden „Boss"-Produkte zuerst in der Herren-, dann auch in der Damenkollektion zu hochpreisigen Modeerzeugnissen. 1985 ging Hugo Boss an die Börse.*

Will der Konsument dem Parkplatz-Stress in den Innenstädten entgehen, so muss er zu einem Einkaufzentrum außerhalb der Stadtmitten fahren, z. B. dem CentrO Management GmbH in Oberhausen (seit 1998 das größte Einkaufzentrum in Deutschland). Seit der Jahrtausendwende boomten auch innerstädtische Einkaufzentren – mit Parkhäusern und zu Lasten der historisch gewachsenen Innenstädte. In diesen Einkaufzentren dominierten die Filialisten noch stärker als in den Innenstadtbereichen. Der Einkaufzentrums-Boom ebbte aber während der Corona-Krise deutlich ab, und auch in den Einkaufzentren entstanden Leerstände.

Einkaufszentren in Innenstädten und auf der „grünen Wiese" gehören häufig spezialisierten Immobilienfirmen wie der Deutschen Euroshop AG und werden von speziellen Betreibergesellschaften wie der zum Otto-Versand-Konzern gehörenden ECE Gruppe (beide ansässig in Hamburg und Marktführer in ihren Bereichen) gemanagt.

Eine Besonderheit unter den Einkaufzentren stellen die „Designer Outlet Shops" dar. Diese bestehen aus einer Ansammlung von „factory stores" der Produzenten. Der größte DOC-Betreiber in Deutschland (und in Europa) ist McArthur Glen Ltd, London. Diese Outlets wurden vom Publikum gut angenommen, weil die Preise häufig unterhalb der entsprechenden Preise im Einzelhandel lagen (manchmal sogar deutlich darunter, wenn es sich um „B-Ware" mit geringen Fehlern handelt, welche aber die Funktion der Produkte nicht einschränken. „Werksverkäufe" der Hersteller im Umkreis der jeweiligen Unternehmenszentralen bzw. Betriebsstätten gibt es schon lange. Auch diese erfreuen sich üblicherweise eines regen Zuspruchs durch die Verbraucher.

Sehr nachteilig gestaltete sich die Entwicklung des Einzelhandels in den „Vorort"-Stadtteilen. Eine Grundversorgung ist hier oftmals nicht mehr gegeben; immerhin „hielten" in größeren Vororten noch Bäckereien und Filialen der Sparkassen bzw. Genossenschaftsbanken „die Stellung". (Auch diese Kreditinstitute dünnten aber ihr Filialnetz zunehmend aus oder wandelten die Filialen in reine Automaten-Filialen um.) Die entsprechenden Ladenlokale sind aber in den seltensten Fällen in reinen Wohngebieten zu finden; auch in Stadtteilen bilden sich Zentren, häufig um vorhandene Lebensmittelsupermärkte herum. In reinen Wohngebieten blieben immerhin Friseurgeschäfte erhalten, häufig als „Barber-Shops" von Inhabern mit Migrationshintergrund. In den Stadtzentren waren aber auch im Friseurgeschäft Filialisten und Franchise-Ketten auf dem Vormarsch (z. B. die Klier Hair Group mit Geschäftssitz in Wolfsburg).

An den Ausfallstraßen der Städte (bzw. „auf der grünen Wiese") befinden sich vor allem die Filial-Anbieter, die große Parkplätze brauchen:
- Große Lebensmittelhändler,
- Möbelhäuser wie die schwedischen IKEA-Kaufhäuser,
- Baumärkte
    - Obi (Wermelskirchen),
      (mehrheitlich dem Tengelmann-Konzern angehörig),
    - toom BauMarkt (zum Rewe-Konzern gehörend),
    - Hornbach (Neustadt an der Weinstraße),
    - die Schweizer Bauhaus AG.
    - die Hagebaumarkt-Kette (ein Verbundunternehmen von mehreren Hundert Einzel- und Großhändlern mit zentralem Sitz in Soltau).
    - (bis 2013 auch die Praktiker AG (Kirkel), die aber nach einer Insolvenz abgewickelt wurde.)

- Autovermietungen (z. B. der Marktführer in Deutschland, die 1912 gegründete Sixt SE, Pullach, die in harter Konkurrenz z. B. mit der französischen EuropCar oder den amerikanischen Firmen Hertz und Avis, aber auch mit einer Vielzahl inhabergeführter kleinerer Unternehmen steht) sowie

- Autohändler und –Reparaturwerkstätten (häufig zwar als Vertragshändler und -Werkstadt mit den Autoproduzenten verbunden, in der Regel aber trotzdem kleine oder mittelständische Unternehmen).

Die Abend- und Nachtversorgung geschieht immer noch vermittels der Kioske (vor allem, wenn regionale Historien dieser Verkaufsstellen bestehen, z. B. im Ruhrgebiet), außerdem mit Hilfe der Tankstellen (normalerweise Franchise-Betriebe unter der Regie der großen Energiekonzerne BP, Shell, Esso etc.). Beide Anbietergruppen, sowohl Kioske als auch Tankstellen, nehmen aber seit Jahren zahlenmäßig ab.

Seit der Jahrtausendwende verstärkte sich die Tendenz, viele Vorgänge (unterschiedlicher Art) online (digital) durchzuführen. Das Festnetztelefon und insbesondere das Fax wurden dabei zunehmend vom Computer (zunehmend in der Form von Laptops und Pads) und vor allem vom Smartphone abgelöst.

Als bekannteste Beispiele für den „E-Commerce" gelten:

- Internetauktionshäuser wie ebay Inc. aus San José, USA,
- Streaming-Portale: Weltweit führend sind auch hier amerikanische Streaming-Unternehmen, z. B. von Amazon, Netflix, Disney oder Maxdome. (Internet-Tauschbörsen, z. B. Napster, eMule, KaZaa, Kino.to waren oft sehr kurzlebig, weil sie häufig Urheberrechte verletzten),
- Handwerksauktionsplattformen wie My-Hammer, Berlin,
- Preisvergleichsportale wie Check24,
- Finanzinstitute durch Online-Banking und unterschiedliche Zahlungsfunktionen („Internet-Filialen"),
- Internet-Shops von traditionellen Händlern, Herstellern, Dienstleistern und Importeuren,
- spezielle Internet-Händler, die inzwischen schon zu Marktführern geworden sind, z. B. Amazon.com Inc. (Seattle, USA) oder Zalando (Schuhe und Mode, Berlin, ab 2014 als SE an der Börse).

Zalando gilt als Musterbeispiel für ein „Start-up-Unternehmen", deren Gründer eine neuartige Geschäftsidee, nicht aber das Geld zur Marktumsetzung haben. Sogenannte „Internet-Incubators" unterstützen diese „Start-ups" insbesondere finanziell (durch Beteiligungen), aber auch sachlich (z. B. durch die Bereitstellung von Infrastruktur) und stoßen ihre Beteiligung nach der Marktreife (mit Gewinn) wieder ab. Diese Idee ist inzwischen so bekannt, dass auch ein bekannter Fernsehsender sie unter dem Namen „Die Höhle der Löwen" aufgegriffen hat.

Als Wegbereiter für diese „Internet-Incubaroren" gilt in Deutschland die Holdinggesellschaft Rocket Internet, die von den Berliner Brüdern Marc, Oliver und Alexander Samwer gegründet wurde. Die Rocket-Internet-Holding unterhielt neben Zalando auch weitere „Start-up"-Unternehmen wie die Online-Partnervermittlung „eDarling", den „Kochboxen-Lieferdienst" Hello Fresh und die deutsche Niederlassung der Internetplattform Delivery Hero (mit den Marken Lieferheld, Pizza.de und Foodora).

Im Jahr 2014 gingen sowohl Rocket Internet als auch Zalando an die Börse. 2019 zogen die Brüder Samwer als Haupteigentümer Rocket Internet aber schon wieder von der Börse zurück. Zalando entwickelte sich zu einem der größten Bekleidungshändler Deutschlands; der Schuhhandel blieb dabei ein Schwerpunkt. In diesem Markt belegte Zalando umsatzmäßig schon im Jahre 2018 den zweiten Platz (hinter dem „Schuh-Discounter" Deichmann).

2017 erfolgte der Börsengang von Delivery Hero. Ab 2018 verkaufte Rocket Internet seine Beteiligung an diesem Start-up. Im August 2020 ersetzte Delivery Hero das skandalumwitterte Unternehmen Wirecard im DAX, dem wichtigsten deutschen Aktienindex. Bis zu diesem Zeitpunkt hatte Delivery Hero allerdings nur Verluste geschrieben und sich aus dem deutschen Markt auch weitgehend zurückgezogen. 2022 wurde Delivery Hero wieder aus dem DAX gestrichen.

Ähnlich erging es Hello Fresh. Von 2011 bis 2019 war Rocket Internet maßgeblich an Hello Fresh beteiligt. 2017 gelang die Börseneinführung, 2021 der Aufstieg in, aber schon 2022 wieder der Abstieg aus dem DAX. Auch Hello Fresh hatte, wie Delivery Hero, die Umsatz- und Gewinn-Erwartungen nicht erfüllt, die viele Anleger während der Corona-Zeit mit diesen Lieferdiensten verbanden.

Viele der „klassischen" **standortgebundenen Handelsbetriebe** hatten seit der Jahrtausendwende zunehmend mit Problemen zu kämpfen. Das gilt besonders für die ehedem marktbeherrschenden Warenhäuser.

Nachdem der Branchenführer bei den Warenhäusern, die **Kaufhof Holding AG** (Köln), im Jahre 1994 den Duisburger Konkurrenten Horten AG übernommen hatte, wurde sie 1996 in den **Metro-Konzern** eingegliedert. Zwischenzeitlich (seit Ende des 20. Jahrhunderts gehörten auch die Firmen Vobis und Maxdata (Computerhandel), Praktiker (Baumarkt), Adler (Mode), Reno (Schuhe) und Möbel-Roller zum Metro-Konzern. Bis zum Ende des ersten Jahrzehnts im neuen Jahrhundert hatte sich Metro von allen diesen Zukäufen wieder getrennt. Längerfristig blieb das Engagement des Metro-Konzerns bei den „Allkauf"-SB-Warenhäusern: Zwei Jahre nach dem Kauf der Kaufhof Holding AG übernahm die Metro AG auch dieses Unternehmen (später „real"), denen 2006 auch viele Wal-Mart-Einzelhandelsgeschäfte (nach dem Rückzug des amerikanischen Einzelhandelskonzerns aus Deutschland) hinzugefügt wurden.

Der Kaufhof setzte dem langfristigen Niedergang des Warenhaus zuerst einigermaßen erfolgreich sein „Galeria"-Konzept entgegen. Dies beinhaltet neben der Umbenennung in „Galeria Kaufhof GmbH":

-   den Abschied von dem Grundsatz alle möglichen Waren anzubieten
    (Z. B. wird man Sammler-Briefmarken oder Modelleisenbahnen bekannter Hersteller in Kaufhof-Filialen nicht mehr finden.),
-   die Überlassung mancher Bereiche an Subunternehmer
    („Shop- in-the-shop-System", z. B. bei Zeitschriften und Tabakwaren) und
-   die Einführung eines „Fachmarkt-Konzepts". (Die einzelnen Abteilungen im Warenhaus sollen wie Fachmärkte wirken.)

Im Jahre 2015 wurde die Galeria Kaufhof GmbH von der kanadischen Hudson's Bay Company (HBC, Toronto) aufgekauft, die in Kanada ähnliche Warenhäuser betreut.

Die Hudson's Bay Co. gilt als ältestes Unternehmen Nordamerikas. Sie wurde 1670 von Medard des Groseilliers und Pierre Radisson gegründet. Radisson war ein „klassischer" Trapper und Waldläufer und wahrscheinlich der erste Weiße, der die der Niagara-Fälle gesehen hat. Die HBC war jahrzehntelang im Besitz des Monopols auf den Fellhandel mit den Indianern in einem Gebiet, was etwa einem Drittel des heutigen Kanadas entspricht. Zuerst wurden die „Dividenden" noch in Naturalien, in Fellen, ausbezahlt. Die ersten Warenhäuser der HBC entwickelten sich aus ihren alten Handelsstützpunkten.

Im letzten Quartal des 20. Jahrhunderts hatte auch die **Karstadt AG** (Essen) verschiedene Konkurrenzunternehmen aufgekauft, was sich langfristig eher als Belastung darstellte. Schon mit der Übernahme von Neckermann im Jahre 1976 wurde ein wirtschaftlich angeschlagenes Unternehmen in den Konzern integriert, die Übernahmen im letzten Jahrzehnt sollten sich auch als problematisch erweisen: Das Warenhausunternehmen Hertie (das schon vorher die Wertheim-Häuser übernommen hatte) sowie die Versandhäuser Quelle gingen 1994 (Hertie) und 1999 (Quelle) in die Karstadt AG (Essen) auf. 1999 wurde dabei der Name des Unternehmens in KarstadtQuelle AG geändert, 2007 erfolgte die Namensänderung der Konzernmutter in Arcandor AG unter Beibehaltung der Namen „Karstadt" für die Warenhäuser und „Quelle" für den Versandhandel.

Karstadt versuchte dem Niedergang des Warenhauskonzepts durch den Verkauf seiner „Filetstücke", der innerstädtischen Immobilien, zu entgehen. Das hiermit angestrebte „Sale-and-lease-back-Verfahren" erwies sich aber schon mittelfristig als nachteilig für den Konzern, weil die hohen Mietkosten in keinem Verhältnis zu den geringer werdenden Erträgen standen. Karstadt hatte auch kein schlüssiges Konzept entwickelt, um die Warenhäuser für die Kunden attraktiver werden zu lassen. Im Jahre 2008 reichten sämtliche bisher durchgeführten Umstrukturierungsmaßnahmen nicht mehr aus. Die Arcandor AG geriet selber in große Liquiditätsprobleme. Wichtige Kredite für das Weihnachtsgeschäft lagen auf Eis. Bedeutende Sicherheiten konnte Arcandor nicht bieten, da der Konzern inzwischen fast alle Immobilien verkauft hatte – anders als der Konkurrent Kaufhof. Am 29. Sept. 2008 schließlich wurde scheinbar eine Lösung für den stark gefährdeten Arcandor-Konzern gefunden: Die Luxemburger (bis 2007 in Köln ansässige) Privatbank Sal. Oppenheim jr. & Cie S.C.A. übernahm knapp 29,5% des Essener Einzelhandelskonzerns von der Quelle-Erbin Madeleine Schickedanz. Damit wurde ein Teilverkauf der einzigen Ertragssparte, des Tourismus-Unternehmens Thomas Cook, vermieden. Aber auch diese Lösung war nur von kurzer Dauer: Im Jahre 2009 musste schließlich doch das Insolvenzverfahren über die Arcandor AG eröffnet werden.

Aufgrund dieser anhaltenden finanziellen Schwierigkeiten hatte Arcandor vor und während des Insolvenzverfahrens verschiedene Konzernbereiche verkauft. Dazu gehörten Hertie, Quelle, Neckermann, SinnLeffers, Wehmeyer und Runner's Point.

Nach der Jahrtausendwende veräußerte KarstadtQuelle seine kleinen Warenhäuser, die unter dem Namen Hertie GmbH (Essen) aber nur ein kurzes Leben hatten. 2008 musste Hertie Insolvenz anmelden, kurze Zeit später wurde das Geschäft eingestellt. Mit entscheidend dafür war die Tatsache, dass Hertie seine Ladenlokale nicht in eigenen, sondern nur in angemieteten Immobilie führen konnte; die Eigentümer der Immobilien, Finanzinvestoren aus Großbritannien, waren aber nicht bereit, ihre Mietforderungen zu senken.

Auch der Versandhandel Quelle existierte nur noch bis 2010. Seitdem lebt nur noch der Name „Quelle-Küchen" weiter, den sich der ehemalige Versandhaus-Konkurrenz Otto im Rahmen des Insolvenzverfahrens gesichert hatte.

„Neckermann" wurde 2007 an den amerikanischen Investor Sun Capital Partners verkauft und existierte als „Neckermann.de"-Internetversandhandel nur noch bis 2012. Das aus Neckermann ausgegliederten NUR (Neckermann und Reisen)-Touristikgeschäft wurde in die Arcandor-Tochtergesellschaft „Thomas Cook Group plc" (London) integriert. Nach der Insolvenz von Thomas Cook verschwand der Name „Neckermann" für eine gewisse Zeit aus dem Reiseverkehrsgeschäft. Der seit 2022 wieder verwendete Name „Neckermann Reisen" bezog sich nur auf die markenrechtliche Fortführung des Namens ohne Bezug zum historischen Hintergrund Neckermanns.Die aus dem Arcandor-Konzern ausgegliederten Modeketten Wehmeyer GmbH & Co. KG (Aachen) und SinnLeffers GmbH in Hagen gerieten ebenfalls 2008 in Insolvenz, konnten aber im verkleinerten Maßstab ihre Geschäfte fortführen. 2011 wurde Wehmeyer in die Adler Modemärkte AG eingegliedert, wobei der Name „Wehmeyer verschwand. SinnLeffers überlebte die Insolvenz 2008 ebenso wie weitere Insolvenzen 2016 und 2021. Der Arcandor-Schuhhandel Runners Point wurde an das US-Unternehmen Foot-Locker verkauft. 2020 wurden alle Runners-Point-Filialen in Deutschland geschlossen.

Die Karstadt Warenhaus GmbH in Essen selber wurde 2010 aus dem Arcandor-Insolvenzverfahren herausgenommen und an den deutschstämmigen US-amerikanischen Investor Nicolas Berggruen verkauft. In der Folgezeit wurde diesem vorgeworfen, seit der Übernahme kein eigenes Geld in das Warenhausunternehmen investiert zu haben. 2014 übernahm die österreichische Signa Holding des Immobilienunternehmers René Benko die Karstadt Warenhaus GmbH.

Im Jahre 2018 wurde die Vereinigung von Karstadt und Kaufhof beschlossen. Der bisherige Karstadt-Eigentümer Signa wurde mit 50,01%, der bisherige Kaufhof-Eigentümer Hudson's Bay Company mit 49,99 % an dem neuen Unternehmen beteiligt. Das fusionierte Unternehmen erhielt den Namen **„Galeria Karstadt Kaufhof"**; die Hauptverwaltung erhielt ihren Sitz in Essen. Im Juni 2019, übernahm Signa/ Benko den Anteil der Hudson's Bay Company, die sich damit aus dem verlustreichen Deutschland-Geschäft verabschiedete. Noch im gleichen Jahr übernahm Galeria Karstadt Kaufhof Sport Scheck, den (nach dem deutschen Ableger des französischen „Decathlon") größten Sportartikelhändler in Deutschland. 2020, im Rahmen der Corona-Krise, „flüchtete" die Galeria Karstadt Kaufhof unter das „Schutzschirmverfahren", um eine Insolvenz zu verhindern. Diese Unternehmenskrise führte zu weiteren Filialschließungen.

2021 wurde eine neue Strategie beschlossen. Das Unternehmen sollte nun nur noch unter dem Markennamen „Galeria" auftreten. Gleichzeitig wurden erste Filialen unterschiedlicher Größenordnung als Beispiele für große, regionale und lokale Niederlassungen umgebaut. Im Herbst 2022 musste der Konzern wegen der schlechten Geschäftslage (Inflation infolge des Russland-Ukraine-Kriegs) erneut Insolvenz anmelden, Staatskredite beantragen und weitere Standorte aufgeben.

1998 trennte sich die **Deutsche Woolworth** von ihrem Mutterunternehmen und versuchte ihr rückläufiges Geschäft durch verschiedene Rationalisierungsmaßnahmen zu stabilisieren. Die Maßnahmen blieben jedoch erfolglos, so dass 2009 ein Insolvenzverfahren eröffnet werden musste. Nach einer anschließenden Restrukturierung unter der Regie des Tengelmann-Konzerns (Mehrheitseigentümer von 2010 bis 2012) erholte sich die Woolworth wieder. Der Firmensitz wechselte dabei nach Unna.

Woolworth war in seinen Gründerjahren bahnbrechend für den Einzelhandel gewesen: Während die Einzelhändler zu jener Zeit ihre Waren erst auf Wunsch des Kunden aus dem Regal holen ließen, präsentierte Woolworth seit 1879 seine Waren auf dem Tresen, Außerdem waren die Waren mit Preisen ausgezeichnet, wobei Pauschalpreise von 5 oder 10 Cent den Kunden eine zusätzliche Übersicht verschafften. Das erste deutsche Woolworth-Niedrigpreis-Warenhaus mit Einheitspreisen von 25 und 50 Pfennigen wurde von der amerikanischen Konzernmutter 1927 in Bremen eröffnet.

1988 wurde aus einem genossenschaftlich organisierten Handelsunternehmen eine Kapitalgesellschaft, die **Kaufring AG**. Das Unternehmen war seit 1991 börsennotiert und betrieb neben seinen nach wie vor genossenschaftlich organisierten Partnern auch eigene Einzelhandelsgeschäfte unter dem Namen „J. Gg. Rupprecht". Alle eigenen Warenhäuser der Kaufring arbeiteten aber defizitär. Auch verschiedene Kooperationen mit Konkurrenten waren auf Dauer nicht erfolgreich. Die zeitweiligen Kooperationspartner Horten und Hertie erwiesen sich ebenfalls als zu klein für den Markt und wurden von Kaufhof und Karstadt übernommen, die Deutsche Woolworth als weiterer Kooperationspartner der Kaufring AG musste später ein Insolvenzverfahren durchlaufen. Dieses Schicksal traf schließlich (im Jahre 2002) auch die Kaufring AG selber, die aber (im Gegensatz zu Woolworth) vollständig abgewickelt wurde. Verschiedene ehemalige Partner der Kaufring AG verwendeten diesen Namen zwar weiter, waren aber rechtlich keine Nachfolgeunternehmen.

Der Versandhandel war lange Zeit ein Konkurrent der Warenhäuser und ist eigentlich ein Vorläufer des E-Commerce mit unterschiedlich großem Sortiment – und unterschiedlichem Erfolg: Anders als Quelle und Neckermann überlebte die **Otto Group** auch die ersten Jahre des 20. Jahrtausends. Ein Grund hierfür war sicherlich, dass sich Otto nie auf den stationären Handel mit (kostenintensiven) Kauf- und Warenhäusern in vielen Städten verlassen hatte. Einige wenige Otto-Warenhäuser wurden schon 1974, kurz nach ihrer Eröffnung, an den Warenhauskonzern Horten verkauft. Auch der Umstieg vom traditionellen Bestell-Handel (mit Katalog und Bestellpostkarte) hin zum Online-Händler glückte aufgrund des hohen Bekanntheitsgrades von Otto ohne große Probleme.

Der „Otto-Versand" (Hamburg) war 1949 von Werner Otto gegründet worden und führte schon 1950, noch vor seinen Konkurrenten, als Besonderheit die Zahlung auf Rechnung ein. Otto vergrößerte seinen Marktanteil in den folgenden Jahren kontinuierlich, auch durch den Ankauf weiterer Einzelhandels-Unternehmen (z. B. Bauer Versand, Bonprix, Heine, Witt-Weiden) und bekannter Markennamen (Quelle, Privileg, Neckermann.de) sowie durch die Gründung der Hanseatic Bank und des Hermes-Paketdienstes. Der berühmte „Otto-Katalog" erschien bis 2018; zu diesem Zeitpunkt verkaufte Otto aber schon mehr als 90% seiner Artikel über das Internet und war zum zweitgrößten Online-Händler Deutschlands geworden (allerdings mit enormem Abstand zum Marktführer Amazon.)

Außerhalb der Warenhäuser entwickelte sich der Einzelhandelsbereich in den Innenstädten immer stärker zu Standorten von bundesweit operierenden Filialisten:

Im Lebensmittel-Einzelhandel dominierten weiterhin die Vollsortimenter, und zwar sowohl im „klassischen" Preisbereich als auch im Discount-Geschäft. Diese Discounter haben in Deutschland einen besonders hohen Marktanteil. Die bekanntesten Discounter sind zwei Familienunternehmen:

- **Aldi** (1913 als kleines Lebensmittelgeschäft in Essen gegründet, seit 1961 aufgeteilt in 2 Unternehmen, die aber nach wie vor eng zusammenarbeiten: Aldi Nord, Essen, und Aldi Süd, Mülheim a. d. Ruhr. Aldi gehört nach wie vor zum Eigentum der unterschiedlichen Albrecht-Familienzweige),

- **Lidl** Stiftung & Co KG (1973 als Nachfolgeunternehmen eines schon im 19. Jahrhundert bestehenden Südfrüchtehandels in Neckarsulm gegründet, Inhaber der Lidl/ Kaufland-Gruppe ist nach wie vor ihr Gründer Dieter Schwarz.)

Die Familien Albrecht und Schwarz gehören zu den reichsten Familien Deutschlands.

Neben den Discountern behaupten sich aber auch die alteingesessenen genossenschaftlichen Ketten:

Dazu zählt erstens die **Edeka**-Gruppe (Konzernspitze: Edeka Zentrale Stiftung & Co. KG, Hamburg), 2008 übernahm Edeka auch einen großen Teil der plus-Warenhäuser, die vorher zum Tengelmann-Konzern gehörten, und integrierte diese in die Discounter-Kette „netto", die bis 2012 zu 25% zu Edeka gehörte.

Edeka hatte 2005 die Spar Handelsgesellschaft AG übernommen. 1952 war nach holländischem Vorbild die SPAR Handelsgesellschaft (ab 1985 AG) in Hamburg als freiwilliger Zusammenschluss von Groß- und Einzelhändlern im Lebensmittelbereich gegründet worden. Im Zuge der Übernahme durch Edeka wurden größere Spar-Geschäftslokale anschließend in EDEKA umbenannt. Kleinere Filial-Neugründungen (z. B. an Tankstellen) firmierten seitdem als „Spar Express".

Die zweite genossenschaftlich organisierte Unternehmensgruppe ist die **Rewe** Group (Köln, Konzernspitze: REWE-Zentral-AG und REWE-Zentralfinanz e.G.) mit teilweise unterschiedlichen Markennamen bei den Supermärkten (Billa, Nahkauf, früher auch Globus, HL, Otto Mess u.a.). Zum Rewe-Konzern gehören auch die toom-Baumärkte und dem Discountbetrieb penny.

Zunehmend setzen also auch die Vollsortimenter auf preiswerte eigene Handelsmarken und – wie schon angegeben – auf eigene Discount-Filialunternehmen. Damit schaffen sie ein Gegengewicht zu den originären **Discount**-Händlern,

Zur Stärkung ihrer Wettbewerbsfähigkeit, insbesondere gegenüber den Marktführern Edeka, Rewe, Aldi und Lidl, gründete eine Reihe mittelgroßer Lebensmitteleinzelhandelsgeschäfte 2017 das gemeinsame Einkaufsbündnis **RTG - Retail Trade Group** in Hamburg. Zu den Mitgliedern dieser neuen Einkaufsgemeinschaft gehörten z. B. auch Real, Rossmann, Globus, netto, Bünting und Bartels-Langnese. (Die beiden letztgenannten Unternehmen hatten schon vorher unter den Namen „Markant" und „Familia" kooperiert.) Als strategischer Partner im Großhandelsbereich trat auch die Metro (als Konzernschwester von Real) diesem Bündnis bei.

Zwei der ehemaligen „Big Player" im Lebensmittel-Einzelhandel zogen sich im 21. Jahrhundert aus dem Geschäft zurück:

2018 gab das Großhandels-Unternehmen Metro den Plan bekannt, seine Einzelhandelssparte **Real** zu verkaufen. Dies erwies sich als schwierig, da sowohl die Wünsche der potenziellen Käufer als auch die des Kartellamts zu berücksichtigen waren. Schließlich wurde Real aufgeteilt, insbesondere an Edeka sowie an die Familienunternehmer Bruch („Globus") und Schwartz („Lidl"). Andere Real-Märkte wurden anschließend von Rewe übernommen, die restlichen vorläufig als „Mein real"-Geschäftslokale weitergeführt.

Der **Tengelmann**-Konzern (Tengelmann Warenhandelsgesellschaft KG in Mülheim an der Ruhr, Eigentümer: die Familie Haub) zog sich schrittweise aus dem Lebensmitteleinzelhandel zurück. 2005 wurden die kd-(Kaiser's Drugstore-)-Geschäftslokale an Rossmann verkauft, im gleichen Jahr wurde auch das amerikanische Supermarktunternehmen A&P abgestoßen. Das Discountunternehmen „plus" wurde 2008 an Edeka verkauft. Zwei Jahre später trennte sich Tengelmann vollständig von seinen Einzelhandels-Wurzeln und verkaufte auch die Kaiser's-Tengelmann-Supermärkte. Dabei wurde der Verkauf aller Ladengeschäfte an Edeka zunächst (2014) durch das Kartellamt untersagt, dann (2015) durch eine „Ministererlaubnis" doch zugelassen, schließlich (2016, nach einer Klage von Rewe) aber durch ein Gerichtsurteil doch verhindert. Nach dem Ende dieses Verfahrens wurden zwar die meisten Geschäfte doch von Edeka, eine große Minderheit aber auch von Rewe übernommen. 2012, zwei Jahre nach dem Einstieg, verkaufte Tengelmann auch seine Anteile an dem Niedrigpreis-Kaufhaus Deutsche Woolworth GmbH.

Der Tengelmann-Konzern selber sah seine Zukunft mehr als „Internet Incubator". Schon die Mehrheitsbeteiligungen Tengelmanns an dem Baumarkt-Unternehmen Obi und an dem Billig-Bekleidungshandel Kik (seit der Jahrtausendwende die zentralen Bestandteile des Konzerns) sowie die Beteiligung am Nonfood-Discounter Tedi (bis 1921) können in der Rückschau als Investitionen in neue, innovative Geschäftsideen (später „Start-up-Unternehmen genannt) angesehen werden. 2010 investierte die Tengelmann über die Tochtergesellschaft Tengelmann E-Commerce Beteiligungs GmbH zwischenzeitlich in den Zustell-Service Delivery Hero und den Online-Versandhändler Zalando SE. 2017 stieg der Tengelmann-Konzern mit seiner Tochtergesellschaft Trei Real Estate in den Immobilienmarkt ein. Als erstes Objekt wurde eine Studenten-Apartmentanlage in Köln eröffnet. Im Jahre 2018 verlor Tengelmann seinen Geschäftsführer und Miteigentümer Karl-Erivan Haub, der von einer Skitour in den Schweizer Alpen nicht zurückkehrte. D Chef, Karl-Erivans Bruder Christian, verlegte 2021 der Konzernsitz nach München.

Neben den Lebensmittelhändlern (die regelmäßig auch Non-Food-Artikel im Sortiment haben) existieren weitere große Filial-Einzelhandelsunternehmen in verschiedenen Branchen, die häufig in den Innenstädten und Einkaufzentren anzutreffen sind:

- Im **Parfümerie**-Geschäft: Douglas (Düsseldorf, gegründet in 1821 in Hamburg).

*Die ehemalige **Douglas Holding AG** entstand 1989. Die Hauptbestandteile der Holding waren zu jener Zeit die Hussel Süßwarenfabrik und die Parfümerie Douglas. Später wurden auch der Thalia Buchhandel, der Juwelier Christ und der Modeeinzelhändler AppelrathCüpper von der Douglas Holding aufgekauft.*

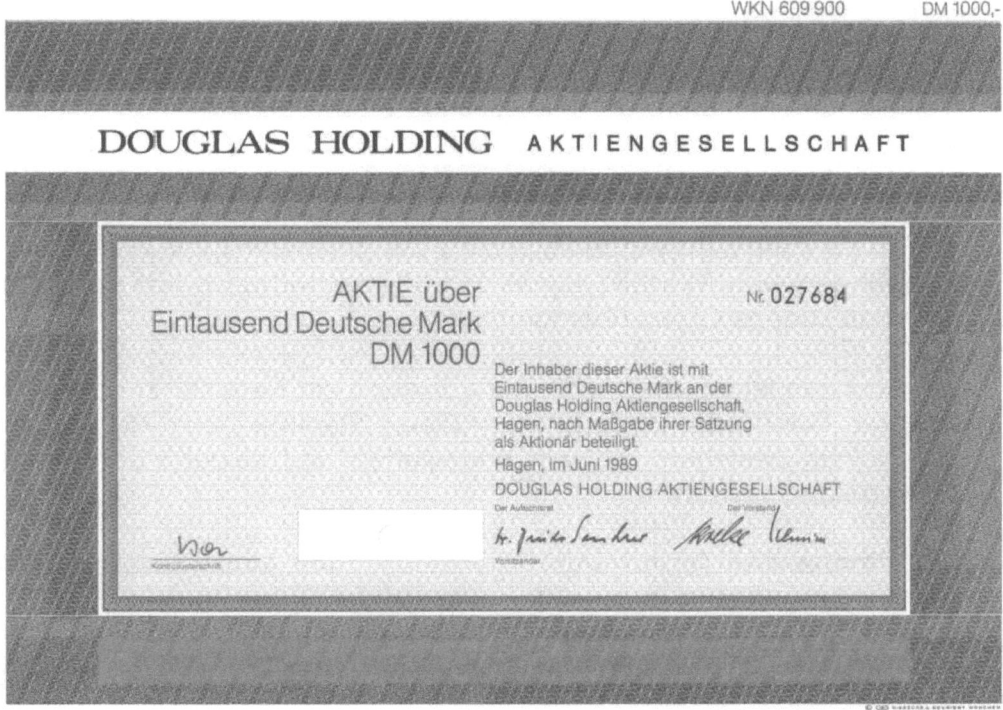

2013 wurde der Konzern zerschlagen. Die ehemaligen Konzernbestandteile wurden von unterschiedlichen Investoren aufgekauft und blieben allesamt am Markt präsent:

Im (neuen und alten) Douglas-Kerngeschäft Parfümerie ist der größte Konkurrent die Stadt-Parfumerie Pieper GmbH, Herne, ein Familienunternehmen, das 1931 in Bochum gegründet wurde.

- Im **Confiseriebereich**: Die Deutsche Confiserie Holding mit den Unternehmen Hussel (ehemals Bestandteil der Douglas-Holding), Arko und Eilles. Die Holding durchlief im Rahmen der Corona-Pandemie im Januar 2021 ein Insolvenzverfahren erfolgreich.

- Im **Büroartikelmarkt**: McPaper AG, Berlin,

- Im **Bäckereimarkt**: Kamps GmbH, die in über 500 Filialen Backwaren aus eigener Herstellung vertreibt,

- Im **Buchhandel**: Das ehemalige Douglas-Holding-Mitglied Thalia Bücher GmbH wurde 2016 mehrheitlich von den Familien Herder (mit einer mehr als 200-jährigen Erfahrung im Verlagsgeschäft) und von der ehemaligen Konzerneigentümer-Familie Kreke übernommen. Die Neuausrichtung Thalias wurde aber nicht nur auf den Internet-Buchhandel, sondern nach wie vor auch auf den – durch umfangreichen Stellen- und Filial-Abbau und -Verkleinerung geschrumpften - stationären Buchhandel ausgerichtet. 2019 übernahm Thalia die Mayerschen Buchhandlung (Aachen).

- Ein großer Wettbewerber im Buchhandelsbereich erwuchs 2006 durch die DBH (Deutsche Buch Handels GmbH & Co. KG) in München. Diese entstand aus dem Zusammenschluss mehrerer Buchhandelsunternehmen unter Führung der 1893 in München gegründeten Buchhandlung Hugendubel und der Verlagsgruppe Weltbild, der wiederum der katholischen Kirche gehörte. Fast schon folgerichtig wurde 2011 ein Filter im Online-Buchhandel der Gesellschaft entdeckt, der Bücher mit Aussagen aussortierte, die dem Tenor der katholischen Kirche widersprachen. 2014 trennte sich die katholische Kirche von der Verlagsgruppe Weltbild, im gleichen Jahr wurde auch die Zusammenarbeit von Weltbild und der DBH bekannt gegeben. Weltbild wurde daraufhin schrittweise von der Beteiligungsgesellschaft Droege Group übernommen.

Der Buchhandel ist aber nach wie vor auch ein Bereich, in dem – vor allem in kleineren Orten oder in Vororten größerer Städte – nach wie vor auch kleinere Ladenlokale bestehen, die von engagierten und selber lesebegeisterten Menschen geführt werden.

- Im **Kaffeehandel**: Tchibo GmbH (gegründet 1949, Muttergesellschaft: Maxingvest AG, Hamburg, nach wie vor in den Händen der Gründerfamilie Herz)

Die erste Tchibo-Filiale mit Probe-Kaffeeausschank entstand 1955 in Hamburg, 1997 wurde der Konkurrent Eduscho übernommen, 2003 die Aktienmehrheit am Pharmazieunternehmen Beiersdorf AG erworben. Tchibo wurde weiterhin auch tätig im Touristik-, Mobiltelefon- und Kreditgeschäft sowie im Versandhandel mit wechselnden „Angebots"-Artikeln.

Tchibo, die Kraft Food Co. (mit ihrer deutschen Marke Jacobs) sowie die Kaffeeproduzenten Melitta und Dallmayr hatten seit 2003 ihre Preise zu Lasten der Verbraucher abgesprochen. Während Kraft Food als Kronzeuge straffrei blieb, wurde 2009 gegen die drei anderen Kartell-Teilehmer vom Bundeskartellamt ein Bußgeld von insgesamt ca. 160 Mio. EURO ausgesprochen.

- Im **Kaffeehausbereich**: neben Tchibo seit 2002 auch die Selbstbedienungs-Ladenlokale von Starbucks. Der amerikanische Mutterkonzern aus Seattle ist das größte Kaffeehaus-Unternehmen der Welt.

- Im **Elektrohandel**: Saturn und MediaMarkt (eigentlich ein einziges Unternehmen, die „Media Saturn Holding GmbH"). Das Unternehmen gehörte früher zur Metro AG, nach der Neuordnung des Metro-Konzerns Mitte der 2010er Jahre einem Metro-Folgeunternehmen, der Coconomy, Düsseldorf. In Elektrobereich arbeitet auch das Familienunternehmen Conrad Electronic SE, Hirschau.

- Im **Schuhfachhandel** ist die Deichman SE, Essen, gegründet 1913, das größte Unternehmen Europas.

Die Runner's Point Warenhandelsgesellschaft mbH, Recklinghausen, war ein ehemaliges Arcandor-Unternehmen, das hauptsächlich Sportschuhe verkaufte. Im Rahmen der Neustrukturierung von Arcandor wurde es an den US-Konzern Foot-Locker verkauft, der 2020 - während der Corona-Pandemie – alle 73 Filialen in Deutschland schloss.

Das Familienunternehmen ara AG in Langenfeld (Rheinland) erwarb 2009 die Salamander GmbH, die 1895 in Kornwestheim gegründet wurde, und verlegte den Sitz dieses Unternehmens auch nach Langenfeld. (Nach einer Insolvenz im Jahre 2004 war Salamander im Jahr darauf vom Egana-Goldpfeil-Konzern in Hongkong aufgekauft worden, der 2008 ebenfalls Insolvenz anmelden musste und im Rahmen dieses Insolvenzverfahrens Salamander - unter Einschluss der Rechte an der Werbefigur „Lurchi", der ersten deutschen Comic-Figur – abgeben musste.) 2016 übernahm ara auch das Schuhhaus Klauser. Sowohl Klauser als auch Salamander meldeten 2022 (erneut) Insolvenz in Eigenregie an.

Auch andere Filialisten wie Görtz und Leiser mussten im neuen Jahrtausend, teilweise sogar mehrfach, Insolvenzverfahren durchlaufen.

Wie bereits angedeutet, ist den standortgebundenen Händlern ein großer Konkurrent durch den Versandhändler Zalando erwachsen, der sein Geschäft aber schon kurz nach seiner Gründung weit über den Schuhhandel hinaus erweiterte.

- Im **Drogerie**-Geschäft: dm-Drogerie Markt GmbH & Co. KG und die Dirk Rossmann GmbH. Beide Unternehmen wurden in den 1970er Jahren gegründet und gehören heute noch (zumindest überwiegend) den Gründerfamilien. Dirk Rossmann machte in den 2020er Jahren auch als Öko-Romanschriftsteller von sich reden.

Der ehemalige Marktführer Schlecker (Einzelunternehmer Anton Schlecker) musste 2012 Insolvenz anmelden. Schlecker scheiterte an seiner eingeschränkten Auswahl und der wenig einladenden Ausstattung der Geschäfte, vor allem an den zu vielen kleinen Filialen, selbst in kleineren Orten und Stadtteilen, in denen häufig nur eine einzige Mitarbeiterin vor Ort war. Anton Schlecker und seine Kinder Lars und Meike wurden später wegen Untreue, Betrugs und Insolvenzverschleppung, Anton Schlecker als Hauptverantwortlicher sogar zusätzlich wegen vorsätzlichen Bankrotts zu Haftstrafen verurteilt.

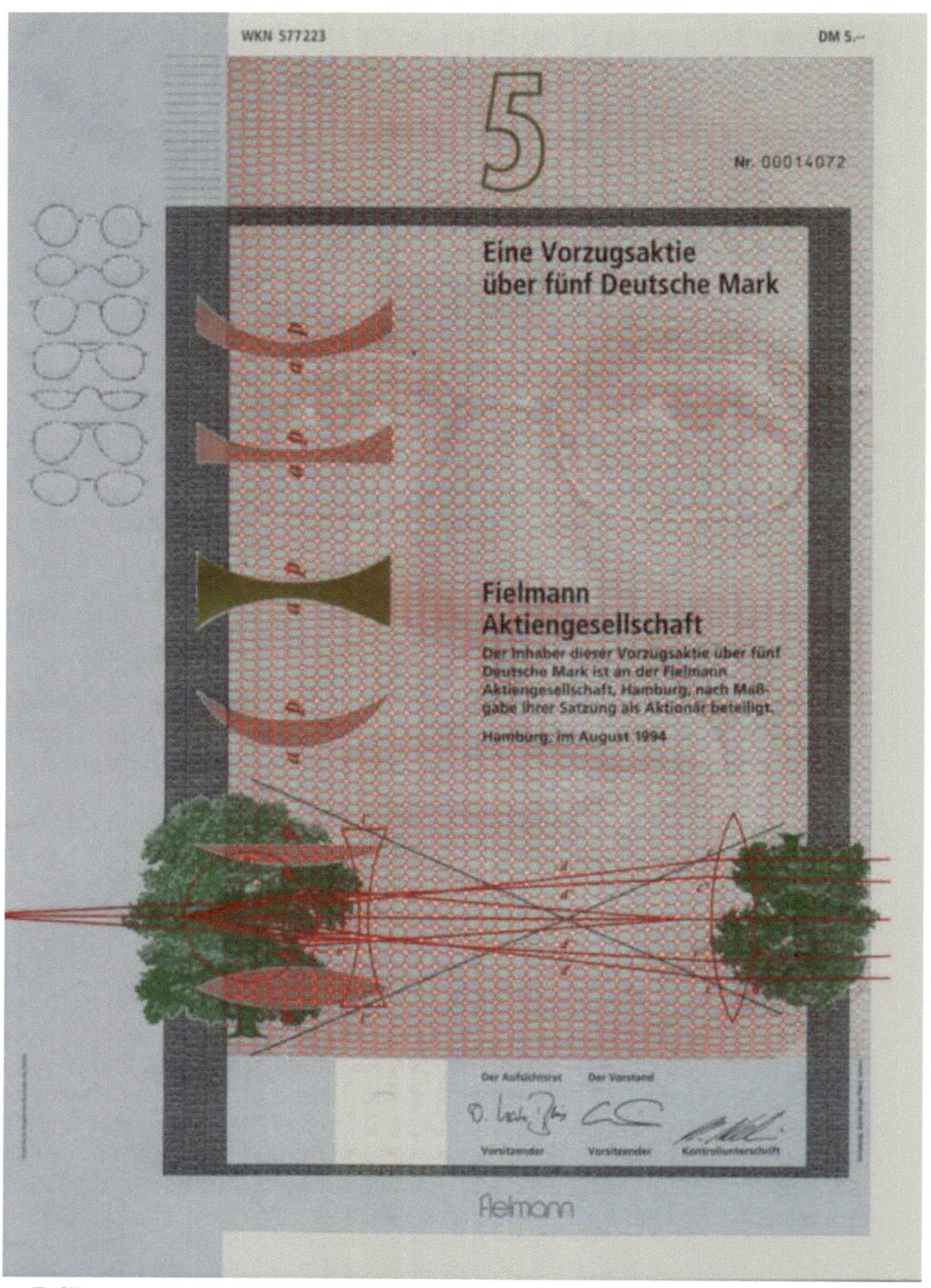

- Im **Brillenmarkt**: **Fielmann AG**, die in Deutschland einen Umsatzmarktanteil von ca. 20%; einen Absatzmarktanteil von ca. 50% aufweist, was darauf hinweist, dass Fielmann nach wie vor besonders stark ist im Niedrigpreissektor. Dies ist auch die Strategie der Apollo Optik GmbH (1972 durch das Versandhaus Quelle gegründet) verfolgt, während die höherpreisigen Brillen weitgehend von kleineren Fachgeschäften verkauft werden.

Günther Fielmann gründete 1972 sein erstes Augenoptik-Geschäft in Cuxhaven. Seine erfolgreiche Strategie war preiswerte Brillen (auch Kassengestelle) in großer Auswahl anzubieten und dabei den gesamten Produktionsgang von der Herstellung bis zum Einzelhandel zu betreiben. Beim Börsengang 1994 bestanden schon 294 Niederlassungen in Deutschland, 2021 über 900 Niederlassungen in acht Staaten.

- Im **Bekleidungsfachhandel** hatten viele Unternehmen mit wirtschaftlichen Problemen während der Corona-Zeit zu tun.

1997 fusionierten die Textilhandelshäuser Leffers (gegründet 1894 in Delmenhorst und Sinn (gegründet 1850 in Köln) zur **Sinn Leffers AG** mit Geschäftssitz in Hagen. Nach einer kurzfristigen Zugehörigkeit zum KarstadtQuelle-Konzern (2001 bis 2005) sowie nach einer Umfirmierung in eine GmbH (2006) musste das Unternehmen 2008 Insolvenz anmelden. Nach Abschluss des Insolvenzverfahrens im Jahr danach arbeitete das Unternehmen an 24 Standorten weiter. Damit war die Anzahl der Filialen um ca. die Hälfte reduziert worden. 2013 wurde SinnLeffers von der Rudold Wöhrls AG in Nürnberg übernommen. 2018 wurde die Firma in Sinn GmbH abgeändert.

Das Bekleidungshaus Boecker, in früheren Jahren der größte Pelzhändler in Deutschland, musste im Zusammenhang mit der Insolvenz der Eigentümerfirma Steilmann (Bochum-Wattenscheid) fast alle Geschäfte schließen.

Die Adler Modemärkte AG (welche die ehemalige Karstadt-Tochter Wehmeyer 2011 übernommen hatte) musste ebenfalls ein Insolvenzverfahren durchlaufen, blieb aber am Markt.

Andere Unternehmen kamen besser durch die Krise, z. B. das niederländisch-belgische Unternehmen C&A Mode GmbH und Co. KG mit seinem deutschen Sitz in Düsseldorf. (In Deutschland ist das Unternehmen der Familie Brenninckmeijer Umsatzprimus.) Auch der Otto-Konzern blieb mit seinen Konzerntöchtern Bonprix, Heine und Baur umsatzstark in der deutschen Bekleidungsbranche vertreten.

Für das jüngere Publikum gibt es in der Regel preiswertere Angebote:

New Yorker GmbH (Braunschweig), Zara GmbH (ein Unternehmen von Amancio Ortega, einem der reichsten Männer Europas), Hennes & Mauritz AG (Stockholm) und Primark (Dublin). Primark setzt dabei auf preiswerte Produkte in wenigen, aber großen Filialen in Großstädten.

Bekannte Bekleidungs-Discounter sind: Kik GmbH (Bönen) und Tedi (Dortmund, das 2004 vom Tengelmann als Ableger von Kik gegründet wurde. Beide Unternehmen sind genau genommen keine reinen Bekleidungs-, sondern Non-Food-Händler mit einem Schwerpunkt Bekleidung. Im Gegensatz zu Primark sind Kik und Tedi mit vielen kleinen Geschäften auch außerhalb der großen Zentren vertreten; ihr Publikum ist durchschnittlich auch älter als das von Primark. Durch einen Aktientausch wurde 2021 die B.H. Holding des Dortmunder Geschäftsmanns Stefan Heinig Eigentümer von Tedi, während Tengelmann die Mehrheit an Kik erhielt.

-   Im **Sportfachhandel**: ist das französische Unternehmen Decathlon marktführend.

SportScheck (München) wurde 1946 gegründet und gehörte zeitweise zum Otto-Konzern, bevor es Bestandteil des Galeria- (Kaufhof-Karstadt)-Konzerns wurde. Im Münchener Stammhaus wurde die erste Indoor-Kletterwand Deutschlands eingerichtet (konzipiert von dem bekannten Bergsteiger Reinhold Messner). 2023 wurde Sport Scheck von dem italienischen Handelskonzern Cisalfa übernommen, der wenig später auch den insolventen Sport- und Schuh-Fachfilialisten Sport Voswinkel aufkaufte.

-   Im **Schmuckhandel** ist Juwelier Christ (Hagen) marktführend. Das Unternehmen wurde 1863 gegründet und gehörte zwischenzeitlich zur Douglas-Holding.

Die 1941 in Köln gegründete Juwelier Kraemer GmbH ist seit dem Tod der Unternehmensgründer (2006 und 2007) im Besitz der Gold-Kraemer-Stiftung (zur Förderung behinderter, armer, alter und kranker Menschen).

Im Bereich des Modeschmucks gilt die Bijou Brigitte (Hamburg) in Deutschland als Marktführer.

-   In dem Maße, in dem der Umweltschutz und die Nachhaltigkeit größere Bedeutung in der Gesellschaft erlangten, expandierte auch der **Fahrradhandel** (incl. E-Bike und E-Roller) Die 1966 in Köln gegründete Zweirad-Einkaufs-Genossenschaft (ZEG) ist ein genossenschaftlicher Zusammenschluss von fast 1.000 Fahrradhändlern und damit der größte Verbund dieser Branche in ganz Europa. Seit 1983 brachte die ZEG auch eigene Produktionen auf den Markt. Zu diesen Eigenproduktionen zählen die Marken Pegasus und Bulls. Auch Fahrräder der Traditionsmarken Wanderer und Hercules wurden im Verlauf der frühen 2010er Jahre Sortimentsbestandteile der ZEG. Im Jahre 2015 verkaufte auch der „Kettcar-Hersteller" im Rahmen seines Insolvenzverfahrens in Eigenverwaltung seine Fahrradsparte auch an die ZEG.

Weiterhin sind in den Innenstädten regelmäßig die folgenden Einzelhandels- und Dienstleistungsunternehmen vertreten:
- Apotheken,
- Vertretungen diverser Versicherungen sowie
- Reisebüros.
  (Diese sind üblicherweise nach wie vor Familienunternehmen, sind aber häufig an bestimmte Reiseveranstalter angebunden und ähneln sich in ihrem Angebot. Auch die Reisebüros leiden seit den ersten Jahren des neuen Jahrtausends an der Konkurrenz durch die Internet-Buchungsmöglichkeiten.)
- unterschiedliche Telefon- (Handy-) Läden und
- Filialen der Kreditinstitute,

Mit Ausnahme der letztgenannten Betriebe werden diese Unternehmen in der Regel nicht als Filialisten, sondern als Klein- oder mittelständische Betriebe geführt.

Ebenfalls Familienunternehmen sind in der Regel
- Reinigungen und Änderungsschneidereien (oft Familienbetriebe mit Migrationshintergrund),
- Glücksspiel-, vor allem Sportwetten-Lokale (ebenso wie viele Reinigungen und Änderungsschneidereinen oft Familienbetriebe mit Migrationshintergrund)
- Fahrschulen,
- Zoohandlungen (Ausnahme: das Franchise-Unternehmen Fressnapf in Krefeld),
- Blumenhandlungen.

Das innerstädtische Ensemble wird – neben den Betrieben der öffentlichen Hand, der Kirchen und den kirchliche Unternehmen sowie Theatern und Museen - vervollständigt durch die

- Hotels (insbesondere im Bereich der Tourismus- und Messestädte),
- Automobil-Klubs (Marktführer ist hier der ADAC, München, mit mehr als 15 Mio. Mitgliedern),
- Leiharbeitsunternehmen (z. B. randstad Deutschland, Eschborn, als Tochterunternehmen eines niederländischen Konzerns),
- Spielhallen (z. B. die „Merkur Spielotheken", die zur Gauselmann Gruppe in Espelkamp gehören). 2021 übernahm Gauselmann die NRW-landeseigene Casino-Gesellschaft Westpol mit den vier bestehenden Spielbanken.
- hoch technisierte Großraumkinos (z. B. von der Firma Cinemaxx, Hamburg), wobei die herkömmlichen Großkinos verdrängt und die kleineren „Eck-Kinos" höchstens als „Programmkinos" für besondere Zielgruppen weiter geführt werden.

(Diese Aufzählung ist selbstverständlich keineswegs vollständig.)

Der **Großhandel** (einschließlich der Im- und Exportunternehmen) insgesamt kann sich insbesondere durch eine bestimmte Tendenz zum „Outsourcing" bestimmter Funktionen durch Produktionsbetriebe nach wie vor behaupten. Andererseits ist der Großhandel permanent in Gefahr durch entsprechende Abteilungen oder Subunternehmen von Herstellern überflüssig zu werden. Eine besonders starke Stellung genießt der Großhandel nach wie vor im Handwerksbereich. Das größte Unternehmen in diesem Segment ist die Würth-Gruppe (Künzelsau).

Die umsatzstärksten Großhandelsunternehmen in Deutschland sind aber allesamt vorrangig im Lebensmittelhandel tätig, nämlich die Edeka-, die Metro- Cash & Carry-Märkte und die Transgourmet Deutschland („Selgros" genannt, der Rewe-Gruppe angehörig).

Die Metro AG vergrößerte 2015 ihr China-Geschäft, indem sie den Verkauf ihrer Waren über den Online-Handelsplatz Tmall organisierte. Tmall gehört zum chinesischen Alibaba-Konzern, einem Online-Handelsunternehmen, das im Jahre 2014 den bis dahin weltweit größten Börsengang aller Zeiten durchgeführt hatte. In den späten 2010er Jahren ordnete der bisherige Metro-Großaktionär, der Haniel-Konzern seine Handelsgeschäfte neu: Zwei Jahre nach dem Verkauf des Kaufhofs an die Hudson's Bay wurde das Geschäft der Metro aufgespalten: MediaMarkt und Saturn wurden als Ceconomy an die Börse gebracht. Im Jahre 2018 verkauften sowohl die Haniel-Familie als auch Ceconomy den größten Teil ihrer Metro-Aktien an die tschechisch-slowakische EP-Gruppe um Daniel Kretinsky und Patrik Tkac (die wenige Jahre zuvor schon in den deutschen Braunkohlemarkt eingetreten war). EP wurde damit der größte Eigentümer, aber nicht Mehrheitseigentümer. Der Geschäftsanteil der ehemaligen Gründerfamilien Schmidt-Ruthenbeck und Beisheim lag knapp unter 25%.

.

I) Verkehr - Logistik und Transport

Die größten Logistikkonzerne Deutschlands sind zwei ehemalige Sondervermögen des Staates: Die Deutsche Post AG, Bonn, (in privatrechtlicher Form 1995 gegründet) und die Deutsche Bahn AG, Berlin (1994). Beide Unternehmen mussten sich seitdem mit der neuen Situation des Wettbewerbs auseinandersetzen.

Postwesen

Nach der deutschen Wiedervereinigung wurde die (ebenfalls wiedervereinigte) Post in die Bereiche Telekommunikation (Telekom), Bank (Postbank) und Logistik/ Transportwesen (Deutsche Post) umgewandelt. Die einzelnen Nachfolgeunternehmen erhielten jeweils die Rechtsform einer AG. Während die Telekom sich recht frühzeitig durch einen Börsengang von der Post trennte, war die Postbank bis 2008 (Verkauf an die Deutsche Bank) ein Tochterunternehmen der Deutschen Post AG.

Die **Deutsche Post AG** ging 2000 an die Börse. Die staatliche Kreditanstalt für Wiederaufbau (KfW) blieb aber der größte Aktionär.

Gleichzeitig zog sich die Deutsche Post aus der „Fläche" zurück. Das bedeutet, dass mehr und mehr Niederlassungen (ehemalige Postämter) aufgegeben wurden: Seit der Wiedervereinigung fielen nach und nach die Monopole der Post, zuerst im Paket-, später auch im Briefbereich. Als im Jahre 2008 auch das Monopol der Standard-Briefbeförderung der Deutschen Post AG fiel, war die Post nicht mehr verpflichtet, eigenbetriebene Filialen zu unterhalten. Die ehemaligen „Hauptpostämter" in den großen Innenstädten waren schon kurz nach der Privatisierung an die Deutsche Postbank AG verkauft worden; die Deutsche Post mit ihren Postschaltern war in diesen Gebäuden nur noch als Mieter tätig. Kleinere Postämter wurden in Filialen der Deutschen Post AG umgewandelt, häufig aber auch ersatzlos gestrichen. Andere ehemalige Post-Niederlassungen wurden durch „Partner-Filialen" („Post-Agenturen", „Post-Service-Shops" und „Post-Points", vor allem in Einzelhandelsgeschäften) ersetzt. Dieses Konzept sollte nach dem Auslaufen der Monopole zum Regelfall werden.

Im Jahre 2002 erstand die Deutsche Post das amerikanische Logistikunternehmen DHL und siedelte es nach Bonn um. Seit dieser Zeit besorgt die DHL International GmbH den Brief- und Pakettransport der Post weltweit zu Wasser, zu Lande und in der Luft.

Der Deutsche Post-DHL-Logistikkonzern verblieb einer der größten private Arbeitgeber in Deutschland und in Europa. Seit 2015 verwendet der Konzern die Marke „Deutsche Post DHL Group".

Insbesondere im Paketbereich sind auch **Konkurrenten der Deutsche Post-DHL** erfolgreich tätig, z. B. UPS - United Parcel Service, DPD (bis 2007 Deutscher Paket Dienst) oder die zur Otto-Group zählende Hermes. Als der Briefträger-Tarifvertrag für allgemein verbindlich erklärt wurde, zog sich die in Luxemburg ansässige, zum Springer-Konzern gehörende Briefzustellungsgruppe „pin" „postwendend" aus dem deutschen Markt zurück.

Die abgebildeten Briefmarken dokumentieren die Entwicklung der Deutschen Post in den 90er Jahren des 20. Jahrhunderts. Die Ausgabe der DDR-Marke zum internationalen Jahr der Alphabetisierung war schon mit einem Wert von 0,10 (DDR-) Mark gedruckt worden, wurde aber erst am 24. Juli 1990, nach der Währungsumstellung in der DDR, in den Verkehr gebracht: (Schon zum 1. Juli 1990 war die DDR-Mark durch die D-Mark ersetzt worden.) Daher wurde der alte Wert mit einem neuen (0,30 + 0,5 DM) überstempelt.

Die anderen Briefmarken thematisieren die Geschichte der Postbeförderung. Die 1990er Marke der DDR mit einem Wert von 0,70 DM zeigt Kutschwagen aus dem 16. und 18. Jahrhundert, die Abbildung des Luftschiffs LZ 127 „Graf Zeppelin" ziert eine Marke der Deutschen Bundespost von 1991, die Blockausgabe zum Tag der Briefmarke 1997 wurde schon von der **Deutschen Post AG** herausgegeben und trägt schon die Aufschrift „Deutschland". Die Deutsche Post war zwei Jahre zuvor formalrechtlich, aber noch nicht von seiner Eigentümerschaft her privatisiert worden.

Eisenbahnwesen

Im Eisenbahnverkehr existierten nach der Wiedervereinigung zunächst die beiden staatlichen Eisenbahnen, die Deutsche Bundesbahn und die Deutsche Reichsbahn, unter gemeinsamer Leitung weiter, ehe 1994 das (aus beiden Eisenbahngesellschaften bestehende) Sondervermögen der Bundesrepublik Deutschland in eine Aktiengesellschaft, die **Deutsche Bahn AG**, umgewandelt wurden.

Lange Zeit war es das Ziel der Bundesrepublik als Eigentümer, die Bahn noch im ersten Jahrzehnt des neuen Jahrtausends an die Börse zu bringen. Diese Vorgabe forderte vor allem, kurz- und mittelfristig Gewinn zu erzielen, und wurde insbesondere in der Zeit des Bahnvorstands Hartmut Mehdorn intensiv verfolgt. Dabei wurden aber die Anlagen und die Infrastruktur der Bahn vernachlässigt, so dass ein erheblicher Investitionsbedarf angehäuft wurde („Investitionsstau"), der langfristig zu erheblichen Verlusten führen musste. Tatsächlich waren zu Beginn der 2020er Jahre z B. mehr als 1.000 Eisenbahnbrücken in Deutschland so marode, dass eine baldige Sanierung notwendig wurde. Der geplante Börsengang der Deutschen Bahn AG wurde schließlich aufgrund der schlechten Erfolgsaussichten infolge der Finanzkrise verschoben, so dass bis auf weiteres die Bundesrepublik Deutschland der einzige Eigentümer des Unternehmens blieb.

Die unterschiedlichen „Bahnreformen" seit 1994 führten vor allem zu einer organisatorischen Trennung von Verkehrsbetrieben (z. B. DB Regio und DB Fernverkehr) und Infrastruktur (DB Netz). Das DB-Schienennetz sank in den Jahren 2003 – 2021 von ca. 35.600 km auf ca. 33.400 km (bei ca. 38.400 km Streckennetz in Deutschland insgesamt). Davon waren ca. 61% elektrifiziert. In der gleichen Zeit stiegen sowohl die Anzahl der Reisenden als auch der Güterverkehr sowie der Gesamtumsatz der DB an.

Der Frachtverkehr der Deutschen Bahn wurde nur noch mit Wagenladungen und Containern durchgeführt; der Stückgutverkehr war in den 90er Jahren abgeschafft worden. Da gleichzeitig die Anzahl der Güterbahnhöfe drastisch verringert wurde, lohnte sich der Frachtverkehr der Bahn nur noch auf den Magistralen. 2020 wurde daher nur noch knapp 18% aller Güter in Deutschland per Bahn befördert. Der Schienen-Güterverkehr der DB wurde 2016 in dem Konzernunternehmen DB Cargo AG zusammengefasst. Auch nach der Wiedervereinigung wurde immer mehr Güterverkehr von der Schiene auf die Straße verlagert – auch von der Deutschen Bahn selber: Die Schenker AG (ebenfalls ein DB-Konzernunternehmen) befasst sich mit den DB-Transporten auf der Straße sowie mit der Schiffs- und der Luftfracht.

Kennzeichnend für die neue Strategie im Personenverkehr wurde der verstärkte Einsatz von Triebwagen, sowohl im Nah- als auch im Fernverkehr. Der Fernverkehr wurde dabei seit 1991 zunehmend eine Domäne der ICE-Schnellzüge.

Mit einem dieser ICE ereignete sich 1998 der bis dahin größte Eisenbahnunfall in Deutschland, das Unglück von Eschede mit 101 Toten. Daraufhin wurde die Sicherheitstechnik in den Zügen überprüft und ausgebaut.

Für den Nahverkehr wurden die Bundesländer zuständig, die - gegebenenfalls in Zusammenarbeit mit den bestehenden Verkehrsverbünden – die jeweiligen Strecken für eine bestimmte Zeitdauer „ausschreiben" und vergeben.

*Im Jahr 2001 brachte die **Deutsche Bahn Finance B. V.** (Amsterdam) eine grafisch ansprechende gestaltete DM-Anleihe (mit einem ebenfalls sehr gelungenen Kupon-Bogen) auf den Markt (vgl. die folgenden Abbildungen).*

Deutsche Bahn Finance B.V.
Amsterdam, Niederlande
2. Halbjahreszinsschein zur Inhaber-
Teilschuldverschreibung über
DM 100,- der 4,50% DM-Anleihe
von 2001/2006, zahlbar am
27. Dezember 2002 mit DM 2,25 bei
den in den Anleihebedingungen
genannten Zahlstellen.
Der Anspruch gemäß § 804 Absatz 1 Satz 1 BGB
wegen des Verlustes von Zinsscheinen ist
ausgeschlossen (§ 804 Absatz 2 BGB).

Amsterdam, im Dezember 2001
Deutsche Bahn Finance B.V.

001922 Zinsschein 2
DE0008265976
826 597
DM 2,25
27. Dez. 2002

Diesellok V 200 — Indienststellung: 1953

Deutsche Bahn Finance B.V.
Amsterdam, Niederlande
1. Halbjahreszinsschein zur Inhaber-
Teilschuldverschreibung über
DM 100,- der 4,50% DM-Anleihe
von 2001/2006, zahlbar am
27. Dezember 2002 mit DM 2,25 bei
den in den Anleihebedingungen
genannten Zahlstellen.
Der Anspruch gemäß § 804 Absatz 1 Satz 1 BGB
wegen des Verlustes von Zinsscheinen ist
ausgeschlossen (§ 804 Absatz 2 BGB).

Amsterdam, im Dezember 2001
Deutsche Bahn Finance B.V.

001922 Zinsschein 1
DE0008265976
826 597
DM 2,25
27. Juni 2002

Schienenbus VT 98 — Indienststellung: 1950

Deutsche Bahn Finance B.V.
Amsterdam, Niederlande
4. Halbjahreszinsschein zur Inhaber-
Teilschuldverschreibung über
DM 100,- der 4,50% DM-Anleihe
von 2001/2006, zahlbar am
27. Dezember 2003 mit DM 2,25 bei
den in den Anleihebedingungen
genannten Zahlstellen.
Der Anspruch gemäß § 804 Absatz 1 Satz 1 BGB
wegen des Verlustes von Zinsscheinen ist
ausgeschlossen (§ 804 Absatz 2 BGB).

Amsterdam, im Dezember 2001
Deutsche Bahn Finance B.V.

001922 Zinsschein 4
DE0008265976
826 597
DM 2,25
27. Dez. 2003

Dampflok BR 10 — Indienststellung: 1958

Deutsche Bahn Finance B.V.
Amsterdam, Niederlande
3. Halbjahreszinsschein zur Inhaber-
Teilschuldverschreibung über
DM 100,- der 4,50% DM-Anleihe
von 2001/2006, zahlbar am
27. Juni 2003 mit DM 2,25 bei
den in den Anleihebedingungen
genannten Zahlstellen.
Der Anspruch gemäß § 804 Absatz 1 Satz 1 BGB
wegen des Verlustes von Zinsscheinen ist
ausgeschlossen (§ 804 Absatz 2 BGB).

Amsterdam, im Dezember 2001
Deutsche Bahn Finance B.V.

001922 Zinsschein 3
DE0008265976
826 597
DM 2,25
27. Juni 2003

Diesellok VT 11.5 (TEE) — Indienststellung: 1957

Deutsche Bahn Finance B.V.
Amsterdam, Niederlande
6. Halbjahreszinsschein zur Inhaber-
Teilschuldverschreibung über
DM 100,- der 4,50% DM-Anleihe
von 2001/2006, zahlbar am
27. Dezember 2004 mit DM 2,25 bei
den in den Anleihebedingungen
genannten Zahlstellen.
Der Anspruch gemäß § 804 Absatz 1 Satz 1 BGB
wegen des Verlustes von Zinsscheinen ist
ausgeschlossen (§ 804 Absatz 2 BGB).

Amsterdam, im Dezember 2001
Deutsche Bahn Finance B.V.

001922 Zinsschein 6
DE0008265976
826 597
DM 2,25
27. Dez. 2004

Hauptbahnhof Frankfurt/Main — Eröffnungsjahr: 1888

Deutsche Bahn Finance B.V.
Amsterdam, Niederlande
5. Halbjahreszinsschein zur Inhaber-
Teilschuldverschreibung über
DM 100,- der 4,50% DM-Anleihe
von 2001/2006, zahlbar am
27. Juni 2004 mit DM 2,25 bei
den in den Anleihebedingungen
genannten Zahlstellen.
Der Anspruch gemäß § 804 Absatz 1 Satz 1 BGB
wegen des Verlustes von Zinsscheinen ist
ausgeschlossen (§ 804 Absatz 2 BGB).

Amsterdam, im Dezember 2001
Deutsche Bahn Finance B.V.

001922 Zinsschein 5
DE0008265976
826 597
DM 2,25
27. Juni 2004

Elektrolok E 03 (103) — Indienststellung: 1965/1970

Deutsche Bahn Finance B.V.
Amsterdam, Niederlande
8. Halbjahreszinsschein zur Inhaber-
Teilschuldverschreibung über
DM 100,- der 4,50% DM-Anleihe
von 2001/2006, zahlbar am
27. Dezember 2005 mit DM 2,25 bei
den in den Anleihebedingungen
genannten Zahlstellen.
Der Anspruch gemäß § 804 Absatz 1 Satz 1 BGB
wegen des Verlustes von Zinsscheinen ist
ausgeschlossen (§ 804 Absatz 2 BGB).

Amsterdam, im Dezember 2001
Deutsche Bahn Finance B.V.

001922 Zinsschein 8
DE0008265976
826 597
DM 2,25
27. Dez. 2005

Elektrolok E 143 (DR 243) — Indienststellung: 1984/1989

Deutsche Bahn Finance B.V.
Amsterdam, Niederlande
7. Halbjahreszinsschein zur Inhaber-
Teilschuldverschreibung über
DM 100,- der 4,50% DM-Anleihe
von 2001/2006, zahlbar am
27. Juni 2005 mit DM 2,25 bei
den in den Anleihebedingungen
genannten Zahlstellen.
Der Anspruch gemäß § 804 Absatz 1 Satz 1 BGB
wegen des Verlustes von Zinsscheinen ist
ausgeschlossen (§ 804 Absatz 2 BGB).

Amsterdam, im Dezember 2001
Deutsche Bahn Finance B.V.

001922 Zinsschein 7
DE0008265976
826 597
DM 2,25
27. Juni 2005

Hauptbahnhof Leipzig — Eröffnungsjahr: 1915

Deutsche Bahn Finance B.V.
Amsterdam, Niederlande
10. Halbjahreszinsschein zur Inhaber-
Teilschuldverschreibung über
DM 100,- der 4,50% DM-Anleihe
von 2001/2006, zahlbar am
27. Dezember 2006 mit DM 2,25 bei
den in den Anleihebedingungen
genannten Zahlstellen.
Der Anspruch gemäß § 804 Absatz 1 Satz 1 BGB
wegen des Verlustes von Zinsscheinen ist
ausgeschlossen (§ 804 Absatz 2 BGB).

Amsterdam, im Dezember 2001
Deutsche Bahn Finance B.V.

001922 Zinsschein 10
DE0008265976
826 597
DM 2,25
27. Dez. 2006

Dieseltriebzug 643 (Talent) — Indienststellung: 2000

Deutsche Bahn Finance B.V.
Amsterdam, Niederlande
9. Halbjahreszinsschein zur Inhaber-
Teilschuldverschreibung über
DM 100,- der 4,50% DM-Anleihe
von 2001/2006, zahlbar am
27. Juni 2006 mit DM 2,25 bei
den in den Anleihebedingungen
genannten Zahlstellen.
Der Anspruch gemäß § 804 Absatz 1 Satz 1 BGB
wegen des Verlustes von Zinsscheinen ist
ausgeschlossen (§ 804 Absatz 2 BGB).

Amsterdam, im Dezember 2001
Deutsche Bahn Finance B.V.

001922 Zinsschein 9
DE0008265976
826 597
DM 2,25
27. Juni 2006

Diesellok 241 — Indienststellung: 1999

DB

ungültig

Bitte erst bei
Fälligkeit des
letzten Kupons
abtrennen.

ICE 3 auf der Mülmisch-Talbrücke — Eröffnungsjahr: 1991

Während die Deutsche Bahn in ihrem Heimatland zunehmend mit Konkurrenz zu kämpfen hat, investiert sie ihrerseits auch im Ausland, z. B. durch die Übernahme der Gütertransportsparten der niederländischen und dänischen Staatsbahnen. Auf der anderen Seite fahren auch Tochterunternehmen ausländischer Eisenbahngesellschaften in Deutschland.

Nachdem sich Mitte des ersten 2000er-Jahrzents die Tarifgemeinschaft der für die DB zuständigen Gewerkschaften aufgelöst hat, muss die DB (jeweils unterschiedliche) Tarifverträge mit zwei konkurrierenden Gewerkschaften aushandeln: mit der DGB-Gewerkschaft EVG und der (kleineren) Gewerkschaft GDL, was auch zu einer Erhöhung der Anzahl von Arbeitskämpfen geführt hat.

Seit der Privatisierung der ehemaligen Staatsbahnen ist die Zahl der Eisenbahnunternehmen in Deutschland wieder angestiegen; zumeist nutzen die Privatbahnen allerdings das Schienennetz der Deutschen Bahn. Während der Anteil der **Privatbahnen** am Schienen-Güterverkehr bis 30 Jahre nach der Wiedervereinigung auf über 50% angewachsen war, konnten sie am Personenverkehr diese Prozentzahl noch nicht erreichen, vor allem, da der DB im Fernverkehr kaum ernsthafte Konkurrenz erwachsen war. (Die bekannteste Ausnahme davon bildete der „Flixtrain" ab 2018.)

Zu den regional verkehrenden Privatbahnen (die ihrerseits manchmal im Eigentum der öffentlichen Hand liegen, insbesondere in der Hand der Gemeinden) gehören inzwischen auch die letzten „Dampflokreservate", die Schmalspurbahnen in Sachsen, Mecklenburg-Vorpommern und im Harz, die als Bestandteil des regionalen öffentlichen Nahverkehrs mehrfach täglich im Regelverkehr fahren, tatsächlich aber auch touristische Bedeutung haben. Das größte Schienennetz dieser Dampfbahnen bietet die Harzer Schmalspurbahnen GmbH, ein spätes Nachfolgeunternehmen der Nordhausen-Wernigeroder Eisenbahn-Gesellschaft.

Angesichts der Anstrengungen um Umweltschutz und Klimawandel werden der öffentliche Nah- und Fernverkehr oft als umweltfreundliche Zukunftsalternative angepriesen. Auch die Politik hat sich diese Einstellung zu eigen gemacht und versucht bzw. versuchte mit besonderen Aktionen das Fahren mit öffentlichen Verkehrsmitteln attraktiver zu gestalten. Hierzu sind besonders das drei Monate anhaltende „9-EURO-Ticktet" (pro Monat) im Jahre 2021 und das „Deutschland-Ticket" (ab 2023 mit einem Anfangspreis von 49 EURO pro Monat) zu nennen. Beide Fahrscheine waren bzw. sind in praktisch allen Fahrzeugen des öffentlichen Personen-Nahverkehrs (ÖPNV) in Deutschland zugelassen. Der Ticketpreis und die einfache Verwendung (beim Deutschlandticket ein einmaliger Auftrag an ein Verkehrsunternehmen (der monatlich verlängert wird, aber auch monatlich kündbar ist), der dann per Smartphone genutzt werden kann, soll(t)en Fahrgäste vom Autofahren zum Umstieg in den ÖPNV bewegen. Auf der anderen Seite war die Infrastruktur von Bussen und Bahnen allerdings nicht genügend ausgebaut und teilweise veraltet, so dass der erwartete Effekt nicht in dem erhofften hohen Ausmaß eintraf.

Fernbusse

2013 wurden Fernbusse zugelassen. Die Fernbusbranche entwickelte sich relativ schnell zu einem ernst zu nehmenden Konkurrenten der Bahn: Bis zum Ende der Jahrzehnts erreichten die Fernbusse einen Marktanteil von ca. 7% am gesamten am gesamten deutschen Linienverkehr – bei steigender Tendenz.

Schon wenige Jahre nach der Zulassung der Fernbusse wurde dabei der Fernbus-Markt monopolisiert. Marktfremde Unternehmen wie Aldi und Lidl, aber auch der ADAC und die Deutsche Post zogen sich schon nach kurzer Zeit aus dem Markt zurück. Das Unternehmen Flixmobility GmbH („Flixbus", München) hatte bis Anfang der 2020er Jahre die meisten Konkurrenten aufgekauft und einen Marktanteil von 95% erreicht. Kartellrechtliche Maßnahmen gegen Flixbus waren nicht möglich, da der Markt unterhalb der Meldeschwellen lag. Den Fernbusunternehmen werden dabei nur die Buchungs-Entgelder berechnet, weil die Fahrten selber von mittelständigen externen Busreise-Anbietern (bei Flixbus mehr als 250 Unternehmer) durchgeführt werden.

2018 erweiterte Flixbus sein Geschäft mit dem „Flixtrain", welcher der Deutschen Bahn AG auf den Fernstrecken Konkurrenz bieten sollte.

2021 erwarb Flixbus das traditionsreiche amerikanische Überland-Busunternehmen Greyhound.

Personen-Nahverkehr (ohne Eisenbahnverkehr)

Während der Fernreiseverkehr und der öffentliche Eisenbahn-Nahverkehr um die Jahrtausendwende privatisiert wurden, ist die lokale Personenbeförderung (Bus, Straßenbahn, U-Bahn sowie Sonderfälle wie die Wuppertaler Schwebebahn und die O-Bus-Betriebe in Solingen, Eberswalde und Esslingen) eine Domäne von städtischen Unternehmen geblieben. Diese „Stadtwerke" wurden seit der Jahrtausendwende oft unterteilt in Verkehrs- und Versorgungsbetriebe, die dafür zumeist als GmbH, manchmal auch als AG gegründet wurden. Die Eigentümer der Betriebe bemühen sich seit dem 2. Jahrzehnt des neuen Jahrtausends zunehmend um eine Modernisierung ihrer Flotte, z. B. durch Internet-Anschlüsse in den Fahrzeugen oder durch den verstärkten Einsatz von Bussen mit Elektro- oder Wasserstoffantrieb.

Speditionswesen

Der Güterverkehr in Deutschland wurde 2020 zu ca. 72,7% auf der Straße abgewickelt. Der Schienenverkehr hatte einen Anteil von ca. 17,9%, die Binnenschifffahrt von ca. 6,9%. (Der verbliebene Rest wurde mit Hilfe der Luftfahrt und verschiedener Pipelines erbracht.) Diese Zahlen alleine weisen auf die überragende Bedeutung des Lkw-Verkehrs in Deutschland hin.

Auch in der Infrastruktur des Straßenverkehrs sind enorme Lücken entstanden: Nach Auskunft der Bundesregierung im Jahr 2021 müssen allein im deutschen Fernverkehr fast 6.000 Brücken saniert werden.

In Deutschland sind die Speditionen (Organisatoren einer Fracht) üblicherweise auch gleichzeitig Frachtführer (Transporteure). Vereinfacht wird üblicherweise nur der Begriff „Spedition" gebraucht. Das Speditionswesen in Deutschland ist geprägt durch mittelständische und kleine Unternehmen. Die gesamte Branche hat langfristig mit einem Problem zu kämpfen: Produzenten können den Vertrieb ihrer Produkte auch selbst übernehmen. Ein weiteres Problem von Speditionen/ Frachtführern ist die häufige Konzentration auf wenige Auftraggeber. Dies ist zwar in dem von mittelständischen und kleinen Unternehmen dominierten Markt kaum zu verhindern, schafft aber Abhängigkeiten und die Gefahr, dass die Transportpreise vom wirtschaftlich stärkeren Auftraggeber „gedrückt" werden.

Auch die Spediteure/ Frachtführer sind darauf angewiesen, technische Neuerungen nicht zu „verschlafen". Seit Beginn der 2020er Jahre wird daher z. B. mit Lasten-Drohnen experimentiert.

Der größte Frachtführer in Deutschland ist untypisch für die Branche: Es ist das Speditionsunternehmen der Deutschen Bahn, die **Schenker AG** in Essen. Allerdings übertrifft die im Ausland ansässige Spedition **Kühne + Nagel** (mit der Hamburger Familie Kühne als Hauptaktionär) nach Umsatz und Mitarbeiteranzahl den deutschen Branchenführer Schenker AG deutlich. Das Unternehmen wurde 1890 in Bremen gegründet, ist aber seit 1966 in der Schweiz beheimatet

Den Speditionsunternehmen Schenker, und Kühne + Nagel (Schweiz) und Express Interfracht (gehört zum Konzern der Österreichischen Bundesbahnen) wurde von der EU-Kartellbehörde ein acht Jahre lang existierendes Kartell nachgewiesen. Während Kühne + Nagel als Kronzeuge straffrei ausging, mussten Schenker ca. 32 Mio. EURO und Express Interfracht ca. 17,4 Mio. Euro Strafe zahlen.

Schifffahrt

Im Bereich der **Seeschifffahrt** ist der Wandel der deutschen Wirtschaft vom Industrie- zum Dienstleistungssektor besonders gut nachzuvollziehen. Während die Produktion, insbesondere die Werftindustrie, ihre frühere Bedeutung nicht halten konnte, gehörten die deutschen Reedereien als Dienstleistungsunternehmen auch in den Zeiten des Containerverkehrs lange Zeit zu den größten der Welt:

Die Hamburg-Südamerikanische Dampfschifffahrts-Gesellschaft KG (**„Hamburg Süd"**) gehörte seit 1955 zum Dr-Oetker-Konzern, wurde aber 2017 an die dänische Maersk-Gruppe verkauft.

Die **HAPAG-Lloyd** war bis 2008 ein Bestandteil des TUI-Konzerns. Es folgten mehrere Umstrukturierungen in der Eigentümerschaft sowie einige Zusammenschlüsse mit anderen Reedereien, wobei Hapag-Lloyd die Schiffe der Partnerunternehmen übernahm und diese dafür an seinem Grundkapital beteiligte. 2022 wurde auch das Container-Geschäft der Deutschen Afrika-Linie (früher: Deutsche Ostafrika-Linie) aufgekauft. Zu Mehrheitseignern von Hapag-Lloyd wurde Ende der 2010er Jahre die Speditions-Familie Kühne und die verbundene chilenische Reederei CSAV. 2016 gründete Hapag-Lloyd zusammen mit mehreren Großreedereien aus Asien „The Alliance", die – nach dem Vorbild der Fluggesellschaften – eine internationale Zusammenarbeit erleichtern sollte.

Auch manche anderen alteingesessenen Reedereien haben auf dem Markt des Seeschiff-Gütertransport die Jahrtausendwende überstanden. Dazu gehören z. B. die Reederei Laeisz, die Deutsche Afrika-Linien Essberger Group (nach Abgabe des Containerverkehrs an Hapag-Lloyd: Tanker- und Trockenfrachter-Verkehr) und die Hugo Stinnes Schiffahrt (die letztgenannten beiden nach mehrfachem Eigentümerwechsel).

Die Personen-Meeres-Linienschifffahrt ist in Küsten- oder Inselstaaten wie Indonesien nach wie vor von großer Bedeutung. Ein Teil der Logistik in Indonesien wird durch Schiffe abgedeckt, die in der Papenburger Meyer-Werft hergestellt worden sind. In Deutschland spielt die Personen-Linienseeschifffahrt aber nur noch im Fährschiffverkehr eine Rolle.

Ein aufstrebendes Segment in der Personen-Seeschifffahrt sind – nur zeitweise gestoppt durch die Corona-Pandemie - die Schiffs-Kreuzfahrten. Dieser Schifffahrt-Sektor wird unter dem Punkt „Freizeitindustrie" näher besprochen.

Der Anteil der **Binnenschifffahrt** am deutschen Güterverkehr lag 2020 bei 6,9%. Da der Transport von Massengütern wie Erzen oder Kohle nach wie vor am billigsten per Schiff durchgeführt wird, sind die großen Flüsse in Deutschland nach wie vor mit Schubschiffen bevölkert.

Die **Häfen** sind inzwischen ebenfalls privatwirtschaftlich organisiert. Die Hamburger Hafen und Logistik AG (1885 zum Bau der Speicherstadt gegründet, bis heute größtenteils im Eigentum der Stadt Hamburg) betreibt den umschlagmäßig drittgrößten Seehafen Europas – nach Rotterdam und Antwerpen. (Rotterdam ist weltweit aber nur die Nr. 10; in diesem Ranking liegt Shanghai vorn.) Die nächst größeren Seehäfen Deutschlands befinden sich in Bremerhaven und in Wilhelmshaven.

An einem der Container-Terminals des Hafens (am Terminal CTT) wurde 2022 einem chinesischen Staatskonzern eine 24,9 %-ige Beteiligung erlaubt, um das China-Geschäft zu sichern. Dies ist eine der vielen Maßnahmen, mit denen China seine wirtschaftliche

Stärke im Rahmen des „Neuen Seidenwegs" seit Jahren – in der Regel erfolgreich – weiter aufzubauen versuchte. Da die politische Öffentlichkeit spätestens ab 2022 eine große Aversion gegen totalitär geführte Staaten entwickelte (ausgelöst durch den Russland-Ukraine-Krieg) und da schon seit 2020 (durch die Corona-Krise) die globalisierten Nachteile der Abhängigkeit von China deutlich wurden, war diese Beteiligung politisch höchst umstritten.

Im neuen Jahrtausend werden nicht nur „Supertanker" mit 400 und mehr Metern Länge gebaut, sondern auch vergleichbar große Containerschiffe mit Platz für mehr als 23.000 Standard-Containern (Stand 2022). Der einzige deutsche Hafen, den diese Schiffe anlaufen können, ist der Tiefwasserhafen JadeWeserPort in Wilhelmshaven, der im Jahre 2012 seinen Betrieb aufgenommen hat. Der Hafenbetrieb wird von der Eurogate (Bremen), Europas größtem reedereiunabhängigen Containerterminal-Betrieb, durchgeführt. Eurogate betreibt auch die Containerhäfen in Hamburg und Bremerhaven.

Im Jahre 2022 wurde in Wilhelmshaven das erste von mehreren deutschen LNG-Terminals zur Aufnahme von Flüssiggas aus internationalen Tankschiffen gebaut und in Betrieb genommen. Der Hintergrund hierfür war, dass die Politik – vor dem Hintergrund des Krieges in der Ukraine – von der Belieferung mit russischem Erdgas (durch Pipelines) unabhängig machen wollte.

Der mehr als 1.000 Jahre alte Hamburger Hafen ist nach dem Duisburger auch der zweitgrößte Binnenhafen Deutschlands. Der Duisburger Hafen geht auf einen Beschluss des Magistrats der damals noch selbstständigen Stadt Ruhrort zum Bau eines Hafenbeckens im Jahre 1716 zurück. 1998 erfolgte durch den Umbau des ehemaligen Rheinhausener Krupp-Stahlwerk-Geländes die erste linksrheinische Erweiterung des Hafens, der sogenannte „Logport". Spätestens im neuen Jahrtausend verwandelte sich der Hafen in ein modernes „Logistikzentrum" mit dem Schwerpunkt Containerverkehr. Die Container-Umschlagstendenz war wachsend, so dass weitere Logport-Häfen in Kamp-Lintfort und Oberhausen geplant wurden. Seit 2000 firmierte der Hafen als „Duisburger Hafen AG" und bildete mit seinen Tochtergesellschaften die „Duisport-Gruppe", die aber trotz der Umstrukturierung in öffentlicher Hand blieb, nämlich dem Land NRW und der Stadt Duisburg Bis 2010 war auch die Bundesrepublik am Duisburger Hafen beteiligt.

<u>Luftfahrt</u>

Während ab 1990 andere traditionsreiche Linienfluggesellschaften wie die amerikanische Pan Am, die belgische Sabena und die Swissair Konkurs anmelden mussten, hatte sich die **Deutsche Lufthansa AG**, insbesondere durch ihren internationalen Verbund „Star Alliance" im internationalen Flugverkehr gut aufgestellt. (Die Star Alliance war 1997 zusammen mit SAS, Air Canada, United Airlines, Singapore Airlines gegründet worden und in den folgenden 15 Jahren auf mehr als 25 Fluggesellschaften angewachsen. Seit 2022 gehört auch die Deutsche Bahn zu Star Alliance.)

Nach der Jahrtausendwende errang die Lufthansa systematisch Mehrheitsbeteiligungen an Fluggesellschaften aus den Nachbarländern: Die italienische Regionalfluggesellschaft Air Dolomiti sowie die Brussels Airlines und die Swiss International Airlines AG (die Nachfolgeunternehmen von Sabena und Swissair) gehören inzwischen ebenso zum Lufthansa-Konzern. Durch eine strategische Beteiligung an den Austrian Airlines konnte die Lufthansa die Anzahl ihrer Drehkreuze auf 4 vergrößern: nach Frankfurt, München, Zürich (Swiss) nun auch Wien. Mit Brussels gelang der Einstieg in den afrikanischen Luftraum, Austria war traditionell stark in Osteuropa vertreten.

Die ersten Jahre des neuen Jahrtausends brachten für die bis dahin höchst erfolgreiche Lufthansa, die auch den Luftverkehrs-Schock durch den Terroranschlag auf die Welthandelszentrums-Türme in New York 2001 ohne größere Probleme überstanden hatte, verschiedene geschäftliche Rückschläge:

Zuerst litt die Lufthansa besonders unter der in diesem Jahr abgeschafften „Tarifeinheit", die besagte, dass pro Unternehmen nur ein Tarifvertrag mit einer Gewerkschaft abgeschlossen werden konnte. Seit 2010 überzogen verschiedene Spartengewerkschaften die Lufthansa regelmäßig mit Streiks. Manche anderen deutschen Unternehmen klagten ebenfalls über dieses Problem; in der gleichen Intensität betraf dies aber nur noch die Deutsche Bahn AG.

Der Billigflieger Germanwings (ab 2009 bei der Lufthansa) war die Antwort der Lufthansa auf die „Billig-Flieger" wie Ryanair im härter werdenden Kampf um die Passagiere. Im Jahre 2011 wurde die (1993 als Regionalfluggesellschaft in Düsseldorf gegründete) Eurowings von der Lufthansa übernommen. Eurowings wurde dabei – innerhalb des Lufthansa-Konzerns - zur Muttergesellschaft von Germanwings. Im Rahmen der Corona-Krise wurden Germanwings-Flüge 2020 grundsätzlich eingestellt und seitdem nur noch hin und wieder zur Sicherung internationaler Rechte durchgeführt. Eurowings betreibt seither die Lufthansa-Flüge auf der Kurz- und Mittelstrecke außerhalb der deutschen Drehkreuze Frankfurt und München.

Flottentechnisch setzte die Lufthansa ihre Strategie fort, Flugzeuge in der Regel nur bei einem einzigen Lieferanten zu bestellen, seit den 1980er Jahren bei der Airbus. Im Jahre 2010 wurde der erste Airbus A-380, das größte Passagierflugzeug der Welt, in Dienst gestellt, das aber während der Corona-Zeit nicht im Flugdienst eingesetzt wurde. Ab 2012 wurde aber auch wieder bei Boeing bestellt.

Deutsche Lufthansa Aktiengesellschaft

Nr. 042104

Inhaber-Optionsschein

ausgegeben mit einer Inhaber-Teilschuldverschreibung über 300 DM der 6% Optionsanleihe von 1967 der Deutsche Lufthansa Aktiengesellschaft.

Dieser Optionsschein berechtigt den Inhaber zum Bezug einer Stammaktie der Deutsche Lufthansa Aktiengesellschaft im Nennbetrag von 50 DM zum Bezugspreis von 112,50 DM, das entspricht einem Bezugspreis von 225 DM je Aktien im Nennbetrag von 100 DM, nach Maßgabe der umseitig abgedruckten Optionsbedingungen.

Köln am Rhein, im September 1967

Deutsche Lufthansa Aktiengesellschaft

Der Aufsichtsrat   Der Vorstand

Vorsitzender

Kontrollunterschrift

148

Im zweiten Jahrzehnt des neuen Jahrtausends geriet die zweitgrößte deutsche Fluggesellschaft, die **Air Berlin**, immer mehr in wirtschaftliche Probleme. Immer wieder musste der größte Teilhaber, Etihad Airways aus Abu Dhabi, mit Finanzspritzen aushelfen. Schließlich versagte auch Etihad weitere Unterstützungen. Im August 2015 stellte Air Berlin einen Insolvenzantrag.

Mit Hilfe eines Überbrückungskredits der Bundesregierung konnte Air Berlin seine Tätigkeit noch ein paar Wochen aufrecht erhalten, Damit konnten noch etliche Urlauber aus ihren Ferien zurück geholt werden, bis Air Berlin im Oktober 2017 nach und nach alle Flüge einstellte. Der größte Teil des Air-Berlin-Geschäfts (Flugzeuge, Streckenrechte, Flugpersonal) wurde von dem Lufthansa-Konzern übernommen.

Starke **Konkurrenz** für die etablierten Airlines kam seit der Jahrtausendwende durch die „Billigflieger" auf, die einen Teil ihrer Europa-Flug-Kapazitäten zu Kleinstpreisen (z.T. einstellige Beträge) per Internet verkauften. Neben einer Mischkalkulation wurde dabei auf eingeschränkten Service und auf entlegene Flughäfen (Bsp: Frankfurt-Hahn im Hunsrück) mit geringeren Gebühren gesetzt.

Der Billigflieger-Marktführer **Ryanair** war hatte 2016 mit ca. 129 Mio beförderten Passagieren auch die Lufthansa (ca. 109 Mio) überholt und war damit zur größten Fluggesellschaft Europas (und zur viertgrößten der Welt) geworden. Ryanair wurden durch die Übernahme der Mehrheit an der Fluggesellschaft „Laudamotion" (deren Vorgänger durch den Autorennfahrer Nicki Lauda gegründet und die später zum Air-Berlin-Konzern gehört hatte) im Jahre 2018 auch Flugrechte von und nach Düsseldorf ermöglicht. Trotz weiterer „Billigflieger" auf dem Markt ebbte die „Billigflug-Woge" in den 2020er Jahren deutlich ab; Fluggesellschaften wie TUIfly oder Germanwings schieden aus dem Markt aus, und auch Ryanair-Flüge wurden teurer, insbesondere bei den Nebenkosten (für Verpflegung, Koffer etc; hier reagierten aber viele traditionelle Fluglinien ähnlich.)

Weitere Konkurrenz erwuchs den etablierten Fluglinien auch durch die stark aufkommende, staatlich unterstützte **Konkurrenz aus Asien**, z. B. die schon angesprochene Etihad Airways oder Emirates mit ihren Drehkreuzen in Abu Dhabi und Dubai.

Die **Flughäfen** sind inzwischen in der Regel privatwirtschaftliche Unternehmen.

Im Herbst 2020, mitten in der „Corona-Zeit" mit extrem verringertem Flugaufkommen, wurde der neue Flughafen Berlin-Brandenburg (endlich) in Betrieb genommen. Nach der Anzahl von Passagieren rangiert er hinter Frankfurt und München auf Platz 3 in Deutschland, vor Düsseldorf und Hamburg (dem 1911 gegründeten ältesten noch aktiven Flughafen). Eigentümer des neuen Hauptstadtflughafens wurden die Bundesrepublik und die Länder Berlin und Brandenburg. Diverse Planungsfehler und weitere Pannen hatten für eine Verschiebung des ursprünglichen Eröffnungstages um mehr als 9 Jahre geführt. Der alte Flughafen Schönefeld wurde in den neuen integriert; der Flughafen Tegel wurde wenige Wochen nach der Eröffnung des neuen Flughafens stillgelegt; der historische „Luftbrücken"-Flughafen Tempelhof, auf dessen Fläche, dem Tempelhofer Feld, schon Orville Wright im Jahre 1909 Demonstrationsflüge durchgeführt hatte, wurde seit 2010 nicht mehr genutzt.

Der Flughafen in Frankfurt/ Main blieb aber auch nach der Eröffnung des neuen Berliner Flughafens der größte Verkehrsflughafen in Deutschland. Er wird von einer Aktiengesellschaft, der Fraport AG betrieben. Er befindet sich aber mehrheitlich in öffentlicher Hand. (Das Land Hessen und die Stadt Frankfurt halten zusammen mehr als 50% des Grundkapitals.) Die Deutsche Lufthansa AG zählt zu den größten Minderheitsaktionären. Zur Fraport gehören Minderheitsbeteiligungen an weiteren Flughäfen im In- und Ausland.

Zur Fraport gehörte zwischenzeitlich auch der Flughafen Hahn (ein ehemaliger US-Airforce-Flugplatz im Hunsrück), der auch „Frankfurt-Hahn" genannt wird, obwohl er tatsächlich weitab von großen Städten und auch über 100 km vom Frankfurter Flughafen entfernt liegt. Trotzdem ist seine Bedeutung nicht zu unterschätzen: Immerhin handelte es sich noch 2020 um den fünftgrößten Frachtflughafen Deutschlands (nach Frankfurt, Leipzig/Halle, Köln/Bonn und München). Nach dem Passagieraufkommen lag der Flughafen Frankfurt-Hahn auf Platz 14, war aber größtenteils abhängig von einer einzigen Fluggesellschaft, von Ryanair. Der Flughafen war bis 2009 mehrheitlich im Besitz der Fraport, anschließend Eigentum der Länder Rheinland-Pfalz und Hessen. Er war als Zivilflughafen hochgradig abhängig von der irischen Billigfluglinie Ryanair. Seitdem der Billigflugboom um 2007 abebbte, sank auch das Passagieraufkommen, die Verluste der Flughafengesellschaft hingegen stiegen an.

Aber auch später blieb der Flughafen (Frankfurt-) Hahn ein Problemfall. Im Jahre 2016 plante die rheinland-pfälzische Landesregierung, den defizitären Flughafen Frankfurt-Hahn GmbH zu verkaufen. Die Reprivatisierung und die Weiterverkäufe waren aber mehrfach mit Schwierigkeiten verbunden: Einmal erwies sich der potenzielle Käufer als unseriöses Schwindel-Unternehmen, das nicht annähernd in der Lage war den vereinbarten Kaufpreis zu bezahlen. Ein anderer potenzieller Käufer zahlte die Rechnung nicht pünktlich. Im Oktober 2021 (während der Corona-Zeit) musste die Flughafengesellschaft Insolvenz anmelden. 2022 sollte der Flughafen an eine Investmentgesellschaft verkauft werden, die dann aber auch den Kaufpreis nicht gezahlt hatte.

Eine weitere Fehlspekulation des Landes Rheinland-Pfalz in jüngerer Zeit war der Nürburgring gewesen: Der Ausbau der damals landeseigenen Automobilrennstrecke, deren neuer Freizeitpark schon kurz nach der Eröffnung Insolvenz anmelden musste, bereitete dem Land einen Verlust von mehreren hundert Millionen EURO.

m) Telekommunikation, Computer, Internet

Die Deutsche Post (der DDR) wurde bei der Wiedervereinigung mit der Deutschen Bundespost zur Deutschen Post, einem Sondervermögen des Bundes, verschmolzen. Bis 1995 blieb die Telekommunikation in Deutschland eine öffentlich-rechtliche Angelegenheit im Rahmen der Deutschen Post. 1995 entstand durch die Privatisierung dieses Sondervermögens die **Deutsche Telekom AG** in Bonn. Die Telekom blieb Eigentümerin der meisten Festnetzleitungen in Deutschland, stand aber fortan im Festnetztelefon ebenso wie im Mobilfunk- und Internet-Geschäft in einem harten Wettbewerb.

Die Deutsche Telekom ist ab 1996 an der Börse notiert. Der Börsengang der Deutschen Post löste eine wahre Volksaktien-Bewegung aus, die später aber zu harscher Kritik führte, da die Werbung vorspiegelte, es handele sich beim Kauf dieser Aktien um eine krisensichere Zukunftsinvestition. Spätestens nach der dritten Emission musste diese Einschätzung aber revidiert werden, weil der Aktienkurs infolge des Endes der Telekommunikations-Börsenblase („Dotcom-Blase") auf einen Bruchteil des Ausgabewerts fiel.

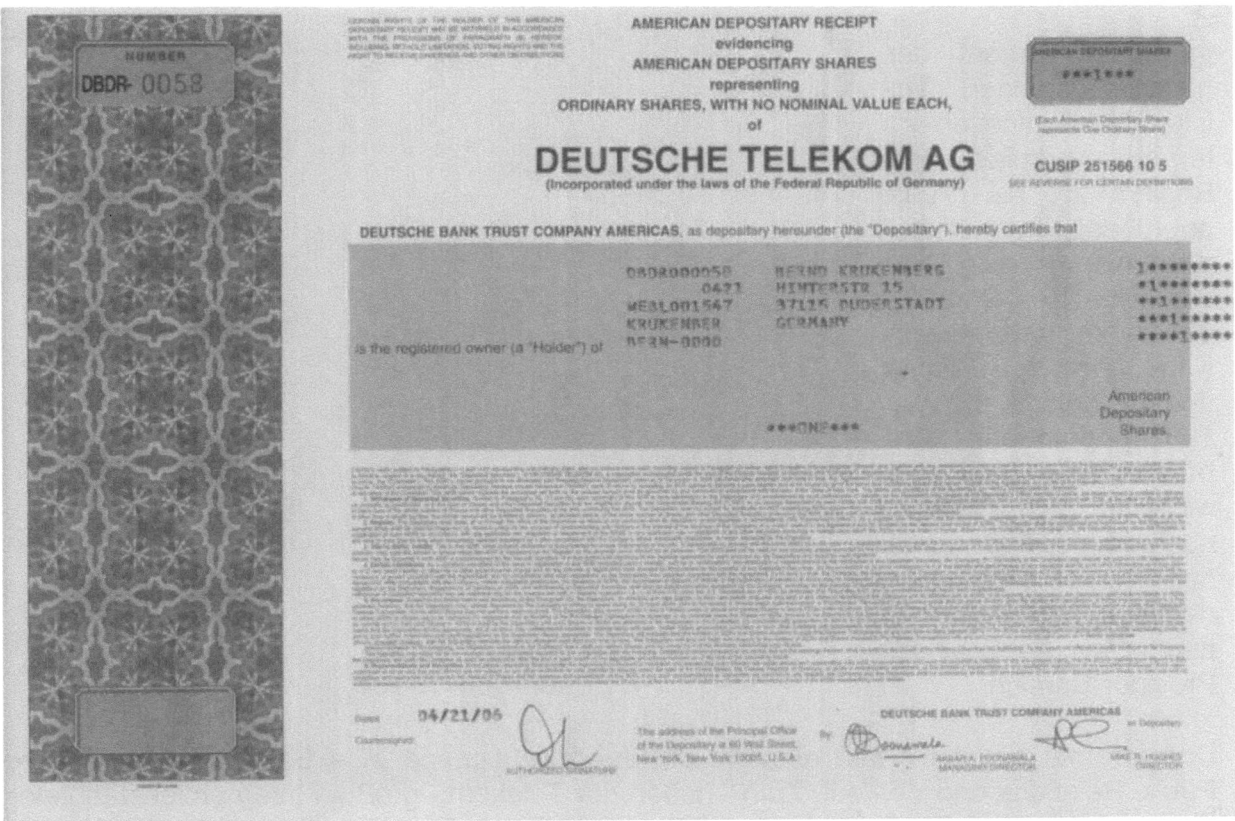

*Das abgebildete Wertpapier der **Deutschen Telekom AG** ist ein an amerikanischen Börsen gehandelter „American Depositary Receipt", der die Rechte einer Aktie nur mittelbar verkörpert. Da einerseits das Aktienkapital der Deutschen Telekom AG in einer einzigen Globalaktie beurkundet ist, die in der Wertpapiersammelbank in Frankfurt aufbewahrt wird, andererseits aber in den USA körperliche Wertpapiere gehandelt werden, ist diese Wertpapier-Mischform entstanden.*

1992 begann mit der Einführung des D-Netzes (zwei Jahre vor dem E-Netz) der Handy-Boom in Deutschland. 2004 wurde das UMTS-Netz in Deutschland in Betrieb genommen. 2015 wurden die 5G-Frequenzen versteigert.

Zum wichtigsten Wettbewerber der Deutschen Telekom auf dem deutschen Markt wurde die englische **Vodafone**, die 2000 den Traditionskonzern Mannesmann AG aufgekauft und zerschlagen hatte. Von Mannesmann blieb aber nur der Telekommunikationsbereich (ehemals „D2") bei der Vodafone. 2014 übernahm Vodafone auch die Kabel Deutschland AG, 2018 auch die Unity Media und konnte damit in Deutschland als Vollanbieter für Mobilfunk, Fernsehen, Telefon und schnellem Internet der Deutschen Telekom AG eine gleichwertige Konkurrenz bieten.

Der kleinere Mobilfunkanbieter E-plus wurde 1992 durch Thyssen, VEBA, RWE und BellSouth gegründet. Im Rahmen der Produktbereinigung dieser Unternehmen wurde E-plus 2000 verkauft. Ein vierter deutscher Mobilfunkanbieter, die VIAG Intercom, zog sich nach der VIAG-VEBA-Fusion (zur E.ON AG) ebenfalls aus dem Markt zurück. Sowohl E-plus als auch VIAG Intercom wurden von „**O2**" aufgekauft, einem ursprünglich britischen Unternehmen, das 2006 von der spanischen Telefonica übernommen worden war. So wurde O2 bzw. Telefonica zum dritten großen Netzbetreiber in Deutschland.

Im Marktsegment der netzunabhängigen Telekommunikationsunternehmen spielte von Beginn an die 1999 gegründete freenet AG (Büdelsdorf) eine bedeutende Rolle. 2007 übernahm freenet den Konkurrenten Tiscali und fusionierte mit der 1991 gegründeten **Mobilcom AG**. 2008 entwickelte sich freenet nach der Übernahme der württembergischen debitel AG zum größten deutschen Anbieter im Provider-Bereich.

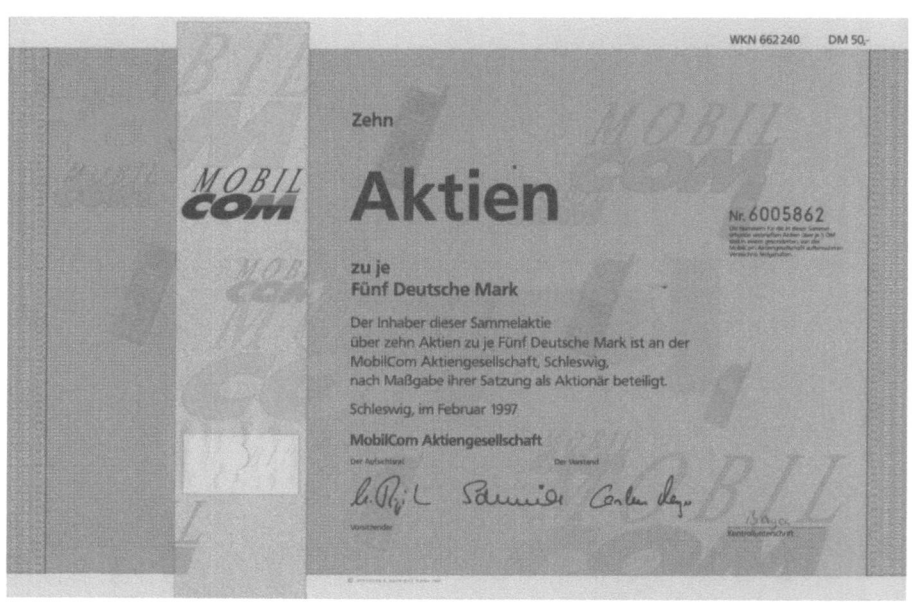

Das Internet bildet für fast alle Unternehmen heutzutage eine Basis für Information, Public Relations und Verkauf. Zum - neben der Telekom - größten Internetdienstanbieter Deutschlands entwickelte sich die 1988 durch Ralph Donnermuth gegründete **United Internet AG** (Montabaur), die mit ihrem Tochterunternehmen 1&1 auch auf dem Markt der unabhängigen Mobilfunkunternehmen tätig ist. Weitere publikumsbekannte Tochtergesellschaften von United Internet sind neben 1&1 noch Versatel, GMX web.de, Strato und viele andere.

Wie anfällig die moderne Telekommunikation ist, zeigen nicht nur verschiedenste Spionageangriffe (insbesondere aus China, Russland, Großbritannien und den USA – dort speziell durch den NSA-Sicherheitsdienst). Im April 2014 hatten sich die führenden deutschen Internet-Provider, die Deutsche Telekom und United Internet eine Antwort auf die ständigen US-amerikanischen NSA-Spionagen einfallen lassen: Die „E-Mail-made-in-

Germany-Technik" (EmiG) übertrug seitdem die E-Mails über eine verschlüsselte Verbindung.

Aber auch außerhalb der Spionagewelt gab es diverse Störungen. Beispelsweise wurde an ein und demselben Tag, dem 2015-08-20, Pannen bei den Großunternehmen Vodafone GmbH und Unitymedia GmbH bekannt. Vodafone hatte bei ca. 14.000 Kunden durch einen Softwarefehler zu viel Geld kassiert; beim Kölner Kabelanbieter Unitymedia (der später von Vodafone aufgekauft wurde) funktionierte mehrere Stunden lang gar nichts mehr: weder Telefon noch Internet – nicht zum ersten Mal übrigens. Unitymedia wusste selber schon länger von technischen Schwierigkeiten; denn älteren Kunden wurde zeitweilig sogar geraten, mit ihrem Festnetztelefon bei den (offensichtlich zuverlässigeren) Unternehmen Deutsche Telekom oder Vodafone zu bleiben.

Die **Herstellung** von digitalen Kommunikations- und Computer-Hardware in Deutschland entwickelte sich rückläufig: Die Handy-Produktion von Siemens wurde 2005 an den taiwanesischen Hersteller BenQ verkauft, der für sein deutsches Unternehmen 2006 Insolvenz anmeldete. Damit endet die großbetriebliche Herstellung deutscher Handys. Anschließend zog sich Siemens auch aus dem Computergeschäft zurück: 1999 wurde Nixdorf aus dem Konzern ausgegliedert, 2008 verkaufte Siemens seinen Anteil an Fujitsu-Siemens Computers an seinen japanischen Teilhaber.

Weitere in Deutschland ansässige Unternehmen konzentrieren sich auf das Konzipieren, Zusammenstellen und Vertreiben der entsprechenden Geräte, z. B. die Essener Medion AG, die als Computer-Lieferant für Aldi bekannt geworden war. 2010 wurde Medion von dem viertgrößten Computerhersteller der Welt, der chinesischen Firma Lenovo, aufgekauft, die im Jahre 2004 schon die PC-Sparte von IBM übernommen hatte.

Während die Produktion von Hardware in „Billiglohn-Länder" auswich, entwickelte sich die **Software-Industrie** (die zunehmend stark mit dem Internet verbunden war) in den traditionellen Industrieländern wesentlich nachhaltiger. Aber auch hier war aber ein Erfolg nicht garantiert, wie das Schicksal verschiedener Unternehmen in der „Dot-Com-Blase" illustriert.

*Zu den Software-Unternehmen, die die Dot-Com-Blase nicht überstanden hatten, gehörte auch die 1983 in Berlin gegründete Unternehmen **Beta Systems Software AG**. Sie war seit 1997 börsennotiert und hatte ihr Spezialgebiet im Qualitätsmanagement und in der Verarbeitung umfangreicher Dokumenten- und Datenmengen.*

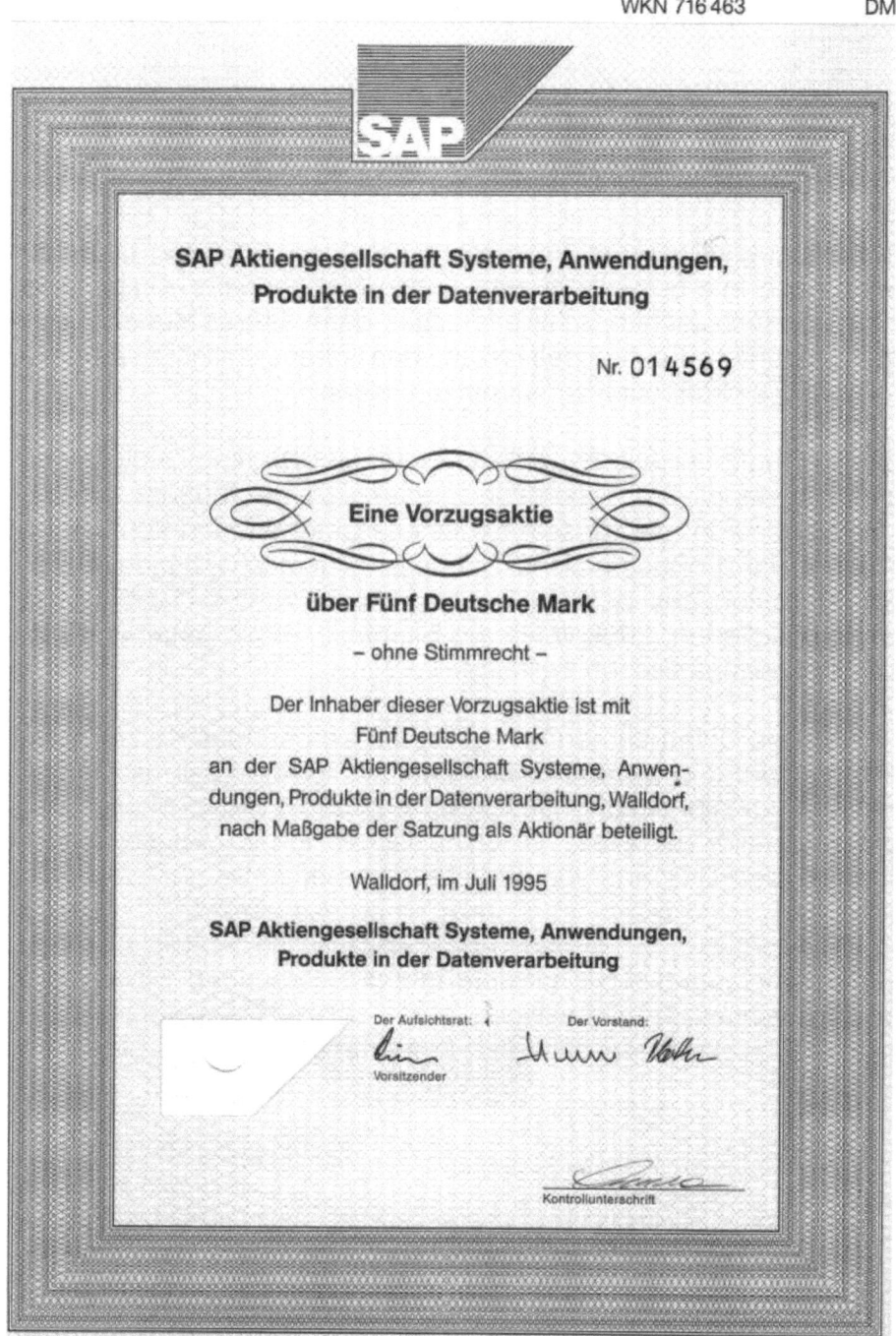

SAP Aktiengesellschaft Systeme, Anwendungen,
Produkte in der Datenverarbeitung

Nr. 014569

Eine Vorzugsaktie

über Fünf Deutsche Mark

– ohne Stimmrecht –

Der Inhaber dieser Vorzugsaktie ist mit
Fünf Deutsche Mark
an der SAP Aktiengesellschaft Systeme, Anwendungen, Produkte in der Datenverarbeitung, Walldorf,
nach Maßgabe der Satzung als Aktionär beteiligt.

Walldorf, im Juli 1995

**SAP Aktiengesellschaft Systeme, Anwendungen,
Produkte in der Datenverarbeitung**

Der Aufsichtsrat:
Vorsitzender

Der Vorstand:

Kontrollunterschrift

Nach dem Zusammenbruch des „Neuen Marktes" verblieb aus der Branche der Software-Entwicklung nur noch ein Unternehmen von internationaler Bedeutung mit Sitz in Deutschland an der Börse: die SAP AG Systeme Anwendungen, Produkte in der Datenverarbeitung. Die 1972 in Walldorf gegründete **SAP AG** wurde in den 2010er Jahren zum größten nicht-amerikanischen Software-Entwickler (weltweit zum viertgrößten) und gleichzeitig auch zur größten Aktiengesellschaft Deutschlands, gemessen am Börsenwert. Die SAP AG, seit 2013 SAP SE, spezialisierte sich von Anfang an auf die Entwicklung von Software für betriebliche Geschäftsprozesse, angefangen mit dem System RF, dem ersten Finanzbuchhaltungsmodul, das 1973 auf den Markt kam.

Die Besonderheit der abgebildeten SAP-Aktie ist der Nennwert von „5 DM". Das war 1995, bei der Emission der abgebildeten Aktie, der geringste mögliche Nennwert. Bis in die 1990er Jahre war ein Mindestnennwert von 50 DM vorgeschrieben. Heute beträgt der Mindestnennwert 1 EURO, zumeist werden aber (bis 1998 nicht erlaubte) „Stückaktien" (ohne Nennwert) herausgegeben.

n) Unternehmens-Dienstleistungen

Große Teile des Dienstleistungssektors wurden bis weit ins 20. Jahrhundert hinein überwiegend von der öffentlichen Hand erbracht: Post, Telefon, Schienenverkehr, öffentlicher Nahverkehr, Sozialversicherungen, Schulen, Krankenhäuser, Kindergärten etc. In den drei letztgenannten Branchen waren und sind auch die Kirchen als Anbieter verbreitet; die in Deutschland – trotz der grundsätzlichen Trennung von Kirche und Staat - einen öffentlich-rechtlichen Status haben. Andere Dienstleistungen waren und sind berufsständisch organisiert (Rechtsanwälte, Ärzte, Apotheker, Steuerberater) und sahen bzw. sehen sich traditionell (teilweise bis heute) nicht als Unternehmer im Wirtschaftssystem, sondern als „Freiberufler". Ein weiterer Dienstleistungsbereich, die Service- und Reparaturbetriebe, wurde häufig von Produzenten oder Händlern wahrgenommen. (Service- und Reparaturbetriebe gehören eigentlich zum Handwerk; hier dominieren inhabergeführte Klein- und Mittelbetriebe.)

Dies alles änderte sich im Verlauf des 20. Jahrhunderts: Viele ehemalige staatliche Aufgaben wurden privatisiert. Das betraf in Deutschland vor allem die Post, die Telekommunikation und den Schienenverkehr. Im Pflegebereich, insbesondere im Krankenhausbetrieb, zogen sich Staat, Gemeinden und Kirchen zu Gunsten privater Unternehmer weitgehend zurück, so dass sich große Krankenhaus-Wirtschaftsunternehmen etablieren konnten.

Viele Produktions- und Handelsunternehmen betrieben seit dem Ende des 20. Jahrhunderts verstärkt das „Outsourcing" von traditionellen Betriebsbestandteilen. Die Beispiele hierfür reichen von der Buchhaltung über die Werbung und den Service bis hin zum Personalwesen (Stichwort: Leiharbeit).

Schließlich erreichte der wirtschaftliche Wettbewerb auch die sogenannten „freien Berufe". Mehrere – früher äußerst seltene – Insolvenzen in diesen Branchen belegen dies ebenso wie die Tendenz zu größeren Rechtsanwaltskanzleien und zu ärztlichen Gemeinschaftspraxen mit mehreren angestellten Juristen bzw. Ärzten sowie der erbitterte Kampf um die Zulassung von Versandapotheken.

Zu den typischen Unternehmensdienstleistungen gehören die Arbeitnehmerüberlassung (durch „Leiharbeits- bzw. Zeitarbeitsunternehmen) die Unternehmensberatung, die Werbung und die Meinungsforschung.

Die größten **Leiharbeitsunternehmen** in Deutschland sind randstad Deutschland (Eschborn, ein Tochterunternehmen eines niederländischen Konzerns) und Adecco (Düsseldorf, Tochter einer Schweizer Aktiengesellschaft).

Unter den **Werbeagenturen und Unternehmensberatungen**, die in Deutschland tätig sind, finden sich unterschiedliche Rechtsformen und Eigentümerstrukturen. Die jeweiligen deutschen Marktführer haben beide ihren Sitz in München: Die Werbeagentur Serviceplan Group SE & Co, KG ist ein inhabergeführtes Unternehmen; die Unternehmensberatung Roland Berger Holding GmbH & Co, KGaA wird partnerschaftlich (mit mehr als 200 Partnern) geführt.

Persönlichkeiten aus dem Bereich der Unternehmensdienstleistungen erreichten selten hohe Bekanntheitswerte. Eine Ausnahme hiervon – neben Roland Berger selber - war in den 1960er und 1970er Jahren der Düsseldorfer Fotograf Charles Wilp, der nachhaltig wirksame Werbekampagnen u. a. für VW („Der Käfer ...läuft und läuft und läuft"), Afri-Cola („sexy-mini-super-flower-pop-op-cola) und die Wodkamarke Puschkin entwickelte.

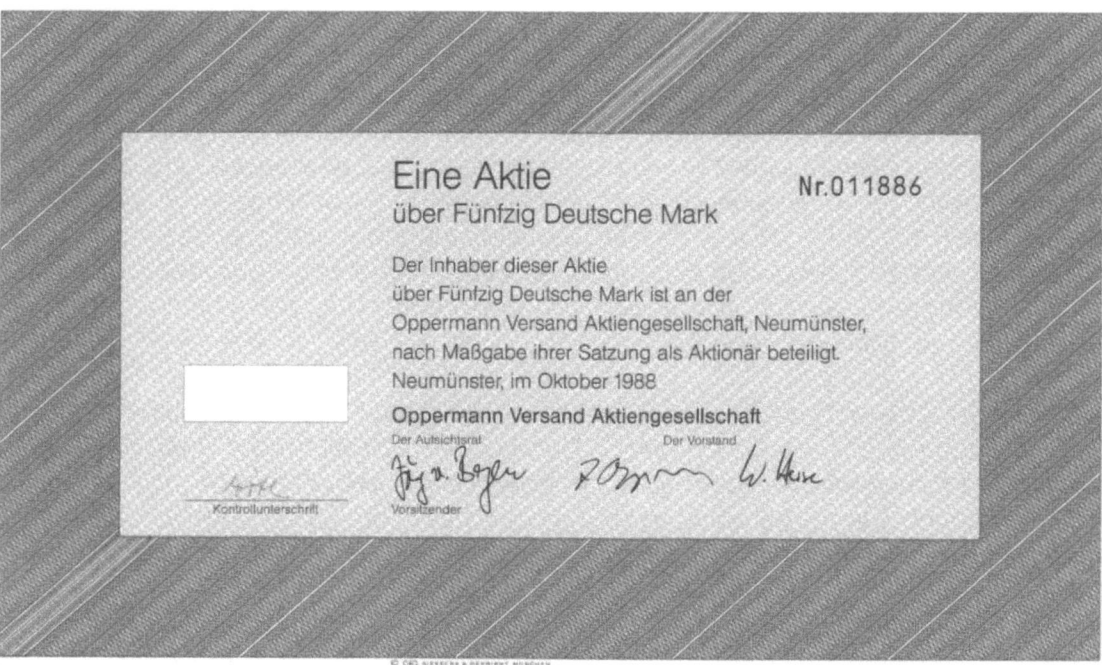

Oppermann Versand AG

Eine Aktie
über Fünfzig Deutsche Mark

Nr. 011886

Der Inhaber dieser Aktie
über Fünfzig Deutsche Mark ist an der
Oppermann Versand Aktiengesellschaft, Neumünster,
nach Maßgabe ihrer Satzung als Aktionär beteiligt.
Neumünster, im Oktober 1988
Oppermann Versand Aktiengesellschaft

Der Aufsichtsrat   Der Vorstand

Kontrollunterschrift   Vorsitzender

*Eine besondere Form der Dienstleistung in der Kommunikationspolitik (Werbung im weitesten Sinne) bot die **Oppermann Versand AG** aus Neumünster an: Das Unternehmen war ein Versandhändler, der sich auf Merchandising-Produkte (Werbemittel, Werbegeschenke) spezialisiert hatte. Er belieferte seine Geschäftskunden mit Tausenden von Kugelschreibern, Luftballons, Feuerzeugen, Notizblöcken etc, die alle mit dem Namen und den Zeichen der Oppermann-Kunden versehen waren. Zuerst war die Kaufhof AG Großaktionär bei Oppermann, später der Werbemittelhändler Hach AG, der aber im Jahre 2002 Insolvenz anmelden musste. Von dieser Insolvenz war auch Oppermann betroffen. Sowohl Hach (als GmbH & Co KG in Pfungstadt) als auch Oppermann (als eine Marke der von Hach) erlebten nach dem Insolvenzverfahren ein „Comeback" im Merchandising- bzw. Werbeartikelmarkt. Die abgebildete Aktie trägt u. a. die Faksimile-Unterschrift des Vorstandsmitglieds Oppermann.*

Das größte und bekannteste Meinungsforschungsinstitut Deutschlands ist die **GfK SE (Gesellschaft für Konsumforschung, Nürnberg)**, die mehrheitlich in der Hand eines nicht-kommerziellen Vereins (GfK Verein) liegt. Die GfK wurde 1935 von Hochschullehrern aus dem Raum Nürnberg (zu denen auch der spätere Bundeswirtschaftsminister Ludwig Erhard gehörte) gegründet. Die GfK ist das größte deutsche Marktforschungsinstitut und belegt in seiner Branche weltweit den vierten Rang. Bekannt geworden ist die GfK vor allem durch seinen Konsumklimaindex und durch die Ermittlung der Einschaltquoten im Fernsehen. Die GfK geriet 2016 in wirtschaftliche Schwierigkeiten. Als Folge davon wurde mit der amerikanischen Beteiligungsgesellschaft KKR ein weiterer „Anker-Investor" installiert.

o) Medienindustrie

Keine Wirtschaftsbranche hat sich seit den letzten Jahrzehnten des 20. Jahrhunderts so gewandelt wie die Medienindustrie. „Klassische" Printmedien, aber auch inzwischen „traditionelle" Funk-Medien wie Radio und Fernsehen gerieten zunehmend durch die „Neuen Medien" (vor allem durch das Internet und durch die vielseitig einsetzbaren Smartphones) in Konkurrenzdruck. Dieser Druck wird umso stärker, je jünger die Verbraucher sind. Auch wissenschaftliche „Desk-Recherchen" finden hauptsächlich im Internet statt. Als Reaktion darauf sind inzwischen auch die Fernsehstationen und Print-Medien mit Internetauftritten und mit „Aps" (Applikationen) im Smartphonegeschäft vertreten. Die meisten Bücher, Zeitschriften und Zeitungen („Print-Medien") stehen den Benutzern inzwischen auch digital zur Verfügung. Hinzu kommen in jüngster Zeit die Instrumente der KI (Künstliche Intelligenz), die selbstständig, fast schon „kreativ" arbeiten.

Print-Medien

Das **Buchverlagswesen** war lange Zeit mittelständisch orientiert gewesen, aber auch hier bilden sich größere Verlagsgruppen, z. B. Beck (München), die zum Bertelsmann-Konzern gehörende Random House Verlagsgruppe (München), die Verlagsgruppe Holtzbrinck (Stuttgart, u. a. mit Droemer Knaur, Kiepenheuer & Witsch, S. Fischer und Rowohlt) und die schwedische Bonnier-Gruppe (München, mit Piper und Ullstein einschließlich der Ullstein-Marke Econ).

Im Januar 2014 meldet der Weltbild-Verlag (Augsburg) Insolvenz an. Der Weltbild-Verlag war der zweitgrößte Buchhändler in Deutschland. Die Eigentümer (12 Bistümer sowie weitere Einrichtungen der katholischen Kirche in Deutschland) waren aber nicht mehr bereit, das hochdefizitäre Unternehmen zu finanzieren. Wie viele andere Unternehmen der Branche hatte auch Weltbild deutlich an Marktanteilen gegenüber dem Online-Handel (z. B. an das amerikanische Unternehmen Amazon) verloren. Im Juli 2014 entschloss sich die Droege International Group AG des Düsseldorfer Milliardärs Walter Droege zur Übernahme der Weltbild-Verlagsgruppe.

Das Bibliographische Institut war sowohl in der Bundesrepublik als auch in der DDR (als „Bibliographisches Institut Leipzig") weitergeführt worden. Nach der Wiedervereinigung wurde 1991 auch das Bibliographische Institut Leipzig von den Mannheimern übernommen. Schon in den ersten Jahren des 20. Jahrhunderts hatte sich das Bibliografische Institut in Mannheim eine Mehrheitsbeteiligung an dem Duden-Schulbuchverlag gesichert. Die Rechte am Markennamen „Brockhaus" wurden 2008 verkauft. 2009 wurde die Cornelsen Verlagsgruppe neuer Eigentümer am Bibliographischen Institut. Der Schulbuchverlag Cornelsen, der 1991 schon den ehemaligen VEB „Volk und Wissen" in (Ost-) Berlin übernommen hatte, verlegte den Konzernsitz nach Berlin und führte von da aus auch die historischen Buchlinien von Duden, Volk und Wissen sowie dem Bibliographischen Institut fort, allerdings teilweise nur noch als Markennamen.

Der 1953 in Bergisch Gladbach gegründete Verlag Bastei Lübbe war vor allem durch seine Romanheft-Serien (z. B. „Jerry Cotton" oder „Lassiter") bekannt geworden. Im Jahre 2010 gehörte Bastei Lübbe zu den Unternehmen, die ihren Sitz im umgestalteten ehemaligen Carlswerk-Gelände in Köln-Mülheim bezogen. Drei Jahre später ging die inzwischen nach Köln umgezogene Bastei Lübbe AG an die Börse. Der Verlag hatte sich inzwischen zu einem Vollverlag mit Angeboten auch im Hörbuchsektor und im digitalen Bereich gewandelt.

Im **Zeitungsbereich** dominierten auch nach der Wiedervereinigung die Regionalzeitungen. Dabei wurde zunehmend die Tendenz beobachtet, dass die frühere regionale Vielfalt zurückging. Seit den 90er Jahren waren häufig in einer Stadt bzw. Region nur noch eine, höchstens zwei Regionalzeitungen anzutreffen. Wie die regionalen, so hatten auch die überregionalen Tageszeitungen mit Auflagenrückgängen zu kämpfen. Die „Frankfurter Rundschau" musste 2013 ein Insolvenzverfahren anmelden.

Der Springer-Konzern mit seinen „Flaggschiffen" „Bild" und „Welt" verlegte nach der Wiedervereinigung seinen Sitz nach Berlin erweiterte seinen Tätigkeitsbereich kontinuierlich, vor allem bei Tageszeitungen, TV- und Radiosendern und im Online-Bereich.

Die Gruner+Jahr GmbH & Co, KG (1965 in Hamburg gegründet und seit 2014 im Eigentum des Bertelsmann-Konzerns) ist das größte Druck- und Verlagshaus Europas. Seine bekanntesten Publikationen sind - nach wie vor – die gemäßigt-progressive Illustrierte „Stern" und das Management-Magazin „Capital".

Die Spiegel-Verlagsgruppe in Hamburg befindet sich größtenteils in der Hand einer Beteiligungsgesellschaft für Spiegel-Mitarbeiter, aber auch Bertelsmann und die Erben des Spiegel-Gründers Rudolf Augstein sind beteiligt. Das Flaggschiff des ist nach wie vor das namensgebende Nachrichtenmagazin „Der Spiegel", das auch durch die seit 1993 erscheinende Konkurrenzzeitschrift „Focus" aus dem Burda-Verlag (Hubert Burda Medien Holding KG) kaum an Einfluss auf die öffentliche Meinung verloren hat. Der Spiegel vertritt im Zweifel „linksliberale", der Focus eher „rechtsliberal-konservative" Standpunkte. Beide Zeitschriften konzentrieren sich nicht nur auf ihr wöchentliches Zeitschriften-Magazin, sondern betreiben darüber hinaus ihre Online-Plattformen und Fernsehproduktionen.

Die Presselandschaft deckt auch im neuen Jahrtausend immer wieder Missstände auf. Ein prägnantes Beispiel hierfür war die Recherche des Nachrichtenmagazins Der Spiegel im Juli 2017, welche die Absprachen der großen deutschen Autokonzerne bezüglich Lieferanten, Strategien, Techniken und Kosten an die Öffentlichkeit brachte. Andererseits war der Spiegel selber von einer Medienaffäre betroffen, als 2018 bekannt wurde, dass der vielgepriesene Spiegel-Redakteur Claas Relotius mehrere seiner „Reportagen" frei erfunden hatte.

Neben diesen politisch engagierten Zeitschriften existiert nach wie vor eine unübersichtliche Vielfalt von Fachzeitschriften für Berufe und Hobbys sowie von Zeitschriften, die dem Bereich „Unterhaltung" zuzuordnen sind.

Das größte Medienunternehmen Deutschlands ist die **Bertelsmann AG** (inzwischen Bertelsmann SE & Co. KGaA), ein nicht an der Börse notierter Medienkonzern aus Gütersloh, der auf einen 1835 von Carl Bertelsmann gegründeten christlich orientierten Verlag zurückgeht. Über den Mehrheitseigentümer, die Bertelsmann-Stiftung, über weitere Stiftungen und durch direkte Beteiligungen gehört die Verlagsgruppe mehrheitlich der Unternehmerfamilie Mohn.

Zum Bertelsmann-Konzern gehören nicht nur der Gruner + Jahr Zeitschriftenverlag und die Verlagsgruppe Random House, sondern auch die RTL-Group. Bertelsmann vermarktet unter dem Markennamen BMG die Rechte an den Ton- und Filmaufnahmen von mehr als 200 Künstlern.

Radio, Fernsehen und Film

Die RTL Group SA (abgeleitet aus Radio Télé Luxembourg) ist der größte europäische Betreiber von werbefinanziertem Privatfernsehen und Privatradio mit Hauptsitz in Luxemburg. In Deutschland betreibt sie den größten Privat-**Fernsehsender**, RTL Deutschland (zu dem neben den RTL-Sendern auch Vox und ntv gehören). Ein großer Teil der Sendezeit wird mit (täglichen) Soap-Operas, Reality-Entertainment und Shows (oft mit „unternehmenseigenen RTL-Stars", die in diesen Shows gegenseitig zu Gast sind) gefüllt. Aber auch die 1964 von Bertelsmann gekaufte UFA ist heute ein Tochterunternehmen der RTL-Group.

Der größte private Konkurrent der RTL-Group im Fernsehsektor ist in Deutschland die ProSiebenSat.1 Media AG (seit 2015 SE), ein Konzern, der die deutschen Fernsehsender ProSieben, Sat.1, kabel eins, N24 und 9Live unter einem Dach vereinte. Firmensitz ist in Unterföhring. Haupteigentümer des Unternehmens waren seit 2006 die Private Equity-Unternehmen Permira und KKR. Unabhängige Börsenbeobachter kritisierten seit der Übernahme den kleiner werdenden Eigenkapitalanteil der ProSiebenSat.1 Media AG. Die Fernsehgesellschaft wurde im Jahre 2013 von den Eigentümern an die Börse gebracht. Im Zuge dieses Börsengangs stiegen die bisherigen Hauptaktionäre, die Finanzholdings KKR und Permira, aus dem Unternehmen aus; die meisten Aktien befanden sich anschließend in Streubesitz. Zum größten Anteilseigner wurde im weiteren Verlauf die von dem 2023 verstorbenen Medienmogul und Politiker Silvio Berlusconi kontrollierte italienische MFE. Ungefähr gleichzeitig wurde die Strategie des Unternehmens neu ausgerichtet: Im traditionellen Fernsehgeschäft wurden Kosten gesenkt, was vor allem an der vermehrten Ausstrahlung preiswerter Casting-Shows und Rality-Soaps sowie an den ständig wiederholten Folgen amerikanischer TV-Serien („Navy CIS", „Hawaii Five-0" etc.) erkennbar war. Aufgrund des hohen Beliebtheitsgrads der Serien ging diese Strategie zuerst auf; im Jahre 2018 musste ProSiebenSat.1 Media allerdings seinen Platz im DAX räumen. Der Sender 9Live war schon 2011 eingestellt worden; der Nachrichtensender N24 wurde 2013 an den Axel Springer Verlag verkauft.

Einen großen Teil des Konzernumsatzes von ProSiebenSat.1 Media steuerten die konzerneigene Künstler- und Sportvermarktung und das Digitalgeschäft (z. B. mit Beteiligungen an der Internet-Plattform Verivox und an der ParshipMeet-Group mit den Online-Partnervermittlungsplattformen Parship und Elite Partner) bei. Schließlich beteiligt sich ProSiebenSat1.Media SE auch an Start-up-Unternehmen, denen sie anschließend Werbeflächen im Programm zur Verfügung stellt. Das erste erfolgreiche Start-up-Unternehmen aus dieser Zusammenarbeit war das Schuhhandelsunternehmen Zalando.de. Zur Förderung weiterer digitaler Start-ups wurde 2015 eine Zusammenarbeit mit dem Verlagskonzern Axel Springer vereinbart.

In Deutschland (und in den europäischen Nachbarländern) existieren darüber hinaus immer noch die staatlichen Fernsehprogramme, die sich durch höhere Ansprüche und Seriosität auszeichnen, gegenüber den Privaten aber an Bedeutung eingebüßt haben. Trotzdem liegen die öffentlich-rechtlichen Sendeanstalten der ARD und des ZDF (Mainz) insgesamt in der Gunst des Publikums noch vor dem beliebtesten deutschen Privatsender RTL.

Deutsche **Filmgesellschaften** erreichten auch nach dem Zweiten Weltkrieg immer wieder internationale Achtungserfolge, sind aber den amerikanischen Gesellschaften in und um Hollywood (Disney, Warner Brothers etc.) finanziell deutlich unterlegen.

Die Bertelsmann-Tochtergesellschaft UFA produzierte vor allem Serien („Gute Zeiten – schlechte Zeiten") und Infotainment („Deutschland sucht den Superstar"), später aber auch wieder Spielfilme wie die Romanverfilmung „Der Medicus", die filmischen Biografien „Grzimek" und „Elli Beinhorn – Alleinflug" oder die Mini-Serie „Charité". Das „historische Erbe" der Ufa (einschließlich der Rekonstruktion alter Filme vor 1966) wurde von der öffentlich-rechtlichen Friedrich-Wilhelm-Murnau-Stiftung in Wiesbaden übernommen.

Zu den deutschen Konkurrenten der Ufa gehören zwei Münchener Filmgesellschaften: Die Constantin-Film war 1950 als Filmverleih-Gesellschaft (als Schwestergesellschaft der Rialto-Filmproduktion) gegründet worden. Ab 2002 wurde Constantin sukzessive von der Schweizer Highlight Communications aufgekauft. Zu den bekanntesten Filmen des neuen Jahrtausends gehören „Der Schuh des Manitu", „Das Parfum" und „Fack ju Göhte".

Die Bavaria Film (gegründet 1919) war 1942 bis 1956 im Besitz der Ufa, gehört seitdem größtenteils den Sendeanstalten der ARD. Sie war vor allem als Fernsehproduktionsgesellschaft („Raumpatrouille", „Marienhof", „Montagsmaler", „Das große Deutschland-Quiz"), aber auch als Kinofilmproduzentin („Das Boot", „Schtonk", „Bibi Blocksberg") erfolgreich.

Das **Radio** hatte seit dem Aufkommen des Fernsehens ständig an Zuhörern verloren. Es erfüllt aber nach wie vor seine Funktion als Informations- und Unterhaltungsmedium insbesondere dann, wenn die Umstände das Anschauen eines Bildschirms nicht zulassen, z. B. beim Autofahren oder als akustischer Hintergrund am Arbeitsplatz. Seit der Liberalisierung der Wirtschaft gegen Ende des 20. Jahrhunderts herrscht auch im Radiobereich ein Nebeneinander von öffentlich-rechtlichen und privaten (häufig regionalen) Sendern. Sowohl im Informations- als auch im Unterhaltungsmarkt litten aber alle Fernseh-und Radiosender seit den 2010er Jahren durch die aufkommende Konkurrenz der modernen Kommunikationsmedien, die naturgemäß vor allem von jungen Menschen genutzt wurden und werden:

Diese **modernen Kommunikationsmittel** wurden erst durch das Internet mit seinen Streamingdiensten, Nachrichtendiensten, Video-Portalen und den sozialen Medien ermöglicht. Amerikanische Streaming-Dienste wie Netflix, Amazon Prime oder Disney+ (Video-Streaming), Apple Music und das schwedische Spotify (beides Audio-Streaming-Unternehmen) beherrschen den Markt. Streaming-Dienste verfügen in der Regel über große Mediatheken, deren Inhalte von den Nutzern selbstständig, vor allem zu jeder beliebigen Zeit, abgerufen werden können, und bieten darüber hinaus auch Eigenproduktionen an. Die Audio-Streaming-Dienste von Amazon und Apple können die Audio-Dateien (insbesondere Musikdateien) darüberhinaus auch auf konzerneigenen Endgeräten wie „Alexa" (Amazon) oder „Siri" (Apple) wiedergeben. Diese Aktiv-Lautsprecher erfüllen darüberhinaus die Funktion als „intelligenter persönlicher Assistenten", die z. B. Antworten auf viele (die meisten) Fragen der Besitzer verkünden können.

Weitere Video-Portale wie das amerikanische YouTube (von Google) oder das chinesische TikTok bieten kostenlose Video-Clips an, die sich insbesondere bei jüngeren Benutzern großer Beliebtheit erfreuen. Soziale Netzwerke wie Facebook und Instagram und Nachrichten-Streamingdienste wie twitter/ X (alle aus den USA) bieten jede Art von digitaler Kommunikation (einschließlich der digitalen Selbstdarstellung) und wurden bzw. werden zunehmend auch als kommunikationspolitisches Instrument von Betrieben und Politikern genutzt. Problematisch sind und bleiben dabei vor allem der Datenschutz und die oftmals ungehinderte Verbreitung von Falschmeldungen („fake news").

Unterhaltungselektronik: Spielekonsolen und Audio-Medien

Der Bereich der Unterhaltungselektronik wird ebenfalls von ausländischen Konzernen dominiert:

Im Markt der Spielekonsolen sind die japanischen Firmen Sony und Nintendo marktführend. Auch Spielekonsolen bieten Kommunikationsforen im Netz an.

In der Musikbranche existieren derzeit drei große Major Labels, die mit einem Marktanteil von rund 80 Prozent den Weltmarkt beherrschen. Dazu gehören die Universal Music Group (Hilversum/ Niederlande, operative Geschäftleitung in Santa Barbara, Kalifornien), die Warner Music Group (USA) und die Sony Music (New York, im Besitz der japanischen Sony-Gruppe), die 2004 unter dem Namen BMG als Joint-venture von Sony und Bertelsmann gegründet wurde. Inzwischen gehört der Musikverlag alleine Sony, während Bertelsmann sich unter dem alten Markennamen BMG die Rechte an der Musik gesichert hat. Die ehemals in Deutschland führenden Plattenlabels wurden allesamt Bestandteile dieser drei Global Player: Noch im alten Jahrhundert gelangten die Deutsche Grammophon Gesellschaft zu Universal und Teldec zu Warner Music. Ariola war Gründungsbestandteil von Sony-BMG geworden.

p) Freizeitindustrie

Der Freizeitbereich wurde schon mehrfach angesprochen, insbesondere ist er ein integrativer Bestandteil der Medienindustrie. Daher beschränken sich die folgenden Ausführungen auf Bereiche mit aktiven Tätigkeiten in der Freizeit: den Tourismus, den Sport und die Erotik.

Touristik

Insgesamt sind Tourismus-Industrie und Ziele in Deutschland sehr vielfältig, Deutschland gehört zu den 10 meistbesuchten Länder der Welt, per Saldo aber wird ein negativer Beitrag zur Leistungsbilanz erwirtschaftet – es gibt also mehr deutsche Urlauber im Ausland als umgekehrt.

Nach einer Umfrage der Deutschen Zentrale für Tourismus im Jahre 2017 lag bei den Reisezielen der ausländische Touristen in Deutschland das „Miniatur Wunderland Hamburg" (eine riesige Modelleisenbahnanlage mit mehreren Modellbauthemen in der Hamburger Speicherstadt) an erster Stelle. Die am zweithäufigsten besuchte Sehenswürdigkeit war der Freizeitpark „Europapark Rust", gefolgt von dem Schloss Neuschwanstein. Das erste Industriedenkmal lag auf Platz 70: die Zeche Zollverein in Essen, eine ehemalige Steinkohlenzeche, die als Standort des „Ruhrmuseums" eine neue Verwendung gefunden hat. Auf Platz 79 lag mit der Wuppertaler Schwebebahn der meistbesuchte noch aktive Wirtschaftsbetrieb.

Nach Bundesländern unterteilt, wurden die an das Meer angrenzenden Länder (Mecklenburg-Vorpommern, Schleswig-Holstein, Niedersachsen) und Bayern am häufigsten bereist; bei den Städtetrips lag Berlin vorn. International lag Spanien mit deutlichem Vorsprung an der Spitze, auf Fernreisen flogen die Deutschen am häufigsten in die USA.

Von Bedeutung ist auch der Kulturtourismus, der von Ausstellungen und Museen lebt. Auch hier gibt es Highlights wie die MET-Ausstellung (Metropolitan Museum of Arts) in der Kunsthalle Berlin 2004, die Caspar-David-Friedrich-Ausstellung in Essen (Folkwang-Museum, 2006) oder die Rubens-Ausstellung in Wuppertal (Von-der-Heydt-Museum 2012). Häufig unterstützen sich hier Museen an unterschiedlichen Orten gegenseitig.

Ein weiteres beliebtes Freizeitziel im Bereich des Kulturtourismus' sind die Musicals, insbesondere, wenn sie aus der Feder von Andrew Lloyd Webber stammen: „Jesus Christ Superstar", „Phantom der Oper", „Starlight Express" etc. Millionen von Besuchern jährlich fahren zu den oftmals eigens für ein Musical konzipierten Hallen (z. B. zur Starlight-Halle in Bochum).

Seit etwa zur Mitte der 2010er Jahre wurde auch im Tourismusbereich ein verstärkter Wert auf die Nachhaltigkeit gelegt. Kritik am Tourismus wurde aber nicht nur aufgrund seiner Umweltschäden laut, immer häufiger geraten Tourismus-Zentren in eine Kostenfalle: Neben einer Vielzahl von Hotels werden auch immer häufiger Wohnungen zu Ferienwohnungen umfunktioniert, weil dies zu bedeutend höheren Einkünften der Vermieter – und zu höheren Mietkosten insgesamt - führt. Die eigentlich in diesen Zentren beheimatete Bevölkerung hingegen kann die Lebenshaltungskosten, insbesonder die Kosten für die eigene Wohnung, kaum noch aufbringen.

Bis 1997 war die **Preussag AG** ein Mischkonzern mit den Schwerpunkten Bergbau und Schwerindustrie. Dann wurde die Salzgitter AG verkauft und die HAPAG-Lloyd AG zugekauft. In den beiden nächsten Jahren übernahm die Preussag AG den Touristikkonzern TUI und änderte 2002 ihren eigenen Namen in **TUI AG**.

Das Unternehmen brachte damit seinen Wandel vom Schwerindustrie- zum Freizeit- und Logistikkonzern zum Ausdruck. Die TUI AG übernahm 2007 auch das englische Touristikunternehmen „First Choice". Die Touristik-Tochter „TUI Travel" verlegte daraufhin ihren Sitz nach London. Die höchsten Steigerungsraten innerhalb des Konzerns konnten seit Anfang des Jahrtausends die Kreuzfahrten des 50%-igen Tochterunternehmens TUI Cruises verbuchen. Die HAPAG-Lloyd hingegen wurde 2007 wieder verkauft.

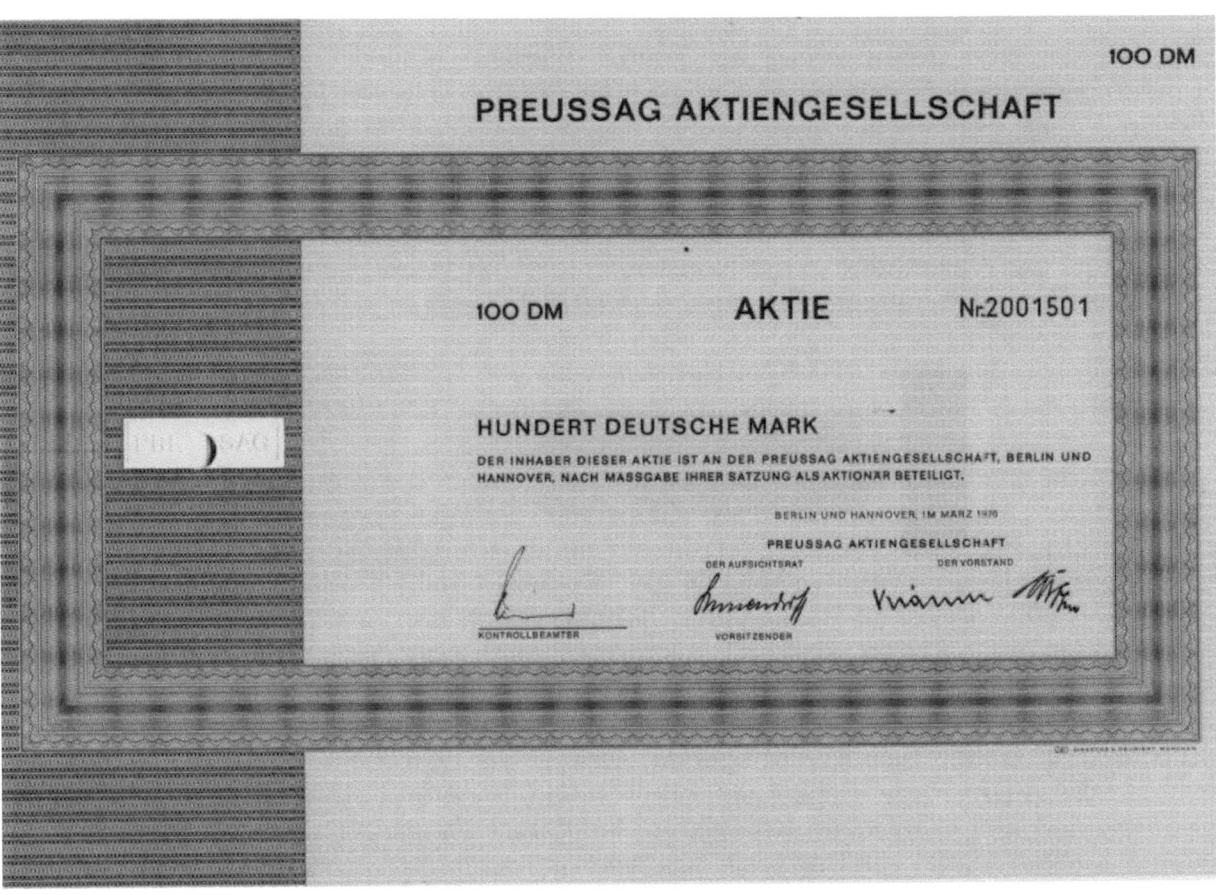

Der Lebensmittel-Handelskonzern Rewe war erst 1988 in den Markt der Pauschalreiseveranstalter eingestiegen. Aber schon kurz nach der Jahrtausendwende wurde Rewe zum zweitgrößten Pauschalreiseangebot in Deutschland (nach TUI, vor Thomas Cook). Ab 2013 bündelte Rewe seine Veranstalter (u. a. Jahn Reisen, Dertour, Meier's Weltreise, ITS und ADAC-Reisen) unter der Dachmarke „**DER Touristik GmbH**".

Der drittgrößte deutsche Touristikkonzern war **Thomas Cook** (der nach dem 1841 gegründeten Touristik-Pionier benannt war). 1998 hatten die Lufthansa, KarstadtQuelle (mit Neckermann) und die Charterfluggesellschaft Condor das Unternehmen „C&N Touristik" gegründet, das 2002 Thomas Cook aus England zukaufte. 2007 wurde auch das englische MyTravel übernommen werden; der Sitz der damit entstandenen Thomas Cook Group plc. (zu 52% im Besitz von KarstadtQuelle, zu 48 % im Besitz der My Travel Group) wurde nach London verlegt. In Deutschland war die Thomas Cook AG als 100%-ige Tochter der Thomas Cook Group plc. aktiv.

2019 scheiterten Gespräche zur Übernahme des Konzerns durch Finanzinvestoren. In der Folge mussten im September 2019 zuerst der englische Mutterkonzern, dann auch die deutsche Tochtergesellschaft Insolvenz anmelden. Der Name (die „Firma") Thomas Cook wurde – ebenso wie die Marke „Neckermann Reisen" - an ausländische Tourismusunternehmen verkauft. Die Fluglinie Condor, die zur deutschen Thomas Cook GmbH gehörte, konnte mit einem staatlichen Überbrückungskredit im Rahmen eines „Schutzschirmverfahrens" weiter fliegen. 2020 sollte sie an die polnische Fluggesellschaft Lot verkauft werden, die jedoch aufgrund der aufkommenden Corona-Krise selber in Liquiditätsprobleme geriet und vom geplanten Kauf der Condor zurücktreten musste. Nach einem Moratorium wurde das Schutzschirmverfahren zum Dezember 2020 beendet. In dem Moratorium verzichteten die Gläubiger auf Forderungen in Milliardenhöhe. Damit war die Condor mit Ausnahme eines KfW-Kredits vollständig entschuldet.

Zu den kleineren Unternehmen der Touristikbranche zählt die AG Ems, eine 1843 in Emden gegründete Reederei, welche die Insel Borkum linienmäßig (von Emden und vom holländischen Eemshaven aus) anfährt, darüber hinaus aber auch die Borkumer Kleinbahn sowie zwei Hotels auf Borkum betreibt und an der „OLT" (Ostfriesische Lufttransport GmbH) beteiligt ist. Die AG Ems geriet im August 2008 in die Schlagzeilen, als ihr Passagier-Katamaran „Polarstern" auf der Fahrt von Helgoland nach Emden die Windstärke und die Wellenhöhe in der Nordsee unterschätzte und schwer beschädigt wurde. Dabei wurden auch mehrere Passagiere verletzt, z. T. sogar schwer.

Der internationale Markt der **Kreuzfahrten** wird von US-amerikanischen Unternehmen dominiert; die Schiffe selber fahren üblicherweise unter „Billig-Länder-Flaggen".

1996 wurde durch die Deutsche Seereederei in Rostock der Kreuzfahrtgedanke neu belebt. Mit der „AIDA" wurde das erste „Clubschiff" der Welt vorgestellt. Die spätere AIDA Cruises Ltd. P&O war Wegbereiter für ein neues Kreuzfahrtkonzept. Vor allem in der Papenburger Meyer-Werft wurden in der Folgezeit mittelgroße Kreuzfahrtschiffe mit 2.000 – 3.000 möglichen Passagieren gebaut. Durch den ausdrücklichen Verzicht auf Dresscodes (auf anderen Schiffen insbesondere beim Abendessen oder beim „Captain"s Dinner" verbindlich vorgeschrieben), durch umfangreiche Freizeitangebote und durch eine All-Inclusive-Verpflegung öffnete die Kreuzfahrtgesellschaft ihr Angebot für weitere Zielgruppen. Galten bisher vermögende Rentner als typische Kreuzfahrt-Reisende, so wurden die AIDA-„Party"-Schiffe vornehmlich von jüngeren Leuten genutzt. 2003 wurde Aida an den amerikanischen Kreuzfahrt-Marktführer Carnival Corporation verkauft und wurde zu einer Marke von Carnivals italienischer Tochtergesellschaft Costa Crociere.

2008 kam die TUI Cruises GmbH, ein Joint Venture der TUI (Hannover) und der Caribbean Cruises Ltd (USA, zweitgrößter Kreuzfahrtkonzern der Welt), als weiterer Wettbewerber hinzu, der auf ein ähnliches Angebot wie AIDA setzte, jedoch durch den bewussten Verzicht auf Animation und einen noch weiter gehenden All-Inclusive-Service neben den jüngeren AIDA-Kunden auch wieder die traditionellen älteren Kreuzfahrer sowie Familien mit Kindern ansprach. Die Schiffe („Mein Schiff") wurden in der Regel von der Meyer-Turku-Werft gebaut, der finnischen Tochtergesellschaft der Meyer-Werft, und fahren unter maltesischer Flagge. 2020 erwarb TUI Cruises von der TUI die traditionsreiche Hapag-Lloyd-Cruises.

Da die Kreuzfahrtschiffe bis in in die ersten 20 Jahre des neuen Jahrtausends grundsätzlich mit Schweröl betrieben wurde, erlebten die Reedereien nicht nur Probleme durch die Corona-Ausfallzeiten, sondern auch durch Proteste von Umweltschützern. Die Reedereien reagierten darauf mit dem Einbau von Filtern und stellten bei einigen neueren

Schiffen ihren Treibstoff auf Flüssiggas um. Außerdem wurde mit Brennstoff-Zellen-Antrieben experimentiert.

Bedingt durch Steuervorteile in einigen anderen Ländern, fuhr seit 2015 kein großes Kreuzfahrtschiff mehr unter deutscher Flagge. (Auch die „Deutschland", bekannt als das „Traumschiff" im Zweiten Deutschen Fernsehen, wurde 2015 nach der der Insolvenz der Reederei Deilmann in die USA verkauft und auf die Bahamas „umgeflaggt".)

Seit den 90er Jahren floriert auch die **Fluss-Kreuzschifffahrt**. Auch hier lag die Pionier-rolle bei der AIDA, genauer gesagt, bei ihrem Schwesterunternehmen, der A-ROSA. Die Arosa-Schiffe (gebaut in den Anlagen der inzwischen auch zur Meyer-Werft gehörenden ehemaligen Neptun-Werft in Rostock) spiegelten den Komfort der AIDA-Seeschiffe wider und legten auch einen hohen Wert auf die organisierten Landausflüge, da naturgemäß das Freizeitangebot der Flussschiffe mit den Seeschiffen nicht mithalten kann. 2009 wurde die A-Rosa Flussschiff GmbH in Rostock durch ein „Managemen-buy-out" (Ankauf eines Konzernteils durch die entsprechenden Manager) ein selbstständiges, nicht mehr konzernabhängiges Unternehmen.

Auch die Ausflugsschifffahrt auf den deutschen Flüssen und Kanälen erfreut sich nach wie vor an der konstanten Nachfrage. Eine Besonderheit kann dabei die Personenschiff-fahrt in Dresden aufweisen: Ihre Flotte besteht größtenteils noch aus Dampfschiffen.

Die traditionsreiche Köln-Düsseldorfer Deutsche Rheinschiffahrt AG (KD) hingegen stand im Jahre 2008 in der Kritik, weil sie ihr einziges Dampfschiff, die 1913 gebaute „Goethe", in ein dieselbetriebenes Schiff umbaute. Im Jahre 2017 wurde KD von ihrem Haupteigentümer, der KD River Invest (einer Tochtergesellschaft der schweizerischen River-Advice-Gruppe) zu 100 % übernommen. Da gleichzeitig die Aktie von der Börse genommen und in eine GmbH umgewandelt wurde, endete die längste Börsennotierung einer deutschen Aktie: Die Preussisch-Rheinische Dampfschiffahrt, Köln, eins der beiden Vorgängerunternehmen der KD, war seit 1832 börsennotiert gewesen.

Hier soll selbstverständlich nicht vergessen werden, dass der Tourismusbereich auch von einer großen Anzahl kleinerer Unternehmen getragen wird, z. B. die als Hotel- ober Ferienhausbetrieb oftmals sogar nebenberuflich betrieben werden.

Der stabile Tourismus-Markt sorgt auch für das Florieren von verwandten Branchen. Ein Beispiel dafür ist die 1961 in Oldenburg gegründete **CeWe Color Holding AG**, welche vor allem in Kooperation mit großen Drogerie- und Handelsketten die Produktion von Digitalbildern und – mit geringer werdendem Anteil – von analogen Fotografien (Fotofinishing) durchführt.

Sport

Eine rasante Entwicklung innerhalb der Freizeitindustrie nahm der Sport, und das in mehreren Dimensionen: Zuvorderst entwickelten sich sportliche Großveranstaltungen (Olympische Spiele, Fußball-Weltmeisterschaften) zu einem ernst zu nehmender Konjunktur- und Infrastrukturfaktor. Der deutsche Spitzensport profitierte dabei zum Teil auch aus dem „Nachlass" der DDR, vor allem aus der Arbeit der 1963 gegründeten und bis heute höchst erfolgreichen **FES** (Institut für Forschung und Entwicklung von Sportgeräten, Berlin, bekannt vor allem durch Entwicklungen im Bob- und Radrennsport).

Das Interesse der Öffentlichkeit hat sich im Verlauf der letzten Jahrzehnte gewandelt: Eine Zeitlang konzentrierte sich dieses Interesse immer mehr auf den (Männer-) Profi-Fußball; doch (vielleicht verursacht durch die monotone Dominanz des FC Bayern München in der Bundesliga seit Mitte der 2010er Jahre sowie durch die fast genauso lange andauernde Erfolglosigkeit der Nationalmannschaft) rückten zunehmend auch Sportarten mit Event-Charakter (wie der Motorsport), in neuerer Zeit auch die ursprünglich amerikanischen Sportarten American Football und Basketball sowie, im Winter, Biathlon und Skispringen kontinuierlich in den Blickpunkt.

Für den (Männer-) **Fußball**-Spitzensport bedeutete das z. B. deutliche Steigerungen bei den Honoraren für Fernseh-Übertragungsrechte Der Fußball-affine Umsatz bei den Sportartikelherstellern und bei den Sportwetten erhöhte sich, und auch bei den Groß-Sponsoren setzte eine Verhaltensveränderung ein. Selbst zweit- und drittklassige Fußballvereine verfügen häufig über höhere Sponsorengelder als Spitzenvereine anderer Sportarten. Der Bayer-Konzern konzentrierte sich ab 2008 in seiner bis dahin sehr breit gestaffelten Sportförderung auf den Fußballverein „Bayer 04 Leverkusen".

Die meisten Fußball-Bundesligisten wurden darüber hinaus selber bedeutsame Wirtschaftsfaktoren. In der Regel haben sie haben ihre Profi-Fußball-Abteilung in AGs oder KGaAs ausgegliedert. Wegbereiter dafür war in Deutschland 1999 die Borussia Dortmund GmbH & Co. KGaA, die seit 2000 börsenmäßig notiert ist. Diese Börsenpräsenz war die Grundlage für einen bemerkenswerten Vorfall im Jahre 2017: Am 11. April dieses Jahres wurde ein Champions-League-Pokalspiel von Borussia Dortmund verschoben, weil der Vereinsbus durch ein Bombenattentat beschädigt und zwei Menschen, darunter ein Fußballspieler der Borussia, verletzt wurden. Das Attentat stellte sich als Versuch der Beeinflussung des Aktienkurses der Borussia Dortmund GmbH & Co. KGaA heraus. Der kriminelle Spekulant hatte sich aber mit seinen Handlungen nicht nur verspekuliert, er wurde anschließend auch gefasst, weil seine Depotbank, die Commerzbank-Tochter „Comdirekt", den auffälligen Deal an die Finanzaufsicht BAFIN gemeldet hatte. Die Put-Geschäfte des Spekulanten hatten den normal üblichen Wert an vergleichbaren Put-Geschäften um ein Vielfaches übertroffen.

Einen besonderen Weg der Öffentlichkeitsarbeit durch Sportförderung ging der 2022 verstorbene österreichische Unternehmer D. Mateschitz, der sein Produkt „Red Bull" nicht nur im Fußball („RB Leipzig"), sondern auch im (ebenfalls sehr öffentlichkeitswirksamen) Motorsport sehr offensiv bewarb.

*Eine Besonderheit in der Sportwelt stellt die Entwicklung der unterschiedlichsten „**Fun-Sportarten**" (z. B. Sportklettern, Skateboardfahren oder Ski-Freestyle) dar, die ein sehr engagiertes junges Publikum haben, was von den PR-Managern der Wirtschaftsbetriebe durchaus erkannt worden ist. Manche anderen traditionellen Sportarten hingegen fristen in der Wahrnehmung der Öffentlichkeit nur noch ein Randdasein; in den lokalen oder regionalen Hochburgen dieser Sportarten findet sich aber doch immer wieder ein Sponsor aus der lokalen oder regionalen Wirtschaft.*

Insbesondere der **Automobilrennsport** erreicht immer wieder ein hohes Interesse. Alle deutschen Automobilhersteller waren und sind auch im Rennsport aktiv. Opel und Ford waren insbesondere im Rallye-Sport immer wieder mit Teams vertreten; dabei konnte Opel allerdings nicht mehr an die Erfolge der 1980er Jahre (Rallye-Weltmeister 1982 mit Walter Röhrl am Steuer) anknüpfen und stellte zu Anfang des neuen Jahrtausends die Rallye-Aktivitäten ein. 2006 und 2007 gewann ein Ford Focus RS WRC von Ford Europa die Hersteller-Weltmeisterschaft. 2012 zog sich auch das Werksteam von Ford aus der Rallye-Weltmeisterschaft zurück.

Im zweiten Jahrzehnt des 21. Jahrhundert wurden die Karten im Rallye-Sport neu gemischt: 2009 – 2011 gewann VW mit seinem „Touareg" die Rallye Dakar, danach dominierten von 2012 – 2015 BMW-Minis. VW konnte sich dafür in die Siegerliste der Rallye-WM eintragen, und zwar 2013 bis 2016 mit einem Polo, gesteuert von dem Franzosen S. Ogier (der in den Folgejahren auf seinen Titel mit einem Ford Fiesta verteidigte). Anschließend verabschiedete sich auch das VW-Werksteam vom Automobil-Rallyesport – seit Aufkommen des „Diesel-Skandals" hatte VW andere Sorgen.

Nachdem Audi 1982 – 1984 die Rallye-Weltmeisterschaft gewonnen hatte, wandte sich das Unternehmen mehr dem Langstrecken-Prototypensport zu. Audi-Rennwagen gewannen von 2000 – 2014 dreizehn Mal die berühmten „24 Stunden von Le Mans". 2012 konnte sich Audi auf Anhieb die erstmals ausgetragene FIA-Langstrecken-Weltmeisterschaft sichern.

Porsche war zwischen 1964 und 1985 vierzehn Mal Sportwagen-Weltmeister geworden, und Mitte der 1980er Jahre feierte Porsche mit seinen „TAG"-Motoren in den Fahrzeugen des englischen McLaren-Rennstalls drei Mal die Formel-1-Weltmeisterschaft. Nach einer Phase der Zurückhaltung meldete sich Porsche zur Mitte der 2010er Jahre im „großen" Automobilsport zurück und gewann 2015 - 2017 das Langstreckenrennen „24 Stunden von Le Mans" mit einem 919-Hybrid-Modell. Danach beendete Porsche allerdings seine Werksbeteiligung an den Langstreckenrennen.

Mercedes war 1954 und 1955 Formel-1-Weltmeister gewesen (mit dem argentinischen Fahrer Juan Manuel Fangio), hatte sich aber 1955, nach einem schweren Unfall in Le Mans mit 84 Toten, bis 1987 komplett aus dem Rennsport zurückgezogen. Erst Mitte der 1990er Jahre kehrte Mercedes in die Formel 1 zurück. Von 1995 bis 2014 fuhr der englische Hersteller McLaren seine Formel-1-Rennen mit Mercedes-Motoren und stellte auch dabei mehrfach den Formel-1-Weltmeister. Im November 2009 kaufte die Daimler AG die Mehrheit am Formel-1-Rennstall Brawn GP, dem Weltmeister des gleichen Jahres. Der Rennstall wurde in „Mercedes Grand Prix" umbenannt, so dass Daimler zum ersten Mal seit 1955 wieder als Rennstallbesitzer auftrat – von Anfang an mit großem Erfolg. Von 2014 bis 2020 stellte Mercedes den Formel-1-Fahrer-Weltmeister (2016 einmal mit dem deutschen Fahrer Nico Rosberg, ansonsten mit Lewis Hamilton aus England), in den gleichen Jahren und auch noch 2021 den Konstrukteurs-Weltmeister.

BMW war in dieser „Königsklasse des Rennsports" nicht ganz so erfolgreich. Nur einmal gelang BMW eine Formel-1-Weltmeisterschaft (1981 als Motor eines Brabham-Rennwagens); schließlich zog sich BMW 2009 aus der Formel 1 zurück. (Bei den Tourenwagen war BMW erfolgreicher: Von 1966 bis 2004 war BMW neunzehn Mal Tourenwagen-Europameister, anschließend dreimal Weltmeister.)

Die deutschen Automobilhersteller beteiligten sich ab Mitte der 1910er Jahre an der „Formel E", einer Rennserie für Elektroautos. Da in der Formel 1 ab 2026 Hybridmotoren vorgesehen sind, planen Audi und Porsche mit ihren neu entwickelten Motoren einen Wiedereinstieg in diese „Königsklasse des Automobilrennsports". Nachdem fast alle deutschen Produzenten durch den „Diesel-Skandal" und die Kartell-Vorwürfe erhebliche Image-Schäden verbuchen mussten, versuchten sie durch diese Änderung ihrer Rennsport-Ausrichtung auf zukunftsweisende, umweltfreundliche Motoren ihr Ansehen in der Öffentlichkeit wieder zu verbessern.

Aber nicht nur das passive Miterleben, sondern auch das aktive Sport treiben im Breitensport führte zu stetig wachsenden Zahlen in der Wirtschaft, z. B. im Bereich der **Bekleidung und Ausrüstung**.

Ende des 20. Jahrhunderts verlor adidas auch in Deutschland seine Spitzenstellung an Nike, ist aber immer noch ein führendes Unternehmen der Branche. 2004 trennte sich adidas von dem Wintersportzweig Salomon, um ein Jahr später das Unternehmen Reebok aufzukaufen, 2021 aufgrund stagnierender Umsätze und unerfüllter Gewinnerwartungen aber wieder zu verkaufen. Adidas ist in mehrerer Hinsicht ein Prototyp für Strukturveränderung und Globalisierung. Das Unternehmen betreibt selber nur noch die Produktion an wenigen deutschen Standorten; der größte Teil der (Massen-) Produktion wird von Zulieferfirmen in den Billiglohnländern in Fernost hergestellt. In Deutschland, wo nur noch 5 % des Gesamtumsatzes erzielt werden, sind Design, Marketing und Logistik angesiedelt; die Produktentwicklung ist in drei Kontinenten vertreten und kann daher rund um die Uhr arbeiten.

Die Puma SE konzentrierte sich ab 2012 auf bestimmte Kernsportarten (Fußball, Running u. a.). 2007 wurde die Puma AG von der französischen Luxusgütergruppe „Kering" (zu der u.a. auch Magazins du Printemps und Gucci gehören) übernommen; die sich 2018 aber wieder von Puma trennte.

*Ein weiterer Bestandteil des Wirtschaftsfaktors Sport ist der Sport-Betriebsstättenbau und – Betrieb. Zu diesem Segment gehörte auch die Düsseldorfer SPOBAG. 1961 als „Sportstätten-Betriebs-Gesellschaft" gegründet und schon im Jahr darauf in eine AG umgewandelt, beschäftigte sich die SPOBAG vor allem mit dem Bau und dem Betrieb von Bowlingbahnen. 1993 wurde das Unternehmen in **SPOBAG Holding AG** umbenannt Der Geschäftszweck entwickelte sich im Laufe der Zeit hin zu Verwaltung von und Beteiligungen an Immobilien.*

Erotik-Industrie

Die Erotik-Industrie kann mit einem bisschen Fantasie als spezieller Bereich der Freizeitindustrie angesehen werden. Seit 1960 gibt es die Anti-Baby-Pille, welche – zusammen
mit der „Sexuellen Revolution" der 1960er und -70er Jahre - die Einstellung zur Sexuali-
tät völlig revolutionierte. Sie war auch ein Grund für den Aufschwung der Erotikbranche;
zum bekanntesten Namen in Deutschland entwickelte sich dabei „**Beate Uhse**".

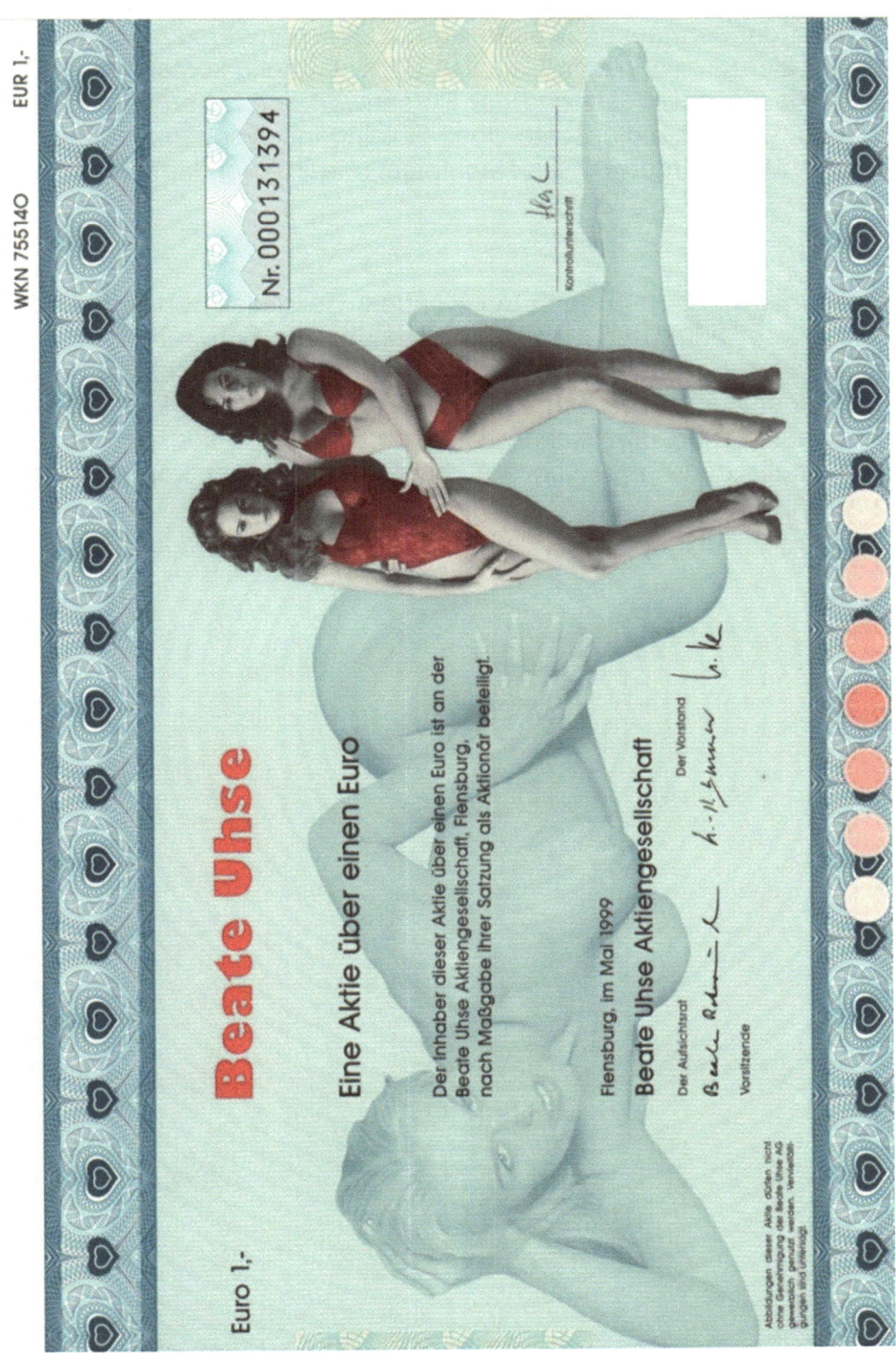

*Die abgebildete Aktie der **Beate Uhse AG** weist eine Besonderheit auf: Obwohl die Menschen in Europa erst ab dem 1. Januar 2002 mit EURO-Bargeld zahlen konnten, hatte diese Aktie schon einen
Nennwert von 1,00 EURO. Dies war möglich und sinnvoll, da der EURO als Buchgeld schon seit Januar 1999 bestand; die Kurse zwischen den einzelnen EURO-Vorgängerwährungen waren schon
festgesetzt, lediglich das EURO-Bargeld war noch nicht in Umlauf.*

Beate Uhse war Kunstflug-Pilotin und erhielt 1944 den Rang eines Hauptmanns in einem Überführungsgeschwader der Deutschen Luftwaffe. Nach dem Weltkrieg gründete sie 1951 in Flensburg das „Versandhaus Beate Uhse", das schnell zum bekanntesten deutschen Handelsunternehmen für Erotikwaren aufstieg. 1962 eröffnete sie ebenfalls in Flensburg den weltweit ersten „Sexshop"; 1981 wurde das Unternehmen in die „Beate Uhse AG" umgewandelt, 1999 folgte die Börseneinführung. Im Jahre 2001 starb die Unternehmensgründerin. Während der Sitz des Unternehmens in Flensburg verblieb, wurde das operative Geschäft in der Folgezeit in die Niederlande und nach Belgien ausgelagert. In etwa seit der Jahrtausendwende litt das Geschäft verstärkt unter der zunehmenden Konkurrenz der (zumindest im visuellen Bereich häufig kostenlosen) Erotikangebote im Internet, so dass der Umsatz und der Börsenwert des Unternehmens drastisch sanken. Im Jahre 2017 musste die Beate-Uhse-Holding Insolvenz anmelden. Im Jahre 2020 wurde die Beate Uhse Group BV als Nachfolgefirma in Veendam (Niederlande) gegründet.

Neben Beate Uhse ging 1999 auch der Kondom-Hersteller **condomi**, Köln (Gründung 1988) an die Börse. 2003 geriet condomi in finanzielle Schwierigkeiten, die sich noch verstärkten, als eine Übernahme durch die Beate-Uhse-AG nicht zustande kam. Daher musste condomi seine Markenrechte 2005 an seine polnische Tochterfirma Unimil verkaufen und erlebte einen drastischen Kurseinbruch der Aktien. Im Jahre 2007 wurde Unimil vom australischen Ansell-Konzern übernommen. „Condomi" wurde zu einem Markennamen Ansells.

Erst nach der Einführung des EURO wurden in Deutschland Stückaktien erlaubt. Die meisten deutschen AGs nutzten die Umstellung auf den EURO für eine Umstellung in Stückaktien einerseits, aber auch für die Umstellung auf eine einzige Globalaktie andererseits. Die Aktie der condomi-AG ist also eine der vergleichsweise seltenen gedruckten Stückaktien.

q) Finanzwirtschaft

Banken

(Die Zentralbanken, also die Deutsche Bundesbank und die Europäische Zentralbank-EZB sind keine „Banken" im Sinne des Gesetzes für das Kreditwesen, sondern nationale oder supranationale Institutionen und werden daher in diesem Kapitel nur in Bezug auf ihre Einwirkungen auf die Finanzmärkte behandelt.)

Das Bankwesen in Deutschland bis zur Finanzkrise 2007/08

In der Rangliste der Bedeutung der Branchen in der volkswirtschaftlichen Gesamtrechnung Deutschlands lag die Finanzwirtschaft mit 2,5 % Anteil an der Bruttowertschöpfung hinter der Gesundheitsbranche, dem Fahrzeugbau, dem Tourismus und dem Maschinenbau erst an 5. Stelle (Stand 2015). In den Nachbarländern Großbritannien, Frankreich, Irland und der Schweiz ist die Bedeutung der Finanzwirtschaft wesentlich höher.

In den 1990er Jahren erreichte die Globalisierungswelle auch die deutschen Großbanken mit voller Wucht. Ein Merkmal dafür war die Verlagerung des Geschäfts hin zum internationalen Investmentbanking, z. B. durch die Übernahme etablierter ausländischer Investmentbanken: Kleinwort Benson wurde von der Dresdner Bank, Morgan Grenfell (London) und Bankers Trust (New York) von der Deutschen Bank aufgekauft.

Seit dem Ende des 20. Jahrhunderts verlor der Finanzsektor in der Öffentlichkeit zunehmend an Ansehen. Die Gründe hierfür sind vielfältig. Einer der zeitlich frühesten Gründe war das Verhalten vieler Kreditinstitute nach der Einführung der Zinsabschlagsteuer (ZASt) 1993. Viele vermögende Bankkunden transferierten ihr Geld ins Ausland mit dem erklärten Ziel die ZASt zu umgehen – was den Tatbestand der Steuerhinterziehung erfüllte. Häufig wurde diese Kapitalflucht von den deutschen Kreditinstituten organisiert, was wiederum sowohl für die Institute selber als auch für die entsprechenden Mitarbeiter als Beihilfe zur Steuerhinterziehung gewertet wurde. Mehrfach wurden verschiedene Kreditinstitute durchsucht, zuerst die Düsseldorfer Hauptstelle der Dresdner Bank. Ermittelt wurde auch u.a. gegen die Deutsche Bank, die Commerzbank, die WestLB, die DG-Bank und andere Finanzinstitute. Diese Ermittlungen endeten oft mit Vergleichen und Geldbußen, manchmal aber auch mit Haft- und Geldstrafen für die Banken bzw. für ihre leitenden Mitarbeiter.

Steuerflucht mithilfe von Banken war aber nicht nur ein Effekt der ZASt-Einführung, sondern wurde schon vorher und nachher offenbar in großem Maße betrieben, eine intensive Verfolgung solcher Vorgänge durch die Steuerbehörden wurde erst ab dem Ende des 20. Jahrhunderts vorgenommen. Hilfreich war dabei der Ankauf von Datenträgern, die anonyme Bankmitarbeiter in den Steuerflucht-Zielländern angefertigt hatten. Ein Nebeneffekt dieser Maßnahmen der Finanzbehörden war dabei eine hohe Anzahl von Selbstanzeigen betroffener Bankkunden.

Aber auch die mangelhafte Beratung im Anlagebereich (zum Beispiel das häufige Herunterspielen der Risiken verschiedener Geldanlagen, vor allem vor der Finanzkrise), die zum Teil hoch risikobehafteten Investitionen im Auslandsgeschäft (auch von regionalen Sparkassen und Genossenschaftsbanken) und die Ausweitung des Investmentbankings mit der Folge extrem hoher Boni für die entsprechenden Investmentbanker und der weiteren Folge des nunmehr eher restriktiv gehandhabten Kreditgeschäfts sorgten für einen weiteren Abschwung im Ansehen des deutschen Finanzwesens.

Der internationale Wettbewerb erforderte von den Großbanken auch eine Anpassung an internationale Größenverhältnisse. Der Konzentrationsprozess zur Eindämmung von Kostenfaktoren gewann daher auch im Bankensektor spätestens mit dem Ende Dotcom-Blase in den 90er Jahren an Fahrt.

Am deutlichsten war diese Entwicklungen an der weiteren Geschichte der **Dresdner Bank AG** abzulesen: Das Kreditinstitut wurde 2001 für ca. 23 Mrd. EURO durch die Allianz Versicherung übernommen und daraufhin nicht mehr an der Börse notiert. Während die Dresdner Bank im Jahre 2000 noch rund 51.400 Mitarbeiter hatte, arbeiteten Ende 2007 nur noch rund 26.300 Menschen für die Bank. 2008 wurde die Dresdner Bank AG für nur noch 9,8 Mrd. EURO an die Commerzbank AG weiter verkauft, die nach zwei Übergangsjahren den Namen „Dresdner Bank" auslaufen ließ. Die Allianz-Versicherung wurde in diesem Zusammenhang neuer Großaktionär der Commerzbank.

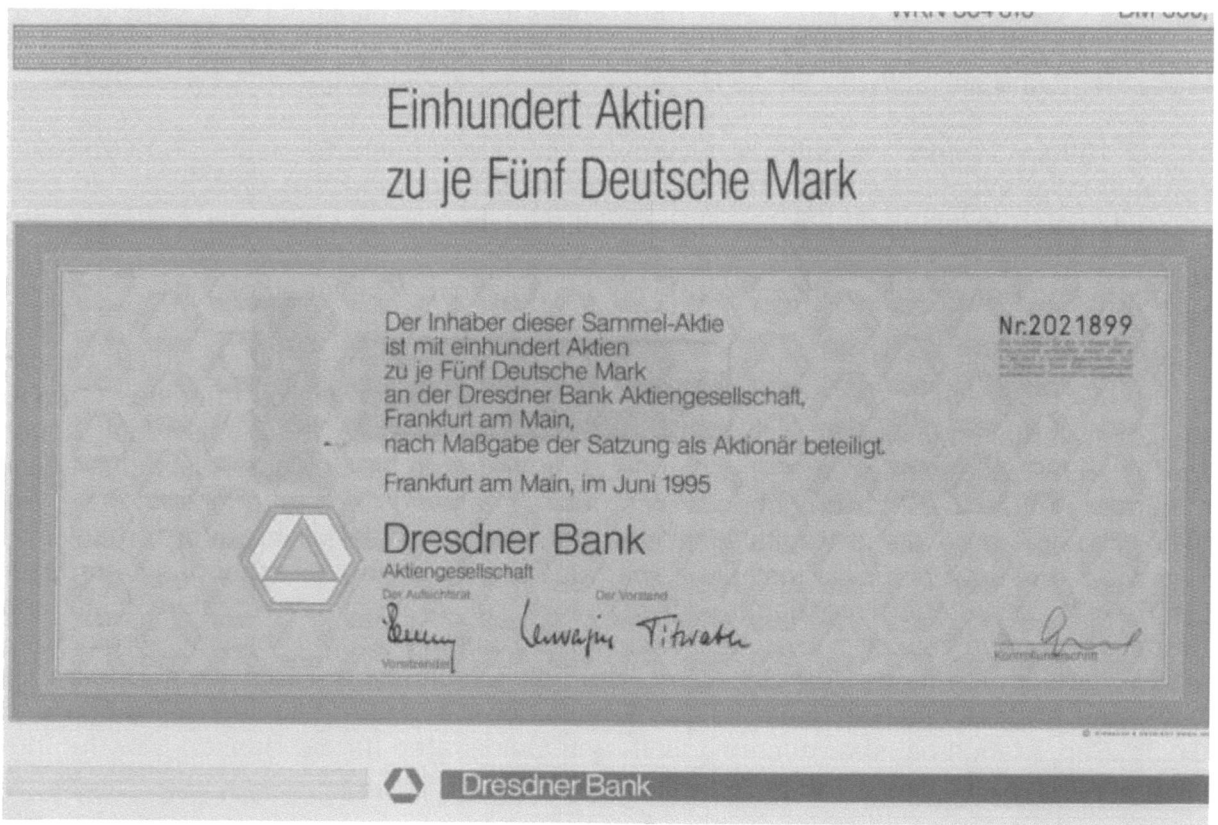

Die **Commerzbank AG** hatte als erste der drei Großbanken schon im Jahre 1995 eine eigene Direktbank gegründet, die Comdirektbank GmbH (die von der Commerzbank ab 2020 aber nur noch als Marke, nicht mehr als rechtlich eigenständiger Betrieb weitergeführt wurde). 1997 wurde der vom englischen Star-Architekten Norman Foster entworfene Commerzbank-Tower in Frankfurt bezogen, den eine – damals – weitgehend fortschrittliche, nachhaltige Bauweise auszeichnete und der mit 259 m Höhe zum höchsten Haus Deutschlands wurde. Trotz ihrer Erfolge (vor allem nach der Wiedervereinigung) war die Commerzbank regelmäßig als Übernahmekandidat angesehen worden, wurde aber durch den Zukauf der Eurohypo AG die größte europäische Hypothekenbank und nach der Übernahme der Dresdner Bank die zweitgrößte Bank Deutschlands.

Die aus den ehemaligen „Postscheckämtern" hervorgegangene **Postbank AG** hatte ihren Schwerpunkt bei Giro- und Sparkonten „kleiner" Privatkunden. Die Postbank wurde nach ihrer Privatisierung zuerst Bestandteil des Konzerns der Deutschen Post AG. Die Bank verfügte zu diesem Zeitpunkt über 855 Niederlassungen mit mehr als 21.000 Mitarbeitern und war nur in Deutschland vertreten. 2008 wurde die Postbank an die Deutsche Bank AG verkauft, die damit ihr bisher relativ schwaches Privatkundengeschäft verstärken wollte. Dieses Privatkundengeschäft hatte sich auch in der Bankenkrise ab 2007 als relativ stabil erwiesen und somit ein Gegengewicht zum spekulativen Investmentbanking dargestellt. Die Filialen der Postbank, ihre Mitarbeiter (viele Postbank-Mitarbeiter waren als Beamte oder langfristig arbeitende Angestellte praktisch unkündbar) und die Namen beider Banken blieben.

Die **Deutsche Bank AG** war von den Nachfolgern Hermann Josef Abs' unter anderem von Alfred Herrhausen (von der Terrororganisation „Rote Armee Fraktion"-„RAF" 1989 ermordet), Hilmar Kopper, Rolf Breuer und Josef Ackermann konsequent zu einem international operierenden Unternehmen ausgebaut worden. Umsatzerhöhungen wurden ab den 1980er Jahren vor allem durch das Investmentbanking erzielt. Dazu wurde 1989 das britische Investmenthaus Morgan Grenfell, 1999 die US-amerikanische Bankers Trust übernommen. 1998 retten Millionenkredite der Deutschen Bank den Unternehmer und späteren US-Präsidenten Donald Trump vor der Illiquidität. Seit 2001 wurden die Aktien der Deutschen Bank auch in der New York Stock Exchange gehandelt. Die Deutsche Bank AG wurde durch die Übernahme der Postbank 2008 wieder mehr als doppelt so groß wie die Commerzbank als nächst größeres Kreditinstitut Deutschlands.

Die **Hypovereinsbank AG** entstand 1998 aus der „Bayrischen Hypotheken- und Wechselbank" und der „Bayrischen Vereinsbank". Durch diese Fusion entstand die nach Umsatzgröße zeitweise (bis zur Übernahme der Dresdner Bank durch die Commerzbank 2008) zweitgrößte Bank Deutschlands. Die Fusion dieser beiden Kreditinstitute war tatsächlich eher eine Übernahme der „Bayernhyp" durch die Vereinsbank; denn durch vergleichsweise leichtfertige Kreditvergaben hatte die Bayernhyp ein großes Risikopotenzial angehäuft. 2005 wurde die Hypovereinsbank von der italienischen Uni-Credit übernommen.

Die HypoVereinsbank vereinigte ihre Realkredit-Tochtergesellschaften (Nürnberger Hypothekenbank, Bayrische Handelsbank und Süddeutsche Bodencreditbank) im Jahre 2001 zur HVB Hypo Real Estate Bank AG. 2003 erfolgte die Abspaltung des Realkredit-Geschäfts von der HypoVereinsbank; die neue Hypothekenbank benannte sich in „**Hypo Real Estate Bank AG**" um.

Die **Eurohypo AG** als größte Konkurrentin der HVB Real Estate entstand 2002 durch den Zusammenschluss der Hypothekenbanken, die im Konzern der drei deutschen Großbanken angesiedelt waren. Dies waren die Deutsche Hypothekenbank („Deutsche Hyp" im Konzern der Dresdner Bank), die „alte" Eurohypo (Deutsche Bank) und die Rheinische Hypothekenbank („Rheinhyp", Commerzbank). Diese drei Hypothekenbanken waren allesamt selber durch Fusionen älterer Institute entstanden. Im Jahre 2006 wurde die Eurohypo komplett von der Commerzbank übernommen.

Häufiger noch als viele andere Wirtschaftsbranchen ist das Hypothekenbank-Geschäft in Deutschland nach der Wiedervereinigung von Fusionen und Namensänderungen betroffen. Der Weg der *„Frankfurter Hypothekenbank"* (gegründet 1862) zur fast namensgleichen „Hypothekenbank Frankfurt AG" (Einstellung der Bankgeschäfte 2014) soll hier als Beispiel aufgezeigt werden: Die „Frankfurter Hypothekenbank" fusionierte 1995 mit der „Deutsche Centralbodenkredit-AG zur „Frankfurter Hypothekenbank Centralboden AG". 1998 folgte die Fusion mit der Lübecker Hypothekenbank bei gleichzeitiger Umbenennung in „EUROHYPO AG Europäische Hypothekenbank der Deutschen Bank". Diese verschmolz 2002 mit der zum Commerzbank-Konzern gehörenden „RHEINHYP Rheinische Hypothekenbank AG" und der „Deutsche Hyp - Deutsche Hypothekenbank" (die dem Konzern der Dresdner Bank angehörte), zur „EUROHYPO AG". Diese „neue" Eurohypo AG gehörte zunächst den drei Großbanken zu gleichen Teilen, bis sie 2009 von der Commerzbank zu alleine übernommen wurde. 2012 wurde die Eurohypo in „Hypothekenbank Frankfurt AG" umbenannt, die schließlich ihre Hypothekenbankgeschäfte 2016 einstellte.

Die Konzentrationswelle im Bankenbereich führte zu einem weiteren Bedeutungsverlust der Privatbankiers und **Privatbanken** im Familienbesitz. Zwar gibt es diese traditionellen Bankhäuser mit ihrem exklusiven Kundenstamm nach wie vor, aber Neugründungen gab es praktisch nicht, und die Anzahl der alteingesessenen Privatbankhäuser wurde immer geringer. Vier der größten Privatbanken Deutschlands verloren seit den 1990er Jahren ihre Selbstständigkeit:

Die 1505 in Augsburg gegründete und 1954 wieder erstandene Fürst Fugger Privatbank KG wurde 1999 von der Nürnberger Versicherungsgruppe übernommen.

Die britische Barclays Bank kaufte 1990 die Münchener Merck, Finck & Co Privatbankiers, die im 19. Jahrhundert maßgeblich an der Gründung der Versicherungsgesellschaften Allianz und Münchener Rück beteiligt waren und deren Eigentümerfamilien zu den reichsten in Deutschland zählten. Seit 1990 wurde die ehemalige Privatbank Merck Finck mehrfach weiter verkauft.

Der britische HSBC-Konzern (Honkong Shanghai Bank) übernahm 1992 das Düsseldorfer Bankhaus Trinkaus & Burkhardt, das sich in der Entwicklung moderner Wertpapiere („Zertifikate") einen Namen gemacht hatte.

Zu Beginn des neuen Jahrtausends hatte das Bankhaus Sal. Oppenheim & Cie sich mit überhöhten Krediten an den angeschlagenen Arcandor-Konzern (KarstadtQuelle) und seine Haupteigentümerin Madeleine Schickedanz verspekuliert und war 2009 von der Deutschen Bank AG aufgekauft worden. Knapp zehn Jahre lang konzentrierte sich das Bankhaus auf sein ehemaliges Kerngeschäft, die Vermögensverwaltung und die Entwicklung innovativer Wertpapiere. 2018 aber wurden die Geschäfte des Bankhauses von der Deutschen Bank übernommen und das Bankhaus selber geschlossen.

Die Bankhäuser der einflussreichsten Bankiers-Familie des 19. Jahrhunderts, die Rothschild-Bankhäuser, bestehen in veränderter Form bis heute. Aber erst 1988 wurde wieder ein Bankhaus Rothschild in Deutschland als Filiale der vereinigten britischen und französischen Rothschild-Häuser eröffnet.

Die **Sparkassen** unterscheiden sich grundsätzlich von den privaten Banken in ihrer Zielsetzung und – teilweise – in ihrem Geschäftsgegenstand. Ihre Geschäftstätigkeit ist eigentlich regional begrenzt, sie sollen in ihren Geschäftsgebieten zur Wirtschaftsförderung beitragen. Das Sparkassengesetz schreibt vor: „Gewinnerzielung ist nicht Hauptzweck des Geschäftsbetriebes." Gleichwohl darf natürlich auch jede Sparkasse Gewinne erwirtschaften, die dann aber dem Gemeinwohl zugeführt werden. Die Träger (in der Regel die Kommunen) bestimmen über die Gewinnverwendung. Dabei stehen Spenden und Stiftungen zu Gunsten sozialer Projekte, der Kultur, der Bildung und des Sports obenan.

Im Jahre 2001 untersagte die EU die bis dahin für Sparkassen und Girozentralen geltende „Gewährträgerhaftung". Diese besagte, dass die Kommunen (für die Sparkassen) und die Länder (für die Girozentralen) für die Schulden ihrer Kreditinstitute unbeschränkt hafteten. Die EU entschied sich mit dieser Maßnahme zwar (vordergründig?) zu Lasten des Verbraucherschutzes, jedoch für den Wettbewerbsgedanken, weil sie die Gewährträgerhaftung als einen Wettbewerbsnachteil für die privaten Kreditinstitute wertete; denn die „Geschäftsbanken" konnten ihren Kunden eine solche umfangreiche Sicherheit nicht bieten. Diese Entscheidung der EU war (wie viele EU-Maßnahmen vorher und nachher) unpopulär, aber voraussehbar: Aus der neoliberalen Sicht der EU erscheint der Verbraucherschutz am besten durch einen funktionierenden Wettbewerb garantiert zu sein. Auch nach dem Fall der Gewährsträgerhaftung veränderte sich das Verhalten der meisten Privatpersonen nicht: Nach wie vor unterhalten die meisten Privatpersonen ihre Konten üblicherweise bei Sparkassen oder Genossenschaftsbanken und nicht bei den großen Geschäftsbanken.

Auch im **Genossenschaftsbankenbereich** blieben Fusionstendenzen nicht aus. Zum Zentralinstitut der Genossenschaftsbanken wurde mehr und mehr die DG-Bank (Deutsche Genossenschaftsbank), spätestens seit der Privatisierung 1998 und der gleichzeitigen Umwandlung in eine Aktiengesellschaft. Auch ihr Sitz am westdeutschen Finanzmittelpunkt Frankfurt mag dabei eine Rolle gespielt haben. Das 2001 in „DZ-Bank AG Deutsche Zentralgenossenschaftsbank" umbenannte Kreditinstitut führt seine Vorgeschichte auf das Jahr 1883 zurück, als verschiedene Genossenschaftsbanken aus dem südhessischen Raum das erste genossenschaftliche Zentralinstitut in Deutschland überhaupt gegründet hatten, die Landwirtschaftliche Genossenschaftsbank Darmstadt.

Ein weiterer historischer Ankerpunkt der DZ-Bank sind die Berliner Genossenschafts-Zentralbanken. Das erste Institut dieser Art war die Preußische Zentralgenossenschaftskasse-„Preußenkasse" gewesen, eine Anstalt öffentlichen Rechts aus dem Jahre 1895.

Inzwischen hat sich der **Investmentfonds**-Gedanke ausgeweitet. Fonds spezialisieren sich zunehmend und sind inzwischen so groß geworden, dass sie Hauptversammlungen dominieren können.

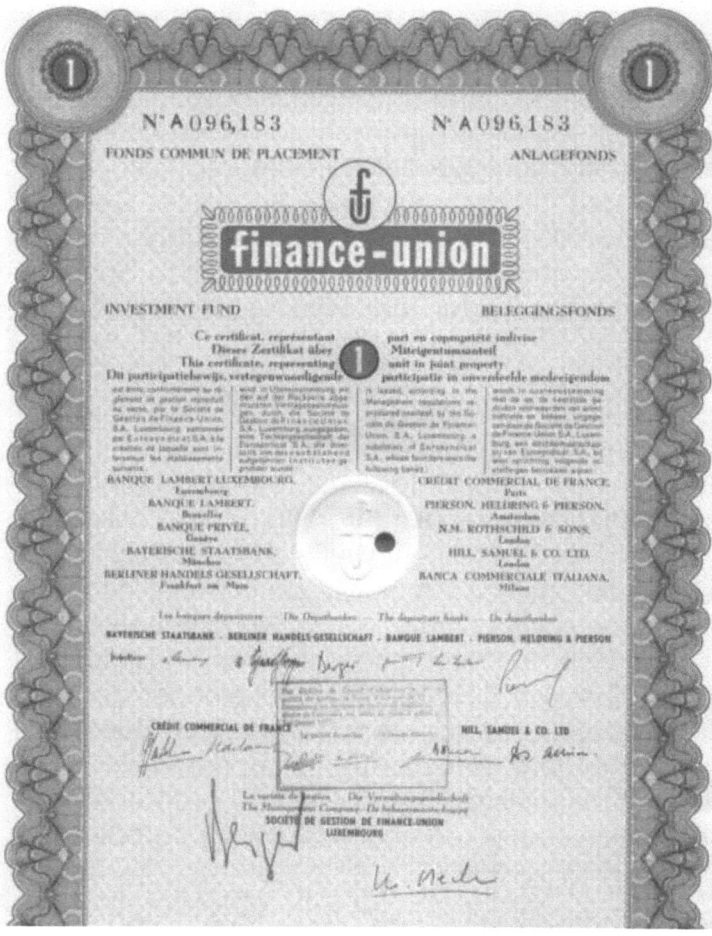

Internationale Investmentfonds haben aufgrund ihrer Stimmrechte in Hauptversammlungen großen Einfluss auf die AGs (so geschehen beispielsweise bei der Übernahme der Mannesmann AG durch die Vodafone oder der Verhinderung der Übernahme der Londoner Börse durch die Deutsche Börse AG). Problematisch ist dabei, dass die Fondsmanager mit fremdem Geld fremde Unternehmen kontrollieren. Das Fondsmanagement ist in der Regel am kurzfristigen Erfolg des Fonds interessiert, nicht am langfristigen Erfolg der AGs, auch nicht am grundgesetzlich verankerten Prinzip „Eigentum verpflichtet". Andererseits besorgen Investmentgesellschaften vielen Unternehmen dringend benötigte Liquidität, bringen eine höhere Effizienz in die Kapitalmärkte und glätten möglicherweise hohe Volatilitäten (starke Schwankungen) an der Börse.

*Europäische Kreditinstitute haben häufig ihre Investment-Tochtergesellschaften in dem „Steuerparadies" Luxemburg angesiedelt. Das gilt z. B. auch für die (ehemalige) **Finance-Union**, die eine Gemeinschaftsgründung mehrerer Banken war, unter anderem der Bayerischen Staatsbank und der Berliner Handels-Gesellschaft.*

Auswirkungen der Finanzkrise 2008 ff. auf das deutsche Bankenwesen

Schon ab 2007 wurde die Finanzwelt von der „Subprime-Krise" betroffen. Das deutsche Finanzsystem litt dabei grundsätzlich etwas weniger als die Kreditbranchen anderer Volkswirtschaften: Dafür gab es Gründe: Erstens ist die deutsche Volkswirtschaft nicht so von der Finanzwelt dominiert wie beispielsweise in Großbritannien oder Irland, zweitens waren die großen deutschen Kreditinstitute allesamt Universalinstitute, die sich nicht auf einen bestimmten Bereich spezialisiert hatten. Durch diese Diversifikation waren sie weniger anfällig gegen den „Absturz" eines Finanzmarktsegments. Auch das „3-Säulen-Konzept" des deutschen Finanzmarkts (Sparkassen, Volksbanken und Privatbanken) erscheint relativ widerstandsfähig gegen Finanzkrisen zu sein.

Aber im Anschluss an das Bekanntwerden der Lehman-Insolvenz am 15. September 2008 fielen auch Aktienkurse deutscher Banken, z. B. ließ der Aktienkurs der Commerzbank innerhalb eines Börsentages um mehr als 10% nach. Noch in der gleichen Woche aber, nachdem die diversen Rettungsaktionen der Zentralbanken bekannt wurden, konnte dieser Kursrückgang nahezu wieder aufgeholt werden.

Am Sonntag, dem 12. Oktober 2008, wurden weltweit die abgestimmten nationalen Rettungsmaßnahmen zur Überwindung der Finanzkrise zusammengestellt. Das – nach den USA – umfangreichste „Rettungspaket" schnürte Deutschland. Ca. 400 MRD EURO sollten als Garantien des Staates für Kreditgeschäfte zwischen Banken verwendet werden (ein Geschäft, das in den voran gegangenen Wochen durch das gegenseitige Misstrauen unter den Banken praktisch zum Erliegen gekommen war). 80 MRD. EURO wurden in einen Kapitalhilfe-Fonds (Finanzmarktstabilisierungsfonds FMS) eingezahlt. Aus diesem Fonds konnte der Staat Banken direkt – gegen Ausgabe von Aktien – unterstützen, im Gegenzug aber auf die Entscheidungen der Bankvorstände Einfluss nehmen, z. B. bei der Begrenzung von Manager-Gehältern oder bei der Investition in Finanzanlagen. Finanziert wurde der Fonds vor allem durch Bundesschatzbriefe.

Nachdem am Freitag, dem 17. Oktober 2008, das Finanzmarktförderungsgesetz in Kraft getreten war, forderte am Dienstag, dem 21. Oktober 2008 als erstes Bankinstitut die Bayrische Landesbank eine Unterstützung aus dem Fonds in Höhe von 5,4 MRD EURO Kapitalzufuhr an. Eine Woche später nahm die Hypo Real Estate das Rettungspaket mit 15 MRD EURO Kreditgarantie in Anspruch. Die HSH Nordbank, Landesbank für Hamburg und Schleswig-Holstein, beantragte Anfang November eine Kreditgarantie von 30 MRD EURO, gleichzeitig bat die Commerzbank AG als bisher größtes Geldinstitut um eine stille Beteiligung von 8,2 MRD EURO sowie um eine Garantie über 15 MRD EURO. Im Gegenzug für die Zusage durfte die Commerzbank für 2008 und 2009 weder Dividenden (an Aktionäre) noch Boni (an Mitglieder von Vorstand und Aufsichtsrat) zahlen und musste die Gehälter der Manager für diese Zeit auf jährlich 500.000 EURO begrenzen.

Am 01. Dezember 2008 untersagte die BaFin (Bundesaufsichtsamt für das Finanzwesen) mehreren Immobilienfonds Zahlungen im Rahmen ihrer Auszahlungspläne. Betroffen von dem Auszahlungsstopp waren häufig ältere Menschen, die diese Auszahlungspläne als „Rentenauffrischung" angesehen hatten. Andere Immobilienfonds, z. B. von Anbietern wie CreditSuisse, UBS oder Degi waren schon im Oktober geschlossen worden, nachdem Anleger ihre Anteile panikartig abgezogen hatten.

Von den großen deutschen Kreditinstituten gerieten insbesondere zwei Banken durch die Subprime-Krise nachhaltig in Schwierigkeiten: die Industriekreditbank (IKB) und die Hypo Real Estate.

Schon 2007 war die **IKB Deutsche Industriekreditbank AG** von der Finanzkrise betroffen. Die IKB hatte sich in den USA verspekuliert; denn der IKB-Fonds „Rhineland Funding Capital" hatte in US-Immobilienkredite mit niedriger Bonität investiert. Der Börsenkurs der IKB brach zeitweise um mehr als 40% ein.

Der Hauptaktionär der IKB war die KfW Förderbank, eine Anstalt öffentlichen Rechts. Um einen Bankencrash in Deutschland (den letzten gab es 1931) zu vermeiden, stockte die KfW ihren Anteil an der IKB von ca. 38% auf über 90 % auf und bewilligte eine Bürgschaft von 8,1 MRD EURO für die IKB, die übrige deutsche Finanzwirtschaft steuerte noch einmal 1,8 MRD. EURO bei. Im Oktober 2008 wurde die IKB an den amerikanischen Finanzinvestor Lone Star verkauft – für nicht einmal 200 Mio. EURO. Die Verluste der KfW durch die IKB dürften bei ca. 10 MRD. EURO liegen.

Die *IKB* war 1949 als „Selbsthilfeorganisation der deutschen Industrie" in Düsseldorf gegründet worden und sollte eigentlich die gewerbliche Wirtschaft fördern, insbesondere durch die Gewährung mittel- und langfristiger Kredite an kleinere und mittlere Betriebe. Außerdem war sie Hausbank für Kredite aus öffentlichen Förderungsprogrammen.

Im Herbst 2008 geriet die **Hypo Real Estate AG** in München in Schieflage, weil ihre erst im Jahr zuvor aufgekaufte Tochter, die Depfa (früher: Deutsche Pfandbriefanstalt), die wenige Jahre zuvor nach Dublin „ausgewandert" war, in Zahlungsschwierigkeiten geraten war. Die Depfa, die sich auf Kredite an die öffentliche Hand spezialisiert hatte, finanzierte jahrelang ihre langfristigen Anlagen durch die Aufnahme kurzfristiger Kredite am Geld- und Kapitalmarkt. Als während der Finanzkrise kaum noch eine Bank bereit war, einer anderen einen Kredit zu gewähren (weil alle Banken glaubten, der potenzielle Kreditnehmer könnte übermäßig viel Geld in „faule" Subprime-Wertpapiere investiert haben), geriet die Depfa - und mit ihr die Hypo Real Estate – in akute Liquiditätsschwierigkeiten. Im Oktober 2008 einigten sich die Geschäftsbanken mit der Bundesregierung darauf, dass die Banken Kreditzusagen zur Rettung der Hypo Real Estate in Höhe von 50 MRD EURO abgaben. Der vom Bund zur Verfügung gestellte Bürgschaftsrahmen betrug 35 MRD. EURO. Ein Zusammenbruch des HRE-Bankenkonzerns hätte allein den Staat nach Angaben des Finanzministers wegen der vielseitigen Verflechtungen in der Finanzbranche einen Ausfall von insgesamt mehr als 50 MRD EURO an Körperschaftsteuer gekostet. 2009 wurde die Hypo Real Estate von der staatlichen Soffin – Sonderfonds Finanzmarktstabilisierung – übernommen.

Die **Depfa-Bank** blickte auf eine lange Geschichte zurück, die 1922 in Berlin mit der Gründung der **Preußischen Landespfandbrief-Anstalt** begann. Die Hauptaufgabe war zuerst die Finanzierung des Kleinwohnungsbaus. Die Emission von Pfandbriefen für den Wohnungsbau wurde später, im Nationalsozialismus, stark eingeschränkt, um das vorhandene Kreditpotenzial auf die Staatsfinanzierung zu konzentrieren. Nach dem Zweiten Weltkrieg wurde der Sitz des Unternehmens nach Wiesbaden verlegt. Dort wurde 1950 das Pfandbriefgeschäft wieder aufgenommen; ein Jahr später wurde das Kreditinstitut in „Deutsche Pfandbriefanstalt" umbenannt. 1989/90 wurde die Bank privatisiert, zog ins irische „Steuerparadies" (nach Dublin) um, benannte sich in „Depfa-Bank plc." um und spezialisierte sich auf (vornehmlich langfristige) Staatsfinanzierung mit (vornehmlich kurzfristiger) Refinanzierung.

179

Auch die Umstrukturierungen in **internationalen Bankenkonzernen** wirkten sich auf den Finanzplatz Deutschland aus: Z. B. verkaufte die US-amerikanische Citibank im Zuge der weltweiten Liquiditätsprobleme im Bankensektor mehrere ihrer ausländischen Tochtergesellschaften. Die deutsche Citibank Privatkunden AG (1926 in Königsberg als „Kundenkreditbank GmbH" gegründet und 1989 an den Citibank-Konzern verkauft) wurde 2008 an die französische Genossenschaftsbank Credit Mutuel abgegeben. Die Citibank, kurze Zeit später umbenannt in „Targobank AG & Co. KGaA" (Düsseldorf) hatte in Deutschland einen Marktanteil von ca. 7 % und war führend bei den Konsumentenkrediten.

Auch die **EZB** unterstützte die notleidenden Banken in den EU-Krisenländern (sowie die Krisenländer selber): Sie kaufte in hohem Umfang von den Banken größtenteils „toxische", also mit hohem Ausfallrisiko behaftete, Staatsanleihen der Krisenstaaten. Damit verfolgte sie zwei Ziele: Einerseits versorgte sie damit die entsprechenden Banken mit frischer Liquidität, andererseits verhalf sie den Staaten zu einer höheren Bonität. Als weitere Maßnahme zur Unterstützung der Krisenstaaten und ihrer Banken sowie zur Ankurbelung der Konjunktur und zur Verhinderung einer drohenden Deflation verringerte die EZB ihre Zinssätze, führte teilweise sogar Negativzinsen ein. Aus Deutschland kamen sehr kritische Stimmen, weil diese Hilfsmaßnahmen den Druck zu Reformen in den Krisenstaaten mindere und zugleich die Sparer bestrafe. Die deutschen Kreditinstitute und Lebensversicherungen konnten nur noch Mini-Zinsen zahlen (wenn überhaupt) und befürchteten Preisblasen im Immobilien- und Aktienmarkt. Erst als, im Zusammenhang mit dem Russland-Ukraine-Krieg, die Inflationsrate in Europa zeitweise auf über 10% p.a. angestiegen war, erhöhte die EZB wieder sukzessive ihre Zinsen.

Das Bankenwesen ab 2009

Selbstverständlich war die Finanzkrise im Jahre 2008 nicht beendet. Da nicht nur verschiedene Banken, und in Folge auch einige Unternehmen der Realwirtschaft, sondern auch einige Staaten, allen voran Griechenland, finanziell sehr angeschlagen waren, hatten die EU-Finanzminister die Aufgabe erhalten, eine **„Bankenunion"** (eine Übereinkunft über den zukünftigen Umgang mit Kreditinstituten, die in „Schieflage" geraten sind) ins Leben zu rufen, bei der die Bankenrettungen nicht mehr hauptsächlich zu Lasten der Staatshaushalte gehen sollte. Die EU-Finanzminister legten die Eckpfeiler für die geplante „Bankenunion" fest. Kernpunkt dieser war ein dreistufiges Vorgehen:

Erstens mussten die Kreditinstitute in der EU über eine angemessene Kapitalausstattung verfügen und eine genaue Vorsorgeplanung für den Fall der Illiquidität vorlegen.

Zweitens musste eine verbindliche Reihenfolge für die Mithaftung bei Hilfsaktionen für Kreditinstitute mit Liquiditätsproblemen festgelegt werden: Zuallererst mussten die Aktionäre, dann die Besitzer riskanter, höher verzinslicher Anlagen sowie Großanleger zur Finanzierung der Bankrettung herangezogen werden; Sparguthaben bis zu einer Höhe von 100.000 EURO sollten grundsätzlich verschont bleiben.

Drittens sollte in jedem EU-Land ein nationaler Abwicklungsfonds durch Beiträge der Kreditinstitute aufgebaut werden. (In Deutschland bestand ein solcher Fonds seit 2011.) Außerdem sollte ein EU-Bankenabwicklungsfonds entstehen, der mit ca. 55 MRD EURO ausgestattet werden soll. Dieser gemeinsame „Topf" sollte allerdings erst „angezapft" werden können, wenn alle nationalen Möglichkeiten ausgeschöpft wären.

Der entsprechende Gesetzesentwurf wurde in Deutschland im Jahre 2014 vom Kabinett verabschiedet.

In den Jahren nach der Finanzkrise entwickelte die EU somit eine Verbesserung der Bankenstruktur, u.a. auch verbesserte Informationspflichten über verschiedene Anlagemöglichkeiten. Außerdem wurde mit Wirkung von 2014 an eine gemeinsame, überstaatliche Aufsicht über international operierende Banken geschaffen. Schließlich sollen EU-weit auch die Gehälter und Abfindungen von Managern überprüft werden.

Schon im Juli 2009 hatte der Bundesrat das **„Bad-Bank**-Gesetz" gebilligt. Damit ermöglichte der Gesetzgeber den (privaten und öffentlichen) Kreditinstituten, jeweils eine „Bad Bank" einzurichten. In diese „Bad Banks" konnten die Kreditinstitute ihre im Zuge der Finanzkrise „toxisch" gewordenen Wertpapiere übertragen. Als Gegenleistungen wurden staatliche gesicherte Schuldverschreibungen von den Bad Banks ausgegeben. Damit konnten die Kreditinstitute ihre Kapitalstruktur deutlich verbessern. Das Risiko der „toxischen Wertpapiere" sollte allerdings bei den Kreditinstituten verbleiben. Für die Dauer des Bestehens der „Bad Banks" wurde eine Dividendenzahlung nicht mehr erlaubt.

Als im Jahre 2009 und 2012 die WestLB AG aufgrund hoher Risiken aus der Finanzkrise (ausgelöst unter anderem durch hohe Investitionen weitab vom eigentlichen Aufgabengebiet Nordrhein-Westfalen) aufgespalten wurde, entstand die erste „Bad Bank" in Deutschland.

Aufgrund neuer europäischer Vorschriften und als Folge der Finanzkrise ab 2007 kam Bewegung in die **Sparkassenstruktur**: Die Spitzeninstitute in den einzelnen Bundesländern (Landesbanken, gleichzeitig Girozentralen) wurden zu Universalbanken ohne Staatsgarantien. Damit verbunden war auch eine Abkehr vom Grundsatz „1 Bundesland = 1 Landesbank". Da nicht nur die WestLB, sondern auch andere Landesbanken hohe Risiken aufgebaut hatten, erreichte die Fusionswelle auch diese Bankengruppe. 2022 existierten in den 16 deutschen Bundesländern nur noch 5 Landesbanken: die LBBW (Landesbank Baden-Württemberg), Die Bayern-LB, die Helaba (Landesbank Hessen-Thüringen), die Nord-LB und die Saar-LB, alle in der traditionellen Rechtsform der Anstalt öffentlichen Rechts.

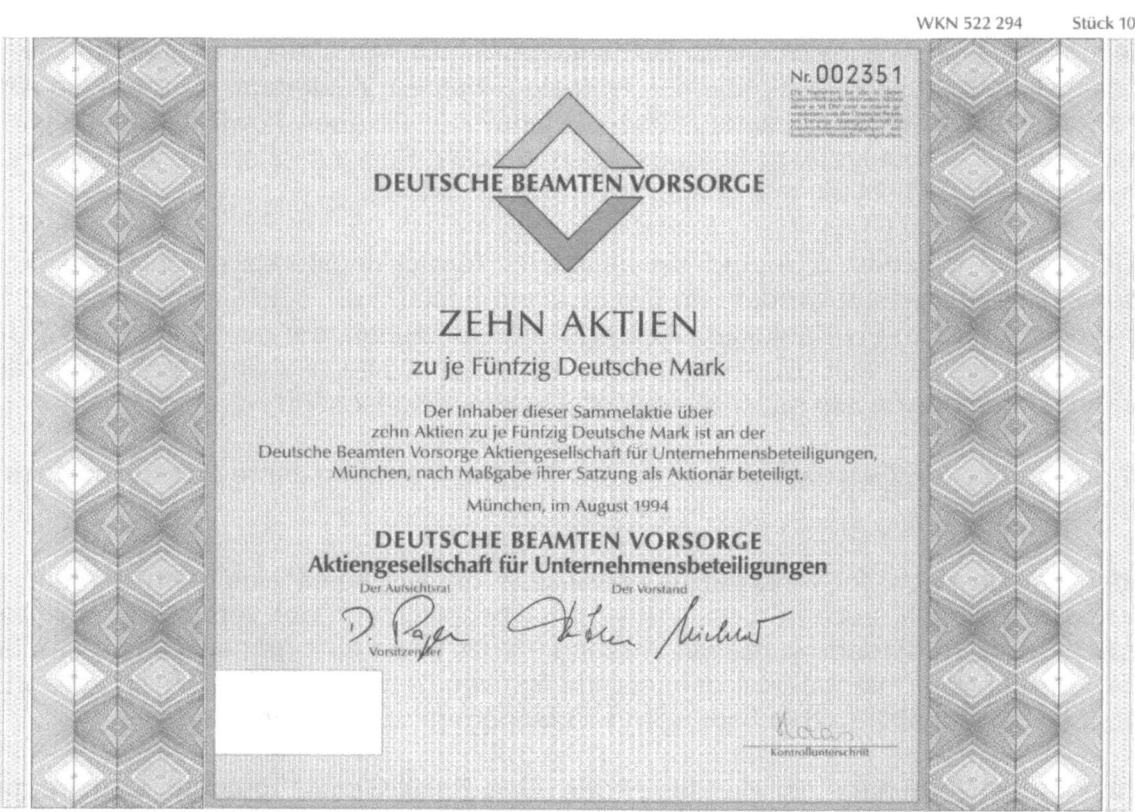

*Gegen die angesprochenen Informationspflichten wurde offenbar vielfach bei Investitionen von Privatleuten in die Immobilienfonds der **Deutschen Beamten Vorsorge** verstoßen. Diese Gesellschaft wurde 1990 gegründet und versprach die Vermittlung von Immobilienbesitz (in Form von geschlossenen Immobilienfonds) auch schon für Kleinanleger, in der Regel durch Wertpapiersparverträge. Schon bald wurden Vorwürfe laut, dass die Anleger über die Risiken und die Ertragschancen der Anlage nicht richtig aufgeklärt wurden. So wurde z. B. vermutet, dass den Anlegern erklärt wurde, dass sich diese geschossenen Immobilienfonds für eine Altersvorsorge eigenen würden. Dafür sind Immobilienfonds aber normalerweise viel zu risikoreich. Einige Anleger nahmen für ihre Wertpapiersparverträge sogar Kredite auf, oftmals bei der Privatbank Reithinger, die mit der DBV verbunden war. Die Beteiligung an den Fonds wurde in der Regel treuhänderisch durch ein Wirtschaftsprüfungsunternehmen vorgenommen. Die erhofften Renditen wurden aber nie erreicht. Zwischen 2006 und 2012 wurden die Privatbank Reithinger, die treuhänderisch fungierende Wirtschaftsprüfungsgesellschaft und die Deutsche Beamten Vorsorge insolvent.*

Im Jahre 2009 musste die **Commerzbank AG** im Rahmen der Finanzkrise staatliche Hilfe in Anspruch nehmen. Dies wurde aber von der EU nur unter der Maßgabe erlaubt, sich von der Eurohypo zu trennen. Nach mehreren vergeblichen Versuchen, die höchst defizitäre Eurohypo AG zu verkaufen, wurde von Seiten der EU auch eine teilweise Abwicklung unter Verzicht auf die Weiterführung des Namens „Eurohypo" erlaubt. 2012 verblieb daher das Kerngeschäft weiterhin im Commerzbank-Konzern, aber unter dem neuen Namen Hypothekenbank Frankfurt AG. Das „Nicht-Kerngeschäft" der Eurohypo wurde abgewickelt. Die Hypothekenbank Frankfurt AG als Nachfolgeinstitut der Eurohypo gab vertragsgemäß (aufgrund einer Bedingung der EU für Hilfsmaßnahmen der EU während der Finanzkrise 2008 ff.) an Pfingsten 2016 ihre Banklizenz ab. Noch vorhandene Restbestände wurden vom Mutterkonzern Commerzbank übernommen.

Nachdem die Commerzbank seit 2018 nicht mehr im DAX, dem wichtigsten deutschen Aktienindex, geführt wurde, entschloss sie sich zu einem rigorosen Sparkurs: Sie halbierte ihr Filialnetz bis 2022 auf ungefähr 450 Stück und baute ca. 10.000 Arbeitsplätze ab.

2009 gab die **Deutsche Bank AG** bekannt, ihre jahrzehntelange Beteiligung an der Daimler AG aufzugeben. Das bedeutet eine Bestätigung des neuen Kurses der Deutschen Bank AG, sich von Beteiligungen an großen deutschen Unternehmen in anderen Branchen zu trennen (vorher wurden schon Aktienpakete von Allianz und Linde abgegeben) und somit die Querverbindungen großer deutscher Aktiengesellschaften untereinander (die sogenannte „Deutschland AG") aufzugeben. Stattdessen konzentrierte sich die Deutsche Bank AG auf ihr Kerngeschäft.

Die Vorstände der Deutschen Bank sahen sich aber häufig der öffentlichen Kritik ausgesetzt, sei es wegen der Verringerung der Mitarbeiterzahl, wegen des in den 1990er Jahren fehlgeschlagenen Versuch, das „Breitengeschäft" auszugliedern und sich auf Vermögensverwaltung, Investmentbanking und Unternehmensfinanzierung zu spezialisieren oder wegen unglücklicher Auftritte in der Öffentlichkeit. Besonders eindrückliche Beispiele hierfür erbrachten zwei Vorstandssprecher: Hilmar Kopper bezeichnete 1994 auf einer Pressekonferenz die durch den Immobilien-Pleitier Jürgen Schneider engagierten Handwerkern entstandene Schadenssumme in Höhe von ca. 50 Millionen DM als „Peanuts"; Josef Ackermann spreizte zu Prozessbeginn in der „Mannesmann-Affäre" seine Finger zu einem "V", was Siegesgewissheit ausstrahlen sollte, jedoch vielfach als überheblich kritisiert wurde.

Das Jahr 2012 war für die Deutsche Bank besonders schlagzeilenträchtig, vor allem in negativer Hinsicht:

- Am 12. Dez. 2012 wurde die Konzernzentrale in Frankfurt von der Steuerfahndung durchsucht. Im Zusammenhang mit Abgas-Emissionsgeschäften wurde der Bank (auch ihren Vorstandsvorsitzenden Jürgen Fitschen) Steuerhinterziehung vorgeworfen.
- Den seit einem Jahrzehnt andauernden Rechtsstreit zwischen der Deutschen Bank und dem Medienunternehmer Leo Kirch bzw. seinen Erben hatte die Deutsche Bank verloren. (Der damalige Vorstandssprecher hatte in einem Fernsehinterview öffentlich erklärt, dass Kirch nicht mehr kreditwürdig gewesen sei.) Auf die Bank kamen Schadenersatzansprüche von ca. 1 MRD EURO zu.
- Weitere Schadenersatzzahlungen und Strafen kamen auf die Deutsche Bank zu, weil einige ihrer Mitarbeiter an den jahrelangen Manipulationen am international bedeutsamen LIBOR-Zinssatz beteiligt waren.
- Am 13. Dez. 2012 musste die Konzernzentrale eine Gewinnwarnung aussprechen, weil die geplanten Konzern-Umbaumaßnahmen teurer wurden als geplant.

Die Investmentgesellschaft Paramount Service Holdings aus Katar erwarb 2014 nach einer Kapitalerhöhung fast 6 % des Grundkapitals der Deutschen Bank AG. Damit reihte sich die Deutsche Bank ein in die Reihe deutscher Großunternehmen, die nennenswerte Minderheitseigentümer aus den arabischen Staaten aufweisen: (ebenso wie z. B. ThyssenKrupp, Daimler, VW oder Hochtief).

2015 wurde bekannt, dass die Deutsche Bank in Russland der Geldwäsche verdächtigt wurde. Im Jahre 2016 bezeichnete der Internationale Währungsfonds (IWF) die Deutsche Bank als bedeutendsten Träger systemischer Risiken unter den systemrelevanten Banken der Welt. Im gleichen Jahr konnte die Deutsche Bank eine durch fehlerhafte Immobilienkredite induzierte Strafe der US-Finanzbehörde in der existenzbedrohenden Höhe von 14 MRD USD nach langen Verhandlungen immerhin halbieren. Am Ende des Jahres verblieben aber immer noch 7,6 MRD EURO an Rückstellungen wegen laufender Prozesse oder drohender Behördenstrafen – so viel wie noch nie zuvor in der Geschichte der Deutschen Bank. 2017 konnte endlich ein großer Teil der juristischen Streitigkeiten im Wege von Vergleichen ausgeräumt werden

Da die Bank im internationalen Vergleich seit der Finanzkrise eine geringe Ertragskraft aufwies, folgten mehrere, zum Teil gegensätzliche „Neuausrichtungen" der Bank, z. B. in den Jahren 2015, 2017 und 2019. Einmal sollte die 2008 zugekaufte Postbank wieder verkauft, dann sollte sie (wegen offensichtlicher Unverkäuflichkeit) in den Konzern integriert werden, einmal sollte das Investmentbanking wieder gestärkt, dann wieder abgebaut werden (zu Lasten bzw. zu Gunsten des breiten Kundengeschäfts). Die schnell wechselnden Personen in der Führungsetage fuhren einen „Zickzack-Kurs", der weder von den Anlegern noch von den Beschäftigten honoriert wurde. Bestand hatte nur die Entscheidung, zur Kostensenkung Filialen zu schließen und eine fünfstellige Zahl von Arbeitsstellen abzubauen.

In den vergangenen 2010-er Jahren hatte die Deutsche Bank mehr als 23 MRD EURO an Boni, vor allem an Investmentbanker, ausgezahlt, gleichzeitig aber insgesamt einen Verlust von 9 MRD EURO verbucht. Kritiker dieser Praktiken sprachen davon, dass die Investmentbanker die Deutsche Bank regelrecht „ausplünderten".

Im „Corona-Krisenjahr" 2020 verzeichnete die Deutsche Bank zum ersten Mal seit 2014 wieder einen (im Vergleich eher „bescheidenen") Konzerngewinn von 113 MIO EURO.

Im Juni 2022 wurden neue Vorwürfe gegen die Deutsche Bank erhoben, weil ihre seit 2018 börsennotierte Investment-Tochtergesellschaft DWS einige ihrer Fonds als wesentlich umweltfreundlicher dargestellt hatte als sie tatsächlich waren („Greenwashing").

Das **Hypothekengeschäft** hatte sich nach der Finanzkrise weitgehend normalisiert. Zwar befand sich die Hypo Real Estate Holding AG (München) auch zu Anfang der 2020-er Jahre zu 100 % in staatlicher Hand (für die der Finanzmarktstabilisierungsfonds die Geschäfte führte), die pbb (Deutsche Pfandbriefbank) hingegen wurde 2015 reprivatisiert.

Im Jahre 2002 hatte sich die Deutsche Bau- und Bodenbank AG (Wiesbaden) von dem Depfa-Konzern getrennt und wurde zur eigenständigen börsennotierten Aareal-Bank (Wiesbaden), die sich auf die Finanzierung gewerblicher Immobilien spezialisierte. Auch die Aareal-Bank musste während der Finanzkrise die Hilfe des Finanzmarktstabilisierungsfonds Soffin in Anspruch nehmen, konnte aber den dort aufgenommenen Kredit im Jahre 2014 zurückzahlen. 2022 wurde die Aareal-Bank von amerikanischen Finanzinvestoren übernommen.

Auch die Geschäfte der **Privatbanken** stabilisierten sich. Die gegenwärtig älteste Bank Deutschlands ist die Joh. Berenberg, Gossler & Co., KG, Hamburg, die ihre Tradition auf ein 1590 von den Hans und Paul Berenberg gegründete Handelsgeschäft zurückführt. Der größte Eigentümer ist nach wie vor die Familie Berenberg mit ca. 30%, aber auch die Familien Fürstenberg (Forstwirtschaft, ehemals: Brauereiunternehmer) und Reemtsma (ehemaliger Zigarettenproduzent) sind an der Bank beteiligt.

Die Brüder Berenberg waren 1585 als Glaubensflüchtlinge aus Antwerpen gekommen. Das ursprüngliche Tuchhandelsgeschäft in Hamburg wurde im 17. Jahrhundert auf Finanzdienstleistungen und Versicherungen erweitert. Seit 1769 firmierte das Unternehmen unter Berenberg & Gossler. (Johann Hinrich Goßler war ein Schwiegersohn des damaligen Firmenchefs Johann Berenberg.) Im 19. Jahrhundert war die Bank „Berenberg" am Aufbau der norddeutschen Wirtschaft beteiligt, z. B. als Gründungsmitglied der Unternehmen Hapag, Norddeutscher Lloyd und Ilseder Hütte. Im Jahre 2017 hatte die Bank 19 Standorte in Europa, Asien und Amerika.

Zusammen mit dem Bankhaus Lampe betrieb das Bankhaus Berenberg, Gossler & Co. bis 2016 die **Universal-Investment-Gesellschaft mbH** (Frankfurt) und fungierte für diese als Depotbank. Die „Universal" wurde aber wieder verkauft und gelangte 2021 in den Besitz des Bankhauses Metzeler, der zweitältesten Privatbank Deutschlands (Frankfurt, 1674, seitdem im Besitz der Gründerfamilie).

Die Bankhaus Lampe KG, Bielefeld, wurde 2020 vom Dr-Oetker-Konzern an die Frankfurter Hauck & Aufhäuser Privatbankiers AG verkauft, die ihrerseits zum chinesischen Mischkonzern Fosun gehört.

Die Zentralisierung im **Genossenschaftsbereich** erreichte 2016 ihren Höhepunkt, als die verbliebenen beiden Spitzeninstitute des genossenschaftlichen Banksektors, die DZ-Bank AG Deutsche Zentralgenossenschaftsbank (Frankfurt) und die WGZ-Bank (Düsseldorf) fusionierten. Da der Name der Bank nach der Fusion „DZ-Bank" blieb und als Geschäftssitz Frankfurt gewählt wurde, erschien die Fusion eher als Übernahme der kleineren WGZ-Bank, die bis dahin vor allem für Genossenschaftsbanken aus Nordrhein-Westfalen und Teilen von Rheinland-Pfalz als Spitzeninstitut agiert hatte. Die Bausparkasse Schwäbisch-Hall, die Fondsgesellschaft Union Investment und die R&V-Versicherungsgesellschaft verblieben im Konzern.

Die Genossenschaftsbanken waren schon 1921 auch in den Markt der Realkredite (Hypotheken- und Grundschulddarlehen) eingestiegen, indem sie die Deutsche Genossenschafts-Hypothekenbank AG („DG-HYP") in Berlin gründeten. Die nach dem Zweiten Weltkrieg nach Hamburg übersiedelte DG-HYP konzentrierte sich nach der Finanzkrise 2008 auf die gewerbliche Immobilienfinanzierung. Seit 2018 heißt das Kreditinstitut „DZ HYP AG" (Sitz in Hamburg und Münster).

Aber auch nach dem Abklingen der Subprime-Krise blieb die Branche nicht skandalfrei: Ab 2011 wurden die sogenannten **„Cum-Ex-Geschäfte"** enttarnt, wobei das Finanzamt im Zusammenhang mit Dividendenzahlungen auf Aktien für ein und denselben Fall Steuererstattungen an mehrere Personen (Käufer und Verkäufer rund um den Zeitpunkt der Dividendenzahlungen) durchführte, was 2012 gesetzlich verboten wurde und somit spätestens nach dieser Gesetzesänderung als strafbare Steuerhinterziehung galt. Beteiligt waren auch hier viele deutsche Kreditinstitute. Zuerst waren diese Geschäfte bei der Deka-Bank aufgefallen, spätere Recherchen belasteten vor allem die Commerzbank. Aber auch die HypoVereinsbank, die HSH Nordbank und die Landesbank Baden-Württemberg, die Privatbank M.M. Warburg in Hamburg und weitere Finanzinstitute waren betroffen.

Fintech-Unternehmen

„Fintech"-Unternehmen bieten Finanzdienstleistungen mit neuen Technologien im digitalen Bereich an. Häufig handelt es sich dabei um Finanzinnovationen.

Mit den seit 2009 entstandenen **Kryptowährungen** (wobei der „Bitcoin" der bekannteste ist) entstand den Kreditinstituten eine ernsthafte Konkurrenz: Vor allem in der (höchst spekulativen) Geldanlage und im Zahlungsverkehr, werden Banken dabei nicht mehr benötigt. Digitale Währungen wie der „Bitcoin" gelten als fälschungssicher und ermöglichen einen weltweiten Zahlungsverkehr ohne Transaktionskosten (eben weil die Banken daran nicht mehr beteiligt sind). Ein weiterer Vorteil der Kryptowährungen ist ihre Internationalität, andererseits werden Kryptowährungen aber durch offizielle Stellen weder anerkannt noch kontrolliert und sorgen durch ihre hohe Volatilität (Schwankungsbreite im Wert) für Verunsicherungen an den Finanzmärkten. Außerdem stehen die Kryptowährungen auch im Verdacht, die Finanzierung von illegalen Geschäften (z. B. im Drogen-, Waffen- und Dokumentenmarkt) zu erleichtern, da Zahlungsvorgänge bei ihnen kaum nachvollziehbar sind.

Die Zahlungsabwicklung (mit „traditionellen" Währungen) war ein Aufgabengebiet der **Wirecard AG**. Dieses Unternehmen sorgte aber für den größten Wirtschaftsskandal in Deutschland seit langer Zeit. Wirecard war 1999 in Aschheim bei München gegründet worden und hatte seine Kunden zuerst in der Glücksspiel- und der Pornobranchen. Es überlebte aber die Dot-Com-Blase vor allem durch die Veränderung des Geschäftsmodells und der Kundenstruktur. Wirecard wickelte bei einer unbaren Zahlung eines Kunden am Point of Sale den Geldtransfer zwischen dem Kreditkartenunternehmen und dem Händler ab und übernahm auch das Ausfallrisiko. 2017 erreichte die Wirecard AG eine Bilanzsumme von 4.539 MIO EURO und eine Mitarbeiterzahl von knapp 5.000. Mit dieser Performance verdrängte Wirecard die Commerzbank aus dem DAX und überholte in der Börsenkpaitalisierung auch die Deutsche Bank (Bilanzsumme 2017: 1.475 MRD EURO, über 97.000 Mitarbeiter). Immer wieder hatte Wirecard allerdings mit Vorwürfen der Bilanzmanipulation zu kämpfen. Nachdem lange Zeit nicht klar wurde, ob Wirecard hier Opfer oder Täter war, kulminierten die Vorwürfe im Juni 2020, als bekannt wurde, dass 1,9 MRD EURO, die in der Wirecard-Bilanz als Guthaben bei asiatischen Banken aufgeführt waren, tatsächlich überhaupt nicht existierten. Die asiatischen Banken bestätigten, dass es zu Wirecard überhaupt keine Bankverbindung gab. Wegen des Verdachts der Bilanzfälschung wurde der Vorstandsvorsitzende Markus Braun (einen Tag nach seinem Rücktritt vom Unternehmens-Chefposten) festgenommen. Ein weiterer Spitzenmanager, der Österreicher Jan Masalek, entzog sich der Haftung durch die Flucht. Nur Tage später, am 25. Juni 2020, musste Wirecard Insonvenz anmelden – als erstes Unternehmen überhaupt, dass im DAX notiert war. Bei Wirecard lag zumindest ein Versagen des innerbetrieblichen Controllings vor; auch die Bilanzprüfungsgesellschaft hatte sich täuschen lassen, und die deutsche Finanzaufsicht BAFIN hinterließ auch keine gute Figur. Dabei war die BAFIN für Wirecard nur bedingt zuständig, da das Unternehmen nicht als Finanzinstitut, sondern als Technologiekonzern galt.

Versicherungen

Der größte Versicherungskonzern Deutschlands ist die **Allianz SE**. Seit der Übernahme der Dresdner Bank AG 2001 hatte sich die Allianz AG zu einem Allfinanzunternehmen gewandelt. Diese teure Übernahme, Naturkatastrophen in Mitteleuropa, der Anschlag auf das World Trade Center und die Krise in den internationalen Finanzmärkten bescherten der Allianz im Jahr 2002, zum ersten Mal in der Firmengeschichte, ein negatives Ergebnis, von dem sie sich später aber wieder erholen konnte. Im darauf folgenden Jahr wurde die jahrzehntelange enge Zusammenarbeit mit der Münchener Rückversicherung AG aufgekündigt und die gegenseitige Kapitalbeteiligung verkleinert. Dafür fusionierte die Allianz AG 2006 mit der italienischen Versicherungsgruppe RAS zur Allianz SE. 2008 wurde die Dresdner Bank mit Verlust an die Commerzbank AG verkauft.

Die **Münchener Rückversicherungs Gesellschaft AG in München** (im kompletten Firmennamen des Unternehmens kommt der Standort tatsächlich zweimal vor) trägt seit 2009 den Markennamen „Munich Re". Sie ist in der Bundesrepublik auch im Erstversicherungsgeschäft vertreten, und zwar mit der ERGO-Gruppe, die 1997 als Dachgesellschaft für die Versicherungen Victoria Holding AG, D.A.S., Hamburg-Mannheimer und DKV gegründet wurde.

Die **ERGO-Versicherungsgruppe AG** straffte im Jahre 2010 ihre Markenvielfalt, unter anderem wurden die Marken „Victoria", „KarstadtQuelle-Versicherungen" (im Zusammenhang mit der Arcandor-Insolvenz übernommen) und „Hamburg-Mannheimer" vom Markt genommen und unter dem Namen ERGO weitergeführt, während die Marken „DKV" und „D.A.S." den Konzernumbau überlebten. Insbesondere die Hamburg-Mannheimer Lebensversicherungen mit ihrer weithin bekannten Werbefigur „Herr Kaiser" waren in Deutschland sehr erfolgreich, in ihrer Kundenakquisition aber nicht unumstritten gewesen. Die Vertriebspraktiken der ehemaligen Hamburg-Mannheimer Versicherung (einschließlich ihrer Vertriebsgruppe „HMI", die mit angelernten Kräften eine - gesetzlich zulässige - Art von Schneeball-System aufgebaut hatte) gerieten im Mai 2011 in den Blickpunkt der Öffentlichkeit, als bekannt wurde, dass im Jahre 2007 eine Reihe von Managern und besonders erfolgreichen Vertriebsmitarbeitern zu einer Sex-Party nach Budapest (mit kostenfreien Prostituierten) eingeladen worden war. Die ERGO als Rechtsnachfolgerin bemühte sich um Aufklärung der Vorgänge.

Der **HDI Haftpflichtverband der Deutschen Industrie Versicherungsverein a. G.** (Deutschlands drittgrößter Versicherungsgruppe nach Allianz und Munich Re/ ERGO) war bis 2012 Alleineigentümer der **Talanx AG**, Hannover. Zu Talanx AG zählten die Konzernzweige Gerling, Neue Leben (beide unter Namensverlust komplett in den Konzern integriert), HDI (als Markenname verschiedener Versicherungen) und Hannover Rück. 2012 wurde ein Teil der Talanx-Aktien von der Konzernmutter HDI a. G. börsenmäßig verkauft, die HDI blieb aber Mehrheitsaktionär.

Ebenfalls in Hannover ansässig ist die **VHV Gruppe VV a. G**. Ihre bekannteste Versicherungsgesellschaft, die „Hannoversche Leben", gilt als Wegbereiter neuer Vertriebswege. Sie erlebte ab 1977 durch ihren Einstieg in das Direktversicherungsgeschäft und ab 1996 durch die Antragstellung im Internet einen immensen Aufschwung, da ihre Versicherungsprämien durch den weitgehenden Verzicht auf kostentreibende Vertretungen deutlich unter dem Durchschnitt lagen. Genauso wie die Allianz, so rüstete sich auch die Hannoversche Leben um die Jahrtausendwende für die Globalisierung durch Änderungen in der Rechtsform: Während die Allianz sich von einer AG in eine SE verwandelte, streifte die Hannoversche die im Ausland unbekannte Rechtsform eines VVaG ab und wurde zur AG.

Der größte ausländische Versicherungsanbieter in Deutschland ist die französische **AXA**-Gruppe. Zu diesem Konzern gehören z. B. die Colonia Versicherung AG und die DBV-Winterthur.; die DBV-Winterthur gehörte dem Konzern seit 2006 an.

*Die 1929 durch eine Fusion verschiedener öffentlich-rechtlicher Versorgungsunternehmen entstandene Deutsche Beamten Versicherung (DBV) gründete 1990 die **DBV Holding AG** in Wiesbaden. 1996 kam es zur Fusion mit dem schweizerischen Versicherungsunternehmen Winterthur. Dieser neu entstandene Versicherungsverbund bot eine Vielzahl von Versicherungen auch außerhalb des Beamtenwesens an. Der Konzern DBV-Winterthur wurde 1997 von der CreditSuisse Suisse übernommen worden, die ihn 2006 an die AXA-Versicherungsgruppe weiter verkaufte. Die AXA verzichtete im Weiteren auf den Namen „Winterthur". Im Jahre 2016 wurde die im Konzern verbliebene DBV Deutsche Beamtenversicherung AG auf die AXA Versicherung AG (Köln) verschmolzen und firmierte nunmehr als „Zweigniederlassung der AXA", also nur noch als Marke des französischen Versicherungskonzerns.*

Die **Generali Deutschland AG** ist der deutsche Stützpunkt des zweiten großen ausländischen Versicherungsanbieters in Deutschland, des italienischen Generali-Versicherungskonzerns, zu dem z. B. die Volksfürsorge (1912 als gewerkschaftliches Versicherungsunternehmen gegründet) und seit 1998 auch die AMB (Aachener und Münchener Versicherungsgruppe) zählen. 2015, im Zuge der Sitzverlegung der Generali Deutschland von Köln nach München, wurde die Volksfürsorge AG aufgelöst und in die Generali Versicherungen integriert. 2020 geschah der gleiche Vorgang mit der AMB. Die Namen der Traditionsversicherungen wurden dabei ebenfalls gestrichen.

Die **Württembergische Lebensversicherung AG** ist ein Traditionsunternehmen, das 1833 als „Allgemeine Rentenanstalt zu Stuttgart" gegründet wurde und als erstes Unternehmen in Deutschland eine Rentenversicherung anbot. 1999 fusionierten die Versicherungsgruppe Württembergische und die Bausparkasse Wüstenrot (die zweitgrößte Bausparkasse Deutschlands nach Schwäbisch-Hall) zur Wüstenrot & Württembergische AG mit der Konzernmutter Wüstenrot Holding AG. Hier bildete sich also ein Konzern, der die Konzentration von Finanzdienstleistungen in einer Hand bezweckte.

Die abgebildete vinkulierte Namensaktie der Gesellschaft weist eine Neuerung auf: Zukünftige Eigentümer der Aktie wurden nicht mehr mittels eines Indossaments auf der Rückseite des Wertpapiers notiert, sondern erhielten als Eigentumsnachweis eine Eintragungsbestätigung.

Seitdem die EZB als Maßnahme auf die Finanzkrise 2007 ff. für ein geringes Zinsniveau sorgte, waren die Lebensversicherungen (deren Prämien vorzugsweise in festverzinslichen Anleihen angelegt wurden) für Anleger und Versicherungsunternehmen weniger lukrativ geworden. Die Folge davon waren nicht nur verminderte Prämienzahlungen an Versicherungsvertreter für Lebensversicherungs-Abschlüsse, sondern auch ein erheblicher zahlenmäßiger Rückgang von Neuabschlüssen. Einige Versicherungsunternehmen, z. B. die Generali, kündigten im Jahre 2017 darüber hinaus an, sich aus dem Geschäft mit den Lebensversicherungen komplett zurückzuziehen und diese Sparte einschließlich der bestehenden Verträge zu veräußern.

Auch die 2015 durchgeführte Übernahme der Autobahn Tank & Rast GmbH (in den 1990er Jahren als Privatisierung der 1951 gegründeten Gesellschaft für Nebenbetriebe der Bundesautobahnen entstanden) durch ein Konsortium, an dem maßgeblich die Allianz SE und die Münchener Rückversicherungs-Gesellschaft AG („Munich Re") beteiligt waren, muss unter dem Gesichtspunkt der Niedrigzinsphase bis 2021 gesehen werden: Wenn die Versicherungsunternehmen ihren Kunden eine angemessene Verzinsung (z. B. im Lebensversicherungsbereich) zahlen wollten, so war das bisher funktionierende System der Anlage in Staatsanleihen unterschiedlicher Emittenten nicht mehr zielführend und es mussten weitere, potenziell erfolgreichere Einnahmequellen geschaffen werden.

Finanz-Dienstleister

Zunehmend engagieren sich in der Finanzbranche auch die Finanzdienstleistungs-Vertriebsunternehmen („Finanzvermittler") wie die 1970 in Köln gegründete OVB Holding AG oder die 1988 gegründete AWD Holding AG (Hannover, seit der Übernahme durch eine Schweizer Versicherungsgesellschaft 2013 Swiss Life Select Deutschland GmbH). Diese Unternehmen bieten ihren Kunden Produkte verschiedener Gesellschaften „aus einer Hand" an.

Zu den Finanz-Vermittlern gehörte auch die **VBF Vermittlungsgesellschaft für Versicherungen, Finanzierungen und Kapitalanlagen AG**. Die VBF war 1990 gegründet worden, bestand aber nur etwas länger als ein Jahrzehnt, da sie die Insolvenz ihrer Muttergesellschaft, der Kölner Westend Terrain- und Beteiligungsgesellschaft AG, auch nicht überlebte.

Ein deutscher Finanzdienstleister, der auf dem „Grauen Kapitalmarkt" tätig war, war die **Securenta Göttinger Immobilien- und Vermögensmanagement AG,** das wichtigste Tochterunternehmen der Göttinger Gruppe. Der „Graue Kapitalmarkt" besteht aus den Geld- und Kapitalmärkten, die nicht der Aufsicht der BaFin (Bundesanstalt für Finanzdienstleistungsaufsicht) unterstehen, also z. B. aus Investitionen in Genussrechten, Immobilienbeteiligungen, Termingeschäften, Direktanlagen in Metallen und Bergwerken, Beteiligungen, Crowd Funding und Glücksspielgeschäften, vor allem aber „Steuersparmodellen" jeglicher Art.

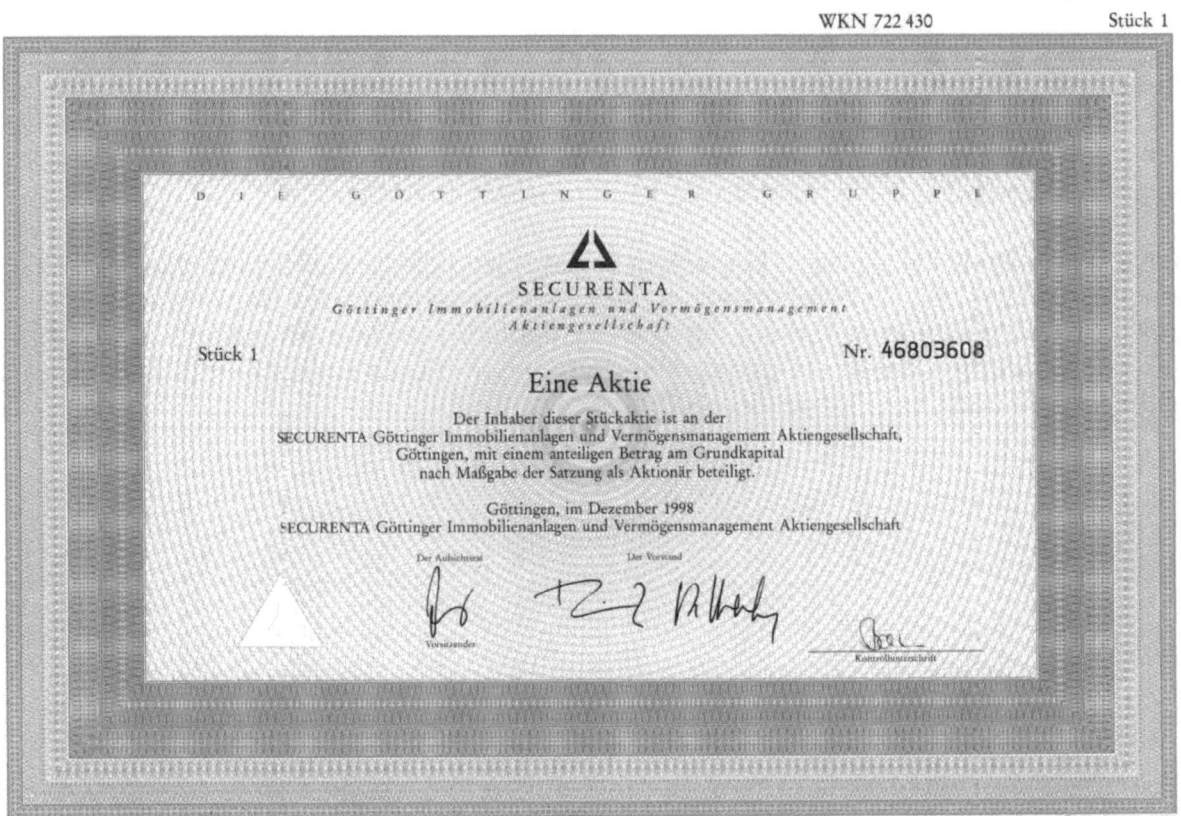

Die Securenta AG war 1986 gegründet worden und bot eher undurchsichtige „Pensions-Sparpläne" für Kleinsparer an. Ab 1992 wurde der Name „Göttinger Gruppe" eingeführt. Dieser Namenszug wurde bundesweit als Trikotsponsor des Bundesliga-Fußballvereins VfB Stuttgart bekannt. Das Konzept der Göttinger Gruppe erwies sich aber nicht als tragbar. Spätestens 2006 (also vor der weltweiten Finanzkrise) war die Firmengruppe nicht mehr zahlungsfähig, im gleichen Jahr wurden gegen mehrere Manager Haftbefehle ausgestellt, der Konzernleiter sogar wegen Steuerhinterziehung verurteilt. Die Stiftung Warentest berichtete 2007 von einer Presseerklärung des Insolvenzverwalters, dass mehr als 250.000 Anleger geschädigt worden und Kapital im Wert von einer MRD EURO verschwunden seien.

Nicht erst seit dem Untergang der Securenta bzw. der Göttinger Gruppe wurden die Finanzdienstleistungs-Vertriebsunternehmen – ebenso wie die „Vergleichsportale" im Internet – von einigen Kritikern skeptisch betrachtet. Diese Kritiker bemängeln, dass die von den Finanzvermittlern vertretene Produktpalette zwar oftmals durchaus sinnvoll sei (von Ausnahmen wie den „Pensions-Sparplänen der Securenta abgesehen), häufig würden aber nur Produkte ausgewählter Kreditinstitute und Versicherungen angeboten. Eine weitere Kritik betrifft das Vertriebskonzept einiger Finanzvermittler: Die Mitarbeiter sind häufig nur angelernte Kräfte, die ausschließlich auf Provisionsbasis arbeiten. Hier wird von Seiten der Kritiker der Verdacht geäußert, dass die Verkaufskräfte bei ihren Verkäufen weniger darum sorgen könnten, was der Kunde wirklich braucht, sondern mehr darauf achteten, durch welche Produkte sie ihre Provisionen maximieren könnten. Hohe Provisionen für die Verkaufskräfte deuteten auch auf eine besondere Wirtschaftlichkeit des Produktes für den Anbieter hin. So waren bis zur Niedrigzinsphase z. B. Lebensversicherungen in der Regel für den Anbieter lukrativer als Sparverträge; also wurden erstere mehr beworben und mit höheren Verkaufsprovisionen bedacht.

Diese generelle Kritik an den Finanzdienstleistern ist nicht neu und wird gegenüber dem gesamten Markt der Vermögensanlage erhoben, gegenüber der Bankbranche spätestens seit der verstärkten Einführung von Verkaufsprovisionen ab den 1970er Jahren. Sukzessive wurden daher die gesetzlichen Vorgaben für die Anlageberatung verschärft, insbesondere nach der Finanzkrise 2008 ff.

2 Kurz gefasste Weltwirtschaftsgeschichte seit dem Ende des 18. Jahrhunderts

Eine isolierte Betrachtung einer nationalen Volkswirtschaft erscheint in einer globalisierten Welt immer weniger sinnvoll. Daher soll im folgenden Kapitel ein kurzer Abriss über die Entwicklung der Weltwirtschaft seit 1800 gegeben werden.

A Stand Ende 18. Jahrhundert:

Die Weltreiche des Altertums sind schon längst Geschichte. Andere Weltreiche des Mittelalters und der frühen Neuzeit verloren in unterschiedlicher Intensität an Bedeutung:

1. Deutschland:
Deutschland war im Mittelalter, insbesondere unter den Staufer-Kaisern, der mächtigste Staat Europas, spätestens seit dem 30jährigen Krieg (1618-1648) aber in viele regionale Fürstentümer zerspalten. Die wichtigsten waren im 18. Jahrhundert:

- a. **Preußen**: Eine aufstrebende Macht, die aber weltpolitisch nur eine Nebenrolle spielte. Preußen lieferte sich andauernde Kämpfe mit Nachbarstaaten, insbesondere mit

- b. **Österreich**: Bis 1556 war der Großherzog in Personalunion auch König von Spanien, wobei das Herrscherhaus Habsburg sich mehr auf Spanien als auf Österreich konzentrierte. Anschließend wurde Österreich ein Vielvölkerstaat mit großen inneren Konflikten. Österreich stellte bis 1806 auch regelmäßig den Kaiser des Deutschen Reichs.

2. Spanien:
Spanien war in der frühen Neuzeit die führende Weltmacht. Kolonien gab es – im Anschluss an die Entdeckungsreisen Kolumbus' - vor allem in Süd- und Mittelamerika sowie in der Karibik. Die Schätze der „Neuen Welt" wurden zwar zu einem großen Teil nach Spanien verfrachtet, kamen dort aber nur zu einem geringen Teil dem Auf- oder Ausbau der Wirtschaft zugute. Tatsächlich führten die hohen Silbereinfuhren sogar zu einer Inflation des Silbergelds in Spanien (und – abgeschwächt - in ganz Europa). Außerdem war Spanien nicht in der Lage, die Kolonien effektiv zu verwalten und vor Angriffen zu schützen.

3. Portugal:
Portugal nahm eine ähnliche Entwicklung wie Spanien, aber in kleinerem Ausmaß. Wichtige Kolonien lagen an den Küsten von Süd- und Ostafrika, Indien, China und Indonesien. Die wichtigste Kolonie war Brasilien. Im portugiesisch-niederländischen Krieg im 17. Jh. sowie in ständigen Auseinandersetzungen mit weiteren Kolonialmächten wurde Portugal geschwächt.

4. Niederlande:

RECEPISSE.

WY ondergefchreeve Bewindhebberen van de Ooft-Indifche
Compagnie, ter Kamere van Zeeland, binnen Middelburg,
bekenne by forme van ordinaris Anticipatie-gelden, in de Wiffel-
bank tot Amfterdam, op Rekening van deze Kamer, ontfan-
gen te hebben van *de Wed. Jeron: Tonneman* —
de fomma van *Twaalf Duyfent Guldens* —
tegen den Intreft van twee en een half per cento in 't Jaar, en
dat voor den tyd van fes of uyterlyk twaalf maanden vaft, welke
fomme met de Intreffe van dien, Wy in onze qualiteyt beloo-
ven na verloop van de voorfz. fes Maanden, als Anticipatie-
Penningen, vry van alle laften, na gewoonte van de Comp. in
Banco voorfz. te zullen reftitueeren; dog by prolongatie na de
voorfz. fes Maanden zal de Comp. moogen volftaan met de
betaaling ten opfigte van de Intrefte by den dag af, zullende
egter deze na verloop van twaalf Maanden, niet anders of ver-
der konnen werden geprolongeert, als met bewilliging van den
Geever.

Aĉtum binnen Middelburg den *11 February 1730* —

t'Oirconde dezes geteekend als Bewindhebberen daar toe geqaalificeert.

Faksimile · WWA Suppes

Als erste moderne Aktiengesellschaft gilt die 1602 in Amsterdam gegründete **Niederländische Ost-indien-Kompanie (VOC = Vereenigde Oostindische Compagnie)**. Ihre Anteilsscheine wurden als erste an europäischen Börsen gehandelt. Das Gründungskapital von 6,45 Mio. Gulden wurde von 219 Teilhabern aufgebracht, die im Durchschnitt 18 % Dividende erhielten. Die VOC existierte mit wechselnden Teilhabern bis 1799 und wurde von Managern („Direktoren") geleitet. Trotzdem war die VOC ein halbstaatliches Gebilde, dem durch die niederländische Regierung östlich des Kaps der Guten Hoffnung staatliche Hoheitsrechte verliehen wurde: Die VOC durfte nicht nur Verträge abschließen, sondern auch Kriege führen, Land in Besitz nehmen und Festungen bauen. Ein späteres Nachfolgein-stitut der VOC ist die heutige ABN AMRO Bank in Amsterdam. Abgebildet ist ein Faksimile-Druck einer Anleihe der VOC aus dem Jahre 1730.

Das „goldene Zeitalter" der Schifffahrts- und Handelsnation Niederlande war das 17. Jahrhundert. Um 1650 erreichte der niederländische Anteil am Weltmarktumsatz ca. 50%. Mit Hilfe der Vereinigten Niederländischen Ostindien-Kompanie und der Niederländischen Westindien-Kompanie (gegr. 1621) wurde ein weltumspannendes Handelsnetz mit strategisch wichtigen Handelspunkten, später Kolonien, entwickelt. Als wichtigste dieser Kolonien erwies sich Indonesien, das bis 1949 in niederländischem Besitz blieb. Andere Stützpunkte mussten wesentlich eher geräumt werden, da die Niederlande schon Ausgang des 17. Jahrhunderts nicht mehr in der Lage waren, ihre Besitzungen gegen die größeren und stärker werdenden anderen Kolonialmächte zu verteidigen. Immerhin hielten die Niederlande auch nach ihrer „goldenen Zeit" einen hohen Anteil am internationalen Handel. Die frühen Kapitalgesellschaften und die ebenfalls schon früh eingerichteten Börsen deuten darauf hin, dass die Niederlande - neben Großbritannien - das Land war, in dem der moderne Kapitalismus zuerst Einzug hielt.

Als Besonderheit des „goldenen Zeitalters" gilt eine der spektakulärsten Spekulationsblasen in der Geschichte: Die Tulpenzwiebelspekulation. Zeitweise wurden Häuser in bester Lage in Amsterdam für 3 Tulpenzwiebel (die sich dazu häufig noch im Boden befanden und nur per Zeichnung beim Kauf „anwesend" waren) verkauft. Die Spekulationsblase platzte am 7. Febr. 1637.

5. **Andere europäische Staaten** hatten nicht die wirtschaftliche und politische Macht um mit den führenden Nationen mitzuhalten:

    a) **Nordeuropa (Schweden, Dänemark)** beschränkte sich mit wenigen Ausnahmen auf den engeren Einflussbereich: die Ostsee und den nördlichen Atlantik.

    b) **Russland** verfügte über ausgedehnte „Kolonien" in Nordasien (die es von vornherein als eigenes Staatsgebiet angesehen hatte), war daher riesig groß, aber gerade dadurch auch kaum zu regieren. Vor allem war das russische Zarenreich viel zu rückständig in verschiedenster Hinsicht.

    c) **Das Osmanische Reich** befand sich seit der verlorenen Seeschlacht von Lepanto 1571 und der erfolglosen Belagerung Wiens 1683 auf dem Abstieg von seiner ehemaligen Bedeutung. Der Vielvölkerstaat zerfiel in den nächsten Jahrhunderten in seine Bestandteile. Schließlich bestand er nur noch aus Kleinasien und einem kleinen Teil Europas rund um Istanbul bzw. Konstantinopel.

6. Die **USA** waren 1776 erst ein eigener Staat geworden und brauchten noch mehr als hundert Jahre, um eine Weltmacht zu werden.

7. **Andere Staaten außerhalb Europas** konnten dem europäischen Imperialismus nicht trotzen:

    a) Die hoch entwickelten **Indianerreiche Mittel- und Nordamerikas** (insbesondere das Azteken- und das Inkareich) wurden schon im 16. Jh. jeweils durch eine Handvoll spanischer Abenteurer endgültig ausgelöscht.

    b) **China und Japan** waren in ihren Traditionen erstarrt und hatten durch ihre selbst gewählte Isolation den Anschluss an die technisch-wirtschaftliche Entwicklung verpasst.

c) Das Mogulreich in **Indien** war auseinandergefallen, so dass auf dem Subkontinent keine starke zentrale Macht den Kolonialisierungsversuchen der Europäer Widerstand leisten konnte.

f) **Weitere ehemalige Staaten außerhalb Europas**, so eindrucksvoll sie auch gewesen waren (insbesondere in Ostasien und in Afrika) hatten immer nur regionale Bedeutung erlangt und waren gegenüber den europäischen Nationen vor allem militärisch im Nachteil. (Die Mongolenreiche der Könige Attila und Timur Leng waren schon seit mehreren hundert Jahren Geschichte.)

Gegen Ende des 18. Jahrhunderts blieben daher nur zwei Großmächte übrig:

1. Frankreich

Schon das Königreich Frankreich (bis zur Französischen Revolution 1789) war in Kontinentaleuropa sowohl kulturell als auch politisch einflussreicher als alle anderen Staaten. Mit der Französischen Revolution wurde anschließend der Weg in ein modernes Gesellschaftssystem geebnet. Das Napoleonische Reich schließlich beherrschte ganz Europa (und damit auch die bis dahin erworbenen Kolonien der eroberten Nationen) – bis auf Russland und England.

Auch als Kolonialmacht war Frankreich weltweit vertreten, vor allem mit riesigen Flächen in Nordamerika.

Mit Anteilscheinen an der „Mississippi-Kompanie" (von dem zeitweiligen Finanzminister Frankreichs, dem schottischen Spekulanten John Law 1717 zum Zwecke der Nutzung der französischen Kolonie Louisiana in Amerika gegründet) gerieten französische Kapitalanleger in eine Spekulationsblase, die deshalb von geschichtlicher Bedeutung ist, weil die Anteilsscheine an der Kompanie nur mit den neuen „Geldscheinen" der halbstaatlichen Banque Generale Privee gekauft werden konnten. (Papiergeld in einem solch großen Umfang hatte es in Europa vorher nicht gegeben.) Nachdem die Anteilsscheine der Kompanie 1720 drastisch an Wert verloren (vor allem durch Rückkehrer von Auswanderern, welche die Mär von einem gold- und silberreichen Land Louisiana nicht bestätigten), geriet die Institution „Papiergeld" gleich mit in Ungnade.

Von 1754 bis 1762 herrschte in Amerika ein Kolonialkrieg mit England, der in seinen letzten Jahren zeitgleich mit dem Siebenjährigen Krieg in Europa ausgetragen wurde. Zum Ende dieses Krieges hatte Frankreich seine erste große Niederlage im Kampf um die Vorherrschaft in der Weltpolitik und Weltwirtschaft gegen England erfahren: Kanada fiel an England. Napoleon Bonaparte hatte wenig Interesse an überseeischen Gebieten und verkaufte Louisiana 1804 an die USA.

Der größte Rückschlag für die französische Welthegemonialpolitik aber war die Niederlage Napoleons gegen die vereinten anderen Großmächte Europas (endgültige Entscheidung 1815 bei Waterloo).

2. England

England war erst vergleichsweise spät zur Kolonialmacht geworden. Der Aufstieg begann eigentlich erst mit der Inthronisierung von Elisabeth I im Jahre 1588. Sie annektierte Schottland und betrieb eine aggressive Politik gegenüber der bisher führenden Weltmacht Spanien. Englische Piraten (Hawkins, Drake) enterten in der Karibik („Neu-Spanien") mit königlicher Einwilligung spanische Schiffe, die südamerikanisches Gold und Silber nach Spanien transportieren wollten. Zeitweise gerieten die Hauptstädte Neu-Spaniens, Santo Domingo und Cartagena, durch Eroberungen von Drake in englischer Hand. 1588 besiegte die englische Flotte die spanische Armada. Anschließend begann England mit dem Aufbau seiner Kolonien. Häufig wurden dabei bestehende Kolonien anderer europäischer Mächte diesen entrissen. Der englisch-niederländische Krieg 1652 – 1654 beendete die holländische Dominanz auf den Weltmeeren. Von 1660 bis 1714 verdoppelte sich das englische Handelsvolumen. Nach Elisabeths Tod beschäftigte sich England zwar mehrfach jahrelang vor allem mit sich selber, verlor dabei aber nie seine internationale politische und wirtschaftliche Bedeutung. 1707 wurde das Königreich Großbritannien (mit Wales und Schottland) gegründet, das auch über die Nachbarinsel Irland regierte.

Die wirtschaftliche Entwicklung Englands im 18. Jahrhundert ließ Kontinentaleuropa deutlich hinter sich, trotz gelegentlicher Rückschläge wie dem „Südseeschwindel" um die an der Börse deutlich überbewertete South Sea Company (Diese Spekulationsblase fand fast gleichzeitig mit der französischen Mississippi-Kompanie-Spekulation statt – und die britische Staatskasse zahlte noch bis ins 21. Jahrhundert Zinsen für damalige Anleihen.)

Fast alle wichtigen Erfindungen der angehenden Industriellen Revolution im 18. Jh. (Eisenverhüttung mit Steinkohle, Gussstahl, Spinnmaschine, Dampfmaschine, mechanischer Webstuhl) wurden in England entwickelt und wirtschaftlich zuerst eingesetzt. Großbritannien wurde damit zum Ausgangspunkt der „industriellen Revolution", aber auch der „Sozialen Frage", die sich mit der durchgängig schlechten Lage der Arbeiterschaft befasste. Auch die klassisch-liberale Wirtschaftstheorie stammt aus Großbritannien (Adam Smith: Welth of Nations, 1776).

Nach Napoleons Niederlage war England praktisch ein Jahrhundert lang die einzig verbliebene Weltmacht. Schon 1805, bei dem Sieg der britischen Flotte von Admiral Nelson über seinen französischen Gegner in der Seeschlacht von Trafalgar, standen die Vorzeichen auf eine Vorherrschaft Großbritanniens. Nach Napoleons endgültigem Scheitern 1815 war Großbritannien lange Zeit erfolgreich darin, ein Gleichgewicht der Mächte unter den anderen Nationen zu bewahren, so dass die eigene führende Stellung nicht angegriffen wurde. Der Verlust der amerikanischen Kolonien im gleichen Jahr wirkte sich erst sehr viel später auf die weltpolitische Bedeutung Englands aus. (Wie auch später in den spanischen und portugiesischen Besitzungen in Lateinamerika wurde Ende des 18. Jahrhunderts in Nordamerika deutlich, dass auch Kolonien, die mehrheitlich von ehemaligen Bewohnern der Heimatländer bevölkert wurden, einen starken Hang zur Eigenständigkeit entwickelten.)

B   Von 1800 bis 1918

Der russische Nationalökonom Kondratjef stellte schon 1926 die These auf, dass sich die **Weltwirtschaft in langen Wellen mit einer Dauer von ca. 50 Jahren entwickelt**. Auslöser dieser Wellen sind nach Kondratjef technische Neuerungen und Erfindungen, die sich in der Wirtschaft durchgesetzt hatten:

Gegen 1800 waren dies die Dampfmaschine, der mechanische Webstuhl und die Kohle- und Eisentechnologie.

Um 1850 kamen Eisenbahn, Zement, Fotografie und Telegrafie hinzu.

Um 1900 wurde die weltwirtschaftliche Entwicklung durch die Automobile, die Elektrifizierung, durch chemische Erzeugnisse und durch das Aluminium befeuert.

Gegen 1950 waren das Fernsehen, die Elektronik, die Kernkraft, die Raumfahrt und die Entwicklungen im Kunststoffbereich die Grundlagen eines weiteren Wirtschaftsschubs.

Um die Jahrtausendwende hielt die Digitalisierung, zuerst in den Bereichen Telekommunikation, Mikroelektronik und Multimedia, Einzug in die Weltwirtschaft.

Diese einzelnen Entwicklungen wurden in den unterschiedlichen Teilen der Erde unterschiedlich nachvollzogen.

Das 19. Jahrhundert war aber auch der Höhepunkt des Imperialismus. Kleinere europäische Staaten (Finnland, Norwegen, Polen, die Balkanstaaten etc.) wurden von größeren Nachbarn kontrolliert. Diese europäischen Großmächte errichteten bzw. vergrößerten außerhalb Europas ihre Kolonialreiche. Außerhalb Europas spiegelte sich die wirtschaftliche Entwicklung dieser hoch entwickelten europäischen Staaten in ihren Kolonialisierungsbemühungen und –„erfolgen" wider, wobei die Kolonien vor allem als Rohstoffquellen und Absatzgebiete für (im Kolonialreich hergestellte) Waren dienten (bzw, aus heutiger Sicht betrachtet, mit teilweise sehr brutalen Mitteln ausbeuteten)

Die ehemaligen Weltmächte der iberischen Halbinsel büßten an Einfluss ein. **Portugal** verlor 1822 mit Brasilien seine wichtigste Kolonie. Die afrikanischen Besitzungen wurden teilweise erst in den 70er Jahren des 20. Jh. aufgegeben, trugen aber nie entscheidend zur wirtschaftlichen Entwicklung des Mutterlandes bei. Auch die **spanischen** Kolonien in Südamerika hatten sich – größtenteils schon im ersten Drittel des 19. Jahrhunderts – selbstständig gemacht. Gegen Ende des Jahrhunderts gab Spanien – mehr oder weniger freiwillig – weitere Kolonien ab: gezwungenermaßen an die USA nach dem amerikanisch-spanischen Krieg 1898, freiwillig, durch Verkauf, verschiedene Inseln im Pazifik an Deutschland. Die kolonialen „Mutterländer" Spanien und Portugal blieben (ebenso wie der südliche Teil Italiens – noch längere Zeit hauptsächlich Agrarländer, während sich der Norden Europas (einschließlich Norditaliens) mehr und mehr zu Industriegebieten wandelte.

Zu Beginn des 19. Jahrhunderts vergrößerte sich **Großbritanniens** Vorsprung gegenüber den anderen Volkswirtschaften Europas. 1840 belief sich die Anzahl der Dampfmaschinen (ein zuverlässiger Indikator für die Industrialisierung im 19. Jh.) in England auf ca. 600 Stck. In Frankreich liefen zur gleichen Zeit nur ca. 90 Dampfmaschinen, in Deutschland (in den Grenzen des späteren Kaiserreichs) nur 40 Stück, in Russland und in Österreich-Ungarn jeweils nur ca. 30 Stück. 40 Jahre später war der britische Vorsprung immer noch bedeutend: Ca. 4.000 Maschinen in Großbritannien standen etwa

2.000 in Frankreich, 1.800 in Deutschland, 1.180 in Österreich-Ungarn und 400 in Russland gegenüber.

1776 sagten sich die USA vom englischen Königreich los; trotzdem vergrößerte Großbritannien seinen Einflussbereich. Im Wiener Kongress setzte es den internationalen Freihandel weitgehend durch, der vor allem für den Absatz britischer Produkte vorteilhaft war. 1818 fasste es in Indien Fuß; der Subkontinent wurde später als „Kronkolonie" der wichtigste Auslandsbesitz. Ein Versuch Afghanistan zu besetzen hingegen schlug fehl. Die britische Kolonialwelt war trotzdem beeindruckend: Neben Indien gehörten auch Kanada, Australien, Neuseeland und Südafrika als Flächenstaaten dazu, weitere britische Niederlassungen lagen an strategisch wichtigen Stellen der Welt, zum Beispiel an den Meerengen vor Gibraltar und Singapur. Zusätzlich schaffte Großbritannien in Afrika ein Kolonialgebiet, das vom Mittelmeer (Ägypten wurde dem Osmanischen Reich entrissen) bis zur Südspitze reichte, nur unterbrochen durch Deutsch-Ostafrika, dem späteren Tansania. China wurde zwar nicht erobert, aber in den britisch-chinesischen Opiumkriegen Mitte des Jahrhunderts wurde das Land zur Akzeptanz von Opium (aus der indischen Kronkolonie) als Zahlungsmittel für seine eigenen Tee-Exporte und – langfristig wichtiger – zur Öffnung seiner Häfen für Europäer gezwungen. Hongkong wurde – ebenfalls als Kronkolonie – 1898 für 99 Jahre gepachtet.

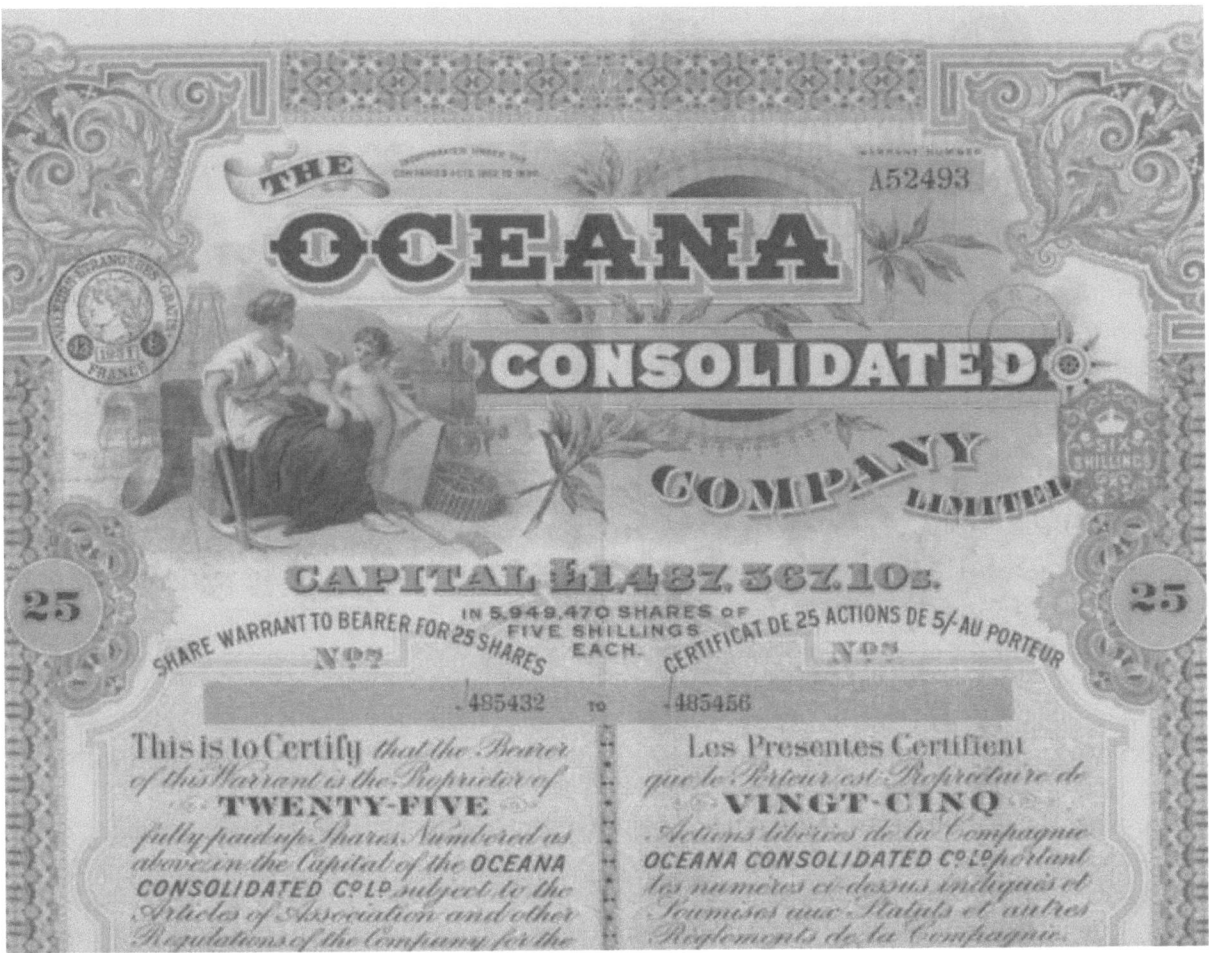

Die **Oceana Consolidated Company** (hier mit einem in Frankreich angebotenen zweisprachigen Aktienoptionsschein aus dem Jahre 1929) war eine der vielen Außenhandelsunternehmen im britischen Empire.

Die britische Wirtschaft konnte also mit Hilfe ihrer großen Handels- und Kriegsmarine auf ein weit gespanntes Netz von Rohstoffen überall in der Welt zurückgreifen, daraus in der Heimat ihre Waren produzieren, gegebenenfalls unter Zerschlagung von entsprechender Konkurrenz in den Kolonien (zum Beispiel der vormals blühenden Textilindustrie Indiens), und diese britischen Produkte weltweit wieder verkaufen. Zum Vergleich: das britische Kolonialreich zählte um 1900 fast 400 Millionen Menschen, das deutsche 12 Millionen.

In den letzten 30 Jahren des 19. Jahrhunderts begannen die Briten um ihre globale Vormachtstellung zu fürchten – nicht zu unrecht, wie sich zeigen sollte. Die Kontinentalsperre, ein Handelsboykott Napoleons gegen England, hatte sich zuerst negativ auf Kontinentaleuropa ausgewirkt; langfristig hingegen wurde Europa hierdurch zwangsweise zur Selbstständigkeit gezwungen. Die Industrielle Revolution setzte sich im Laufe des 19. Jahrhunderts in ganz Europa durch, zuerst in Belgien und Frankreich, später in Deutschland, noch später in den anderen Ländern. Weitreichende Erfindungen und Entwicklungen wurden im 19. Jahrhundert zunehmend auch in anderen Ländern geschaffen: Das Dampfschiff (Fulton, 1807) war ebenso eine Entwicklung der Amerikaner wie das Telefon (Bell, 1876) und die Glühlampe (Edison, 1879). Aus Deutschland kamen u. a. die Entwicklungen des Viertaktmotors (Otto, 1876), die ersten funktionsfähigen Autos (Benz, Daimler 1884), der erste wirtschaftlich einsetzbare Elektromotor (Siemens, 1879), der Kunstdünger (Liebig, 1841), die nahtlosen Röhren (Mannesmann, 1885), die Röntgenstrahlen (Röntgen, 1895) und der Dieselmotor (Diesel, 1897). Aus Frankreich kamen die Anfänge der Fotografie (Daguerre, 1837), aus Schweden das Dynamit (Nobel, 1867), aus Italien, das sich ebenso wie Deutschland erst 1871 zu einem einheitlichen Staat entwickelt hatte, die drahtlose Telegrafie (Marconi, 1897). Die Entdeckerin des Radiums im Jahre 1898, Marie Curie, war eine gebürtige Polin, die in Frankreich zusammen mit ihrem Ehemann ihre Forschungen betrieb.

In den letzten 25 Jahren des 19. Jahrhunderts setzte eine neue Welle der Kolonialisierung ein, die ebenfalls die englische Vormachtstellung gefährdete. Es ging um die noch nicht annektierten Gebiete außerhalb Europas. Die Gründe für die Ausbreitung des Kolonialgedankens waren nicht nur das Prestigedenken der Staaten, der Missionierungsgedanke und die Idee des Sozial-Darwinismus, sondern vor allem der übersteigerte Nationalismus („Chauvinismus") in den wirtschaftlich führenden Nationen. War die Idee des Nationalismus bis zur Mitte des Jahrhunderts eher ein fortschrittlicher Gedanke gewesen, der das Selbstbestimmungsrecht der einzelnen Völker einforderte, so wandelte sich dieser Gedanke zu der Ideologie, dass das eigene Volk „wertvoller" sei als andere. Auch wirtschaftliche Gesichtspunkte spielten eine Rolle: Die Industrienationen brauchten erweiterte Absatzmärkte und gesicherte Rohstoffquellen für ihre steigende Produktion. Dazu erschien ein großes Kolonialreich von größtem Nutzen zu sein.

1870 betrug der britische Anteil an der weltweiten Industrieproduktion zwar immer noch 32%, aber die Konkurrenz kam auf: die USA lag bei 23%, Deutschland bei 13%. 1887 entschied Großbritannien, dass auf ausländischen Produkten das Herkunftsland angegeben werden musste. Man wollte sich dabei vor allem gegen angeblich minderwertige Produkte aus den damals jungen Industriestaaten wehren – im Laufe der Zeit wandelte sich aber Begriffe „Made in Germany" oder „Made in USA" von einem Makel zu einem Gütesiegel.

Frankreich blieb eine der politisch und wirtschaftlich einflussreichsten Nationen Kontinentaleuropas, auch nach dem Verlust der nordamerikanischen Kolonien und nach dem verlorenen Krieg Napoleons 1815 (ebenso wie später nach dem verlorenen Krieg gegen Deutschland 1870/71). Frankreichs Besitzungen in Amerika beschränkten sich in der Zeit nach Napoleon Bonaparte auf einen Teil Guyanas und einige Inseln der Kleinen Antillen, die Kolonialpolitik des Landes konzentrierte sich daher verstärkt auf Nord- und Westafrika sowie Indochina.

*Frankreich war auch immer eine Seefahrernation gewesen- was aufgrund seiner langen Küstenlinien nicht verwundert. Im 19. Und 20. Jahrhundert war die **Chargeurs Reunis** eine der größten Reedereien der Welt, und zwar sowohl in der Handels- als auch in der Personenschifffahrt. Im 20. Jahrhundert beteiligte sich die Gesellschaft auch am Flugverkehr.*

Während des 19. Jahrhunderts (und auch danach) blieben die **Niederlande** ihrer traditionellen Handelsbranche treu; sie intensivierten insbesondere den Gewürzhandel mit Indonesien. Durch die hohe Bevölkerungsdichte in Indonesien war das niederländische Kolonialreich 1913, gemessen an der Anzahl seiner Bewohner, größer als das französische (50 zu 48 Millionen).

Zu den europäischen Kolonialmächten gehörte auch das vergleichsweise kleine **Belgien**, das 1830 seine Unabhängigkeit von den Niederlanden erkämpft hatte. Der belgische König hatte sich als Privatbesitz 1885 den größten „Kolonialstaat" Afrikas gesichert, den rohstoffreichen Kongo.

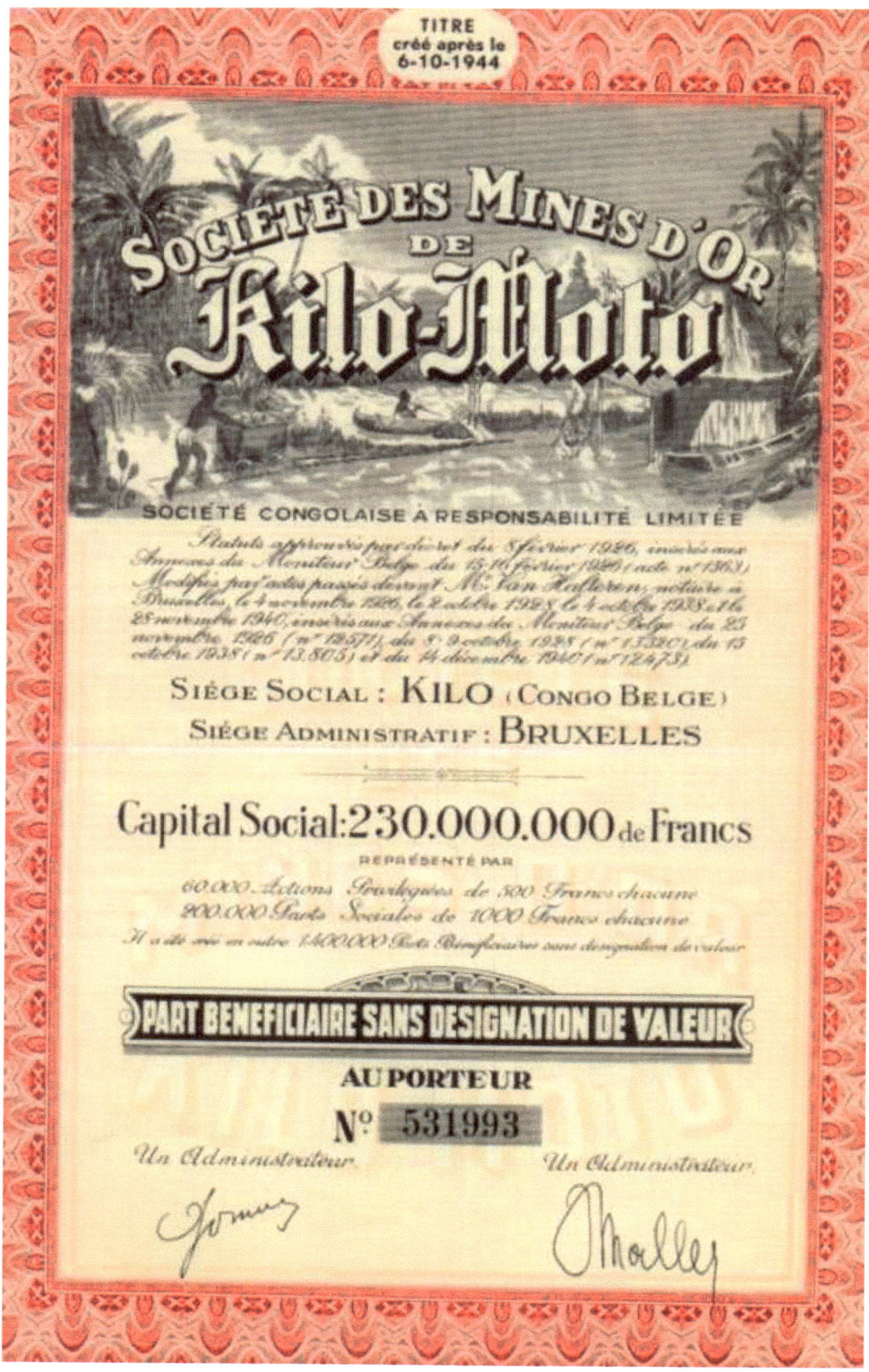

*Die abgebildete Aktie der Bergbaugesellschaft **Societe des Mines d'Or de Kilo-Moto** wurde noch nach der Jahrtausendwende an der Brüsseler Börse gehandelt.*

Der europäisch-asiatische Vielvölkerstaat des **Osmanischen Reichs** hatte seinen politischen Höhepunkt längst überschritten. Das Reich wurde schon während des 19. Jahrhunderts als „kranker Mann am Bosporus" bezeichnet. Der Staat versuchte mehr oder minder erfolgreich, seine Besitzungen in Südosteuropa und in Arabien zu behalten, z. B. durch den von Deutschland organisierten und finanzierten Bau der Bagdadbahn; seine Hegemonialmacht endete spätestens mit dem verlorenen Ersten Weltkrieg.

1922 wurde der Sultan gestürzt durch die „Jungtürken" um Mustafa Kemal Atatürk zugunsten eines westlich orientierten Demokratie, in dem die größte Macht nicht mehr der Religion (der Islam hatte nicht mehr den Status einer Staatsreligion), sondern dem dem Militär (als „Wahrer der Demokratie") zugeordnet war. Erst im 21. Jahrhundert erhielten die konservativen Strömungen in den türkischen Regierungen wieder eine größere Bedeutung.

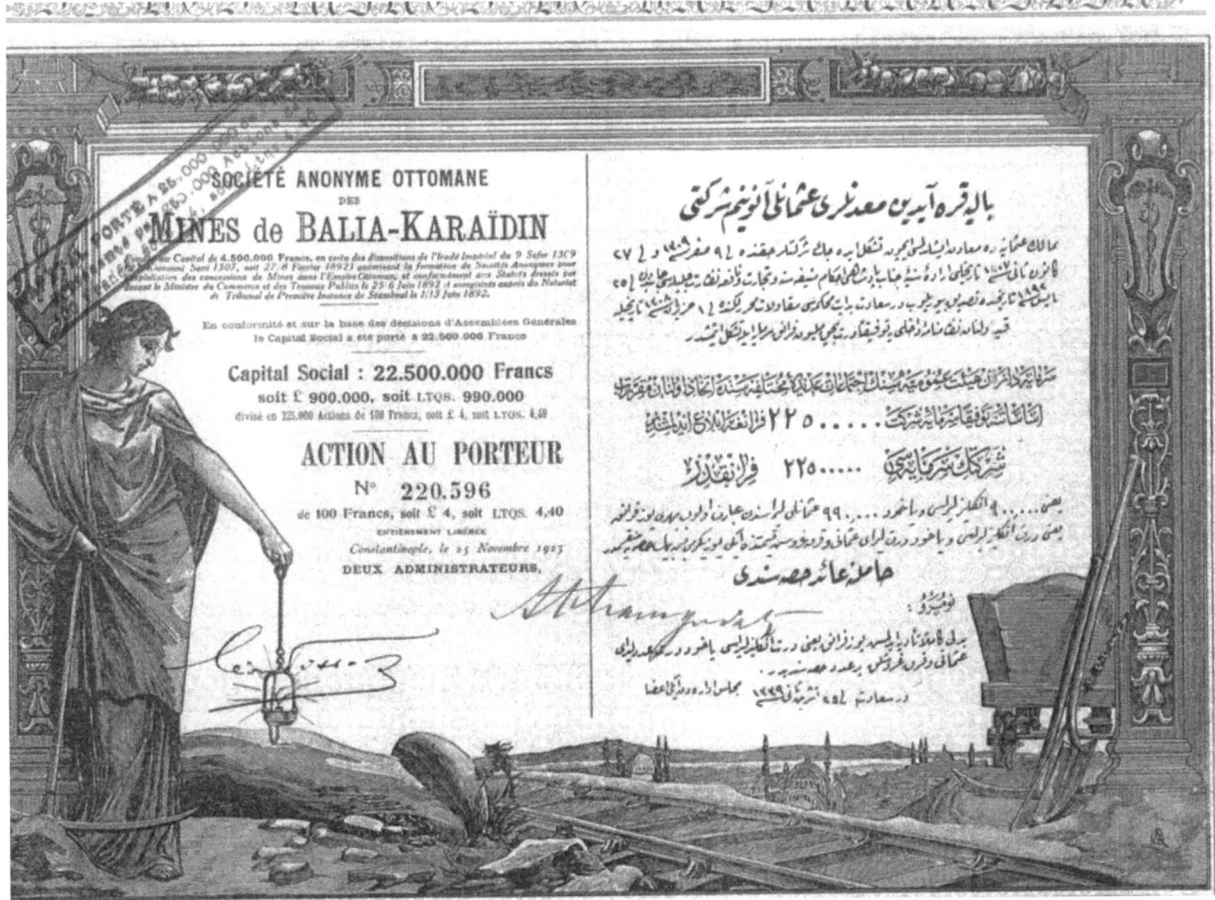

*Blei und Silber werden in Kleinasien seit der Antike bis heute abgebaut. Die abgebildete Aktie der Bergwerksgesellschaft **Societe Anonyme Ottomane Mines de Balia-Karaidin** wurde in einem für die Türkei besonders wichtigen Zeitraum ausgestellt: in der Zeit des Umbruchs vom Ottomanischen Reich zur modernen Türkei. Die abgebildete Aktie folgt in ihrer Aufmachung und in ihrer Sprache noch dem alten osmanischen Vorbild, wurde aber bereits nach dem Umsturz gedruckt.*

Deutschland war bis 1871 noch nicht zu einem Nationalstaat vereinigt; die einzelnen Fürstentümer bemühten sich mit unterschiedlichem Erfolg, die Rückstände bei der Industrialisierung aufzuholen. Um die Vorherrschaft im (noch nicht vereinigten) Deutschland konkurrierten nach wie vor das Königreich Preußen und das Kaisertum Österreich. Mit dem preußisch-österreichischen Krieg 1866 war in dieser Frage die Entscheidung zu Gunsten Preußens gefallen. Ganz im Sinne des preußischen Ministerpräsidenten (und des neuen deutschen Reichskanzlers) Otto von Bismarck wurden 1871 die deutschen Fürstentümer ohne Österreich zum Deutschen Reich zusammengefasst.

Das **Deutsche Kaiserreich** entwickelte sich besonders schnell: Der Anteil der Erwerbstätigen in der Land- und Forstwirtschaft sank im Zeitraum zwischen der Reichsgründung 1871 und dem Jahrhundertwechsel von ca. 50% auf etwa 15%. Entsprechend stark war der Zuwachs der Industrie. Deutsche Kolonien bestanden in Ostafrika, Togo, Kamerun, Südwestafrika, China (Kiautschou) und im Pazifik. Im Gegensatz zu anderen Kolonialmächten waren die Kolonien eigentlich nicht als Siedlungsgebiete auswanderungswilliger Bürger der Kolonialmacht geplant; tatsächlich entwickelte sich später lediglich in Südwestafrika eine umfangreichere Ansiedlung deutscher Kolonisten; das heutige Namibia ist auch die einzige ehemalige Kolonie, in der der deutsche Anteil an der Landesgeschichte noch im größeren Umfang erkennbar ist, z. B. im verbreiteten Gebrauch der deutschen Sprache.

Österreich (ab 1867 bis 1918 Österreichisch-Ungarische Monarchie, „k.u.k. Doppelmonarchie") war durch seine weitläufigen Besitzungen, vor allem südlich und östlich des Stammlands, zu einem Vielvölkerstaat geworden. Wirtschaftlich aber durchlief die k.u.k. Doppelmonarchie eine Entwicklung, die der deutschen ähnelte. Auf überseeischen Kolonien hatte Österreich seit dem 18. Jahrhundert allerdings verzichtet (mit Ausnahme eines kurzzeitigen (1901 – 1917) Pachtgebiets im chinesischen Tientsin (im Anschluss an Österreichs Teilnahme an der Niederschlagung des chinesischen Boxeraufstands).

*Als typisches Beispiel für die österreichische Wirtschaft soll eins der größten Konzerne in der österreichischen Geschichte, der **Steyr-Daimler-Puch**-Konzern, angeführt werden:*

Die österreichischen Steyr-Werke wurden 1864 von Josef Werndl als Waffenfabrik gegründet (als Nachfolgeunternehmens einer 1830 durch Josef Werndls Vater Leopold entstandene Gewehrfabrik). 1869 Jahre später wurde das Unternehmen in eine Aktiengesellschaft mit der Firma „Österreichische Waffenfabriks-Gesellschaft" umgewandelt. Vor allem durch den Waffeningenieur Ferdinand Ritter von Mannlicher, dem späteren Eigentümer des Unternehmens, entwickelten sich die Steyr-Werke zu einem führenden Waffenproduzenten in der k.u.k.-Doppelmonarchie. Später wurden von Steyr auch Fahrräder und Autos produziert. 1929/30 war der Automobilkonstrukteur Ferdinand Porsche technischer Vorstand bei den Steyr-Werken.

Im Jahre 1899 wurde die „Österreichische Daimler-Motoren-Gesellschaft" in Wien gegründet. Hier war auch Ferdinand Porsche beschäftigt: von 1906 bis 1929, seit 1917 als Generaldirektor.

Ebenfalls 1899 wurde die „Johann Puch – Erste steiermärkische Fahrrad-Fabriks AG" in Graz gegründet. Puch und die „österreichische Daimler" fusionierten 1928 zusammen mit der „Österreichischen Flugzeugfabrik" zu den „Austro-Daimler-Puch-Werken".

Zu Jahresbeginn 1934 schlossen sich die genannten Unternehmen zur „Steyr-Daimler-Puch AG" zusammen, die nun neben Waffen und Werkzeugen vor allem Fahrzeuge unterschiedlicher Art herstellte. Nach dem Zweiten Weltkrieg nahm Steyr-Daimler-Puch die Produktion in ihren Vorkriegssegmenten wieder auf. In den letzten zwei Jahrzehnten des 20. Jahrhunderts wurde der Konzern aber Stück für Stück zerschlagen, zentrale Teile wurden dabei an den Automotive-Konzern Magna, verkauft. Die Feuerwaffensparte wurde 1987 unter dem Traditionsnamen Steyr-Mannlicher GmbH selbstständig.

Neben Österreich und dem Osmanischen Reich gab es mit **Russland** noch einen weiteren Vielvölkerstaat in Europa. Russland versuchte seinen Einfluss in Asien und im von den Slawen bewohnten Osten Europas zu stabilisieren, wurde aber von Japan in Asien und von Österreich-Ungarn und der Türkei im Westen bei seinem Expansionsdrang gestoppt. Immerhin wurden die Weiten Sibiriens russisch; stabilisiert wurde das Russische Reich auch durch den Bau der Trans-Sibirien-Eisenbahn.

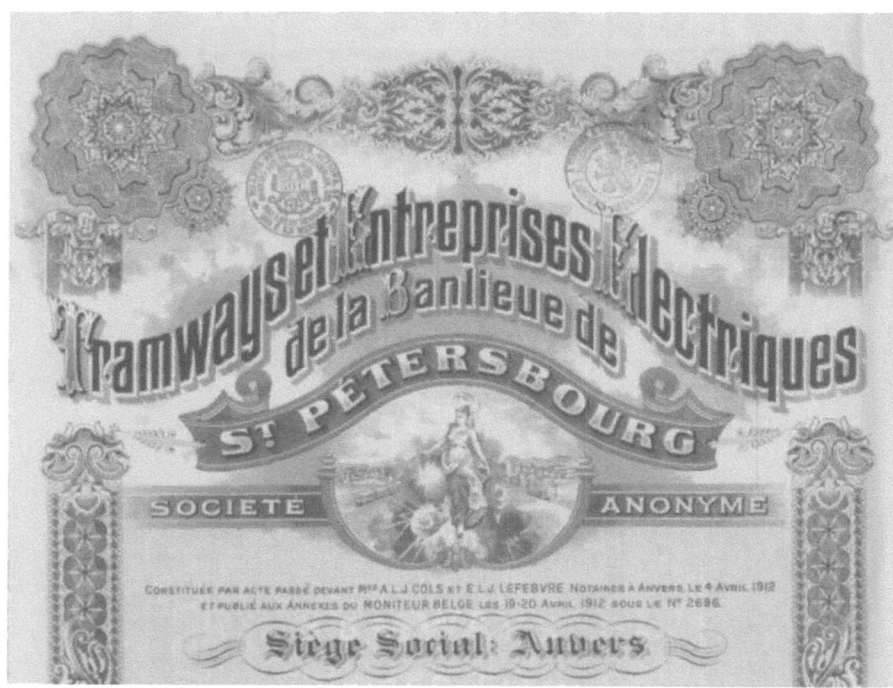

Die „Globalisierung" war als Begriff im 19. Jahrhundert noch nicht bekannt; eine reale Größe waren die internationalen Wirtschaftsbeziehungen aber auch schon zu jener Zeit (und auch schon weit davor). Das russische Zarenreich bemühte sich in seinem Weg zur internationalen wirtschaftlichen und politischen Bedeutung auch um ausländisches Kapital, blieb aber noch lange grundsätzlich ein Agrarstaat.

Die abgebildete Aktie der **Tramways et Enterprises Electriques de la Banlieeue de St. Petersbourg** *aus dem Jahre 1912 war das Wertpapier eines belgischen Unternehmens aus Antwerpen, welches Russland beim Bau der Eisen-und Straßenbahnen im Großraum St. Petersburg unterstützen sollte.*

Das frühe 20. Jahrhundert war nicht die Zeit der europäischen Vielvölkerstaaten. Das Osmanische Reich und k.u.k.Österreich-Ungarn wurden nach dem ersten Weltkrieg zerschlagen, Russlands Wirtschaftsentwicklung wurde durch den Wandel in einen sozialistischen Staat (nach der durch Lenin angeführten Oktoberrevolution 1917) zuerst einmal verlangsamt.

Die nordeuropäischen Staaten beteiligten sich an dem verstärkten Wettlauf um die Kolonien im letzten Drittel des 19. Jahrhunderts nicht mehr. **Schweden** gab seine überseeischen Kolonien schon im 19. Jahrhundert auf, blieb aber eine Regionalmacht in Skandinavien. 1809 musste Schweden Finnland an Russland abgeben, erhielt aber auf der anderen Seite 1814 Norwegen von Dänemark. Auch **Dänemark** gab seine überseeischen Kolonien schon früh ab (mit Ausnahmen: Dänisch-Westindien bestand bis 1917. Island gehörte bis 1944 zu Dänemark. Grönland und die Färöer-Inseln sind bis heute Bestandteil des dänischen Königreichs, besitzen aber weitgehende Autonomie).

Italien trat – wie Deutschland - erst spät, mit der nationalen Vereinigung (in mehreren Schritten ab 1861) als Kolonialmacht in Erscheinung. Trotz mehrerer Rückschläge bei verschiedenen Kolonialisierungsversuchen hielt Italien einige Kolonien bis zum Zweiten Weltkrieg.

Am anderen Ende der Welt zeigten asiatische Staaten ihre Zähigkeit. Afghanistan hatte sich erfolgreich gegen eine britische Kolonialisierung gewehrt; der russisch-japanische Krieg 1804 – 1805 endete zur Überraschung der europäischen Mächte mit dem Sieg Japans. Das Kaiserreich **Japan** entwickelte sich anschließend zum beherrschenden Kolonialreich Ostasiens: Schon 1895 eroberte es die chinesische Insel Taiwan, 1905 besetzte es die Süd-Mandschurei, 1910 Korea. Mit 20 Millionen Menschen war das japanische Kolonialreich größer als das deutsche. Durch diese Kolonisation konnte die Rohstoffknappheit Japans überspielt werden; das Land entwickelte sich – als einziges zu dieser Zeit in Asien – zu einer industriellen Großmacht.

Das größte asiatische Land hingegen, das Kaiserreich **China**, war politisch und militärisch rückständig und den Kolonialmächten hoffnungslos unterlegen. Schon vor den japanischen Eroberungen musste sich China den europäischen Kolonialmächten geschlagen geben. Die Verträge von Nanking 1842 und von Tianjing 1858 nach dem Ende der beiden „Opiumkriege" verpflichteten China, das Land und seine Häfen für den internationalen Handel zu öffnen.

Im Rahmen von langfristigen Pachtverträgen wurden z. B. Hongkong eine englische, Macau eine portugiesische Kronkolonie und Tsingtau eine deutsche Marinekolonie.

Im Vertrag von Tianjing musste das Kaiserreich China auch auf das umstrittene Protektorat Tonkin verzichten, das somit endgültig Vietnam zugesprochen wurde und damit in den französischen Herrschaftsbereich fiel.

*Eine der in der damaligen französischen Kolonie Vietnam tätigen Unternehmen aus dem kolonialen „Mutterland" war das Bergbauunternehmen **SA des Charbonnages d'Along et Dong-Dang (Tonkin)**.*

In Amerika ließen die **USA** ihre Muskeln spielen: Schon 1804 war Louisiana von Frankreich gekauft worden, 1867 folgte der Kauf Alaskas von Russland. Nach dem amerikanisch-mexikanischen Krieg 1846-1848 konnten die USA ihr Gebiet bis zum pazifischen Ozean ausdehnen und damit – teilweise mit zeitlichen Verzögerungen - die Bundesstaaten Kalifornien, Neu-Mexiko und Texas annektieren. 1853 erzwangen amerikanische Schiffe die Öffnung japanischer Häfen für den internationalen Handel. Nach dem Sezessionskrieg 1861 – 1865 wurden die amerikanischen Energien frei, um den eigenen Westen zu besiedeln, aber auch um sich in die internationale Politik einzumischen. Im amerikanisch-spanischen Krieg 1898 wurden Kuba, Puerto Rico, Guam und die Philippinen dem spanischen Reich entrissen und der amerikanischen Einflusssphäre einverleibt.

Gelegentliche Wirtschaftskrisen, die häufig durch Spekulationsblasen an der Börse verursacht wurden (1837: Dampfschiffspekulationsblase, 1857 und 1873: Eisenbahnspekulationsblasen), konnten den langfristigen Aufschwung der USA nicht nachhaltig behindern. Um die Jahrhundertwende hatten die USA Großbritannien als größte Volkswirtschaft der Welt abgelöst. 1913, vor dem Ersten Weltkrieg, wurde 36 % der gesamten Industrieproduktion in den USA hergestellt. Auf Platz 2 hatte sich Deutschland mit 16 % vorgeschoben, Großbritannien war mit 14 % auf den dritten Platz zurück gefallen. (Im britischen Imperium wuchsen die Kosten für die Kolonien gegenüber den Erträgen aus den Kolonien langsam aber sicher davon.) Dahinter folgte Russland, das – vor allem durch verschiedene Industriegebiete am westlichen Rande seines Territoriums – bedeutende wirtschaftliche Fortschritte gemacht hatte; der gesellschaftliche Fortschritt hatte im Zarenreich damit aber nicht schritt gehalten. Erst nach Russland folgte Frankreich.

*Die **Coca Cola Beverages plc** steht wie kaum ein anderes Unternehmen für die amerikanische Lebensart, die sich in der ganzen Welt verbreitet hat. Die Rohstoffe kommen aus Amerika (ursprünglich: Coca-Blätter aus Südamerika), verkauft wird die – nach wie vor nach geheimem Rezept hergestellte – koffeinhaltige Limonade auf der ganzen Welt.*

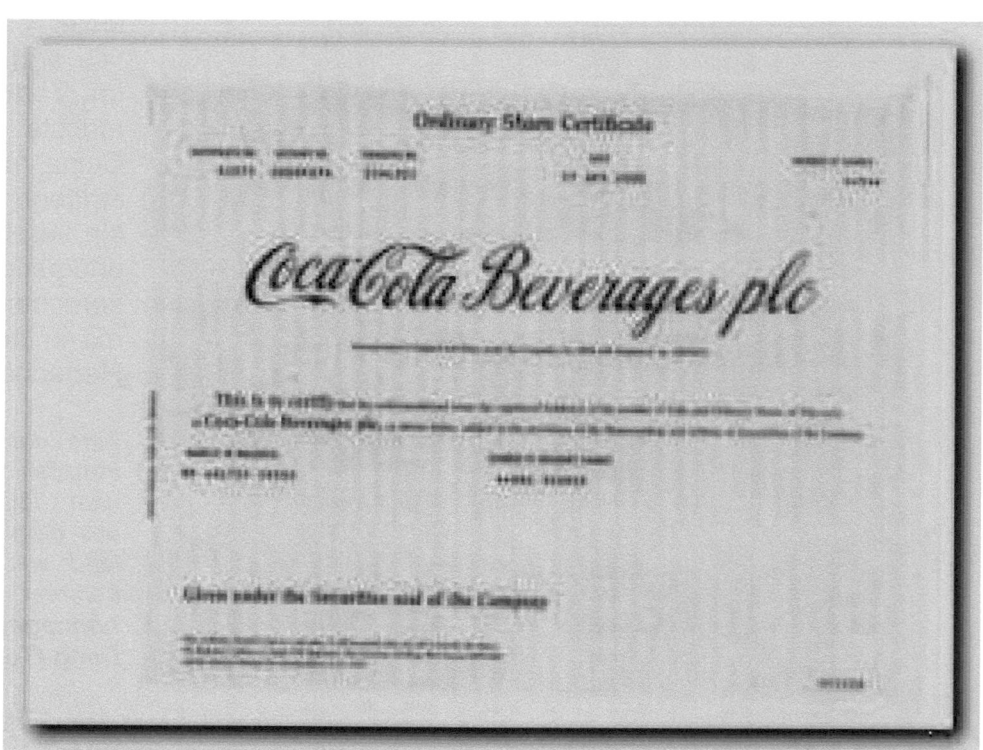

Die abgebildete Aktie kommt aus England. Die Aktie symbolisiert die enge Zusammenarbeit der beiden Staaten. Nachdem Großbritannien sich mit der Selbstständigkeit der USA erst einmal abgefunden hatte, standen beide Staaten in den anschließenden großen Weltfragen immer wieder Seite an Seite, ob in den beiden Weltkriegen, später in den Auseinandersetzungen um den Irak oder Afghanistan oder in wirtschaftspolitischen Grundsätzen. So sehr Großbritannien sich als Kritiker der Europäischen Union sah, so einig war sich die britische Politik üblicherweise mit der amerikanischen.

Der Ausgang des **Ersten Weltkriegs** änderte alles: Deutschland wurde politisch und wirtschaftlich zurück geworfen, Österreich-Ungarn und das Osmanische Reich lösten sich in die einzelnen Nationalstaaten auf, in Russland und in seinen Satellitenstaaten wurde der Kommunismus eingeführt – zum Nachteil der ökonomischen Entwicklung. Zwar erholte sich der europäische Kontinent in den „goldenen" 20er Jahren wieder, aber nur bis zur **Weltwirtschaftskrise**, die 1929 am „Schwarzen Freitag" in den USA ihren Anfang nahm. Die viel zu hoch bewerteten Aktien in den USA verloren ihren Wert („die Aktienblase platzte"), und viele kurzfristigen Kredite, die zu langfristigen Anlagen aufgenommen worden waren, wurden nicht mehr prolongiert; die Wirtschaft in vielen Ländern durchlebte eine Deflation.

In den **USA** wurde durch Präsident F. D. Roosevelt eine nachfrageorientierte Wirtschaftspolitik betrieben, die sich weitgehend nach den Vorschlägen des britischen Nationalökonomen J. M. Keynes richtete. Roosevelts Politik sah zuerst hohe Staatsausgaben vor, das daraus entstehende Defizit konnte aber in den folgenden, wirtschaftlich besseren Jahren wieder ausgeglichen werden.

In **Deutschland** litten die Menschen besonders unter der Weltwirtschaftskrise. In diesem Land, das sich durch die Reparationsforderungen der Kriegsgegner nach dem Ersten Weltkrieg ohnehin zu hart bestraft fühlte, führte die Wirtschaftskrise zu einem Aufstieg der radikalen Parteien, vor allem der NSDAP von Adolf Hitler. Ausgerechnet zu der Zeit, zu der sich die Weltwirtschaft schon etwas erholte (1933), wurde Hitler zum Reichskanzler ernannt. Die NSDAP reklamierte den Wirtschaftsaufschwung sofort für sich. Die Nationalsozialisten betrieben in der Folgezeit eine unverantwortliche Staatsverschuldung, die kurzfristig zu einem weiteren Wirtschaftsaufschwung führte, aber nur den Zweck der Kriegsvorbereitung, später der Kriegsdurchführung hatte. Hätte das Ende des Zweiten Weltkriegs nicht dem nationalsozialistischen Reich ein anderes Ende bereitet, so wäre der Staatsbankrott unausweichlich geworden.

Nach dem Zweiten Weltkrieg erlangten die meisten ehemaligen „Kolonien" ihre Selbstständigkeit. Die letzten flächenmäßig großen Kolonien, Angola und Mozambique, wurden 1975 selbstständig, nach der demokratischen Revolution im „Mutterland" Portugal.

Schon bald nach dem Ende des Krieges standen sich weltweit zwei Machtblöcke gegenüber: Die wirtschaftlich weiter führende Nation, die **USA**, scharte „den Westen", den marktwirtschaftlich geprägten Teil der Industrienationen, um sich; die **UdSSR** setzte mit ihren Satellitenstaaten eine Zentrale Verwaltungswirtschaft dagegen.

Die **Bundesrepublik Deutschland** (West-Deutschland) entwickelte das Modell der „Sozialen Marktwirtschaft" (Marktwirtschaft mit flankierenden Sozialmaßnahmen) und fand als „Wirtschaftswunderland" überraschend schnell wieder Anschluss an die Weltwirtschaft; der zentral verwalteten **DDR** (Ost-Deutschland) fiel das schon schwerer.

Auch der zweite große Verlierer des Zweiten Weltkriegs, **Japan**, entwickelte sich nach dem Krieg wieder schnell zu einer weltweit führenden Wirtschaftsmacht. Hinter den USA wurden Japan und Deutschland im letzten Viertel des 20. Jahrhunderts die stärksten Volkswirtschaften weltweit.

Immer wieder im Laufe der Wirtschaftsgeschichte bedrängten junge, aufstrebende Staaten die etablierten. Zuerst geschieht dies mit billigen, qualitativ minderwertigen Imitationen, relativ schnell aber werden daraus ernst zu nehmende Konkurrenten. Im 19. Jh. galt das für Deutschland, im dritten Quartal des 20. Jh. für Japan noch später für China und die aufstrebenden „Tiger-Staaten".

In den 1930er Jahren begann die Firma **Canon Inc.** aus Tokyo mit dem Nachbau hochwertiger europäischer Kleinbild-Fotoapparate, z. B. von Leica. Seit den 1960er Jahren baute Canon eigene Kameras und wurde zum weltweiten Marktführer. Gleichzeitig wurde die Produktpalette erweitert, z. B. auf Kopiergeräte, Ferngläser oder Sonnenkollektoren.

Zu den größten japanischen Konzernen gehört Mitsubishi. Seine Geschichte begann 1870 als Dampfschiff-Reederei. Später kamen Werften, Bergbau- und Bank- sowie vor allem Rüstungsaktivitäten hinzu. 1917 begann die Produktion von Automobilen. Im Zweiten Weltkrieg wurde Mitsubishi vor allem durch die Produktion des Kampfflugzeugs A6M international bekannt. Der Mitsubishi-Konzern, zu dem zum Ende des Krieges mehr als 200 Betriebe zählten, wurde anschließend zerschlagen. Viele der Nachfolgeunternehmen sind trotzdem noch miteinander vernetzt, was schon an der gemeinsamen Verwendung des Namens Mitsubishi und des Rauten-Logos erkennbar ist. Das Mitsubishi-Konglomerat besteht auch heute neben dem Fahrzeugbau (Mitsubishi Motors) z. B. auch aus Bergbau-, Schwerindustrie-, Chemie-, Pharma-, Handels-, Bank- und Versicherungsunternehmen sowie der **Mitsubishi Electric Corporation**. Diese ist ein Hersteller elektrischer und elektronischer Geräte. Sie war 1921 als Zulieferunternehmen für den Mitsubishi-Schiffbau in Tokio gegründet wurde. Mitsubishi Electric fertigt heute u.a. Aufzüge, Rolltreppen, Solaranlagen, Stadionanzeigen, Halbleiter und Satellitentechnik und wurde in Deutschland auch als Namenspate einer großen Veranstaltungshalle in Düsseldorf bekannt.

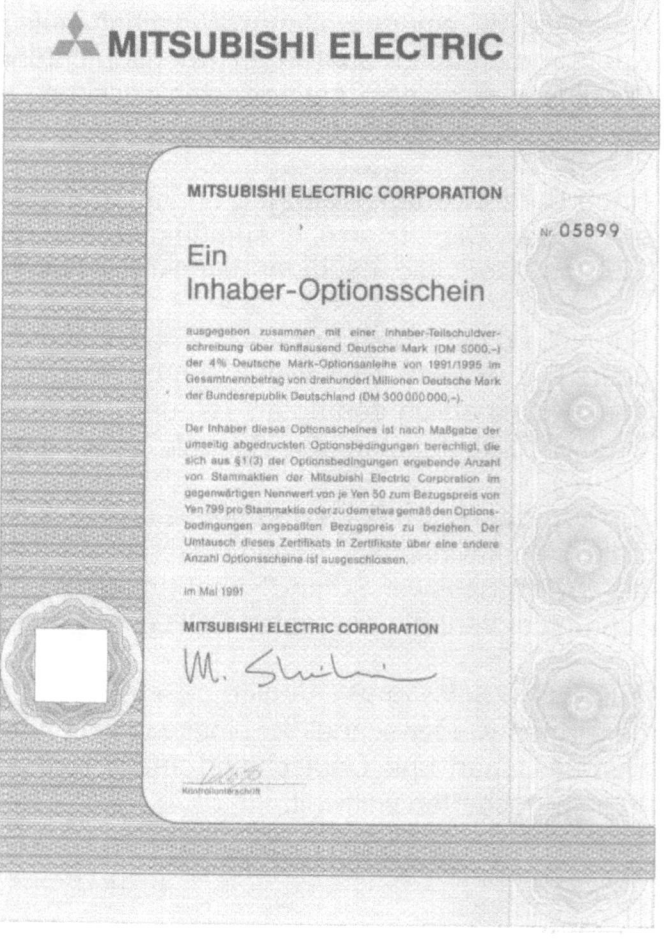

212

D   1980 bis heute

In den 80er Jahren des 20. Jahrhunderts wandelte sich die bis dahin nachfrageorientierte (keynesianische) Wirtschaftspolitik der meisten westlichen Industrieländer in eine angebotsorientierte (neoliberale) um, in der vor allem der monetaristische Ansatz von M. Friedman umgesetzt werden sollte. Diese **„Reaganomics"** bzw. dieser **„Thatcherismus"** (benannt nach den Regierungschefs der USA und Großbritanniens, die diese Politik am intensivsten betrieben) führte überall (auch in Deutschland unter H. Kohl) zu einer Senkung der Steuern, aber auch – insbesondere in den USA – zu einem hohen Staatsdefizit und zu gesellschaftlichen Verwerfungen. Da gleichzeitig die Rüstungsausgaben enorm gesteigert wurden (ein wichtiger Grund für die hohen Defizite), ging dem „Osten" langsam – ökonomisch gesehen - „die Luft aus". Die Zentralverwaltungswirtschaft sowjetischer Prägung erwies sich dem Kapitalismus bzw. der Marktwirtschaft als unterlegen. Der letzte Generalsekretär der kommunistischen Partei der UdSSR, Michail Gorbatschow, gab Ende der 1980er Jahre das „Rennen um die Weltherrschaft" gegen die USA auf. Die UdSSR zerfiel in viele Staaten (mit Russland als nach wie vor flächenmäßig größtem Staat der Erde); auch Jugoslawien und die Tschechoslowakei lösten sich in ihre nationalen Bestandteile auf. Damit wurde eine Entwicklung fortgesetzt, die schon nach dem Ersten Weltkrieg eingesetzt hatte, dann aber durch die Vormachtstellung der UdSSR im Osten Europas wieder aufgehalten wurde: Endlich erhielten auch viele der kleineren europäischen Völker im Osten des Kontinents ihre nationale Souveränität (und eine echte Selbstständigkeit ohne die Gängelung durch die Sowjetunion). Die ehemals „kommunistischen" Staaten wandelten sich in Demokratien (die allerdings immer wieder durch Populismus und autokratische Politiker gefährdet sind, vgl. vor allem die Entwicklung in Russland) und in Marktwirtschaften – zuerst teilweise mit frühkapitalistischer Natur. Am konsequentesten handelten die drei baltischen Staaten, die umgehend Mitglieder von NATO und EU wurden. Diese drei Staaten profitierten im Hinblick auf Wirtschafts- und Wohlfahrtswachstum von allen Staaten im Osten Europas am deutlichsten durch die Einführung der Marktwirtschaft; andere Staaten wie Moldawien oder selbst das EU-Mitglied Bulgarien, taten sich in ihrer wirtschaftlichen Entwicklung schwerer.

Deutschland wurde 1990 unter marktwirtschaftlicher Flagge **wiedervereinigt**. Die westdeutsche Wirtschaft war stark genug, den in weiten Teilen maroden östlichen Teil des wiedervereinigten Staates weitgehend zu assimilieren – auch wenn im Osten nicht überall die von der Politik versprochenen „blühenden Landschaften" entstanden sind. Die deutsche Wirtschaft blieb – im Vergleich zu den Nachbarländern Frankreich und England – stärker industriell geprägt und exportorientiert. Nach der Corona-Pandemie und nach dem Überfall russischer Truppen auf die Ukraine sowie nach der innenpolitischen „Energie-Wende" in den 2020er Jahren (Deutschland kürzte die Braunkohleförderung und schaffte – im Gegensatz zu seinen Nachbarn – die Energiegewinnung aus Kernkraftwerken ganz ab.) konnte Deutschland diesen Wachstumskurs nicht mehr halten. Als weitere Gründe dafür werden auch die „überbordende Bürokratie" und ein hoher Fachkräftemangel genannt.

Viele traditionelle **Industriestaaten Europas** entwickelten sich zu Dienstleistungsstaaten. Insbesondere der Bankensektor wurde in Ländern wie Großbritannien, Irland, Island und Zypern, etwas eingeschränkt auch in Frankreich, enorm vergrößert. Der Nachteil dieser Entwicklung zeigt sich in z. T. extremen Problemen während und nach der Finanzkrise 2007 ff, die später zur Weltwirtschaftskrise mutierte. Diese Finanzkrise erweiterte sich in den beiden Folgejahren zu einer heftigen, aber vergleichsweise kurzen Weltwirtschaftskrise, in der die Staaten weltweit ihre Banken mit Krediten „über Wasser hielten".

Diese enorme Höhe an staatlichen Krediten, verbunden mit ohnehin mäßiger Haushaltsdisziplin, wurde anschließend (ab 2010) für einige europäische Staaten zu einem großen Problem: Sie erhielten selber keine Kredite mehr oder nur noch zu astronomisch hohen Zinsen („Risikoaufschlägen"). Die **EURO-Krise** war entstanden. Zu diesen gefährdeten Staaten zählten vor allem die Mittelmeerstaaten, die den EURO als Währung eingeführt hatten. Hier rächte sich eine überstürzte Einführung dieser Einheitswährung in einigen Staaten der Europäischen Union. Während ein paar „stark aufgestellte" EURO-Länder wie Deutschland, Finnland oder die Niederlande zwischenzeitlich von dem – für sie – niedrigen EURO-Kurs profitierten und Exportüberschüsse erwirtschafteten, die zur Konsolidierung der staatlichen Haushalte beitrugen, war der EURO-Kurs für **Italien, Spanien, Portugal**, aber auch für **Belgien** und **Irland**, vor allem aber für **Griechenland** viel zu hoch. Diese Länder erwirtschafteten ein Exportdefizit und konnten nur mit fremder Hilfe (von anderen EURO-Ländern, von der EZB und vom IWF) einem Staatsbankrott entgehen.

Ein zweischneidiges Merkmal „postmoderner" Volkswirtschaften ist ihre Spezialisierung auf wenige Branchen. Diese Spezialisierung führt zu einer besonderen Anfälligkeit in Wirtschaftskrisen. Neben Griechenland, Italien, Portugal und Irland gehörte während der Finanzkrise auch die Volkswirtschaft Spaniens (die viertgrößte Volkswirtschaft der EU) zu den „Sorgenkindern" in Europa, nicht zuletzt wegen ihrer starken Abhängigkeit von der Bauwirtschaft. Diese war aber nach 2008 kräftig eingebrochen. Ab 2009 durchlitt Spanien nicht zuletzt deshalb eine Jahre lang anhaltenden Rezession mit schrumpfendem Bruttoinlandsprodukt.

*Vereinzelte andere Branchen in Spanien verbuchten in der Finanzkrisen-Zeit aber auch Erfolge, z. B. der Sportsektor. Spanische Fußballvereine wirtschafteten zwar regelmäßig hochdefizitär, waren aber sportlich nachhaltig erfolgreich: Einer der auch in neuerer Zeit erfolgreichen Traditionsvereine Spaniens (eigentlich: Kataloniens) ist der **FC Barcelona**, der 1899 von dem Schweizer Hans Gamper und einigen seiner Freunde gegründet worden war. Während der Franco-Diktatur benannte sich der Verein in CF Barcelona um und wurde zum Symbol der kulturellen Identität Kataloniens emporstilisiert. Aus dieser Zeit rührt auch die heftige gegenseitige Abneigung zum anderen spanischen Spitzenverein, Real Madrid. Das in der Obligation abgebildete Camp-Nou-Stadion ist eins der größten Europas. Der FC Barcelona errang (bis 2022) 17 offizielle europäische Pokale (davon 5-mal den Pokal der Landesmeister bzw. die Champions League) und drei Mal die FIFA-Klubweltmeisterschaft.*

Während **Frankreich** in der Finanz- und EURO-Krise nicht zu den ganz großen Sorgenkindern Europas gehörte, hatte **Italien** damit schwer zu kämpfen (und war auch eins der größten Problemländer Europas während der Corona-Zeit.) Italien ist nach Deutschland und Frankreich die drittgrößte Volkswirtschaft innerhalb der EU. Das Land ist seit jeher durch enorme Unterschiede zwischen dem landwirtschaftlich dominierten Süden und dem industrialisierten Norden geprägt.

Städte wie Mailand, Genua und Venedig spielten schon im Mittelalter eine führende Rolle im europäischen Handel und in der Entwicklung betriebswirtschaftlicher Erkenntnisse. Das Rechnungswesen benutzt mit Begriffen wie „Skonto", „Konto" oder „Bilanz" heute noch Namen, die auf den bedeutenden frühen Einfluss der oberitalienischen Städte hinweisen.

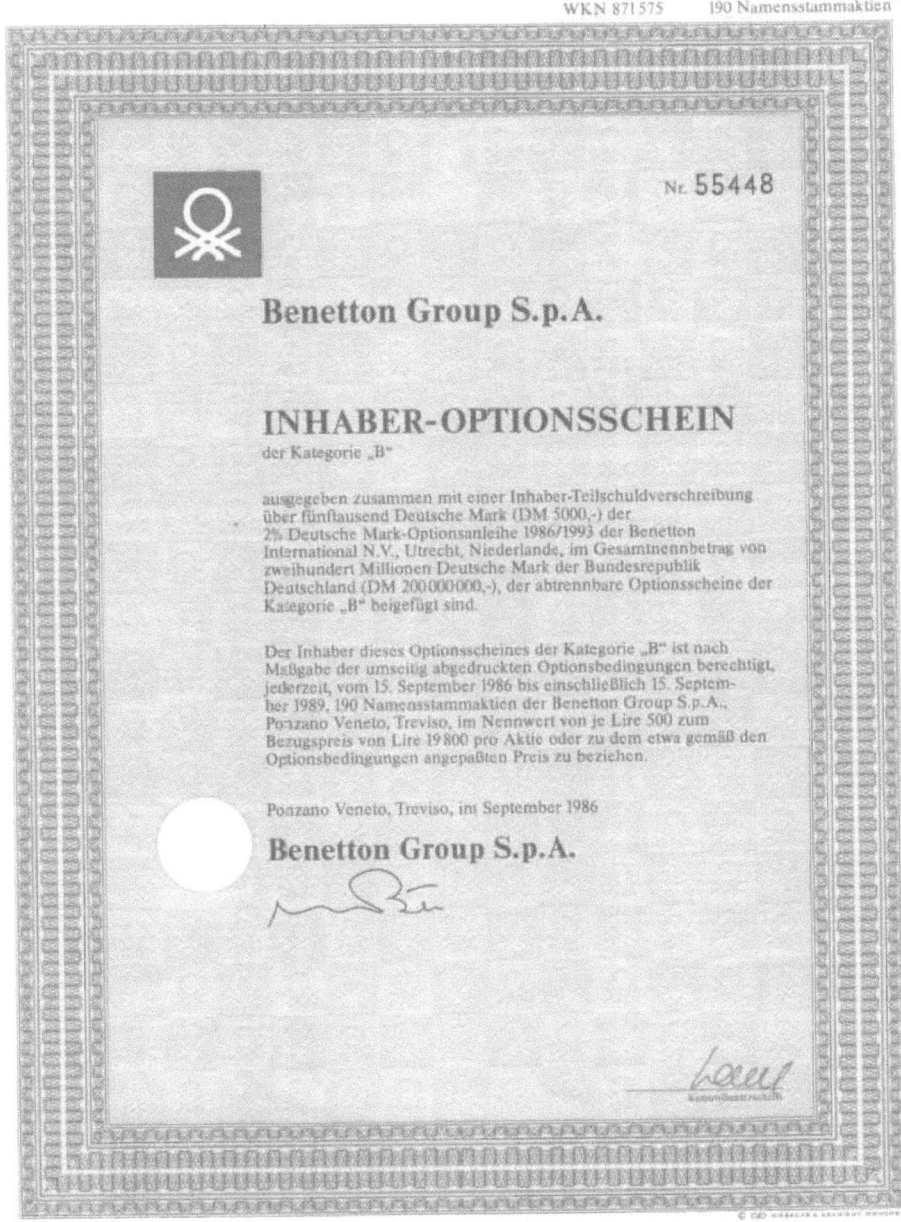

*In Italien finden sich aber nicht nur Finanzinstitute, sondern auch international führende Unternehmen des Fahrzeug- und Maschinenbaus; außerdem „typisch italienische" Branchen, wie die Modebranche. Führende Modemarken wie die **Benetton Group** weisen in ihrer Werbung auf eine bestmögliche Verträglichkeit der verwendeten Textilien hin. Das 1965 in Ponanzo Veneto (Treviso) gegründete Unternehmen ist seit 1986 börsennotiert. Eine besondere Aufmerksamkeit erregte Benetton ab den 1980er Jahren vor allem durch seine Werbung, die auch Krieg, Krankheit und Rassismus thematisierte. Ab 1983 war Benetton auch in der Automobilsportserie „Formel 1" aktiv. Von 1986 bis 2000 wurde mit „Benetton Formula" ein eigener Rennstall betrieben, der 1994 und 1995 mit Michael Schumacher den Fahrer-Weltmeister stellte.*

Benetton gehörte aber auch zu den vielen europäischen Produzenten, die in der Textilfabrik in Sabhar (Bangladesh) fertigen ließen, welche im Jahre 2013 einstürzte. Dieser Einsturz war auf mangelnde Sicherheitsvorrichtungen in der Fabrik zurückzuführen und forderte mehr als 1.000 Todesopfer.

Der Einfluss der Finanzkrise war auch zehn Jahre später noch zu spüren: 2017 wies Griechenland innerhalb der EU mit einer Staatsverschuldung von 181% (bezogen auf das Bruttoinlandsprodukts), Italien mit 131%, Portugal mit 126%, Belgien mit 103% und Spanien mit 98% die höchsten Verschuldungsraten auf. Zum Vergleich: Deutschland lag bei 64%, Estland als das am wenigsten verschuldete Land der EU bei nur ca. 9%. (Die entsprechende Höchst-Prozentzahl nach den sogenannten „Maastricht-Kriterien" liegt eigentlich bei 60 %.) Anfang der 2020er Jahre verzeichnen die Volkswirtschaften der angesprochenen „Krisen-Länder" allerdings deutliche Erholungstendenzen (im Gegensatz zu Deutschland).

In anderen EU-Mitgliedsstaaten hatte sich die **EURO-Krise weniger stark ausgewirkt**. Zu diesen gehörte neben **Deutschland und Finnland** auch Holland, das traditionell besondere Stärken im internationalen Handel und in der Lebensmittelbranche aufweist. Jedoch sind auch der Rohstoffsektor (Erdöl und Erdgas) und der Produktionsbereich in den **Niederlanden** noch stark vertreten.

*„**Philips**' Gloeilampenfabrieken" wurden 1891 in Eindhoven gegründet. Der Elektrorasierer „Philishave" 1939 und die CD (1983, zusammen mit dem japanischen Elektrokonzern Sony) waren zwei der bekanntesten Philips-Entwicklungen. Das Videosystem „Video 2000" hingegen konnte sich am Markt nicht durchsetzen. In den letzten Jahren des 20. Jahrhunderts war Philips zeitweise Eigentümer von Grundig und Felten & Guilleaume. Philips gilt international als Konkurrent von General Electrics und Siemens.*

Großbritannien, nach Deutschland und vor Frankreich die zweitgrößte Volkswirtschaft Europas, trennte sich 2021 von der EU, vor allem aufgrund der populistisch-nationalistischen Öffentlichkeitsarbeit führender Politiker der Konservativen Partei. Direkt im Anschluss an den Austritt gab es in Großbritannien deutlich sichtbare Wirtschaftsprobleme, z. B. in der Warenversorgung. Die Volkswirtschaft erlitt eine deutliche „Wachstumsdelle".

Ein traditionelles Land der Finanzwirtschaft die **Schweiz**, die auch mit der Finanzkrise zu kämpfen hatte, diese aber relativ schnell meisterte. Die Schweiz wird von dem World Economics Forum regelmäßig als besonders wettbewerbsfähig angesehen.

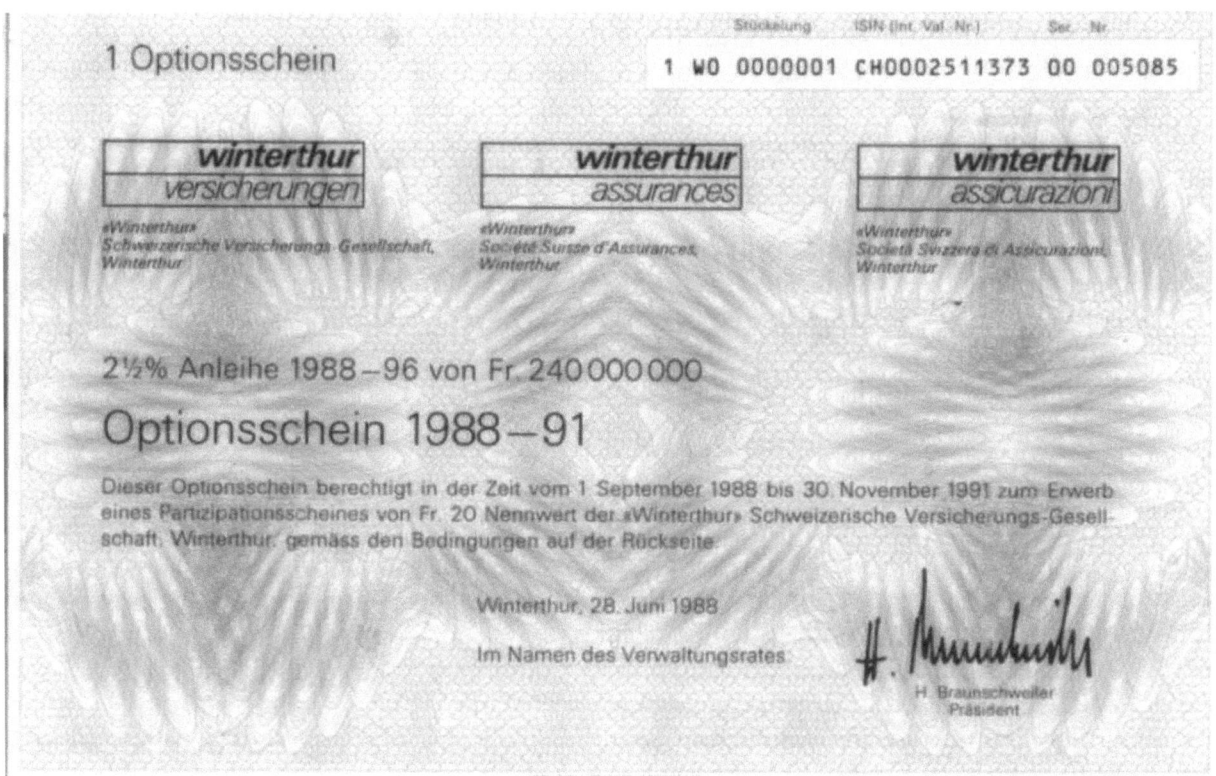

*Der Herausgeber des oben abgebildeten Optionsscheins, die **Winterthur Versicherungen**, wurde 2006 vom französischen Versicherungskonzerns Axa übernommen.*

Während die deutsche Wirtschaft den neuen Anforderungen bis zum Beginn der 2020er Jahre weitgehend standhielt, rutschte **Japan**, das (neben Deutschland) zweite „Wirtschaftswunderland nach dem Zweiten Weltkrieg", Mitte der 90er Jahre in eine lang anhaltende Deflation, die das Land erst Mitte der 2010er Jahre besiegen konnte. Ein tief greifender Rückschlag für Japan war auch die Tsunami- und Atomkraftwerkkatastrophe in Fukushima 2010. Außerdem musste sich Japan zunehmend der Konkurrenz im eigenen Erdteil erwehren: Nicht nur China, auch die sogenannten **„Tigerstaaten"**, also die Nachbarstaaten erlebten einen beispielhaften ökonomischen Aufstieg, vor allem Südkorea (Unternehmen wie Samsung, Hyundai und LG gehören zu den Spitzenproduzenten ihrer Branchen), aber auch Taiwan, Malaysia und Singapur.

Neben China waren zur Jahrtausendwende auch die weiteren **BRICS-Staaten**: (BRIC = Brasilien, Russland, Indien, China, Südafrika) auf dem Weg zu hoch entwickelten Industrieländern. Diese rohstoffreichen Länder erwirtschafteten Zuwachsraten, die in den traditionellen Industrieländern kaum noch möglich waren. Zu Anfang des neuen Jahrtausends zog die Wirtschaft **Chinas** (gemessen am nominalen Bruttoinlandsprodukt) zuerst an Deutschland, dann auch an Japan vorbei und belegte hinter den USA den zweiten Platz. Um 2030 wird China, wenn die Berechnungen den Ökonomen eintreffen, auch die USA mit ihrer Wirtschaftskraft überholen. (Gemessen an kaufkraftbereinigten Bruttoinlandsprodukt steht China schon zum Ende der 2010er Jahre an der Weltspitze.). Das von der kommunistischen Partei streng geführte Land entwickelte sich binnen kurzer Zeit vom „Billigprodukte-Hersteller" zu einem hoch entwickelten Industrieland. Hoch technisierte Unternehmen wie Huawei und Xiaomi sind inzwischen weltbekannt. Die ehrgeizigen internationalen Ziele Chinas werden durch staatliche Subventionen und einen künstlich niedrig gehaltenen Wechselkurs unterstützt. Erst die stringente Corona-Politik der Regierung sorgte zeitweilig für ein gewisses Schrumpfen der hohen Wachstumsraten der chinesischen Volkswirtschaft.

Kaum etwas zeigt die veränderten Machtverhältnisse in der Weltpolitik so deutlich wie das Schicksal Hongkongs. Im 19. Jahrhundert konnte Großbritannien den Pachtvertrag mit China über die Gebiete Hongkongs noch diktieren. Nachdem Hongkong 1997 an China zurückgegeben wurde, musste Großbritannien machtlos zusehen, wie die eigentlich ausgehandelte Autarkie Hongkongs von China Schritt für Schritt ausgehöhlt wurde.

Zu Anfang der 2020er Jahre wandelte sich die politische und auch die öffentliche Meinung des Westens hinsichtlich China und Russland vom „zuverlässigen Handelspartner" hin zur „Bedrohung". Das (im Vergleich zu Russland) wirtschaftlich wesentlich wichtigere China wandelte sich unter seinem neuen Langzeit-Parteichef Xi ebenfalls zu einem autokratischen Staat, der die Freiheitsrechte seiner Bürger zunehmend einschränkte, den Import weiter erschwerte und sowohl politisch (z. B. gegenüber Taiwan) als auch wirtschaftlich (z. B. durch den Ausbau der „neuen Seidenstraße", die den Einfluss Chinas in Asien, Afrika, aber auch in Europa ausweiten sollte) immer aggressiver auftrat. Es mehrten sich die Stimmen in den westlichen Staaten, die hohe Abhängigkeit von der chinesischen Wirtschaft abzubauen.

Russland wurde unter seinem Staatchef Putin immer autokratischer regiert, wandte sich zunehmend von demokratischen Grundsätzen ab und hatte seine Vertrauensbasis in der „westlichen Welt" endgültig durch den Überfall seiner Streitkräfte auf die Ukraine verspielt. Die westlichen Länder verringerten im Anschluss daran ihre Handelsbeziehungen zu Russland drastisch; so stoppte z. B. Deutschland seine Öl- und Gasimporte aus Russland. Außerhalb der „westlichen Welt", vor allem in den Entwicklungsstaaten, konnte Russland seine wirtschaftlichen Beziehungen und seinen politischen Einfluss halten, teilweise sogar ausbauen. Außerhalb Europas wird der Russland-Ukraine-Konflikt weitestgehend nur als regionaler Konflikt angesehen.

Indien lag 2020 in der Liste nach dem nominalen Bruttoinlandsprodukt auf Rang 6, gemessen am kaufkraftbereinigten Bruttoinlandsprodukt wurde aber schon Platz 3 belegt. Indien wird schon im Jahre 2023 China als bevölkerungsreichstes Land der Erde ablösen. Dies ist gleichzeitig eine Chance, aber auch ein Problem dieses großen Landes, das in verschiedenen modernen Branchen wie der Informatik schon internationalen Standard erreicht hat, aber von verschiedenen Instabilitäten geprägt ist. Indien hat z. B. mit enormen soziale Ungleichheiten, einer hohen Korruption und mit Religionskonflikten (Hinduismus versus Islam) zu kämpfen. Hinzu kommen diverse Probleme mit den Nachbarstaaten, vor allem mit Pakistan und Bangladesh, beides ebenfalls bevölkerungsreiche Staaten, die umfangreiche Produktionsstätten für Auftraggeber aus hoch entwickelten Ländern aufweisen (insbesondere im Niedriglohnbereich der Textilwirtschaft). Die indischen Unternehmen sind in Europa kaum bekannt; Ausnahmen sind z. B. der Stahlgigant Lakshmi-Mittal (Arcelor-Mittal) und der Mischkonzern Tata (der 2008 Land Rover und Jaguar aufgekauft hat).

Brasilien lag 2020 in der Rangliste der Volkswirtschaften auf Rang 12, gemessen am kaufkraftbereinigten Bruttoinlandsprodukt auf Rang 8. Das rohstoffreiche Brasilien muss aus klimapolitischer Sicht vor allem seiner Aufgabe gerecht werden, den Regenwald zu schützen. Auch Brasilien hat darüber hinaus mit einer Vielzahl von sozialen Problemen zu kämpfen. Überhaupt gehören zu den gesellschaftlichen und politischen Aufgaben aller BRIC-Staaten verstärkte Anstrengungen im sozialen Bereich sowie im Umweltschutz und in der Nachhaltigkeit.

Mit seinen Rohstoffvorkommen, seiner Industrie und seiner – für afrikanische Verhältnisse – guten Infrastruktur hat **Südafrika** von allen afrikanischen Staaten die besten Chancen in der globalisierten Weltwirtschaft. Seit dem Rückzug Nelson Mandelas von der Politik zum Ende des 20. Jahrhunderts ist die wirtschaftliche, politische und gesellschaftliche Entwicklung des Staates allerdings ins Stocken geraten. Südafrika leidet auch nach wie vor an dem Folgen der 1994 abgeschafften Apartheidspolitik. Spätestens seit dem Tod der „nationalen moralischen Instanz",des südafrikanischen Präsidenten (1994 – 1999) und Friedensnobelpreisträgers (1993) Nelson Mandela im Jahre 2013 sind in der gesellschaftlichen, politischen und ökonomischen Entwicklung des Landes kaum Fortschritte zu entdecken.

Außereuropäische Industriestaaten mit einem hohen Wohlstandsniveau für breite Bevölkerungsschichten sind die rohstoffreichen Länder Kanada und Australien sowie Australiens Nachbar Neuseeland.

Als **Schwellenländer** (auf dem Sprung zum Industriestaat) gelten u. a. Mexiko, die Türkei und Indonesien, wenn sie ihre drängenden politischen und gesellschaftlichen Probleme in den Griff bekommen. Laos, Thailand und Vietnam könnten zu den erfolgreichen „Tigerstaaten" aufsteigen. Indonesien gehört jetzt schon zu den 20 größten Volkswirtschaften der Welt.

Nicht ohne Grund gelten die Schwellenländer **Asiens** als besonders chancenreich, was die Entwicklung ihrer Volkswirtschaften angeht. Am Roten Meer, in Dubai, Abu Dhabi etc, schießen Hochhäuser wie Pilze aus dem Boden; die höchsten Häuser der Welt stehen schon längst nicht mehr in Amerika, sondern in den Golfstaaten, in Taiwan, China und Singapur. Die beiden großen weltweiten Wirtschaftskrisen des 21. Jahrhunderts, die Finanzkrise 2008 ff. und die Coronakrise 2020 ff, wurden von den asiatischen Staaten am schnellsten überwunden (wobei sich China mit seiner „Null-Covit-Strategie" am schwersten tat). Dabei ist aber noch nicht geklärt, wie sich der Ölreichtum auf die arabischen Ölländer auswirkt. Die „Öl-Milliarden" werden bisher sehr sorgfältig im In- und

Ausland angelegt. Arabische Staatsfonds sind weltweit an führenden Unternehmen beteiligt, die arabischen Ölgesellschaften gehören zu den umsatzmäßig größten Unternehmen der Welt (insbesondere die Saudi-arabische „Aramco"). International bekannter sind aber ihre erfolgreichen (staatlich geförderten) Fluglinien, die weltweit zu ernsthaften Konkurrenten der alten „Platzhirsche" (Lufthansa, British Airways, Air France und Co.) geworden sind.

Im November 2020 unterzeichneten 15 Länder aus der **Pazifikregion** die „Regional Comprehensive Economic Partnership" (RCEP), das bei gleichbleibender Bevölkerungs- und Wirtschaftsentwicklung wenige Jahre später die EU als größte Freihandelszone der Welt ablösen sollte. Die wichtigsten Teilnehmer waren die wirtschaftlichen ostasiatischen Schwergewichte China, Japan und Korea, weiterhin die „neuen Tigerstaaten" mit dem Finanzzentrum Singapur sowie das rohstoffreiche Australien. Indien und die unter Präsident Trump sehr protektionistisch agierenden USA waren dem Abkommen fern geblieben. Vorgänger der RCEP war die ASEAN-Freihandelszone gewesen.

Die **USA**, die größte Volkswirtschaft der Welt, erwirtschaftete auch im 21. Jahrhundert ein hohes Haushaltsdefizit und – schon traditionell - einen Importüberschuss. Überall auf der ganzen Welt sind die USA verschuldet, vor allem in China. Die Kapitalmärkte trauen allerdings den USA eher zu ihre Schwierigkeiten zu lösen als Europa. Nicht ganz zu Unrecht; denn auch die amerikanische Wirtschaft hatte nach der Krise 2007 – 2010 auch wieder Fuß gefasst (und erlitt keine Dollar-Krise als Äquivalent zur EURO-Krise).

In den **lateinamerikanischen Staaten** scheint die Zeit der Bürgerkriege mit radikal-politischen Gruppen (z. B. in Kolumbien oder in Uruguay) vorbei zu sein. Auch die Militärjuntas (in Chile, Argentinien, Paraguay u. a.) gehören (im Moment) der Vergangenheit an. Trotzdem haben sich die politischen und vor allem die wirtschaftlichen Verhältnisse noch nicht stabilisiert. Offensichtliche Misswirtschaften treiben sogar rohstoffreiche Länder wie die Öl-Nation Venezuela in höchste ökonomische Probleme. In vielen lateinamerikanischen Staaten ist vor allem die hohe Kriminalitätsrate besorgniserregend. Insbesondere in Mexiko, Kolumbien und Ecuador sorgt die Bandenkriminalität im Zusammenhang mit dem Rauschgiftgeschäft durch Morde, Entführungen u. ä. für Unruhe. Die sozialen Probleme einiger lateinamerikanischer Länder sind auch an der hohen Zahl der Flüchtlinge zu erkennen, deren Ziel die USA sind. So erscheint es nicht verwunderlich, dass die Wirtschaftsentwicklung vieler lateinamerikanischer Staaten durch starke Auf- und-Ab-Bewegungen gekennzeichnet ist.

Afrika scheint vom allgemeinen Wirtschaftswachstum weitgehend abgehängt zu sein: 2020 erreichte der Kontinent einen Welthandelsanteil von weniger als 3 %. Die Staaten südlich der Sahara kranken (trotz des häufigen Vorhandenseins an Rohstoffen unterschiedlichster Art) in ihrer Mehrzahl immer wieder an ethnischen Konflikten, Korruption, mangelnder Bildung, Militärumstürzen, Bürgerkriegen und deren Folgen. Manchmal – so wie am „Horn von Afrika" – sind überhaupt keine staatlichen Strukturen erkennbar. In den arabischen Staaten auf dem afrikanischen Festland (die keine Öl-Staaten, also weniger reich sind als die „Golfstaaten") muss die zukünftige Entwicklung zeigen, ob der steigende Einfluss des Islam eher förderlich oder hinderlich sein wird.

Ein wichtiger Schritt zur ökonomischen Weiterentwicklung des afrikanischen Kontinents war die Schaffung einer Freihandelszone (AfCFTA) mit 54 afrikanischen Staaten zum Jahresanfang 2021.

Die Weltwirtschaft steht im 21. Jahrhundert mehr denn je im Zeichen der **Globalisierung**. Finanzströme fließen ungehindert in Bruchteilen von Sekunden von einem Ende der Welt zum anderen (wobei die Spekulationen ein Vielfaches der Bezahlung von Gütern und Dienstleistungen ausmachen); aber auch die Güterströme fließen inzwischen schneller als vor wenigen Jahren noch vorstellbar erschien. Insbesondere bei der Produktion von Gütern wird versucht, jeden kleinen regionalen Kostenvorteil auszunutzen. Vergleichsweise wenig beweglich scheint nur der Produktionsfaktor Arbeit geblieben zu sein. Daher wird vorzugsweise dort produziert, wo die entsprechenden Arbeitskräfte leben.

Das typische Unternehmen des neuen Jahrtausends ist der multinationale Konzern, der zwar noch seinen Firmensitz noch am historisch gewachsenen Unternehmensstandort hat, seine Produktion – insgesamt oder bezogen auf verschiedene Bauteile - und seinen Absatz bzw. Umsatz aber zum größten Teil im Ausland erwirtschaftet. Der Gewinn wird dabei vorwiegend in steuerbegünstigte Länder verschoben. Innerhalb der EU gelten Irland und die Niederlande als „Niedrigsteuerländer" für Unternehmen. In manchen anderen Ländern Europas werden vorzugsweise bestimmte Branchen steuerlich bevorzugt (z. B. das Bankwesen in Zypern oder das Reedereiwesen in Malta).

Die viel zitierte Theorie der „komparativen Kosten" des britischen Nationalökonomen David Ricardo aus dem 19. Jahrhundert erweist sich zunehmend als realitätsfern: Diese Theorie besagte, dass ein liberalisierter Außenhandel für alle beteiligten Staaten von Vorteil sei, wenn sich die Staaten auf die Produktion der Güter konzentrieren würden, die sie relativ gesehen - also im Vergleich zu anderen Produkten - am günstigsten herstellen könnten. Doch Ricardos Theorie krankt an ihrer Vielzahl von praxisfernen Voraussetzungen. So funktioniert sie z. B. nur bei einer weltweiten Vollbeschäftigung, die in der bisherigen Wirtschaftsgeschichte nie erreicht worden ist. In einer globalisierten Welt wandern Kapital und Produktionsstätten tatsächlich vornehmlich dorthin, wo es hohe Gewinnmargen und absolute (nicht relative) Kostenvorteile gibt.

Trotzdem spezialisierten sich einige Volkswirtschaften, auch in den traditionellen Industrieländern: Die Volkswirtschaften der europäische Staaten wenden sich mehr und mehr dem tertiären Sektor zu: Die Schweiz und England zum Beispiel gelten – wie gesagt - als Finanzzentren, die Niederlande (nach wie vor) als Handelsnation. Die Produktion hingegen verliert weiter (zumindest relativ) an Bedeutung: So werden z. B. in Großbritannien deutlich weniger Autos als im 20. Jahrhundert gebaut, in Deutschland ist die Produktion von Unterhaltungselektronik oder Handys bis auf kleine Reste eingestellt worden (obgleich Deutschland eigentlich – im Vergleich zu den Nachbarländern - noch einen vergleichsweise hohen Anteil an der Produktion von Sachgütern hat).

Da die Bodenschätze in Europa größtenteils ausgebeutet sind und nicht mehr zu wirtschaftlichen Preisen gefördert werden können, spielt der Bergbau auf diesem Kontinent nur noch eine untergeordnete Rolle – von regionalen Ausnahmen wie der Erdöl- und Erdgasförderung in und an der Nordsee abgesehen.

Andererseits ist aber in Europa, ebenso wie in Nordamerika, ein hohes Maß an technischem Know-how bei der Industrieproduktion vorhanden, daher gelten diese Kontinente als Zentrum für die Weiterentwicklung herkömmlicher Industrieprodukte.

In den angesprochenen bevölkerungsreichen Industrie- und Schwellenländern (z. B. in China, Indien und den Ländern Südostasiens) stieg daher die Industrieproduktion stark an; denn die industrielle Massenproduktion verlagerte sich mehr und mehr in die Schwellenländer, da der Nachteil hoher Transportkosten durch Kostenvorteile an anderer Stelle (insbesondere durch billigere Arbeitskräfte) überkompensiert wurde. Zunehmend ist aber auch in den „Schwellenländern" gut ausgebildetes Personal in „Zukunftsbranchen" zu finden: Süd- und Südostasien (allen voran China, Korea und Taiwan) gelten neben den USA („Silicon Valley") als typische Standorte für Mikroelektronik, Unterhaltungselektronik, Telekommunikation sowie Soft- und Hardware von Computertechnik.

Die moderne Mikroelektronik sorgt auch für Innovationen im Finanzbereich, wobei die digitalen Währungen („Kryptowährungen" wie der Bitcoin) von besonderer Bedeutung sind, aber auch ein enormes Gefahrenpotenzial in sich tragen: Der „Bitcoin" erlitt im Februar 2014 einen herben Image-Schaden, als 850.000 Bitcoins im Zeitwert von ca. 800 MIO US-Dollar an der Bitcoin-Börse „Mt Gox" (Tokyo) „gestohlen" wurden. Mt. Gox musste anschließend Insolvenz anmelden.

Seit 2015 arbeiteten auch verschiedene Staaten an der Einführung von (staatlich geordneten) digitalen Währungen, zuerst in Japan und Schweden, später aber auch im „EURO-Land" und in China. Zahlungen im internationalen Handel und im Internet würden dadurch erheblich beschleunigt; in totalitären Regimen könnte durch staatliche E-Währungen aber die Kontrolle der Bevölkerung noch weiter ausgebaut werden.

Zur weltweiten internationalen Finanzwelt gehört auch die **„Steuerparadiese"**, die internationales Kapital mit geringen Finanzsteuersätzen und strengem Bankgeheimnis anlocken. Dazu zählen schon seit längerer Zeit Staaten wie Singapur, Liechtenstein oder die Schweiz (die aber inzwischen auf Druck der USA ihr strenges Bankgeheimnis gelockert hat), innerhalb der EU (in abgeschrächtem Maß) die Niederlande und Irland. Seit einiger Zeit sammelt sich „steuerflüchtiges Geld" aber vor allem in selbstständigen kleinen Inseln in der Karibik (z B. die Cayman-Inseln) und in der Südsee. Man spricht hierbei von „Offshore-Finanzplätzen". Zur Kontoeröffnung brauchen die Kunden üblicherweise gar nicht in den entsprechenden Staat einzureisen. Im Sommer 2021 einigten sich aus diesem Grund 130 Länder unter dem Dach der OECD auf eine globale Mindeststeuer von 15%. Überdies sollen die Steuern nicht mehr nur im Land des Firmensitzes, sondern im Land des Umsatzes erhoben werden. Die Umsetzung dieser internationalen Steuerreform gestaltet sich allerdings schwierig.

*Auch der **IOS-Konzern**, der in den 60er Jahren des 20. Jahrhunderts für die erste große Investmentfonds-Pleite gesorgt hatte, war zeitweilig in einem Steuerparadies, in Panama, .ansässig*

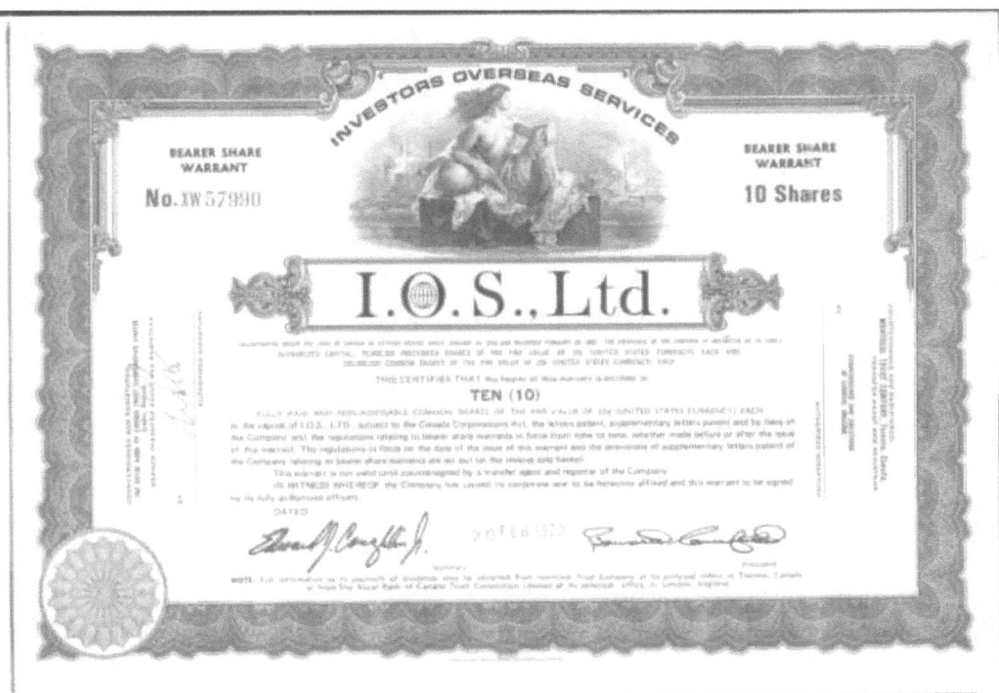

Die Staaten antworteten auf die wirtschaftliche Globalisierung mit regionalen **Wirtschaftsunionen**, deren einfache Form eine Zollunion ist. Die älteste und gleichzeitig erfolgreichste hiervon ist die Europäische Union, die über eine reine Wirtschafts- (und z. T. Währungs-) Union hinaus auch eine weitgehend gemeinsame Politik anstrebt.

Es bleibt abzuwarten, wie die zukünftigen Probleme gemeistert werden. Zu nennen sind dabei die Umweltverschmutzung, die globale Klimaerwärmung, der Energiebereich, die Rohstoffverknappung, die Wasser-und Nahrungswirtschaft und der soziale Frieden – innerhalb der jeweiligen Volkswirtschaften und weltweit. Verschiedene Konferenzen – die Klimakonferenzen, die G7/ G8/ G20-Konferenzen blieben zwar oftmals ohne konkrete Ergebnisse, zeigten aber immerhin an, dass die Probleme als solche von den meisten Industriestaaten wahrgenommen werden.

Zu den **G7-Staaten**, die seit 1976 regelmäßig konferieren (den Staaten mit der damals höchsten Wirtschaftskraft weltweit) zählen, in dieser Reihenfolge:
1. USA　　　　　2. Japan　　　3. Deutschland　　4. Großbritannien
5. Frankreich　　6. Italien　　7. Kanada.
(Von 1998 bis 2014 wurde aus G7 ein G8 mit Russland weiterem Teilnehmer. Russland wurde aber nach der Annexion der Krim aus diesem Kreis wieder ausgeschlossen.)

Die (nach dem nominellen Bruttoinlandsprodukt gerechnet) zweitgrößte Volkswirtschaft der Welt, China, ist in dieser Runde ebenso wenig vertreten wie die Nr. 6, Indien. Um auch anderen großen Volkswirtschaften, die nicht zu den hoch entwickelten traditionellen Industrie- und Handelsnationen gehörten, ein Forum zu bieten, wurde 1990 die sogenannte **G20-Gruppe** gegründet, in der neben den führenden Industriestaaten auch die wichtigsten Schwellenländer vertreten sind. Mitte der 2020er Jahre soll auch die Afrikanische Union (AU) Mitglied in der G20-Gruppe werden, nachdem schon seit 1917 eine Zusammenarbeit unter dem Titel „Compact with Africa" existierte.

Abschließend noch ein paar Zahlen zu weltweit operierenden Unternehmen, Marken und Unternehmern:

Die weltweit größten Unternehmen

Die Rangliste der weltweit größten Unternehmen, gemessen an der **Börsenkapitalisierung**, wurde von der Wirtschaftsprüfungsgesellschaft PricewaterhouseCoopers zum Ende des Jahres 2022 erstellt. Sie wurde angeführt von den amerikanischen Unternehmen **Apple, Microsoft, Alphabet-Google, Amazon und Tesla.**

Unterbrochen wurde diese US-Dominanz nur auf Platz 3 durch den saudiarabischen Ölkonzern **Saudi-Aramco**, der 2019 an die Börse ging und mit dem bis dato größten Börsengang aller Zeiten 1,5% seines Aktienkapitals emittierte. Das Entgelt des Börsengangs wollte der Staat Saudi-Arabien vor allem zur Diversifizierung seiner wirtschaftlichen (Öl-) Monokultur verwenden.

8 der größten 10 Unternehmen hatten ihren Sitz in den USA. Ehemalige Listen-Spitzenreiter der „alten Industrie" waren abgerutscht: ExxonMobil war immerhin noch unter den größten 20 Unternehmen zu finden, General Motors war ganz aus der Liste der 100 größten Unternehmen herausgefallen (wie auch VW, Siemens und Daimler aus Deutschland). In dieser Liste war nur noch ein einziges deutsches Unternehmen vertreten: Die SAP lag auf Platz 93.

(Kontinental-) Chinesische Unternehmen waren 12-mal in der Liste der der größten 100 vertreten. Das – gemessen am Börsenkapital – größte ostasiatische Unternehmen war allerdings der taiwanesische Chiphersteller TSMC auf Rang 10.

Nur noch 15 der 100 größten börsennotierten Unternehmen hatten ihren Sitz in Europa. Das europäische Unternehmen mit dem höchsten Börsenwert war der Nahrungsmittelkonzern Nestle (Schweiz) auf Platz 17.

Die Börse beurteilt aber vor allem das Zukunftspotenzial von Unternehmen, weniger die aktuelle Größe. Nur so ist es zu erklären, dass der Börsenwert des Elektro-Automobilherstellers Tesla diejenigen von General Motors und Ford weit überholt hat, obwohl Tesla nur einen Bruchteil des Umsatzes von General Motors oder Ford erwirtschaftet hatte.

Die Liste der **umsatzmäßig größten Firmen** wurde 2021/22 von dem amerikanischen Einzelhandelsunternehmen **Walmart** angeführt. Dahinter platzierten sich Amazon und das Energieversorgungsunternehmen State Grid (China). 3 der 10 (2019 noch 6 von 10) umsatzmäßig größten Unternehmen kamen aus der Öl- und Gasbranche (China National Petroleum, Sinoprec/ China und Saudi Aramco). Zu den umsatzstärksten Unternehmen zählte auch VW (auf Platz 8), das gleichzeitig größter Automobilhersteller war, vor Toyota. Mercedes und Allianz schafften es in dieser Liste ebenfalls in die „Top 50", während BWM, die Telekom und die Deutsche Post immerhin noch zu den „Top 100" zählten. (Quelle: Fachzeitschrift „Fortune" 2022).

Auch die Liste der **größten privaten Arbeitgeber** führ **Walmart** mit über 2 Millionen Mitarbeitern an (vor Amazon). Auf den Plätzen 7 und 8 lagen Volkswagen und die Deutsche Post. (Quelle: Fortune 2022)

Die **Banken** laufen in der Liste der umsatzmäßig größten Unternehmen der Welt quasi „außer Konkurrenz", weil ihre Finanzumsätze nicht mit Waren- und Dienstleistungsumsätzen zu vergleichen sind. Nach einer Veröffentlichung des amerikanischen Finanzdienstleisters S&P wurde die Banken-Rangliste von der **ICBC, der Industrial and Commercial Bank of China** in Peking vor 3 weiteren chinesischen Banken angeführt. Die Deutsche Bank belegte Platz 22, die Commerzbank Platz 68.

Die vergleichsweise hinteren Ranglistenplätze der großen deutschen Unternehmen haben ihren Grund aber auch in der Tatsache, dass die deutsche Wirtschaft nach wie vor mittelstandsorientiert ist, also – im Gegensatz zu den anderen Industrienationen – vor allem durch mittelgroße und kleine Unternehmen geprägt ist, die in ihren Marktnischen teilweise Weltmarktführer sind. Manche Großunternehmen (wie Bosch, Lidl oder Aldi) sind gar nicht börsennotiert.

Die wertvollsten Marken

Die Rangliste der weltweit wertvollsten Marken (nach der Liste des US-Marktforschungs- und Wirtschaftsberatungsunternehmen Interbrand) führten 2021 die amerikanischen Marken **Apple, Amazon, Microsoft und Alphabet (Google)** an. Die wertvollste deutsche Marke; Mercedes-Benz, lag auf Platz 8.

Die reichsten Unternehmer

Zu den reichsten Unternehmern der Welt zählten zu Anfang der 2020er Jahre
- der Amerikaner **Jeff Bezos** (Internethandel: Amazon, befeuert auch durch den Internethandelszuwachs durch die Corona-Pandemie),
- der Südafrikaner **Elon Musk** (E-Automobile: Tesla, Raumfahrt: SpaceX, Kurznachrichtendienst Twitter (von Musk in „X" umbenannt) und
- der Franzose **Bernard Arnault** (Luxusgüterindustrie: LVMH).

Noch reicher sind sicherlich aufgrund der Erdölförderung die Herrscherhäuser aus Saudi-Arabien und Brunei. Als weltweit reichster Monarch gilt der thailändische König.

Die reichsten deutschen Familien waren wahrscheinlich die Mitglieder der Familien
- Albrecht (Lebensmitteldiscount: „Aldi"; die Nachfahren der Aldi-Brüder Karl und Theo Albrecht müssen allerdings eigentlich als getrennte Familien gewertet werden),
- Reimann (Lebensmittel- und Drogeriehandel: Jacobs-Douwe Egberts, Benckiser, Coty, inzwischen mehrheitlich österreichische Staatsbürger),
- Boehringer-von Baumbach (Pharma: Boehringer Ingelheim) und
- Quandt-Klatten (Automobil: BMW, Susanne Klatten: Chemie: Altana).

Als reichste deutsche Individualpersonen gelten
- Dieter Schwarz (Lidl),
- Susanne Klatten und
- Klaus-Michael Kühne (Logistik: Kühne + Nagel).

3 Kleine Wirtschaftsgeschichte der USA

Wegen der überragenden Bedeutung der USA in der gesamten Weltwirtschaft der letzten 100 Jahre wird hier ein wenig genauer auf die Wirtschaftsgeschichte der USA eingegangen.

Da die USA in dem genannten Zeitraum auch immer wieder der Ort des technischen Fortschritts war, können anhand ihrer Wirtschaftsgeschichte auch die einzelnen Perioden der Industrialisierung (seit einiger Zeit auch „Industrie 1.0 – Industrie 4.0" genannt) nachvollzogen werden: Die „Industrie 1.0" bezeichnet dabei den Zeitraum der „traditionellen" Industriellen Revolution nach, der – wenn man diesen an einem Geschichtsjahr festmachen will – 1769 mit der entscheidenden Verbesserung der Dampfmaschine durch James Watt eingeleitet wurde. In diesem Zeitraum war sicherlich Großbritannien noch führend im technischen Fortschritt, aber das erste funktionsfähige Dampfschiff z. B. entstand in den USA (Fulton, 1807). Außerdem war die USA führend in der Waffentechnik (z. B. mehrschüssige Gewehre: Spencer, Henry, Winchester und Trommelrevolver: Colt, Smith & Wesson) sowie in der Weiterentwicklung der Telegrafie (Morse) und des Telefons (Bell). Eine besondere Rolle in den USA spielte die Entwicklung der Eisenbahn.

Welche Bedeutung solche Neuentwicklung für Amerika hatten, sollen zwei Beispiele belegen: 1847 dauerte eine Reise von New York nach Chicago mit der Postkutsche noch drei Wochen, 10 Jahre später wurde die gleiche Strecke per Eisenbahn in drei Tagen zurückgelegt. Der berühmte „Pony Express", der über 3.100 km von Saint Joseph, Missouri, nach Sacramento, Kalifornien, führte, konnte Briefe über die gesamte Strecke in 10 Tagen zustellen. Als er 1861 durch die transkontinentale Telegrafenleitung ersetzt wurde, wurden die Nachrichten praktisch in Echtzeit übermittelt.

Einen weiteren Aufschwung erhielt die Industrialisierung durch die „Industrie 2.0" (Ende des 19. und Anfang des 20. Jahrhunderts), in der nun die USA wirtschaftlich weltweit führend war. Maßgeblich für diesen Zeitraum waren die Entwicklung der Elektrizität (Edison, Tesla) sowie der Aufschwung der Erdölwirschaft (mit dem Weltmarktführer Standard Oil, maßgeblich im Besitz von J. D. Rockefeller) in ihren Funktionen als Energielieferant, Kraftstoff für Verbrennungsmotoren und Grundstoff für die chemische Industrie. Hinzu kamen wesentliche Verbesserungen in der Arbeitsproduktivität (theoretisch fundiert durch „Taylorismus" von F. W. Taylor, praktisch angewandt als Fließband zuerst in den Schlachthöfen von Chicago, wenig später in der Automobilproduktion von Ford).

Die „Industrie 3.0" zum Ende des 20. Jahrhunderts wird auch als „digitale Revolution" bezeichnet, welche die Informationstechnik und die Kommunikation völlig veränderte (IBM, Microsoft).

Die gegenwärtige „Industrie 4.0" schließlich vernetzt die bestehenden Produktionsarten zu „Smart Technologies" (wie das Smartphone, das als „i-Phone" zuerst von Apple auf den Markt gebracht wurde) bzw. nutzt diese „Smart Technologies" (beispielhaft durch die Firmen Amazon, Alphabet-Google und Facebook-Meta).

Diese Einteilung der Wirtschaftsgeschichte in langfristige Einheiten korrespondiert weitgehend mit der schon angeführten Theorie der langfristigen Konjunkturwellen des russischen Volkswirtschaftlers W. Kondratjew.

Bevor nun im Einzelnen auf die Wirtschaftsgeschichte der USA eingegangen wird, soll noch ein kurzer Überblick über die Wirtschaftspolitik des Landes gegeben werden:

Im 19. Jahrhundert herrschte in den USA – wie in den meisten europäischen Staaten – ein weitgehend ungezügelter Kapitalismus. Jedoch wurde schon zum Ende des 19. Jahrhunderts (früher als in Europa) die Gefährdung der Wirtschaft durch Kartelle erkannt, welche mit Hilfe von Anti-Trust-Gesetzen bekämpft wurden. Das bekannteste Beispiel hierfür ist die Zerschlagung der Standard Oil Co. im Jahre 1911. Einen weiteren Meilenstein der **Wirtschaftspolitik** setzten die USA zum Ende der 1929 ausgebrochenen Weltwirtschaftskrise, als der neu gewählte Präsident Franklin D. Roosevelt 1933 die Keynesianische nachfrageorientierte Wirtschaftspolitik durch das „New Deal" in die Realität umsetzte. Diese Wirtschaftspolitik sah vor allem staatliche Wachstumsprogramme und die Anfänge eines sozialen Sicherheitsnetzes vor. Erst 1980, mit dem Regierungsbeginn von Ronald Reagan, wurde die nachfrageorientierte durch eine angebotsorientierte neoliberale Wirtschaftspolitik ersetzt. Zum maßgeblichen Wirtschaftstheoretiker der Reagen-Zeit wurde der Monetarist Milton Friedman. In der Finanzkrise 2008 reagierte die amerikanische Regierung wieder verstärkt mit Konjunkturprogrammen und weiteren staatlichen Eingriffen, zum Beispiel mit der (vorübergehenden) „Quasi-Verstaatlichung" der Versicherungsgesellschaft AIG. Mit dem Regierungsantritt von Präsident Trump im Jahre 2017 wurde die Wirtschaftspolitik wieder verstärkt nationalistisch und isolationistisch interpretiert; innerhalb der USA-Grenzen wurde wieder verstärkt auf neoliberale Theorien zurückgegriffen.

Nun aber zur eigentlichen Wirtschaftsgeschichte der USA:

Die USA feierten im Jahre 1776 ihre Unabhängigkeit von England. Schon ein gutes Jahrhundert später, zu Beginn des 20. Jahrhunderts, hatten sie ihre bis dahin weltweit führende ehemalige Kolonialmacht wirtschaftlich überflügelt. Die riesige Fläche und der Ehrgeiz ihrer – in ihrer Elite überwiegend puritanisch orientierten – Bevölkerung ließ die metaphorische Floskel vom „Land der unbegrenzten Möglichkeiten" unverhofft schnell zur Realität werden. Dabei glich die **„Eroberung des Westens"** durchaus den Kolonialisierungsbestrebungen der europäischen Großmächte in Übersee, auch was die Unterdrückung der indigenen Bevölkerung angeht. Allerdings wies die Besiedlung des Westens durch die USA zwei bedeutende Unterschiede zu den anderen Kolonialisierungsversuchen auf: Erstens gab es keine langfristig bedeutenden Widersacher oder Konkurrenten: Mexiko und die Indianer stellten sich als militärisch deutlich unterlegen dar, Kanada versuchte erst gar keine ernsthaften Grenzkonfrontationen. Zweitens wurde der Westen zügig von US-amerikanischen Bürgern besiedelt, die sich zwar als Sklavenhalter und Sklavenhaltungsgegner im Sezessionskrieg 1861 – 1865 erbitterte Kämpfe lieferten, aber spätestens nach dem Ende des Bürgerkrieges setzte sich die Besiedlung verstärkt fort. In diesem Zusammenhang wurde auch der amerikanische Mythos des „Wilden Westens" geboren, in dem man staatlichen Institutionen grundsätzlich misstraute und das Recht am liebsten selber in die Hand nahm – auch wenn dies oft genug das Recht des Stärkeren war.

Im 19. Jahrhundert dominierte auch in den USA wirtschaftlich die **Landwirtschaft**. Zum Bild der USA gehören riesige Viehherden in den Staaten westlich des Mississippi sowie endlose Weizen- und Maisfelder im Mittleren Westen und Baumwoll- und Tabakfelder in den Südstaaten. Zwar gab es im 19. Jahrhundert heftige Auseinandersetzungen zwischen Farmern (Ackerbauern) und Ranchern (Viehaltern), doch letztendlich blühten beide Formen der Landwirtschaft auf – und die damit verwandten Betriebe, z. B. die riesigen Schlachthöfe in Chicago.

Die ertragreiche aber auch ein Ausgangspunkt für die **Industrialisierung** der USA, weil z. B. die riesigen Farmflächen gute Einsatzmöglichkeiten für moderne Traktoren und mechanische Erntemaschinen boten, die natürlich in den USA selber hergestellt wurden. Nicht zuletzt waren es die Gewinne der Landwirtschaft, die nicht nur für die Selbstversorgung der USA mit den meisten Lebensmitteln führte, sondern auch das Kapital bereitstellte für die neuen Industrien. Vom Ende des Sezessionskrieges 1865 bis zur Jahrhundertwende hatte sich die US-amerikanische Industrieproduktion verfünffacht und damit die Weltspitze erobert. Die USA erarbeiteten mehr als ein Drittel der weltweiten industriellen Weltproduktion.

Weitere günstige Voraussetzung für diesen Aufstieg waren ein enormes Bevölkerungswachstumn (eine Verdoppelung auf ca. 76 Millionen Menschen von 1965 bis 1900), das Vorhandensein aller notwendigen Rohstoffe (Kohle, Eisenerz, Öl, Gold etc.), ein landesweit funktionstüchtiges Telegrafensystem und ein schnell aufgebautes, riesiges Eisenbahnnetz.

Die Eisenbahn ist ein Paradebeispiel für die technischen Leistungen der USA zu jener Zeit. Viele der dazu notwendigen technischen Erfindungen wurden in den USA selber erbracht, andererseits wurden aber auch technische Neuerungen aus Europa zuerst in den USA in großem Maße eingesetzt.

Dazu gehörte – in der ersten Hälfte des 19. Jahrhunderts – vor allem die Dampfeisenbahn, die in Großbritannien erfunden wurde, aber in Amerika ihre ersten Höhepunkte feierte. Die Central Pacific und die **Union Pacific Railroad** vollendeten 1869 die erste transkontinentale Eisenbahnlinie in den USA.

Im 19. Jahrhundert bestand der größte Teil der Aktien, die in New York gehandelt wurden, aus Eisenbahnaktien. Folglich war auch der erste große Börsencrash 1857 eine Folge von überhitzten Eisenbahnspekulationen.

Es ist nicht verwunderlich, dass der reichste Amerikaner des 19. Jahrhunderts, „Commodore" Cornelius Vanderbilt, ein „Railroad Tycoon" war. Die finanziellen Mittel hierzu hatte er zuvor durch seine Erfolge in der Schifffahrtsbranche und durch Börsenspekulationen erworben. Wie viele der anderen amerikanischen Großunternehmer auch, so profitierte auch Vanderbilt von dem kaum gezähmten Kapitalismus, der in den USA herrschte.

Inzwischen sind die USA längst kein Eisenbahnland mehr, sondern ein Autoland. Der Personenverkehr wurde 1971 von der „halbstaatlichen" Amtrak übernommen, die seitdem trotz mehrerer Zerschlagungsversuche durch wirtschaftsliberale Unternehmer und Politiker bis heute existiert.

Schon der Mann, der Vanderbilt als reichster Amerikaner ablöste, spiegelt diesen Wechsel zum Autoland wider: John D. Rockefeller (1839 – 1937) gründete 1867 mit zwei anderen Geschäftspartnern ein Erdölunternehmen, das 1870 in **Standard Oil Company** umbenannt wurde.

Abgebildet ist die Vignette einer Standard-Oil-Aktie von 1986.

Der Name des Unternehmens wurde zu einem Synonym für seinen Erfolg: Standard Oil bot als erstes Unternehmen Ölprodukte in standardisierter Qualität an. (Das war ein Erfolgsrezept, das sich in der Wirtschaftsgeschichte mehrfach wiederholte, in Amerika z. B. viele Jahre später bei den Coca-Cola-Erfrischungsgetränken oder bei der Fast-Food-Kette McDonalds.) Rockefeller erweiterte sein Unternehmen durch Zukäufe von kleineren Konkurrenten, bis 1911 ein Anti-Trust-Gesetz die Standard Oil Co. in 34 Einzelunternehmen zerschlug. Noch zu Lebzeiten Rockefellers – er starb im Jahre 1937 - konnte sich Standard Oil allerdings schon wieder konsolidieren.

Standard Oil gehört auch noch im 21. Jahrhundert (als ExxonMobil Corp. in Irving, Texas ansässig) zu den umsatzmäßig größten Unternehmen der Welt. In Deutschland ist der Konzern unter dem Namen „Esso" vertreten.

Zu den umsatzmäßig größten Unternehmen in den USA gehören weitere Ölgesellschaften. Dies sind unter anderem Conoco-Jet und Chevron, früher Chevron-Texaco. Die Texaco, 1901 in Beaumont, Texas gegründet, ging 1987 in Insolvenz, nachdem sie einen Rechtsstreit über die Übernahme von Getty Oil verloren hatte. Die Reste von Texaco wurden durch Chevron aufgekauft. In Deutschland war Texaco zeitweise auch unter

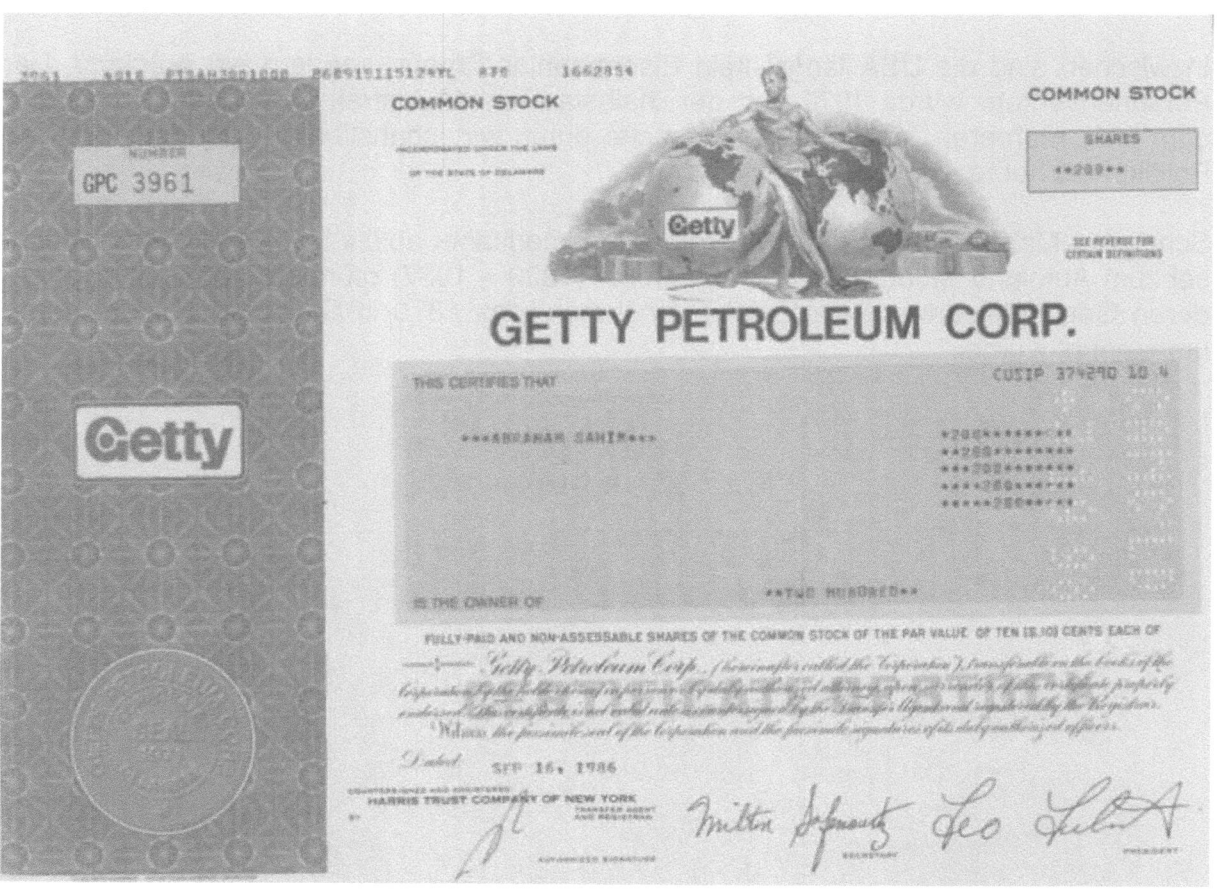

„Caltex" bekannt.

Getty Oil wurde 1942 durch den seinerzeit reichsten Amerikaner, Paul Getty (1892 – 1976), gegründet. Nach dem Verkauf des Unternehmens 1984/85 lebte der Name **Getty Petroleum Corp.** noch bis zum Ende des Jahrhunderts als Downstream-Anbieter weiter, bis auch dieser Betrieb mit den Namensrechten verkauft wurde.

Weltweit tätige Ölgesellschaften gibt es aber nicht nur in den USA. In Europa sind unter anderem das niederländisch-britische Unternehmen Royal Dutch-Shell, das von 1998 bis 2001 mit Texaco in den Bereichen Raffinerie und Vertrieb in den USA zusammengearbeitet hatte, und die BP (British Patrol) beheimatet. 2010 wurde für die BP ein Krisenjahr, weil eine Ölbohr-Plattform im Golf von Mexiko explodierte und das noch monatelang ungehindert ins Meer strömende Erdöl eine der größten Umweltkatastrophe auslöste. Weltweit sind außerdem vor allem die CNPC, die CNOOC und Sinopec, alle in Peking ansässig, die Saudi Aramco und die PEMEX (Mexiko) zu nennen, die aber als Staats- oder Familienunternehmen ihre Zahlen nur eingeschränkt veröffentlichen müssen.

Parallel zur Ölindustrie entwickelte sich im 19. Jahrhundert im Norden der USA (im Gegensatz zum Sklaven haltenden landwirtschaftlichen Süden) auch die Stahlindustrie zum Rückgrat der amerikanischen Wirtschaft. Im Jahre 1800 gründete der Freiheitskämpfer Paul Revere das erste amerikanische Walzwerk in Canton, Massachusetts.

Der erfolgreichste Stahlmagnat im 19. und frühen 20. Jahrhundert war Andrew Carnegie (1835 – 1919), nach Rockefeller der reichste Amerikaner seiner Zeit. Carnegie war zuerst Manager bei der **Pennsylvania Railroad** (abgebildet: Aktienvignette), ehe er 1870 seinen ersten Hochofen und 1873 sein erstes Stahlwerk gründete.

Die Pennsylvania Railroad fusionierte 1968 mit dem ehemaligen Konkurrenten New York Central Railroad (die im 19. Jahrhundert von C. Vanderbilt kontrolliert worden war) zur Penn Central Co, der damals größten Eisenbahngesellschaft der USA. Schon 1970 aber ging das damals sechstgrößte amerikanische Unternehmen in Konkurs – der bis dahin größte Konkurs der Wirtschaftsgeschichte.

1901 verkaufte Carnegie sein Unternehmen an den Bankier John Pierpont Morgan (1837 – 1913), der ebenfalls schon ein Stahlunternehmen besaß und diese beiden Werke daraufhin (zusammen mit einem Geschäftspartner) zur **United States Steel Co.** (Abb. einer Aktien-Vignette) zusammenfasste.

Die US Steel (New York) war zeitweilig das größte Unternehmen der Welt und ist auch im 21. Jahrhundert noch der größte Stahlproduzent der USA.

J. P. Morgan war auch Eigentümer verschiedener Eisenbahnunternehmen und Reedereien. (Auch die Schifffahrt hatte im 19. Jahrhundert in den USA einen steilen Aufstieg genommen. Als erster großer innerkontinentaler Wasserweg war schon 1825 der Eriekanal fertiggestellt worden.)

Morgan war aber vor allem Bankier. Er gründete sein Bankhaus 1871. Mehrere Umstrukturierungen führten zu einer Vielzahl von Firmennamen-Umbenennungen dieses Bankhauses. Die Namen Chemical Bank, Chase Manhatten Bank (und auch die Investmentbank Bear Stearns) sind inzwischen Geschichte; die Konzernmutter wurde 2001 in „J. P. Morgan Chase & Co." umbenannt. Die Investmentbank Morgan Stanley, 1935 zwangsweise aus dem Konzern herausgenommen durch ein Gesetz, dass die Trennung von Banken und Wertpapierhandelshäusern vorsah, ist seit 2008 (als Folge der Finanzmarktkrise) keine Investmentbank mehr, sondern ein traditionelles Bankhaus.

Das einflussreichste amerikanische Bankhaus im 21. Jahrhundert ist sicherlich Goldman Sachs, zu deren Geschäftspolitik auch gehört, dafür zu sorgen, dass einflussreiche öffentliche Posten mit ehemaligen Goldmann-Sachs-Mitarbeitern besetzt werden. Auch Mario Draghi, ab 2012 Chef der Europäischen Zentralbank, war zuvor Goldman-Sachs-Mitarbeiter. Goldman Sachs war auch an den Swap-Geschäften mit der griechischen Regierung beteiligt, mit deren Hilfe die Wirtschaftszahlen Griechenlands - damals legal – „schön gerechnet" wurden, so dass Griechenland 2001 Mitglied des EURO-Verbunds werden konnte. Diese Entscheidung sollte wenige Jahre später zu dem ersten großen Problemfeld des EURO werden.

Weitere große Bankhäuser sind die 1812 gegründete Citibank (früher: First National Bank) und die Bank of America (deren Vorläufer seit 1784 existiert, womit die Bank of America als eine der ältesten amerikanische Bank gilt).

Die Anfänge von zwei anderen amerikanischen Finanzunternehmen, der American Express Co. (New York) und der Wells Fargo Co. (San Francisco) gehen beide auf ein bekanntes Namenspaar zurück. Henry Wells und William George Fargo gründeten beide Unternehmen als Speditionsgesellschaften im Jahre 1850, zur Zeit des Goldrausches in Kalifornien. Dabei wurden natürlich auch Geld und Wertpapiere transportiert. Beide Unternehmen erweiterten ihre Tätigkeiten daher schon früh auf den Bankensektor:

Die Wells Fargo Co. war ursprünglich eine Postkutschen-Speditionsgesellschaft, die – ebenso wie die Union Pacific-Bahngesellschaft – zu einem festen Bestandteil des Mythos „Wilder Westen" wurde. Später entwickelte sich Wells Fargo zu einer der größten amerikanischen Banken.

American Express wurde im Lauf der Zeit zu einem Finanzdienstleister, der weltweit vor allem durch seine Kreditkarten und - schon seit den 1890er Jahren - durch seine Reiseschecks bekannt wurde.

In den 80er Jahren des 20. Jahrhunderts expandierte **American Express** vor allem durch Zukäufe, z. B.1984 durch die Übernahme der Investmenthändler Lehman Brothers (Anfänge als Gemischtwarenhandel 1844). 1994 wurde das Investmentbanking von American Express aufgegeben und auf die Lehman Brothers Holding übertragen.

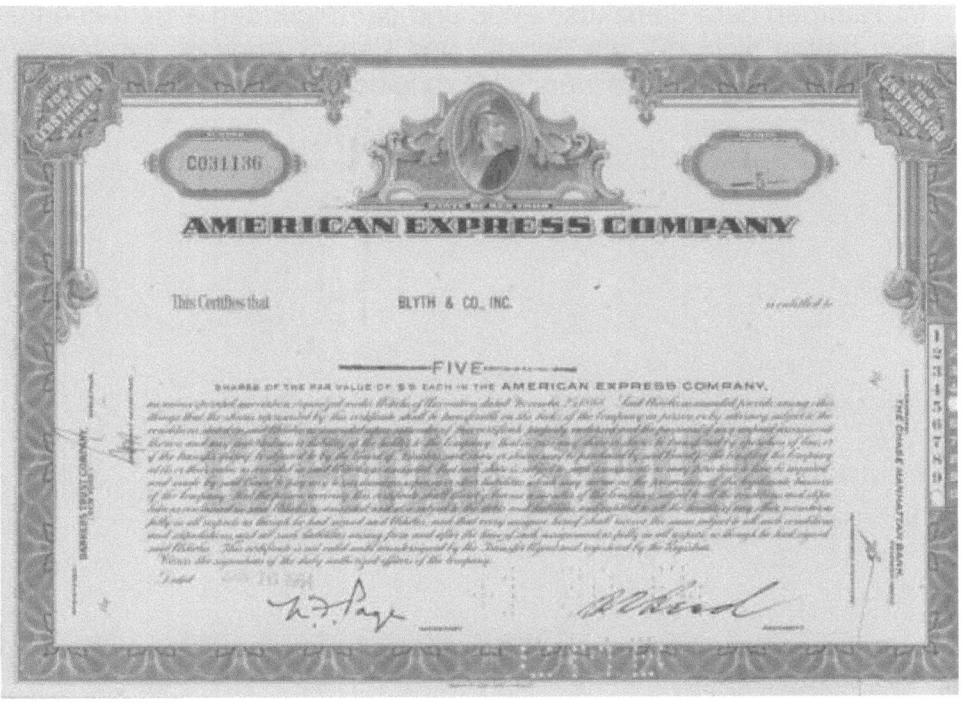

Lehman Bros. war von American Express im Jahre 1993 wieder verkauft wurden und wurde im Jahr darauf ein konzernfreies Unternehmen. 2008 wurde der Zusammenbruch von Lehman Bros. zum Kulminationspunkt der Finanzkrise (Subprime-Krise).

Die **Western Union International Inc**. spezialisierte sich auf einen anderen Bereich der Bankdienstleistungen, den internationalen Geldtransfer – eine logische Entwicklung bei einem Unternehmen, das 1851 als Telegrafengesellschaft gegründet worden war.

Auch die amerikanische Versicherungswirtschaft hatte unter der Finanzkrise zu leiden. Die AIG (American International Group Inc.) in New York, gegründet durch den Amerikanischen Geschäftsmann Cornelius Vander Starr 1919 in Shanghai, China, und erst seit 1926 in den USA aktiv, war - nach der Verlegung seiner Geschäftszentrale nach New York 1939 – für lange Zeit der größte Erstversicherer der Welt gewesen. Durch massive Zuschüsse der amerikanischen Zentralbank FED (gegen Übernahme von mehr als 90 % der Aktien) wurde die AIG 2008 „verstaatlicht", 2012 aber wieder reprivatisiert.

Im Rahmen der Finanzkrise 2008 und der folgenden allgemeinen und weltweiten Rezession hatten nicht nur die Banken und Versicherungen, sondern – vor allem – auch die renommierten Automobilhersteller zu leiden.

Die **General Motors Corp**, (abgebildet ist die Vignette einer Aktie von 1982) wurde 1908 in Detroit gegründet. Sie galt lange Zeit als Hauptkonkurrent der Schienenfahrzeugindustrie. Zahlreiche Eisen- und Straßenbahnunternehmen wurden tatsächlich durch Busse (vor allem von GM) verdrängt; das GM-Tochterunternehmen Greyhound, eine landesweite Überlandbusgesellschaft, trug zur Insolvenz mehrerer Eisenbahngesellschaften bei. (Die Greyhound Lines wurden 2021 von dem deutschen Unternehmen Flixmobility-Flixbus übernommen.) Im Laufe der Zeit kaufte GM immer mehr Automobilbetriebe in verschiedensten Ländern auf (in Deutschland 1929 im Rahmen der Weltwirtschaftskrise Opel) und wurde dadurch zum Ende des 20. Jahrhunderts das größte Privatunternehmen der Welt. Eine verfehlte Produktpolitik mit oftmals verbrauchsintensiven Automotoren und mit einer Vielzahl von Marken (neben Opel z. B. Buick, Cadillac, Chevrolet, Pontiac, Vauxhall, Daewoo, Hummer und Saab) führte 2008 zur Insolvenz, aus der GM ein Jahr später wieder entlassen wurde. Die Marken Hummer und Saab wurden verkauft, Daewoo in Chevrolet umbenannt, Opel nach langem Hin und Her zuerst behalten, 2017 aber doch verkauft, und zwar an den französischen PSA-Konzern (Peugeot, Citroen).

Der zweitgrößte amerikanische Autobauer, die Ford Motor Co. (Dearborn, ebenfalls bei Detroit), war von der Wirtschaftskrise weniger stark betroffen. Henry Ford hatte das Unternehmen 1903 gegründet und durch die Einführung des Fließbandes neue Maßstäbe in der Automobilproduktion gesetzt. Sein „Model T" (ab 1908) war bis zum Erfolg des VW-Käfers das meistverkaufte Auto weltweit. Auch Ford expandierte in andere Länder, setzte dabei aber – im Gegensatz zu GM – weniger auf Aufkäufe als auf Gründung eigener Betriebe, z. B. die Ford Motor Company AG, die 1925 in Deutschland gegründet wurde. Im Laufe der Zeit kaufte aber auch Ford andere Hersteller auf; im Rahmen der Wirtschaftskrise wurden 2008 aber Jaguar und Land Rover an den indischen Hersteller Tata, ein Jahr später die Marke Volvo an den chinesischen Autobauer Geely verkauft.

Der drittgrößte amerikanische Automobilhersteller, Chrysler (Auburn Hills bei Detroit, Markennamen z. B. Plymouth, Jeep und Dodge) wurde 1925 gegründet, ein Vorgängerunternehmen bestand allerdings schon im Jahre 1903. Im letzten Drittel des 20. Jahrhunderts war Chrysler nicht mehr so erfolgreich wie seine größeren Konkurrenten; das Unternehmen hatte schon 1979 vor dem Konkurs gestanden. Ab 1989 bestand eine Fusion mit Daimler-Benz (DaimlerChrysler AG). Nachdem diese Fusion 2017 rückabgewickelt wurde, musste Chrysler im Jahre 2009 schließlich doch ein Insolvenzverfahren durchlaufen, genauso wie GM. Diese Insolvenz wurde unter anderem durch eine finanzielle Beteiligung des italienischen Automobilkonzerns Fiat überstanden. Die dabei entstandene Fiat Chrysler Automobiles fusionierte 2021 mit dem Automobilkonzern PSA (Peugeot, Citroen, Opel) zum neuen Großkonzern Stellantis NV, Amsterdam.

Die amerikanischen Automobilproduzenten kämpfen schon seit langem mit Konkurrenten aus Europa und Asien, welche in der Vergangenheit früher als die Amerikaner auf die veränderten Anforderungen an Automobile reagiert hatten, z. B. auf die – durch die gestiegenen Rohölpreise – Forderung nach verbrauchsarmen Motoren. Durch die neuen Automobilwerke in China und Indien wird die Konkurrenz auch in der Zukunft nicht geringer.

Der amerikanische Automobilbau ist aber keineswegs rückständig: Software-Unternehmen wie Google/ Alphabet investieren viel Geld und halten viele Patente in Assistenzsysteme, die das selbstfahrenden Auto zum Ziel haben. Das 2003 durch den Südafrikaner Elon Musk gegründete kalifornische Unternehmen Tesla wurde schnell weltweit führend in der Produktion von Elektro-Automobilen.

Musk, ein überzeugter Anhänger von Donald Trump, hatte auch Erfolg mit seinem zweiten Standbein, dem Raumfahrtunternehmen SpaceX, das 2017 Weltmarktführer für Satellitenstarts wurde und ab 2020 bemannte Raumflüge für die NASA durchführte.

Der amerikanische Großflugzeug-Bau liegt heute in den Händen der Boeing Co. (Seattle), die 1915 gegründet wurde. Neben Militärmaschinen wie den bekanntesten Bomber des 2. Weltkrieges, die B-17, stellt Boeing vor allem Großraum-Flugzeuge her, z. B. die B-707 (produziert 1957 – 1982) und der „Jumbo-Jet" B-747 (seit 1969). Außerdem baute Boeing die erste Stufe der Mondrakete Saturn-V.

1989 übernahm Boeing die zivile Luftfahrtherstellung von McDonnel Douglas (DC-Maschinen). 1996 wurde auch die Raumfahrt-, Luftfahrt- und Militärtechnik von North-American-Rockwell-Collins aufgekauft. (Abgebildet ist die Vignette der **North American Aviation Inc**, einem Vorläuferunternehmen.) North American Rockwell und Collins, die 1973 fusionierten, waren vor allem als „Apollo-11-Unternehmen" bekannt geworden, weil North American Rockwell einen großen Teil der Apollo-Raketen hergestellt hatten und Collins die Funkübertragungstechnik vom Weltraum bzw. vom Mond ermöglichte.

Für Boeing waren 2018 und 2019 schwere Jahre; denn das Unternehmen musste den konstruktionsbedingten Absturz von zwei Maschinen des „Typs Boeing 737 Max 8" verzeichnen. Anschließend sorgte die Corona-Pandemie für sinkende Produktionszahlen – allerdings nicht nur bei diesem amerikanischen Hersteller, sondern auch bei seinen Konkurrenten, dem europäischen Airbus, einem Gemeinschaftsunternehmen mehrerer europäischer Staaten und Unternehmen, und dem russischen Hersteller Iljuschin. Ein vierter Hersteller von Großflugzeugen war aber Ende der 2010er Jahre schon in Sicht: Die Planungen für den Einstieg des chinesischen Herstellers Comac in den Markt waren schon zu dieser Zeit weit fortgeschritten.

Bis 1934 war Boeing ein Konzernbestandteil von **United Aircraft Corp**. 1934 wurde dieser Konzern aber durch die US-Kartellbehörden zerschlagen. Neben Boeing wurde dabei auch die Fluggesellschaft United Airlines aus dem Konzernverbund herausgelöst.

Der „Rest-Konzern", zu dem der Flugzeugturbinen-Hersteller Pratt & Whitney, bis 2015 der Hubschrauberproduzent Sikorsky (gegründet von einem im ersten Weltkrieg aus Russland emigrierten Flugzeugbauer) und von 1975 bis 2020 auch der Aufzughersteller Otis gehört, benannte sich 1975 in United Technologies Corp, 2020 dann – nach einer Fusion mit dem Rüstungsunternehmen Raytheon in Raytheo Technologies Inc. um.

Die bekannteste Fluggesellschaft der USA war die **Pan American World Airways Inc**, die 1927 in Key West, Florida, gegründet wurde und ihren Flugdienst mit der Verbindung Florida – Cuba begann. Wenig später dehnte sie, unter tätiger Mithilfe des Flugpioniers Charles Lindberg, ihr Geschäft auf ganz Lateinamerika aus und verdrängte dabei die deutschen Fluglinien, die aufgrund des nationalsozialistischen Regimes in ihrem Heimatland nicht mehr überall gern gesehen waren.

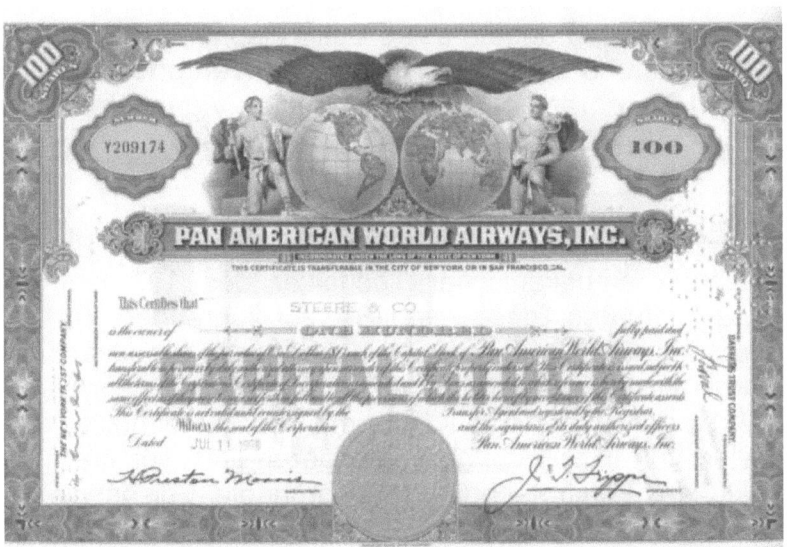

Weitere internationale Strecken folgten; lediglich im Inlandsverkehr war die Fluglinie kaum vertreten. Pan Am setzte 1958 die ersten Jetflugzeuge im Personenverkehr ein (DC-8 und Boeing 707), 1963 wurde das vom deutschen Bauhaus-Pionier Gropius entworfene Pan-Am-Gebäude in New York bezogen. Seit 1980 litt Pan Am unter Überkapazitäten und Fehlentscheidungen im Management, die 1991 schließlich zum Konkurs führten. Die Reste wurden von Delta Airways übernommen, die später, bis 2013, selber zur größten Fluggesellschaft der Welt wurden.

1930 wurde die **American Airlines Inc** als Verbund mehrerer amerikanischer Regionalfluglinien gegründet. Im Jahre 2011 musste die Gesellschaft noch Insolvenz anmelden, doch schon zwei Jahre später, nach der Fusion mit US Airways, wurde American Airlines zur größten Luftfahrtgesellschaft der Welt.

Amerikanische Konkurrenten mit gleicher Größenordnung waren für American Airways nach der Marktbereinigung im Rahmen der Anschläge auf das World Trade Center 2002 und der Wirtschaftskrise 2008 ff. nur noch Delta und United Airlines sowie der Regional- und Billigflieger Southwest Airlines.

Der Erfinder des kommerziell genutzten Telefons, Alexander Graham Bell, gründete seine Bell Telephone Co. 1877. 1899 wurde daraus die **AT&T (American Telephone and Telegraph Corporation,** abgebildet: Aktien-Vignette). 2018 übernahm AT&T den Medienkonzern Time Warner.

Es ist – wie schon gesagt - nicht zuletzt auf den Erfindungsreichtum amerikanischer Techniker des 19. Jahrhunderts zurückzuführen, dass die USA zur führenden Wirtschaftsmacht der Welt wurden. Der bekannteste amerikanische Erfinder ist dabei sicherlich Thomas Alva Edison, (1847 – 1931), der, angefangen 1879 mit der Glühbirne, eine ganze Reihe von Entwicklungen patentieren ließ, vor allem im Bereich der Elektrotechnik. 1890 gründete Edison die Edison General Electric Company, in der er seine Erfindungen und Patente verwerten wollte. 1892 wurde durch eine Fusion daraus die General Electric Co, heute einer der größten Mischkonzerne der Welt mit dem Schwerpunkt Elektrik und Elektronik. 1896 war „GE" ein Gründungsmitglied des neu geschaffenen Dow Jones Index. Das in Fairfield, Conn, ansässige Unternehmen steht weltweit vor allem in Konkurrenz mit der deutschen Siemens AG, der holländischen Philips NV und verschiedenen asiatischen Unternehmen.

Während T. A. Edison sich auf die Entwicklung des Gleichstroms konzentrierte, wurde sein ehemaliger Mitarbeiter, der serbisch-stämmige Nicola Tesla, zur treibenden Kraft bei der Entwicklung des Wechselstroms. Unterstützt durch die Finanzkraft des Westinghouse Konzerns entwickelte sich in den 1880er und 1890er Jahren in Amerika der sogenannte „Stromkrieg": Edion/ General Electric mit dem Gleichstrom gegen Tesla/ Westinghouse mit dem Wechselstrom. Diesen Wettkampf gewannen Tesla/ Westinghouse durch die Illumination der Chicagoer Weltausstellung 1893 und die Errichtung eines Wechselstrom-Wasserkraftwerks bei den Niagarafällen (damals das größte Kraftwerk der Welt) gewinnen konnten.

Der Finanzier von General Electric, J. P. Morgan, bootete anschließend Edison aus der Geschäftsführung seines (ehemals) eigenen Unternehmens aus und sicherte sich die Lizenzrechte an den Wechselstrom-Erfindungen. In der weiteren Zukunft profitierten beide Konzerne, General Electric und Westinghouse, von der steigenden Bedeutung der Stromversorgung. Westinghouse wandelte sich nach der Jahrtausendwende zu einem Medienkonzern (CBS bzw. Viacom) und benannte sich in CBS Corp. um; die ehemalige Elektrik-Sparte wurde von dem japanischen Unternehmen Toshiba weitergeführt. General Electric war noch zu Beginn des 21. Jahrhunderts einer der wertvollsten Konzerne der Welt. 2018 rutschte er allein in den USA schon auf Platz 44 ab und verlor seinen Platz im Dow-Jones-Index.

Ein weiteres Unternehmen, das teilweise auf Thomas A. Edison zurückgeht, ist die **Consolidated Edison**, die als Energieversorger in New York und Umgebung tätig ist. Das Unternehmen wurde 1823 als „New York Gas Light Co." gegründet. Ab 1882 belieferte die Edison Illuminating Co. of New York" erste Kunden der Stadt mit Strom. Wenig später fusionierten die Unternehmen, ab 1936 unter dem den Namen „Consolidated Edison".

Seit Mitte des 20. Jahrhunderts wird in den USA auch die Kernkraft genutzt. 1942 wurde unter der Leitung von Enrico Fermi der ersten Kernreaktor der Welt an der Universität von Chicago gebaut; 1945 war die von einem Physikerteam unter der Leitung von Robert Oppenheimer entwickelte erste Atombombe (gegen Japan) eingesetzt worden. Die maßgeblich von Edward Teller entwickelte Wasserstoffbombe wurde erstmals 1952 getestet. Die zivile Nutzung der Kernkraft in der Energiegewinnung wurde im letzten Drittel des Jahrhunderts ausgebaut. Ein erster bedeutender Rückschlag geschah allerdings schon durch einen gravierenden Störfall in Three Miles Island 1979.

Die konventionellen Energieversorgungsunternehmen sind vor allem auf Betriebe des volkswirtschaftlichen Primärbereichs, vor allem der Rohstoffgewinnung, angewiesen. Hierbei spielt neben der Uranförderung für die Atomkräfte vor allem die Ölindustrie (s.o.) eine besondere Rolle, aber die USA haben eine weit größere Palette an Bodenschätzen.

Der andere Teil des volkswirtschaftlichen Primärbereichs (neben dem Bergbau) ist die Land-, Forst- und Fischereiwirtschaft. Traditionell wird diese Branche Familienbetrieben beherrscht, aber auch hier sind Großunternehmen tätig. Das beste Beispiel hierfür ist Cargill, ein Handelsunternehmen für Lebens- und Futtermittel. Noch zur Zeit des „Wilden Westens" (1865) gegründet, wurde Cargill im 21. Jahrhundert das größte nicht an einer Börse vertretene amerikanische Unternehmen.

Mit dem Jahrtausendwechsel verstärkte sich der Einfluss der Biotechnologie. Weltmarktführer bei der Erzeugung von gentechnisch veränderten Mais-, Baumwoll-, Soja- und weiteren Pflanzen ist die 1901 in St. Louis gegründete Monsanto Co., die 2018 von der deutschen Bayer AG übernommen wurde. Dabei wurde „Monsanto" nicht mehr als Firmen- oder Markennamen verwendet, weil damit, zumindest in Europa, ein sehr schlechtes Image verbunden wurde.

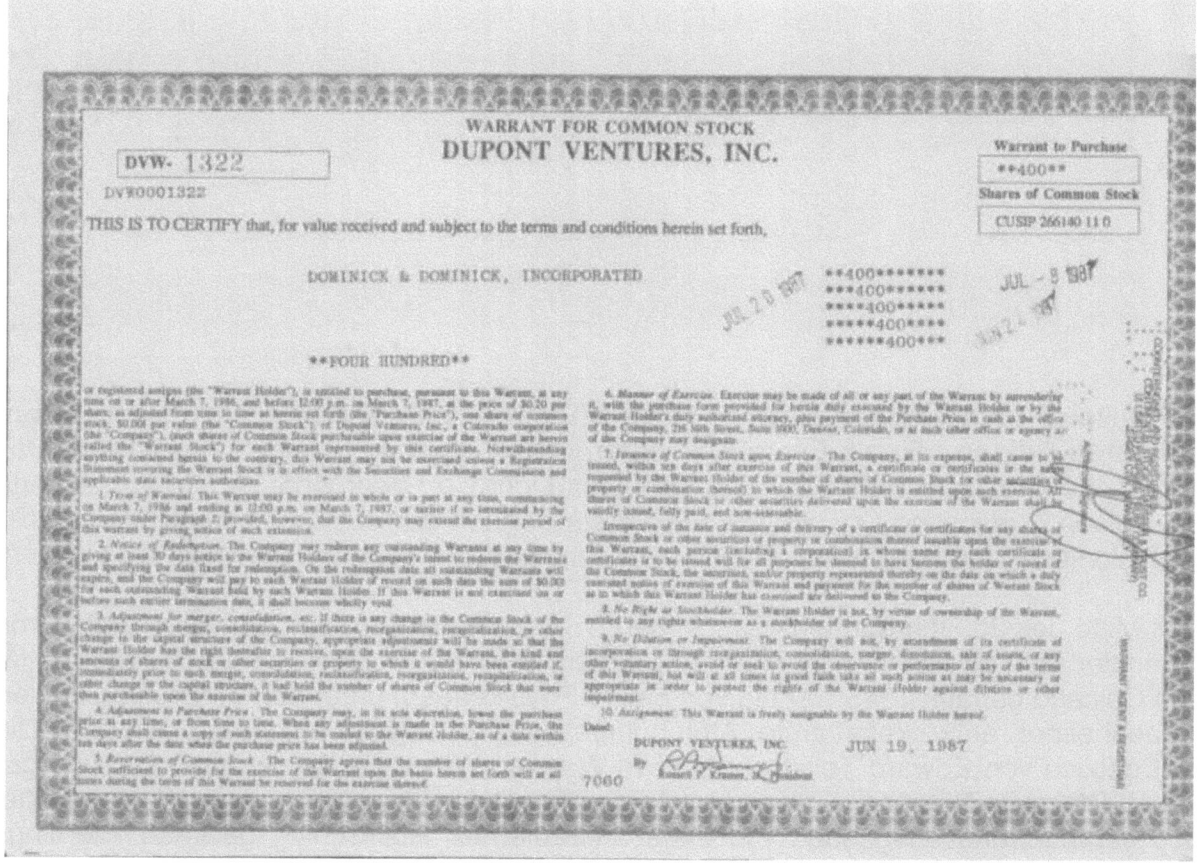

Der zweitgrößte Saatguthersteller in den USA (nach Monsanto) ist der Chemiekonzern **DuPont** (vgl. den Optionsschein von 1987). Dieses Unternehmen wurde 1802 von einem Flüchtling vor der Französischen Revolution als Sprengstofffabrik gegründet und war eine Zeit lang an dem Ölriesen Conoco beteiligt. International bekannter wurden DuPonts Kunststoffprodukte wie Nylon, Lycra oder Teflon.

Im Jahre 2015 gab DuPont die Fusion mit Dow Chemical, dem zweiten großen Chemiekonzerns Amerikas, bekannt. Das Gemeinschaftsunternehmen löste die BASF als größten Chemieproduzenten der Welt ab. Der neue Name lautete DuPont de Nemours.

In der Tabak-branche teilten sich im 20. Jahrhundert drei Hersteller die Marktfüh-rung: Rey-nolds mit sei-ner bekanntes-ten Marke „Camel" wurde 1875 in North Carolina ge-gründet und firmierte Ende des 20. Jahr-hunderts zwi-schenzeitlich als **„RJR Nabisco"**.

Reynolds wurde nach der Jahrtausendwende vom Weltmarktführer BAT (British Ameri-can Tobacco, London) übernommen; das Auslandsgeschäft von Reynolds war schon 1999 auf Japan Tobacco übertragen worden.

BAT (bekannte Markennamen: Lucky Strike und Pall Mall, in Deutschland auch mit der Traditionsmarke „HB" vertreten) war 1902 durch die britische Imperial Tobacco und Ame-rican Tobacco gegründet worden.

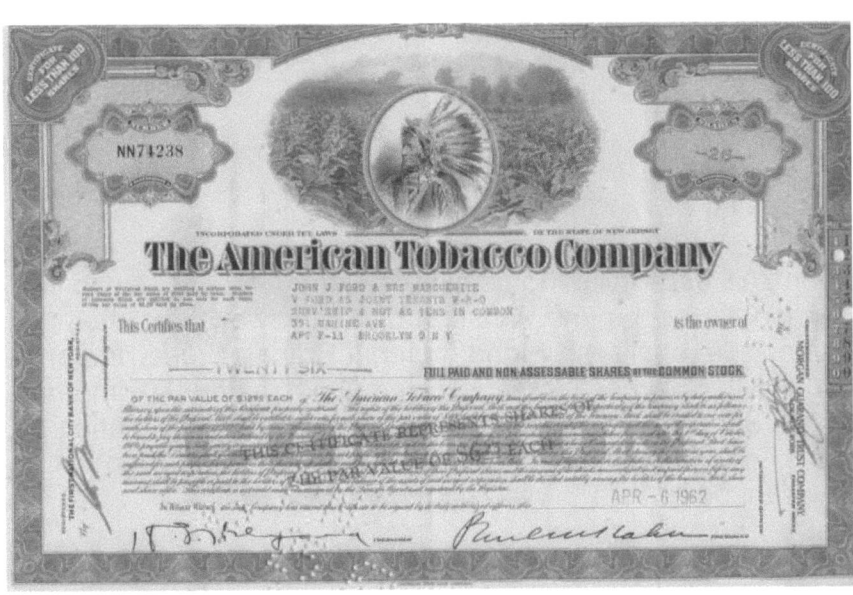

American Tobacco war eine Gründung aus 1890. Durch die Übernahme vieler Konkurrenten, z. B. auch der Lucky Strike Comp, wurde American Tobacco Anfang des 20. Jahrhunderts Branchen-führer. Der Sherman-Act, ein Wettbewerbsgesetz, das auch zur Zerschla-gung der Standard Oil Cogeführt hatte, beseitig-te diese Marktstellung im Jahre 1911. Dabei muss-te auch die Beteiligung an BAT abgegeben werden.

1994 wurde das American Tobacco-Nachfolgeunternehmen an das ehemalige Tochter-unternehmen BAT verkauft.

Philip Morris verkaufte ab 1857 seine selbst hergestellten Zigaretten in seinem 1847 eröffneten Ladenlokal in London. Der Name seiner erfolgreichsten Zigarettenmarke wurde vom Standort seiner ersten Fabrik in der Marlborough Street abgeleitet: „Marlborough".
1919 kaufte der amerikanische Tabakunternehmer George Whelan das britische Unternehmen Philip Morris auf und verlegte dessen Sitz nach Amerika. Der Name der bekanntesten Morris-Marke wurde zu „Marlboro" verkürzt und eine Zeit lang als leichte „Damenzigarette" beworben - aus heutiger Sicht in Kenntnis der späteren Werbung mit dem „Marlboro-Mann" sehr überraschend. 1929 wurde Philip Morris selbstständig; die **United Cigar Whelan Stores Corp.** konzentrierte sich auf den Betrieb von Tabakläden und Drug Stores. Bekannte Philip-Morris-Marken neben Marlboro sind L&M und Chesterfield.

Internationale Konkurrenten der BAT und Philip Morris sind in erster Linie die Japan Tobacco (neben Camel z. B. Benson & Hedges und Winston) und das zweite der ehemaligen BAT-Gründungsunternehmen, die englische Firma Imperial Brands (früher Imperial Tobacco), die ihre Anteile an BAT zwischenzeitlich auch verkauft hatte. Zu Imperial Brands gehören z. B. die Marken John Player, Gauloises und van Nelle sowie nationale Marken wie Moon (Tschechien), Fortuna (Spanien) und die Marken der deutschen Tochter Reemtsa: z. B. Peter Stuyvesant oder West.

Angesichts nachlassender Absatzzahlen im traditionellen Tabakgeschäft versuchten die marktführenden Tabakunternehmen Mitte der 2010er im wachsenden Markt der E-Zigaretten Fuß zu fassen. BAT erfand dafür die „Vype"-E-Zigarette, von Philip Morris/ Marlboro wurde die „Iqos"-E-Zigarette in den Markt eingeführt.

Die Geschichte des amerikanischen Pharmaziekonzerns **Pfizer Inc** in New York, des größten Pharmaunternehmens der Welt, reicht bis zum Jahr 1849 zurück, als der aus Deutschland eingewanderte Karl Pfizer die Firma gründete. Weltbekannt wurde das Unternehmen durch die Entwicklung des potenzfördernden Arzneistoffs Viagra 1998.

Im November 2020 stellte Pfizer zusammen mit seinem deutschen Partner Biontech SE einen Corona-Impfstoff vor. Dieser wurde in den meisten Industrieländern (auch in den USA und in Deutschland) als erster Corona-Impfstoff zugelassen.

Die Pharmaindustrie ist eine Spezialbranche der Chemie. Im Sinne dieses weit gefassten Begriffs gehört auch der Hersteller von Drogerieartikeln **Procter & Gamble Corporation** (Cincinatti, Ohio) zur Chemiebranche. (Abgebildet ist die Vignette der Neuseeländischen Aktie der Firma). Die Gründer des 1837 entstandenen Unternehmens kamen aus England und Irland. Schon früh erkannte P&G die Bedeutung der Radio- und Fernsehwerbung; so geht auch der Begriff der „Seifenoper" auf das Unternehmen zurück; verschiedene „Seifenopern", z. B. die „Springfield Story", wurden von P&G produziert. Zu den Produkten von P&G gehören die international bekannten Marken Ariel, blend-a-med, Braun (Elektrogeräte), Dash, Febreze und Gilette.

243

Die Marke „Wella" wurde 2015 von Procter & Gamble an **Coty Inc.** (New York) weiter verkauft.

Coty Inc. (links ein Ausschnitt aus der Vignette einer Aktie) ist ein Parfumeriekonzern, der von dem Franzosen Francois Coty gegründet wurde. Coty erlernte die Parfüm-Herstellung in der Parfüm-Hochburg Grasse und war später der erste Hersteller, der sein Parfum durch eine wertvolle Verpackung zu einem Luxusartikel machte. Das 1904 von seinem Namensgeber in Frankreich gegründete Unternehmen verlegte später seinen Sitz in die USA und war lange Zeit ein Mitglied des Chemiekonzerns Pfizer. Zu Coty gehören internationale Parfummarken wie adidas, Davidoff, Joop, Jill Sander und Guess.

1992 wurde Coty von der österreichischen Finanzholding Joh. A. Benckiser SE übernommen, einer Finanzholding, die ihrerseits der deutsch-österreichischen Unternehmerfamilie Reimann gehört. Zum Reimann/ Benckiser-Konzern gehören auch Beteiligungen an dem holländischen Kaffeeproduzenten Jacobs Douwe Egberts B.V. sowie dem britischen Drogerie- und Pharmazeutika-Hersteller Reckitt (früher: Reckitt-Benckiser, u. a. mit den Marken Calgon und Sagrotan – beide in den 1950/60er Jahren noch in Deutschland unter Benckiser entwickelt – sowie Dobendan, Vanish, Kukident und Lysol – nach dem Ersten Weltkrieg eins der wirksamsten Mittel gegen die „spanische Grippe").

Ein weiteres amerikanisches Großunternehmen der Pharmaindustrie ist die 1886 gegründete Johnson & Johnson Corp, die sich vom Hersteller chirurgischer Verbandsstoffe schnell zu einem Systemanbieter der Medizintechnik wandelte und als solche vor allem durch ihren Beitrag zur Bewältigung der Folgen des Erdbebens von San Francisco 1906 nationale und auch internationale Bekanntheit errang. In Deutschland ist Johnson & Johnson u. a. durch die Marken bebe, Penaten und Piz Buin vertreten.

Pharmaprodukte und Konsumgüterartikel sind neben den Lebens- und Genussmitteln die wichtigsten Handelsgüter des größten amerikanischen Handelshauses, **Wal-Mart Stores Inc**, des privaten Arbeitgebers mit den weltweit meisten Arbeitsplätzen. Das Unternehmen existiert erst ab 1962, als Sam Walton in Rogers (Arkansas) seinen ersten Wal-Mart eröffnete. 1987 wurden die ersten Supermärkte („Hypermärkte" mit übergroßen Flächen) eröffnet, 1991 die ersten Läden außerhalb der USA. In Deutschland konnte sich Wal-Mart gegen die Konkurrenz (Edeka, Rewe, vor allem aber gegen die Discounter Aldi, Lidl etc.) nicht durchsetzen.

Andere Ideen und Neuerungen aus dem Bereich des Einzelhandels wurden in Deutschland aber durchaus übernommen:

Als erstes „modernes" Shopping Centre mit mehreren Geschäftslokalen unter einem Dach gilt das 1956 entstandene „Southdale Centre" in Minneapolis. In Deutschland entstand das erste Shopping-Center 1964 in Sulzbach bei Frankfurt.

Seit Beginn des dritten Jahrtausends n. Chr. entstand den Einzelhandelsunternehmen zunehmend Konkurrenz durch Online-Versandhändler. Das weltweit agierende Unternehmen Amazon hat sich hier einen Spitzenplatz erobert. Amazon wurde 1994 durch Jeff Bezos gegründet. In Deutschland ist Amazon seit 1998 mit großem Erfolg vertreten.

Weitere amerikanische Erfindungen sind die Vergnügungsparks und die „System-Gastronomie" (Fast-Food-Restaurants):

McDonald's ist eine Gründung von 1940, Burger King existiert seit 1954, der Kaffeespezialist Starbucks seit 1971. 1971 eröffnete die erste McDonald's-Filiale in Deutschland, 1980 gab es hier den ersten Burger-King-Franchise-Nehmer, 2002 folgte auch Starbucks in Deutschland.

Der Wegbereiter aller modernen Freizeitparks, Disneyland Anaheim (bei Los Angeles) wurde 1955 eröffnet; 1971 folgte das größere „Disney World" in Orlando (Florida), 1982 wurde in Tokyo der erste Disney-Freizeitpark außerhalb Amerikas eingerichtet, 1992 folgte der erste europäische Park, **Euro Disneyland** in Paris.

Der große Bekanntheits-grad der Walt Disney Com-pany (gegrün-det 1923, an-sässig in Bur-bank, Kalifor-nien) geht vor allem auf sei-ne Zeichen-trickfilme (Schneewitt-chen, Dschun-gelbuch etc.) und Comic-Figuren (allen voran Micky Maus und Donald Duck) zurück. Inzwi-schen ist Dis-ney jedoch ein Medienkon-zern mit allen dazu gehören-den Berei-chen, ein-schließlich der Realfilm- Spar-te. 2019 über-nahm Disney den Konkur-renten 20th Century Fox.

Der Freizeit-park-Gedanke Disneys spie-gelt sich seit 1995 auch in der konzernei-genen Disney Cruise Line wider.

Disney gehört zu den großen Medienkonzernen der USA. Disneys amerikanische Kon-kurrenten sind Warner Brothers, Universal und Paramount, die allesamt Bestandteil grö-ßerer Konzerne sind. MGM (Metro Goldwyn Mayer) als letztes selbstständiges Filmstu-dio wurden 2021 von dem Online-Einzelhandels-Großkonzern Amazon übernommen, was insbesondere dessen Streaming-Dienst zugute kam.

Der Erfolg der visuellen (analogen und digitalen) Medien ändert auch einiges an der Bedeutung der herkömmlichen Print-Medien. Ein Beispiel dafür ist die 1877 erstmals erschienene Tageszeitung **Washington Post**, die 1972 durch die Aufdeckung des Watergate-Skandals weltweit bekannt geworden war, der letztendlich zum Rücktritt des amerikanischen Präsidenten Nixon führte. Die „Post" ist seit 2002 auch im Besitz der größten US-amerikanischen Tageszeitung, der New York Times. Beide Zeitungen erscheinen seit mehreren Jahren auch als E-Ausgabe im Internet – wie inzwischen viele, vielleicht sogar die meisten Zeitungen weltweit.

Es gibt eigentlich keine Branche, in der die Volkswirtschaft der USA nicht prominent vertreten ist. Dies gilt natürlich auch für die „Industrie 4.0", deren Unternehmen vor allem in der Computer- und Telekommunikationswelt zu Hause sind. Um die Jahrtausendwende dominierten **Internal Business Machines Crop. – „IBM"** (in der Hardware) und Microsoft – „MS" (in der Software) den Computermarkt, zumindest im Bereich der Personal Computer (PC).

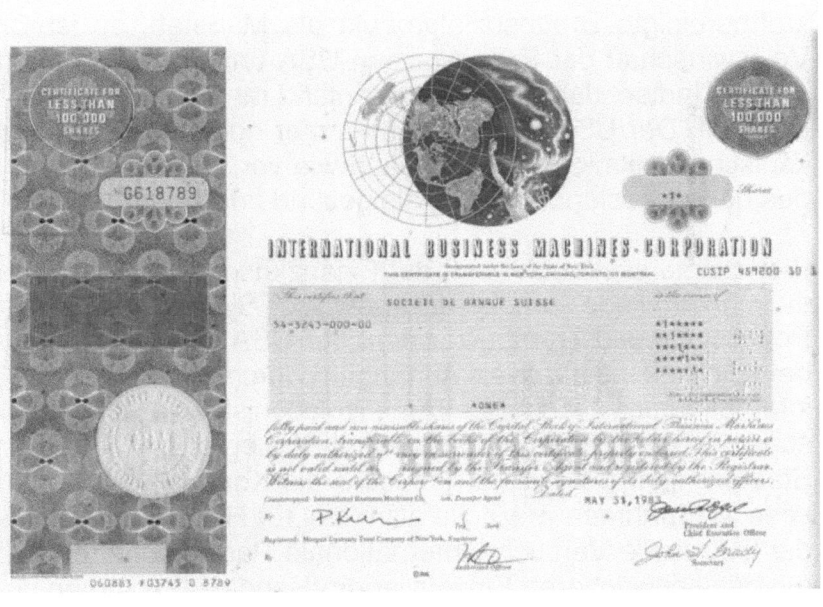

Produkte wie MS-DOS, MS-Windows oder MS-Office werden weltweit angewendet. Neben IBM und Microsoft dominieren weitere amerikanische Unternehmen, allen voran Apple, Alphabet-Google, Facebook und Amazon, aber auch Unternehmen wie Intel, Nvidia und Oracle den weitgehend digitalisierten Weltmarkt. Das „Silicon Valley" als Sitz der meisten hier genannten Unternehmen gilt als Symbol für die amerikanische Wirtschaftsdynamik, insbesondere in der IT- und Hightech-Industrie, aber auch diese Unternehmen müssen sich ständig fortentwickeln, weil in der globalisierten Welt überall Konkurrenz erwächst.

Entwicklungen in den USA in neuerer Zeit

Die Nachfolge der „Tycoons", die früher im Eisenbahnwesen und im Ölgeschäft anzutreffen waren, haben inzwischen Unternehmer aus der Computer-und Telekommunikations-Branche übernommen. Der reichste Mann Amerikas war in den 2010er Jahren Bill Gates, Mitbegründer (1975) und Haupteigentümer der Microsoft Corp. in Redmond, Washington. Abgelöst als reichster Mann Amerikas wurde er 2018 durch Jeff Bezos, dem Eigentümer des Internet-Einzelhandelunternehmens Amazon. Auch Elon Musk (Tesla, Space X) gehört zu den reichsten Männern der Welt. (Bei der Übernahme des Kurznachrichtendienstes Twitter im Herbst 2022 zeigte sich Musk als „Kapitalist alten Stils", als er eine Woche nach der Übernahme der Hälfte der Twitter-Mitarbeiterschaft per Mail eine Kündigung zuschickte.) Microsoft, Amazon, der Internet-Suchmaschinen-Marktführer Alphabet-Google und Facebook-Meta als weltweit bedeutendster Vertreter der „sozialen Medien" entwickelten sich aufgrund ihrer Umsätze und ihrer Einflussmöglichkeiten im 21. Jahrhundert zu den „Vier Großen" Unternehmen, nicht nur in den USA, sondern weltweit.

Nimmt man das (nominelle) Bruttoinlandsprodukt zum Maßstab, so sind die USA nach wie vor die größte Volkswirtschaft der Welt, gefolgt von China, Japan und Deutschland. An dieser Spitzenstellung haben die großen amerikanischen Technologieunternehmen einen starken Anteil. Um das Jahr 2030 allerdings wird – wenn die Entwicklung so bleibt wie in den letzten Jahren – die USA überflügelt haben. Nimmt man allerdings das kaufkraftbereinigte Bruttosozialprodukt als Maßstab, so ist China schon heute die größte Volkswirtschaft der Erde, vor den USA und vor dem ebenfalls wirtschaftlich stark wachsenden Indien. Japan und Deutschland rangieren in dieser Liste erst auf den Plätzen vier und fünf. Der US-Dollar ist aber immer noch die Leitwährung der Welt; denn die amerikanische Volkswirtschaft gilt nach wie vor, trotz der hohen Staatsverschuldung und trotz des hohen Auslandsdefizits, als gesund und zukunftsfähig.

Dies zeigte sich auch nach der Finanzkrise 2008 ff, als sich die Wirtschaft der USA relativ schnell wieder erholte. Ein gewisser Systemwechsel erfolgte im Jahre 2017, als der Populist Donald Trump Präsident der USA wurde. Trump untermauerte seine Beliebtheit bei seinen konservativen Anhängern durch nationalistische, intolerante sowie – was den internationalen Handel betrag - isolationistische und protektionistische Reden und Entscheidungen. Seine „America-First-Strategie" bedeutete dabei auch, dass die anderen Staaten nicht als Partner, sondern als Konkurrenten angesehen wurden. Protektionistische Maßnahmen wie Zölle als Mittel für Handelskriege, insbesondere gegen China und die EU, sowie Versuche internationale Partnerschaften anderer Staaten zu brechen um mit den schwächeren Einzelgliedern Handelsabkommen zu schließen, traten an die Stelle des bis dahin auch in den USA gepriesenen Freihandels.

2020 unterschätzte die Trump-Regierung die Bedeutung der Corona-Pandemie (Covit-19). Allein bis Mitte April 2020 waren in den USA 22.000 Personen im Zusammenhang mit dem Corona-Virus gestorben - mehr Menschen als überall sonst in der Welt. Von März bis Ende Mai wurde von 41 Millionen US-Amerikanern ein Erstantrag auf Arbeitslosenhilfe gestellt. Die Arbeitslosenquote in den USA lag im Mai bei ungefähr 20%.

Ende 2020 wurde Trump abgewählt und die neue Regierung unter Joseph Biden schwenkte wieder auf die frühere partnerschaftliche Politik zurück. Der Einfluss der Trump'schen Politik in den USA blieb aber enorm groß und Trump hat durchaus Chancen, bei der Präsidentschaftswahl 2024 wieder zu gewinnen.

Nachtrag: Jüngste Entwicklungen
(zwischen Redaktionsschluss und Drucklegung dieses Buchs)

Das vorliegende Werk hat als Redaktionsschluss eigentlich den Jahreswechsel 2022/ 2023. Zwischen diesem Redaktionsschluss und dem Zeitpunkt der Veröffentlichung im Jahre 2024 ist aber noch einiges passiert, was hier – ohne Anspruch auf Vollständigkeit – stichwortartig aufgeführt werden soll:

2023-03	Der insolvente Galeria (Karstadt-Kaufhof-) Konzern beschließt die Schließung von 52 Filialen (von knapp 130 in Deutschland verbliebenen) noch im Jahr 2023.
2023-03	Indien löst China als bevölkerungsreichstes Land der Erde ab.
2023-04-	Der Flughafen Hahn („Frankfurt-Hahn") im Hunsrück wird an die Immobilien-Entwicklungsfirma „Triwo" aus Trier verkauft. Der Triwo-Eigentümer und Geschäftsführer Peter Adrian ist gegenwärtig Vorsitzender des DIHK.
2023-05	Die Lufthansa wird Miteigentümer (Minderheitsbeteiligung) an der ehemals staatlichen italienischen Fluggesellschaft Ita Airways
2023- 06	Arbeitsaufnahme einer Produktionsanlage für Kathodenmaterialien als Batterie-Grundstoffe durch die BASF in Schwarzheide (Ort der früheren „BRABAG")
2023-07	ThyssenKrupp Nucera (Dortmund), die Wasserstoff-Tochter des Konzerns, startet einen Börsengang. Die Mehrzahl der Aktien behält der Mutterkonzern ThyssenKrupp. Nucera stellt „Elektrolyseure" her, in denen Wasser in Sauerstoff und Wasser zerlegt wird. Der gewonnene Wasserstoff kann später als Energieträger genutzt werden. Wurde der Strom für den Herstellungsprozess des Wasserstoffs durch klimaneutrale Anlagen (Solarzellen, Windräder etc.) hergestellt, wird er als „grüner Wasserstoff" bezeichnet. Der Mutterkonzern ThyssenKrupp selber bündelte seine Geschäfte mit der „grünen Schlüsseltechnologie im September 2023 in das neue Segment „Decarbon Technologies".
	Ein innerdeutscher Konkurrent Nuceras ist Siemens Energy (München). Diese früher als „KWU" (Kraftwerk Union) bekannte Abteilung der Siemens AG bearbeitet – im Gegensatz zu Nucera – den gesamten Bereich der Energieerzeugung und Übertragung und war schon von Siemens abgespalten und an die Börse gebracht worden.
2023-07	Die Deutsche Post DHL benennt sich um in DHL Group.
2023-07	Die Unternehmen des Wehrtechnik-Konzerns Kraus-Maffei-Wegmann-Nexter werden in Zukunft unter der gemeinsamen Marke „KNDS" auftreten.
2023-07	Neun der zehn (börsenkapitalmäßig) größten Unternehmen der Welt haben ihren Sitz in den USA; nur Saudi Aramco konnte diese Dominanz unterbrechen. Die Liste wird von Apple vor Microsoft angeführt. Zu den „Top 100" zählen auch die deutschen Unternehmen SAP (Platz 71) und – wieder zurück – Siemens (91).
2023-07	Der IWF (Internationale Währungsfonds) prognostiziert für Deutschland ein negatives Wirtschaftswachstum (-0,3%) für das Jahr 2023. Damit liegt Deutschland in der Rangliste der EWWU an letzter Stelle. Gründe hierfür sind u.a. die hohen Energiekosten und der Facharbeitskräftemangel in Deutschland.
2023-08	Die Ansiedlung der Chipfabriken Intel (aus den USA, in Magdeburg, Baubeginn liegt seit 2024-09 „auf Eis") und TSMC (aus Taiwan, in Dresden) werden von der Bundesregierung großzügig subventioniert.

2023-09	Die Stadt Hamburg verwandelt ihren 69-%igen Anteil an der HHLA (Hamburger Hafengesellschaft) in ein Joint Venture, an dem sie selber mit 50,1%, der Schweizer See-Logistikkonzern MSC mit 49,9% beteiligt ist.
2023-09	Vonovia, der größte Immobilien-Konzern Deutschlands, beschließt, bis auf weiteres keine neuen Bauvorhaben mehr anzugehen. Als Gründe dafür werden die hohen Kosten (z. B. durch die neuen gesetzlichen Vorschriften zu den Heizungen), die hohen Zinsen und die Inflation genannt.
2023-09	Trotz der vergleichsweise schwachen Wachstumsprognosen für die europäische Wirtschaft erhöht die EZB zum zehnten Mal in Serie (seit Juli 2022) die Zinssätze. Der Leitzins (für das sogenannte „Hauptrefinanzierungsinstrument") steht jetzt bei 4,5% p.a. – nachdem er vor Juli 2022 noch bei 0% p.a. gelegen hatte. Der Grund für die Zinserhöhung ist die weiterhin hohe Inflationsrate, die für 2023 in der WWU auf 5,3% p.a. geschätzt wird.
2023-09	Die Versicherungskonzerne Gothaer (Köln) und Barmenia (Wuppertal) vereinbaren eine Kooperation unter dem Namen „Gothaer Barmenia Finanzholding" in Köln.
2023-09	Die Deutsche Bank plant, die Anzahl der Filialen ihrer Konzerntochter Postbank (die aus den Postscheckämtern des vorigen Jahrhunderts entstanden waren) zu halbieren. Dabei werden auch fast ebenso viele Niederlassungen der Deutschen Post-DHL wegfallen, die nach der Privatisierung der ehemaligen „Deutschen Bundespost" regelmäßig als Untermieter in den Postbank-Filialen anwesend war. Die Deutsche Bank hatte in den vergangenen Monaten außerdem große Schwierigkeiten, die Konzerntochter Postbank mittels einer IT-Umstellung in ihr eigenes System zu integrieren.
2023-10	Es wird vertraglich festgelegt, dass der Energieversorger STEAG (bisher in der Hand einiger Kommunen im Ruhrgebiet) von einem spanischen Investor übernommen werden soll.
2023-11	Das Einzelhandelsunternehmen real plant, die letzten „mein-real"-Geschäftslokale im Jahr 2024 zu schließen.
2023-11	Das Chemie-Start-up-Unternehmen C1 nimmt in Leuna eine Pilotanlage zur Herstellung von „grünem Methanol" in Betrieb (durch ein umwletfreundliches Katalyseverfahren ohne den Einsatz von Öl oder Kohle).
2023-11	Der Bundesgerichtshof entscheidet, dass der kreditfinanzierte Sonderhaushalt („Sondervermögen") zur Corona-Krise nicht zur Deckung der Investitionen nicht zur Finanzierung des „umweltfreundlichen Umbaus" der deutschen Wirtschaft verwendet werden darf. Der Bundesrepublik stehen nun schlagartig 60 MRD EURO weniger zur Verfügung (die eigentlich schon fest verplant waren). Die Regierungskoalition kann sich lange nicht darüber einigen, wie dieses Problem angegangen werden soll.
2023-12	Der Mobilfunkanbieter 1&1 (im United-Internet-Konzern) startet das vierte Mobilfunknetz in Deutschland (neben Telekom, Vodafone und O2).
2024-01-17	Durch die deutsche Wirtschaft wogte 2023 eine Insolvenzwelle, die sich insbesondere in der Bauwirtschaft, in den energieintensiven Produktionsbetrieben, im Einzelhandel, aber auch z. B. im Segment der Bäckereien auswirkt. Zu den Gründen für die Ballung der Insolvenzanträge gehören zum einen die erhöhten Energiepreise, zweitens die steigenden Zinsen und drittens der „Corona-Effekt". Dieser besagt, dass die staatlichen Hilfen während der Corona-Zeit ver schiedene Schwächen unterschiedlicher Firmen zeitweise überdeckt hatten, nun aber, nach dem Auslaufen der Hilfen, ein „Insolvenzstau" anstand.

Zu den Unternehmen, die Insolvenz angemeldet haben (in der Regel Insolvenz in Eigenregie), gehören die Signa Holding des österreichischen Immobilienkönigs Rene Benko, der |

Telefonhersteller Gigaset (Bocholt, einem ehemaligen Siemens-Unternehmen), B-ON (das Nachfolgeunternehmen des E-Automobilherstellers Streetscooter), das Supermarktunternehmen Mein Real sowie die ModeEinzelhändler Peek und Cloppenburg (früher ebenfalls ein Karstadt-Unternehmen), SportScheck (zur Signa-Gruppe gehörend), Aachener, Hallhuber und Gerry Weber. Im Vorjahr hatten schon die Schuhhändler Salamander, Klauser, Görtz und Leiser Insolvenz angemeldet. Im Januar 2024 kommen auch zwei große Signa-Konzernmitglieder, die Galeria Karstadt Kaufhof und die KaDeWe-Gruppe mit Karstadts ehemaligen Premium-Warenhäusern in Berlin (KaDeWe), München (Oberpollinger) und Hamburg (Alsterhaus) hinzu.

| 2024-01 | Im Jahre 2023 verringerte sich das Bruttoinlandsprodukt (BIP, das bekannteste Messinstrument für das Wirtschaftswachstum einer Volkswirtschaft) um 0,3%. |

2024-01   Im Jahre 2023 wurde 56 % des Stroms in Deutschland aus erneuerbaren Energien hergestellt, vor allem aus Windenergie (30%). Die wichtigsten Energiequellen der konventionellen Stromherstellung waren die Kohle (26 %) und das Erdgas (13%).

2024-01   Die Reedereien HapagLloyd (Deutschland, weltweit Nr. 5) und Maersk (Dänemark, Nr. 2 hinter der auch als Kreuzfahrtreederei bekannten MSC aus der Schweiz) werden in Zukunft unter dem Namen „Gemini" kooperieren.

2024-03   Der Europarat erkennt eine „wachsende Ungleichheit" in Deutschland, die sich vor allem in einem hohen Maß an Armut und Wohnungsnot manifestiere.

2024-03   Die hoch verschuldete Parfümeriekette Douglas holt sich neue Liquidität durch einen Börsengang. Der Finanzinvestor CVC und die Gründerfamilie Kreke bleiben allerdings Haupteigentümer.

2024-03   Das schwedische Unternehmen Northvolt legt den Grundstein für eine Batteriefabrik für E-Autos im schleswig-holsteinischen Heide.

2024-03   Im Rahmen der Energiewende werden weiter 5 Braunkohlen-Kraftwerke am Niederrhein endgültig stillgelegt.

2024-04   Der taiwanesische Hersteller TSMC plant eine Halbleiterfabrik in Dresden.

2024-04   Der insolvente Kaufhauskonzern Galerie Karstadt Kaufhof wird von einem Konsortium aus dem amerikanischen NRDC Equity Partners (die hauptsächlich dem Investor Richard Baker gehört, der auch Haupteigentümer der Hudson Bay Company ist, einem früheren Kaufhof-Besitzer) und dem deutschen Investor Bernd Beetz übernommen. Beide Neueigentümer sind im Einzelhandel heimisch. Geplant ist die Schließung weiterer 16 Filialen, so dass in Deutschland nur noch 76 Filialstandorte übrig bleiben. Die Firma wird auf „Galeria" verkürzt und die Zentrale nach Düsseldorf verlegt.
Die ehemaligen Hochqualitätsfilialen des Konzerns, KaDeWe (Berlin), Alsterhaus (Hamburg) und Oberpollinger (München) sind inzwischen als „KaDeWe-Group" in der Hand der thailändischen Central Group und werden weitergeführt.

2024-04   Die ThyssenKrupp AG verkündet eine Verringerung ihrer Stahlherstellung in Deutschland. Als Hauptgründe dafür werden eine weltweite Überproduktion und zu hohe Standortkosten, insbesondere Energiekosten angegeben.
Die tschechische EP-Gruppe von Daniel Kretinsky übernimmt 20% von ThyssenKrupp-Stahl, wobei eine spätere Ausweitung auf 50% angedacht ist. Die EP-Gruppe ist in Deutschland schon Vollbesitzer des Lausitzer Braunkohlebergbaus und Teilhaber im Handelskonzern Metro.

2024-05	Nach dem Auslaufen der Verkaufsprämien für E-Autos haben sich ihre Verkaufszahlen verringert. Im April 2024 waren nur noch 12,2% aller neu zugelassenen Fahrzeuge E-Automobile (nach 14,7% im gleichen Monat des Vorjahres). Die Hybridfahrzeuge lagen bei 24,7%. Die traditionellen Benzin- und Dieselfahrzeuge lagen zusammen bei 56,4%, wobei ungefähr doppelt so viele Benziner wie Diesel-Pkw zugelassen wurden.
2024-05	Der Bau des „NeuConnect"-Seekabels zwischen England und Deutschland wird begonnen. Das Kabel ermöglicht einen Stromaustausch zwischen beiden Ländern: Entsteht in Deutschland ein Überangebot an Strom (durch Windenergie), kann bei vorhandenem Bedarf der entsprechende Strom in das Vereinigte Königreich geschickt werden, im umgekehrten Fall wird von Großbritannien Strom nach Deutschland geschickt. Solche Stromkabel gibt es bereits zu den deutschen Nachbarstaaten, nach Schweden und Norwegen - und bald eben auch nach Großbritannien.
2024-05	Das neue europäische Lieferkettengesetz kann Unternehmen zur Verantwortung ziehen, wenn es in seiner Lieferkette zu Menschenrechtsverletzungen (z. B. Zwangs- oder Kinderarbeit) kommt. Das Gesetz gilt für Unternehmen ab 1.000 Mitarbeitern bzw. ab einem Jahresumsatz von 450 Mio EURO.
2024-06	Mit der FTI Group meldet der drittgrößte Reiseveranstalter Deutschlands Insolvenz an.
2024-06	Der kalifornische Chip-Hersteller Nvidia (gegründet 1993, Börsengang 1999) wird – vor allem auf Grund des KI-Booms - zum wertvollsten Unternehmen der Welt (gemessen am Börsenwert).
2024-06	Die schlechten Nachrichten für Boeing reißen nicht ab. Jetzt gibt es Schwierigkeiten mit dem Starliner-Raumschiff.
2024-07	Der Versandhandel „Weltbild" meldet Insolvenz an.
2024-07	Um die hohe Abhänigkeit von der Autoindustrie zu verringern, verstärkt Bosch sein Heiz-, Lüftungs- und Klimageschäft, indem das Unternehmen die entsprechenden Sparten der Johnson Controls (Irland) übernimmt.
2024-07	Der in Hongkong ansässige Esprit-Konzern kündigt die Schließung aller Filialen in Deutschland an.
2024-07	Der angeschlagene Batterie-Hersteller VARTA plant, sein Grundkapital auf 0 EURO zu senken und damit die Altaktionäre aus dem Unternehmen zu drängen. Außerdem sollen Gläubiger auf Teile ihrer Forderungen verzichten. Neuer Großaktionär soll der Sportwagenhersteller Porsche werden.
2024-08	Bundeskanzler Scholz verspricht der angeschlagenen Meyer-Werft staatliche Hilfe in Form einer ca. 80-90%-igen Beteiligung von Bund und Land Niedersachsen sowie von Kreditbürgschaften an. Meyer hat zwar genügend Aufträge, musste aber auf Verlangen der Kunden seine Produktion während der Corona-Zeit zeitlich strecken. Die zwischenzeitlich stark gestiegenen Kosten (insbesondere für Rohstoffe und Energie) konnten aber nicht auf die Verkaufspreise übertragen werden. Eine Voraussetzung für die staatliche Hilfe ist die Rückkehr des Unternehmenssitzes von Luxemburg nach Papenburg.
2024-09	VW kündigt die „Job-Garantie" auf, die seit Jahrzehnten betriebsbedingte Kündigungen ausschloss. Hintergrund dafür sind Sparmaßnahmen aufgrund der schwierigen Absatzsituation deutscher Automobile.

2024-09   Die hoch verschuldete Deutsche Bahn verkauft ihr Lkw-Logistikunternehmen Schenker für 14,3 MRD EURO an den dänischen DSV-Konzern, der damit zum Marktführer in Europa wird, noch vor DHL und Kühne & Nagel.

Spezifikationen zum Begriff „Made in Germany" (S. 301 ff):

Für alle EU-Staaten wurden durch die Vollendung des Binnenmarktes einheitliche Regeln für die außenhandelsrechtliche (zollrechtliche) Festlegung des Ursprungs geschaffen. Diese sind kodifiziert in der Verordnung (EU) Nr. 952/2013 des Europäischen Parlaments und des Rates vom 9. Oktober 2013 zur Festlegung des Zollkodex der Union (Unionszollkodex-UZK der EU) und gelten seit dem 1. Mai 2016. Artikel 60 regelt den Ursprungserwerb:

- Art. 60 Abs. 1. UZK:
  Waren, die in einem einzigen Land oder Gebiet vollständig gewonnen oder hergestellt worden sind, gelten als Ursprungswaren dieses Landes oder Gebiets.
  Laut Art. 31 UZK-DA fallen hierunter z. B. in dem Land gewonnene mineralische und pflanzliche Erzeugnisse, lebende Tiere, Erzeugnisse lebender Tiere, Jagdbeute und Fischfänge, Erzeugnisse der Seefischerei und andere Meereserzeugnisse, an Bord von Fabrikschiffen gewonnene oder hergestellte Erzeugnisse, Erzeugnisse vom Meeresuntergrund, Abfälle und Reste von Herstellungsvorgängen sowie Altwaren.
- Art. 60 Abs. 2 UZK:
  Waren, an deren Herstellung mehr als ein Land oder Gebiet beteiligt ist, gelten als Ursprungswaren des Landes oder Gebiets, in dem sie der letzten wesentlichen, wirtschaftlich gerechtfertigten Be- oder Verarbeitung unterzogen wurden, die in einem dazu eingerichteten Unternehmen vorgenommen wurde und zur Herstellung eines neuen Erzeugnisses geführt hat oder eine bedeutende Herstellungsstufe darstellt.
- Art. 60 Abs. 3 UZK:
  Wenn dies für Zwecke des Handels erforderlich ist, kann gemäß den im Bestimmungsland oder -gebiet geltenden Ursprungsregeln oder einer anderen Methode zur Feststellung des Landes, in dem die Waren vollständig gewonnen oder hergestellt oder ihrer letzten wesentlichen Be- oder Verarbeitung unterzogen wurden, ein Ursprungsnachweis in der Union ausgestellt werden

Der Artikel 60 regelt also zuvorderst die Ausstellung von Ursprungsnachweisen (z. B. von Ursprungszeugnissen), bietet aber auch den Weg zu einer korrekten Warenmarkierung (z. B. als „Made in Germany") und schließt normalerweise eine Irreführung der beteiligten Verkehrskreise aus.

Inhaltlich ergibt sich durch die Neufassung keine Neudefinition der bisher gültigen Ursprungseigenschaft, wohl aber eine genauere Spezifizierung: Weiter konkretisiert werden die Vorschriften des Unionszollkodex in: Delegierte VO (EU) Nr. 2015/244 (UZK-DA). Auch in dieser Durchführungsverordnung zum Unionszollkodex sind einige Artikel in diesem Zusammenhang von besonderer Bedeutung:

- Artikel 34 UZK-DA: Minimalbehandlungen (Artikel 60 Absatz 2 des Zollkodex)
  Folgendes gilt nicht als wesentliche, wirtschaftlich gerechtfertigte Be- oder Verarbeitung, die zur Verleihung der Ursprungseigenschaft führt:
  a) Behandlungen, die dazu bestimmt sind, die Ware während des Transports oder der Lagerung in ihrem Zustand zu erhalten (Lüften, Ausbreiten, Trocknen, Entfernen verdorbener Teile und ähnliche Behandlungen) oder Behandlungen, die die Versendung oder Beförderung erleichtern;
  b) einfaches Entstauben, Sieben, Aussondern, Einordnen, Sortieren, Waschen, Zerschneiden;
  c) Auswechseln von Umschließungen, Teilen oder Zusammenstellen von Packstücken, einfaches Abfüllen in Flaschen, Dosen, Fläschchen, Säcke, Etuis oder Schachteln, Befestigen auf Karten oder Brettchen sowie alle anderen einfachen Verpackungsvorgänge;
  d) Zusammenstellung von Waren in Sortimenten oder Kombinationen oder Aufmachung für den Verkauf;
  e) Anbringen von Warenmarken, Etiketten oder anderen ähnlichen Unterscheidungszeichen auf den Waren selbst oder auf ihren Verpackungen;
  f) einfaches Zusammenfügen von Teilen einer Ware zu einer vollständigen Ware;
  g) Zerlegen oder Änderung des Verwendungszwecks;
  h) Zusammentreffen von zwei oder mehr der unter den Buchstaben a bis g genannten Behandlungen

Die wettbewerbsrechtlichen Regelungen für die Verwendung des Begriffs „Made in Germany" in Deutschland bleiben von dieser Neufassung des Zollkodex der EU unberührt.

Korrekturen und Ergänzungen zum Hauptwerk („Made in Germany - Teil 1")

Die beiden „Made-in-Germany"-Bücher sind ohne die Mithilfe eines Lektorats erstellt worden und beinhalten daher einige Fehler.

Verstöße gegen die Sprachrichtigkeit (z. B. Rechtschreib- oder Grammatikfehler) sind daher ebenso wie die eine oder andere unglückliche Formulierung nicht vollständig zu vermeiden. Diese Fehler sind ärgerlich, aber sie sind nun mal passiert, und solange sie aber den Sinn der Aussage nicht verdrehen, können sie, so hoffe ich, von der Leserschaft großzügig übersehen werden.

Leider sind auch einige kaum verständliche Abkürzungen und sogar sinnverfälschende Aussagen in dem Hauptwerk („Made in Germany 1") vorhanden, die im Folgenden verbessert werden sollen:

S. 11   ganz oben: Hier ist nicht von einer bestimmten Finanzkrise die Rede, sondern von mehreren ähnlichen Finanzkatastrophen, die im 16. und frühen 17. Jahrhundert mehrfach vorkamen.

S. 15   Der erste mit Koks betriebene Hochofen in Deutschland war 1796 das Königliche Hüttenwerk in Gleiwitz. Die St.Antony-Hütte im späteren Oberhausen war 1758 das erste Eisenhüttenwerk im Ruhrgebiet; der erste mit Koks betriebene Hochofen im Ruhrgebiet (1849) befand sich in der Friedrich-Wilhelms-Hütte in Mülheim.

S. 55   Bochum und die anderen genannten Städte gehören nicht zum westlichen (rheinischen), sondern zum östlichen (westfälischen) Teil des Ruhrgebiets.

S. 99   Das gebrochene amerikanische Monopol war das des Rohrzuckers.

S. 138   Die 1919 erfolgte die Neugründung des Deutschen Kalisyndikats (als GmbH), legte Preise, Löhne und Förderquoten fest und wurde erst nach dem II. Weltkrieg aufgelöst wurde. Vorläufer dieses Syndikats gab es schon seit dem 19. Jahrhundert.

S. 161 und 250 Die erste Blütezeit der Warenhäuser lag eigentlich schon in der Kaiserzeit. In den 1920er Jahren und während der „Wirtschaftswunderzeit" nach dem Zweiten Weltkrieg wurden aber vielfach neue Warenhäuser eröffnet oder bestehende vergrößert.

S. 271   „VEB" bedeutet „volkseigener Betrieb".

S. 276   „SDAG" bedeutet „Sowjetisch-deutsche Aktiengesellschaft. Die SDAG Wismut gehörte daher – zumindest theoretisch – zu gleichen Teilen der DDR und der UdSSR, die tatsächlich aber die alleinige Führungsmacht im Betrieb war. Die DDR entwickelte sich nicht zum dritt-, sondern zum viertgrößten Uranförderland der Welt (hinter der UdSSR, den USA und Kanada).

S. 282   „LPG" bedeutet „Landwirtschaftliche Produktionsgenossenschaft". (Die Aufzählungen auf S.282 ff. erheben nicht den Anspruch auf Vollständigkeit.)

S. 290   Nach der Wiedervereinigung wurde in Berlin nicht das komplette ehemalige Stadtschloss wieder errichtet, sondern das Humboldt-Forum, was „nur" die Fassade des alten Schlosses aufweist.

S. 293   Im Insolvenzverfahren der MV Werften GmbH wurden die Werften an verschiedene Inhaber verkauft. In Stralsund soll ein Gewerbe- und Technologiepark entstehen, die anderen Werften sollen weiter produzieren.

Nachwort: Ein Blick in die Zukunft

Die jüngere Geschichte der traditionsreichen **AG der Gerresheimer Glashüttenwerke** ist in mehrerer Hinsicht symptomatisch für die Problemkreise der Zukunft: Zuerst einmal zielte „Gerresheimer Glas" genau auf den Zukunftsmarkt „Gesundheit", als das Unternehmen sich ab den 1990er Jahren auf die Produktion von Verpackungen aus Spezialglas und Kunststoffen für die Pharmaindustrie konzentrierte. Zweitens wurde die „Gerresheim AG" (Name seit 2007) im Jahre 2004 von der BlackRock Group, einem großen amerikanischen Finanzinvestor, übernommen. Drittens ist „Gerresheim" auch deshalb typisch für die Globalisierung, weil die Eigentümer im Jahre 2005 beschlossen hatten, die Produktion im teuren Standort Düsseldorf einzustellen und ins Ausland, auch in asiatische Niedriglohnländer zu transferieren. Viertens wird bei der Neugestaltung des alten Glashütten-Areals auch der Umweltschutz an prominenter Stelle beachtet werden, z. B. durch die Renaturierung des kleinen Flusses Düssel.

Die Gerresheimer Glaswerke im gleichnamigen Stadtteil Düsseldorfs waren 1864 von Ferdinand Heye gegründet worden. 1888 wurde sie in eine Aktiengesellschaft umgewandelt. 1908 wurde erstmals die englische Owens-Maschine (eine automatische Flaschenblasmaschine) bei der „Gerresheimer Glas" eingesetzt, allerdings in zeitlichen Abstufungen, um die Arbeitsplätze der Glasbläser nicht mit einem Schwung, sondern „sozialgerecht" abzubauen. Bis in die 1990er Jahre lag der Produktionsschwerpunkt der Gerresheimer Glas AG bei Bier- und Wasserflaschen, ehe die Wendung zu Spezialverpackungen für Pharma-, Healthcare- und Kosmetikprodukte eingeleitet wurde. Die Gerresheimer Glashütte hat also nichts gemein mit den kunsthandwerklichen Glashütten im Schwarzwald oder im Bayrischen Wald, in denen vor Publikum das traditionelle Glasbläsergewerbe dargestellt wird.

In den frühen 2020er Jahren erlebte Gerresheimer durch die Corona-Pandemie einen kräftigen Aufschwung: Von Ende 2020 an (als die ersten Impfstoffe auf den Markt kamen) war Gerresheimer an der Produktion von Impfstoff-Fläschchen beteiligt.

„Die Zukunft hat schon begonnen." Dieser Spruch des Publizisten Robert Jungk aus dem Jahre 1952 gilt heute noch mehr als damals. Das bedeutet auch, dass sich Gesellschaft, Politik und Wirtschaft heute schon Gedanken über Entwicklungen in der Zukunft machen müssen.

Prognosen sind mit Unsicherheiten behaftet. Erkennbar ist das vor allem, wenn man heute Prognosen anschaut, die vor 50, 30 oder sogar erst vor 10 Jahren erstellt wurden. In einer 50 Jahre alten Vorausschau wird zwar regelmäßig vom Siegeszug des Computers die Rede sein, aber die gegenwärtige Omnipräsenz des Smartphones wurde sicher in den wenigsten Fällen vorausgesagt. Und wer hätte vor 10 Jahren die Auswirkungen einer Pandemie durch einen Virus (Covit) prognostiziert (auch wenn die Gefahr einer Pandemie damals allen Epidemiologen schon bekannt war)?

Trotzdem soll hier eine Prognose gewagt werden (wenn auch nur stichwortartig in Kurzform); denn ohne einen solchen Blick in die Zukunft würde dieses Werk unvollständig bleiben. Außerdem sind bestimmte Entwicklungen schon deutlich absehbar. Vor allem ist absehbar, dass (auch) in Zukunft Politik, Wirtschaft und Gesellschaft die Aufgabe haben, diese Zukunft zu gestalten:

Soziale Marktwirtschaft

Die Wirtschaftspolitik ist ein integrativer Teil der übergeordneten Gesellschaftspolitik, die Ziele wie Freiheit, Gerechtigkeit und Sicherheit verfolgt. Diese Ziele werden – auch in Deutschland – in den letzten Jahren verstärkt von (zumeist rechtsgerichteten) Populisten gefährdet.

Die nach wie vor gültige Wirtschaftsordnung in der Bundesrepublik Deutschland ist die Soziale Marktwirtschaft. Ein Vergleich der Lebensbedingungen in Deutschland mit denen in den USA (Anfang der 2020er Jahre durch die Hans-Böckler-Stiftung veröffentlicht) zeigt deutlich auf, dass es gerade diese Soziale Marktwirtschaft ist, die Deutschland in diesem Vergleich gewinnen lässt. Insbesondere in den Bereichen Sicherheit, Gesundheit, Umwelt, Arbeitszeit (incl. „Work-Life-Balance"), Armutsverteilung und Gleichstellung liegt Deutschland weit vorn, was den Vorsprung der USA beim BIP pro Kopf und bei der effizienteren Forschung mehr als egalisiert. Aber auch die Soziale Marktwirtschaft muss stetig fortentwickelt werden. Die soziale Komponente des Wirtschaftssystems muss geschützt werden, um die Ausflüsse eines ungezügelten Kapitalismus einzudämmen. Andererseits muss die Volkswirtschaft sich auch weiterentwickeln, um international wettbewerbsfähig zu bleiben.

Auch in Zukunft wird die Wirtschaftspolitik an ihren vorgegebenen Zielen gemessen werden. Diese sind:

- ein stetiges und angemessenes Wirtschaftswachstum,
- das außenwirtschaftliche Gleichgewicht,
- ein hoher Beschäftigungsgrad,
- die Stabilität des Preisniveaus,
- eine gerechte Einkommens- und Vermögensverteilung und
- der Umweltschutz.

Die ersten vier Ziele werden „quantitative Ziele" genannt, sind also zahlenmäßig messbar und sind im „Stabilitätsgesetz" von 1967 festgelegt. Die letzten beiden Ziele wurden erst später hinzugefügt und gelten als „qualitative", also schwer messbare Ziele.

Jedes einzelne Ziel ist – langfristig gesehen – gleich wichtig. Der Begriff „magisches Sechseck" (für die Gesamtheit dieses Zielbündels) deutet aber schon darauf hin, dass verschiedene Ziele – zumindest kurzfristig – nicht miteinander vereinbar sind. Als Paradebeispiel werden „Umweltschutz" und „Wirtschaftswachstum" genannt; langfristig aber kann auch ein „angemessenes" Wirtschaftswachstum durchaus umweltgerecht erfolgen.

Die Realität der vergangenen Jahre hat gezeigt, dass einmal das eine, dann wieder ein anderes Ziel kurzfristig Priorität hat: In Zeiten hoher Arbeitslosenzahlen muss die Beschäftigung, bei hohen Inflationsraten deren Bekämpfung im Vordergrund stehen; manche Ziele (z. B. der Umweltschutz) sind in vergangenen Zeiten eher stiefmütterlich behandelt worden und haben einen bestimmten Nachholbedarf, aber immer müssen alle sechs Ziele im Auge behalten werden, nicht nur im Sinne einer erfolgreichen Wirtschaftspolitik, sondern auch als Unterstützung der Sozialpolitik.

Seit Beginn des neuen Jahrtausends belegte Deutschland in Umfragen bezüglich der Innovationsfähigkeit verschiedener Volkswirtschaften durch die Genfer Stiftung „World Economic Forum" (WEF) regelmäßig einen der ersten Plätze. Neben der Innovationskraft und der Flexibilität werden dabei vor allem die ausgezeichnete Infrastruktur und das hohe Niveau und die Praxisorientierung der beruflichen Aus- und Weiterbildung als Grundlage für die Wettbewerbsfähigkeit der deutschen Wirtschaft dargestellt. Deutschland muss aber hart daran arbeiten, diesen Spitzenplatz auch zu verteidigen. Und die Gegenwart lässt Zweifel daran aufkommen:

Nachdem die Wirtschaftsleistung Deutschlands im Jahre 2023 um 0,3% gesunken ist (gemessen am Bruttoinlandsprodukt BIP), ist auch in den kommenden Jahren höchstens mit einem geringen Wachstum zu rechnen.

Einige Gründe dafür sind externer Art: die Corona-Pandemie, der Ukraine-Krieg und die anhaltenden geopolitischen Spannungen. Die Folgen der Corona-Pandemie und des Ukraine-Kriegs werden die deutsche Wirtschaft noch einige Jahre belasten. Die Pandemie hat zu Lieferengpässen und Preissteigerungen geführt. Der Ukraine-Krieg hat, vor allem durch die Boykottmaßnahmen gegenüber Russland, die Energiepreise in die Höhe getrieben und, ebenso wie weitere Krisen, z. B. im Nahen Osten, die Unsicherheit auf den Märkten erhöht. Damit gerät auch das Ziel des außenwirtschaftlichen Gleichgewichts in Gefahr.

Andere Gründe für die – im Vergleich zu den meisten Nachbarstaaten – schwache Entwicklung der deutschen Wirtschaft liegen aber im Verantwortungsbereich der Bundesrepublik selber. Dazu gehören nicht nur der Handelsboykott gegen Russland, auch die „überbordende" Bürokratie, die hohen Kosten (insbesondere die Energiekosten), die teilweise marode Infrastruktur und der Fachkräftemangel werden häufig als Gründe angeführt. Da es sich hierbei oftmals um öffentliche Aufgaben handelt, muss der Staat viel Geld investieren. Dies allerdings ist nur bei einem soliden Wirtschaftswachstum möglich, wenn der Staat sich nicht über die Maßen verschulden soll. Denn andere öffentliche Aufgaben werden in Zukunft ebenfalls mehr Geld erfordern, zum einen durch erhöhte Ausgaben für Renten und im Gesundheitsbereich, zum zweiten durch den teuren ökologischen Umbau der Wirtschaft, zum dritten durch erhöhte Verteidigungsaufwendungen: Russlands Überfall auf die Ukraine und ein durchaus möglicher Rückzug der USA aus der NATO (bei einem erneuten Präsidentschaftssieg von Donald Trump) sind nur zwei Gründe für eine nachhaltige, aber eben auch teure Verbesserung der teils maroden Waffensysteme der Bundeswehr.

Ein gewisses Sparpotenzial liegt bei der Eingrenzung der Bürokratie. Hier müssen in naher Zukunft endlich die entsprechenden und schon lange versprochenen) Maßnahmen eingeleitet werden. Da aber bei jedem Projekt unterschiedliche Interessen betroffen sind, dürfte dieser Weg noch sehr steinig werden.

Für die Energiewirtschaft gilt: Mittelfristig will die deutsche Bundesregierung auf fossile Energieträger ebenso verzichten wie auf die Kernenergie. Die deutsche Bundesregierung hat sich zum Ziel gesetzt, die Energieversorgung bis 2045 klimaneutral zu gestalten. Mittel- und langfristig könnte (und sollte) Deutschlands Umstellung auf erneuerbare Energien die Energiekosten senken, die Umweltbelastung verringern und die Energiesicherheit stärken. Das Ziel der Klimaneutralität ist aber sehr ambitioniert und auch sehr kostspielig. Es darf nicht zu Überforderungen von Unternehmen und Konsumenten führen. Kritische Stimmen fordern daher heute schon auf einen langsameren Ausstieg aus fossilen Energieträgern sowie einen auf einen Wiedereinstieg in die Kernenergie, die im Ausland überwiegend als zukunftsweisende und ökologische Energieversorgung angesehen wird (auch von manchen grünen Parteien).

Ein weiterer Wachstumshemmschuh ist die Infrastruktur. Straßen, Brücken und Eisenbahnbauten sind in Deutschland in überwiegend schlechtem Zustand. Aber auch die flächenmäßige Versorgung mit Glasfaserleitungen für ein schnelles Internet ist deutlich verbesserungswürdig. Auch die Stromleitungen zwischen den Strom erzeugenden Windkraftanlagen im Norden und den Stromabnehmern im ganzen Bundesgebiet, vorwiegend im Süden, sind noch nich in ausreichendem Maße gebaut worden.

Der Fachkräftemangel ist bereits heute ein großes Problem für die deutsche Wirtschaft. In den kommenden Jahren wird sich der Fachkräftemangel voraussichtlich noch verschärfen. Dies liegt vor allem an der demografischen Entwicklung. Die deutsche Bevölkerung wird in den kommenden Jahren weiter schrumpfen. Dies führt zu einem geringeren Arbeitskräfteangebot. Die Bewältigung des Fachkräftemangels muss auch durch verstärkte Investitionen in Bildung und Weiterbildung sowie durch gezielte Einwanderungspolitik und durch eine arbeitsmarktpolitische Integration von Migranten angegangen werden. Inwieweit Flüchtlinge und andere Migranten den „Fachkräftemangel" in vielen Berufen mindern können, ist noch nicht geklärt.

Der erwartete Rückgang des Wirtschaftswachstums ist aber auch auf die demografischen Veränderungen in Deutschland zurückzuführen. Die Bevölkerung wird in den kommenden Jahren schrumpfen und altern. Dies führt einerseits zu einem geringeren Arbeitskräfteangebot, andererseits zu höheren Sozialkosten, nämlich und zu einem steigenden Rentenbedarf und zu verstärkten Ausgaben im Gesundheitswesen: Eine älter werdende Gesellschaft wird auch kränker.

Die Inflation ist seit 2022 deutlich angestiegen. Dies ist vor allem auf die steigenden Energiepreise zurückzuführen. Dies wird zu einer Belastung für die Verbraucher und die Unternehmen führen. Eine sinnvolle Geldpolitik der EZB, aber auch die Haushaltsführung der Regierungen müssen dazu beitragen, die Inflation unter Kontrolle halten.

Die deutsche Wirtschaft steht vor großen Herausforderungen. Die Globalisierung, der Klimawandel, die gesellschaftliche Entwicklung, die Entwicklung der Künstlichen Intelligenz (KI) und die politische Lage in der Welt verändern die Rahmenbedingungen für die Wirtschaft fundamental. In den kommenden Jahren wird es entscheidend sein, wie Deutschland auf diese Herausforderungen reagiert.

Regionale Entwicklungen:

Die regionale Entwicklung in Deutschland wird in den kommenden Jahren weiterhin ungleich verlaufen. Die großen Metropolregionen werden sich weiter entwickeln, während ländliche Regionen an Bevölkerung und wirtschaftlicher Bedeutung verlieren werden.

Die südlichen Regionen, insbesondere Bayern und Baden-Württemberg, haben gute Chancen für eine eine robuste Wirtschaftsentwicklung ihrer Wirtschaftskraft (auch aufgrund ihrer starken Industriebasis). „Alte" Industrieregionen wie das Ruhrgebiet und das Saarland haben zwar einen Strukturwandel durchlaufen; dieser blieb aber nicht ohne negative Folgen, insbesondere für die Anzahl der Arbeitsplätze. Dieses Problem wird dort mittelfristig auch weiterhin existieren.

Die Regionen im Osten Deutschlands, die noch immer von den Folgen der deutschen Wiedervereinigung betroffen sind, werden dagegen nur ein geringes Wachstum verzeichnen. Stellvertretend sollen hier das Erzgebirge oder weite Teile von Brandenburg genannt sein: Nach der „Wende" ist der Bergbau im Erzgebirge praktisch eingestellt worden und die Region hat nicht die Attraktivität für den massenhaften Fremdenverkehr wie z. B. die Ostseeküste in Mecklenburg-Vorpommern. Die Wirtschaft in „MV" selber leidet an anderer Stelle, z. B. in der kriselnden Werftwirtschaft. In Brandenburg mussten Großunternehmen wie EKO in Eisnehüttenstadt und die PCK-Raffinerie in Schwedt ihre Mitarbeiterzahl enorm verringern, um überhaupt am Markt überleben zu können.

Andere Regionen in den ostdeutschen Bundesländern (z. B. der „Speckgürtel" um Berlin sowie die Regionen Leipzig und Jena) könnten allerdings ihre wirtschaftliche Aufholjagd fortsetzen, wobei technologische Innovationen und eine steigende Attraktivität für Investoren eine wichtige Rolle spielen.

Branchenentwicklungen:

In den letzten 200 Jahren entwickelten sich die führenden Volkswirtschaften immer weiter hin zum tertiären Wirtschaftssektor (Handel und Dienstleistungen), während dem Primärsektor (Land- und Forstwirtschaft, Fischerei, Bergbau), später auch dem Sekundärsektor (Industrie und Handwerk) immer weniger Bedeutung verblieben. Gerade in den letzten Jahren wurde aber deutlich, wie bedeutsam Rohstoffe und Energiegewinnung auch für hoch entwickelte Volkswirtschaften (wie die deutsche) tatsächlich sind.

Der Bergbau wird in Deutschlands Zukunft eine immer geringer werdende Rolle spielen. Dem Ende des Steinkohlenbergbaus wird in absehbarer Zeit auch das Ende des Braunkohleabbaus folgen.

Auch die Industrie wird weitere Anteile am Bruttoinlandsprodukt verlieren. Da in vielen Teilen der Welt insbesondere „einfache" Güter billiger produziert werden können als in Deutschland, wird sich die Herstellung hier auf Premium-Produkte konzentrieren. Als Vorreiter hierzu kann die Automobilindustrie Deutschlands angesehen werden, die in der jüngeren Vergangenheit die Produktion von Kleinwagen weitgehend eingestellt hat und sich mittelfristig auf die ausschließliche Herstellung von E-Autos einstellt. Aber Mitte der 2020er Jahre (nach Auslaufen der staatlichen Kaufzuschüsse) stagnierte aber der Verkauf von E-Autos deutscher Produktion, während die (deutlich billigeren) chinesichen Import-E-Autos an Umsatz zunahmen.

Aber auch andere Industriebranchen werden tendenziell schrumpfen. Die Chemieindustrie ist besonders hart von den eingetretenen und den anstehenden Veränderungen betroffen: Hier steigen nicht nur die Energiepreise, sondern auch der Preis für den Hauptgrundstoff Rohöl, der kurzfristig auch nicht durch andere Rohstoffe ersetzt werden kann. Der Branchenprimus BASF musste schon enorme Verluste durch Abschreibungen auf die Rohstoff-Tochter Wintershall-Dea verkraften. Die Chemie, aber auch andere Fertigungsbranchen, denken verstärkt über eine Verlagerung von Produktionsstätten ins Ausland nach.

Die Digitalisierung, insbesondere die KI, (künstliche Intelligenz) und die digitale Vernetzung von Maschinen und Anlagen („Industrie 4.0"), können in einigen Branchen zu einer neuen Produktivitätssteigerung führen. Z. B. können die Unternehmen der Robotik und der Informations- und Kommunikationstechnologie (IKT) in den kommenden Jahren ein starkes Wachstum verzeichnen, wenn sie im internationalen Wettbewerb den Anschluss behalten. „Smarte" Produkte und Produktionen, Künstliche Intelligenz, Robotertechnik und „Big Data" werden verstärkt Einzug in die Gesellschaft allgemein, vor allem in die Wirtschaft finden. Wer diesem Innovationsdruck nicht standhält, wird über kurz oder lang nicht mehr wettbewerbsfähig sein. Wichtige Aufgabe der Wirtschaft in der Zukunft – schon in der näheren Zukunft – sind demnach die Investitionen in Innovation und Schulung, um die Chancen dieser Revolution voll auszuschöpfen.

Dies deutet zugleich auf die Risiken, die durch die „Industrie 4.0" auftreten können, z. B. im Datenschutz. Da sich auch die Wirtschaftsverbrechen zunehmend im Digitalbereich konzentrieren, sind hier in der Zukunft verstärkte Anstrengungen notwendig, vor allem im Bereich der Cybersicherheit und Datenschutz. Schon heute leiden Unternehmen, aber auch öffentliche Institutionen und Privatpersonen unter einer Unmenge von Trolls (Netz-Provokateuren), Computer-Bots (die automatisiert Netzwerke attackieren) und sonstigen Hacker-Angriffen, die Störungen unterschiedlichster Art provozieren können oder sogar (Betriebs-) Spionagearbeiten durchführen. (Solche Angriffe kommen auch von ausländischen Regierungen, z. B. aus Russland, China und aus den USA.). Hier muss noch eine Menge von Informationsarbeit durchgeführt werden, damit die Wirtschaftssubjekte sich diesen Gefahren wirklich bewusst werden.

Eine gesamtgesellschaftliche, auch politische Aufgabe ist in diesem Zusammenhang auch der Kampf gegen „fake news" und Desinformationen, der bisher immer noch in den Kinderschuhen steckt.

Der tertiäre Wirtschaftssektor (Dienstleistungen und Handel) wird weiter an Boden gewinnen. Auch Handel und Dienstleistungen werden durch die Digitalisierung verändert. Der Internethandel – und mit ihm die Logistikunternehmen - werden an Bedeutung zunehmen. Damit verstärken sich allerdings auch die Probleme rund um die erhöhten Transportleistungen und Verpackungsmüll. Im Finanzbereich ist mit einer erhöhten Zahl und Bedeutung an „Fintech-Unternehmen" und mit einem Bedeutungsgewinn von digitalen Währungen, auch dem (zukünftigen) „digitalen EURO" zu rechnen.

Insbesondere werden die Branchen, die vom demografischen Wandel betroffen sind, wie die Gesundheits- und Sozialwirtschaft, ein starkes Wachstum verzeichnen. Die alternde Bevölkerung wird zu einem steigenden Bedarf an Gesundheitsleistungen und Dienstleistungen im Bereich der Altenpflege führen.

Wirtschaftswissenschaft

Moderne demokratische Regierungen lassen in ihre Handlungen auch Ratschläge von Wirtschaftswissenschaftlern einfließen, was deren Bedeutung unterstreicht. In den Regierungen der Bundesrepublik Deutschland wurde die Marktwirtschaft (in Form der „Sozialen Marktwirtschaft") nie in Frage gestellt; es wurde im öffentlichen Diskurs nur noch darüber gestritten, ob die Neoklassik oder der Keynesianismus der bessere Weg für die Zukunft des Staates seien.

Während sich die Marktwirtschaft in der Praxis also durchgesetzt hatte, gelangte die Wissenschaftstheorie der Volkswirtschaftslehre zunehmend ins Kreuzfeuer der Kritik, vor allem, weil sie in ihren Grundfesten immer noch auf dem „homo oeconomicus" aufbaute.

Diese Grundannahme des „homo oeconomicus" besagt, dass das Handeln des Menschen nur von seinem Nutzenstreben geprägt sei. Traditionell gilt daher in der Wirtschaftswissenschaft der Preis einer Ware als Determinante für alle wirtschaftlichen Handlungen. Natürlich hat der Preis für Anbieter und Nachfrager eine dominierende Funktion, aber es spielen auch viele andere Einflüsse auch eine Rolle, häufig kommt es z. B. zu irrationalen Kaufentscheidungen. In diesem Sinne wandte sich die Volkswirtschaftslehre etwa ab den 1990er Jahren zunehmend von mathematischen Berechnungen (mit einer großen Anzahl realitätsferner Randbedingungen) ab und der „Verhaltensökonomie" zu. Die Vielzahl der Nobelpreise für Forschungen in der Verhaltensökonomie (und in der ähnlich gelagerten „Spieltheorie"spiegelt die Bedeutung dieser Entwicklung wider. Vereinzelt wurden in der wirtschaftswissenschaftlichen Forschung auch die Regelungs- und Kontrollaufgabe des Staates, vor allem gegenüber multinationalen Konzernen und Finanzmärkten, betont.

Die moderne Wirtschaftstheorie hat in diesen Bereichen zwar schon große Fortschritte erzielt, aber es bleibt ein weites Forschungsfeld. Wenn die Volkswirtschaftslehre weiterhin ein bedeutendes Hilfsmittel für die Beschreibung von gesellschaftlichen Zuständen und für politische Entscheidungen bleiben soll, müssen ihre Prognosen noch wesentlich häufiger und genauer zutreffen als bisher. Auch die Betriebswirtschaftslehre wird sich von der Konzentration auf das rationale Denken von Wirtschaftssubjekten und auf das Gewinnziel bei Unternehmen lösen müssen.

Wirtschaftsethik:

Die „Soziale Marktwirtschaft" verlangt insbesondere vom Staat, dass er seine Politik auch sozial ausrichtet (wie der Name schon sagt). Aber auch jedes einzelne Wirtschaftssubjekt muss sich seiner sozialen Verantwortung bewusst sein. Natürlich wird jeder Unternehmer nach Gewinn streben; ansonsten würde unser Wirtschaftssystem gar nicht funktionieren, aber er muss sich – wie jeder andere Bürger auch – dabei an die staatlichen Regeln halten (die vor allem zum Schutz der wirtschaftlich Schwächeren aufgestellt wurden). Das kapitalistische Prinzip der Gewinnmaximierung wird also zunehmend (zumindest ansatzweise) durch wirtschaftsethische Normen reguliert und überwacht werden müssen.

Die Wirtschaftsethik fordert den verantwortungsvollen und nachhaltigen Umgang mit Macht und Geld. Konkret werden hierunter vor allem die Themen Nachhaltigkeit, Fairness, Umweltschutz und soziale Verantwortung verstanden. In diesen Zusammenhängen waren in der Vergangenheit schon Fortschritte zu bemerken gewesen: Die die verschiedenen Formen innerbetrieblicher Diskriminierung sind inzwischen genauso gesetzlich verboten und gesellschaftlich verpönt wie früher übliche Bestechungspraktik inländischer Unternehmen zur Erlangung von Aufträgen im bzw. aus dem Ausland. Viele Unternehmen, die in der jüngeren Vergangenheit mit wirtschaftsethisch begründeten Vorwürfen konfrontiert wurden, reagierten daraufhin mit „Verhaltenskodizes", in denen sie die Selbstverpflichtung festlegten, die Anschuldigungen zu untersuchen und in Zukunft konsequent auf die kritisierten Verhaltensweisen zu verzichten. Solche unternehmerischen Vorgehensweisen können das Ansehen des entsprechenden Unternehmens nachhaltig fördern (im Sinne eines erfolgreichen Public-Relations-Ansatzes). Sollte ein Unternehmen den eigenen (veröffentlichten) Zielen nachweislich nicht nachkommen (wobei ein solcher Nachweis im Zeitalter der Digitalisierung einfacher geworden ist), winkt eine entsprechende Reputationsminderung.

Die Weiterentwicklung der Wirtschaftsethik ist aber auch eine ständige Aufgabe für Staat und Gesellschaft: Ein immer wiederkehrender Vorwurf war die Ausbeutung von fremden Arbeitern in Billiglohnländern durch deutsche Unternehmen. Der Staat reagierte mit dem „Lieferkettensorgfaltspflichtengesetz", das einen weitgehenden Schutz von Umwelt, Menschen- und Kinderrechten entlang der Lieferketten von Unternehmen vorschreibt.

Die Wirtschaftsethik verlangt überdies, dass ein Wirtschaftssubjekt auch zur Rechenschaft gezogen wird, wenn es diese (und andere) rechtliche Grenzen bewusst überschreitet. Einem Arbeitnehmer droht in einem solchen Fall die Kündigung (und gegebenenfalls Schadenersatzforderungen). In jüngerer Vergangenheit ist festzustellen, dass verstärkt auch die Manager der Unternehmen für grobe Fehlleistungen in persönliche Verantwortung genommen wurden. Inwieweit dieser öffentliche Druck auch zu einer Veränderung der bisher dominierenden „Shareholder-Value"-Politik der großen Unternehmen führt, bleibt abzuwarten.

Globalisierung

Die Globalisierung wird auch in den kommenden Jahren ein wichtiger Faktor für die deutsche Wirtschaft sein. Die wirtschaftliche (und politische) Stärke Deutschlands im internationalen Wettbewerb kann aber nur durch eine starke Europäische Union (EU) gewährleistet werden. Viele wirtschaftspolitische Regelungen werden schon heute in der EU festgelegt. In der Regel vereinfachen und unterstützen sie den Handel zwischen den Mitgleidstaaten. Welche Bedeutung die Zusammenarbeit der Volkswirtschaften in der EU haben, musste Großbritannien nach dem „Brexit" schmerzhaft erfahren. Und gegen die Maßnahmen Großmächte der Welt, China und die USA, wäre Deutschland alleine machtlos.

Innerhalb der EU ist die deutsche Wirtschaft die größte. Sie ist – immer noch - grundsätzlich geprägt von einer hohen Produktivität, einem innovativen Mittelstand und einem starken Export. Berücksichtigt man zusätzlich die jahrelang geringe Inflation (die zu einem bedeutenden Teil auch aus preisgünstigen Importen herrührt), so gehört die deutsche Wirtschaft grundsätzlich zu den „Gewinnern" der Globalisierung.

Aber die Risiken der Globalisierung sind nicht zu unterschätzen. Dazu gehören unter anderem:
- der „Export" von Arbeitsplätzen,
- eine erhöhte Abhängigkeit vom Ausland,
- die Unzuverlässigkeit international agierender Spekulanten und Finanzinvestoren,
- politische Unsicherheiten und
- die international agierende Kriminalität.

Bedingt durch die zentrale Lage in Europa ist die internationale Zusammenarbeit schon seit vielen Jahrhunderten ein Merkmal der deutschen Volkswirtschaften. Zum Ende des letzten Jahrhunderts entstanden dabei auch die ersten (internationalen) Zusammenschlüsse von Unternehmen aus verschiedenen Staaten. Als (gescheitertes) Beispiele hierfür gilt das 1998 gegründete multinationale Unternehmen **DaimlerChrysler AG**: Die erhofften Synergieeffekte bei der Produktentwicklung (Kosteneinsparung) und im Verkauf (gemeinsame Erschließung von Märkten, in denen die jeweiligen Einzelunternehmen verschieden stark vertreten waren) stellten sich nicht ein. Daimler trennte sich 2007 wieder von Chrysler, verkauft aber weiterhin mehr als drei Viertel seiner Produktion ins Ausland. Chrysler fusionierte nach der Trennung von Daimler zuerst mit Fiat, dann mit PSA (Peugeot, Citroen und Opel) zur Stellantis N.V. mit dem rechtlichen Sitz in den Niederlanden.

Auf dem Nachdruck der in den USA gehandelten Aktie sind die Abbildungen der Unternehmensgründer Daimler, Benz und Chrysler zu erkennen.

Insbesondere die hohen Produktions- (insbesondere Energie-) Kosten, aber auch diverse bürokratische Hindernisse und der bestehende Fachkräftemangel führen verstärkt zu einer Verlagerung der Produktion ins Ausland.

Deutschlands Abhängigkeit vom Ausland, insbesondere bei der Energie- und der Rohstoffversorgung, wird in den kommenden Jahren ein erhöhtes Risiko darstellen. Langfristig kann diesen Abhängigkeiten z. B. durch die Energiegewinnung im eigenen Land (mit Hilfe regenerativer Energieräger) und durch eine vergrößerte Anzahl an Lieferländern (um die Abhängigkeit von einem Lieferland zu vermindern) entgegengewirkt werden.

Die deutschen Unternehmen werden sich aber auch in anderer Hinsicht noch stärker auf die Herausforderungen der Globalisierung einstellen müssen. Dazu gehört unter anderem der Umgang mit dem wachsenden Wettbewerb aus den Schwellenländern. Die Globalisierung führt zu einer erhöhten Wettbewerbsintensität und zu einer Verschiebung der Wertschöpfungsketten. Deutschland könnte von einer stabilen internationalen Zusammenarbeit profitieren, aber gleichzeitig anfällig für geopolitische Spannungen sein. Fortschritte oder Rückschläge in der europäischen Integration können die Handelsbeziehungen und die wirtschaftliche Stabilität in Deutschland ebenso beeinflussen.

Die meisten DAX-Unternehmen befinden sich mehrheitlich in ausländischen Händen. Das ist als solches noch kein Problem; aber fremde Investoren verfolgen häufig Interessen, die nicht immer mit den ureigenen Zielen des entsprechenden Unternehmens übereinstimmen: Die englische Vodafone kaufte z. B. den deutschen Mannesmann-Konzern auf, nur um sein Mobilfunkgeschäft zu übernehmen, und zerschlug den „Rest", die Deutsche Börse AG wurde von dem Hedgefonds TCI gezwungen, auf die geplante Übernahme der Londoner Börse zu verzichten und dafür die Dividenden zu erhöhen (beides 2000).

Finanzinvestoren sind natürlich nicht nur an DAX-Unternehmen interessiert, sondern oft auch an mittelständischen Firmen, die in bestimmten Marktnischen Weltmarktführer sind. Im positiven Fall stellen die sogenannten Finanzinvestoren für viele Unternehmen notwendiges Kapital zur Verfügung, andererseits sind sie oft nicht an dem nachhaltigen Fortbestand der finanzierten Unternehmen interessiert, sondern sehr häufig nur am kurzfristigen Ertrag, was im Extremfall zu einem „Ausbluten" des Unternehmens führt, weil der Finanzinvestor als (Mit-)Eigentümer einen großen Teil des vorhandenen Eigenkapitals auszahlen lässt. Manchmal wird auch deutsches „Know-how" eingekauft, ins Ausland exportiert und das deutsche Unternehmen dann in die Insolvenz getrieben. Als Beispiel dafür wird vielfach die kurzfristige Übernahme der deutschen Handy-Produktion von Siemens durch das taiwanesische Unternehmen BenQ angeführt.

Sollte in Zukunft, wie häufig schon angedacht, aber bisher noch nicht realisiert, die Altersvorsorge auch hauptsächlich auf Aktienbasis vorgenommen werden (wie es in vielen anderen Ländern, z. B. in den USA, längst der Fall ist), so könnte dies zu einer gewissen Verstetigung der Kurse deutscher Aktiengesellschaften beitragen.

Eine Quelle der Verunsicherung der Finanzmärkte sind sicherlich die Kryptowährungen mit ihrer hohen Volatilität und wegen der fehlenden staatlichen Kontrollen (im Vergleich zu den „traditionellen" Währungen der Staaten bzw. Staatengemeinschaften). Um diese Nachteile der Kryptowährungen aufzufangen, gleichzeitig aber ihre Vorteile zu nutzen, arbeiten viele Staaten an der Digitalisierung ihrer Währungen. In Europa rechnet die EZB mit der Einführung des digitalen EUROs etwa Mitte der 2020er Jahre.

Entsprechende nationale Regulierungen im Finanzbereich würden hier zu kurz greifen und in der Regel nur zu Geldabflüssen führen; hier müssen supranationale Regelungen gefunden werden, was anhand der unterschiedlichen Interessenlagen unterschiedlicher Staaten nicht einfach sein wird.

Ein drängendes Problem in Deutschland (so wie in vielen anderen Ländern auch) ist die mangelnde Identifikation vieler Individuen mit dem Staat. Ein besonders wichtiges Stichwort hierbei ist die „soziale Gerechtigkeit": Je größer die „gesellschaftliche Schere" zwischen der privilegierten Oberschicht (zu der in der Regel auch die führenden Politiker gezählt werden) und der „breiten Masse" der Bevölkerung erscheint, desto geringer ist das Interesse der Bevölkerungsmehrheit an den gemeinschaftlichen Grundsätzen des Staates (die in Deutschland im Grundgesetz festgelegt sind). Eine sich weiter fort entwickelnde Spaltung der Gesellschaft in Reich und Arm (und eine weitere Verringerung der Gesellschafts-stabilisierenden Mittelschicht) widerspricht nicht nur den Grundsätzen der deutschen Wirtschaftspolitik (dem Ziel der angemessenen Einkommens- und Vermögensverteilung), sondern führt unweigerlich auch zu politisch radikalen Ansichten weiter Bevölkerungsschichten. Diese Entwicklungen könnten den Aufstieg von Autokraten und populistischen Bewegungen beeinflussen (und haben in einigen westlichen Staaten mit einer langen demokratischen Historie schon zu entsprechenden Regierungen geführt, auch z. B. in Person der Populisten Trump in den USA und Johnson in Großbritannien.

Die Identifikation der Menschen mit ihrem Staat ist auch unmittelbar verbunden mit ihrer individuell gefühlten Freiheit und Sicherheit. Eine weitgehende Bevormundung der Bürger durch eine „Verbotspolitik" ist also ebenso abträglich wie ein Gefühl der Bedrohung durch Kriminalität unterschiedlichster Art.

Nicht vorhersehbar sind die politischen Rahmenbedingungen, die auf die Globalisierung Einfluss nehmen. Insbesondere diktatorische, autokratische und populistische Regierungen handeln nicht immer vernunftgemäß und fair. Als illustrierte Beispiele hierfür können die (offenen und verdeckten) staatlichen Subventionen Chinas, der Austritt Großbritanniens aus der EU („Brexit"), der Überfall Russlands auf die Ukraine oder die chaotische Trump-Regierung in den USA gelten. Die ansteigende Zahl der Flüchtlinge ist auch zu einem großen Teil auf autokratische Regierungen in den Herkunftländern zurückzuführen. Diese Flüchtlinge, die ihre Heimat aus einer begründeten Furcht vor Verfolgung (aufgrund ihrer Volkszugehörigkeit, Religion, ihrer sexuellen Orientierung etc.) verlassen, haben in Europa grundsätzlich einen Anspruch auf Asyl.

Zu den staatlich-gesellschaftlichen Aufgaben gehören selbstverständlich auch der Schutz und die Förderung von Minderheiten sowie die Integration von Migranten. Die Frage, welche Menschen nach Deutschland einwandern dürfen, wird von den politischen Parteien unterschiedlich beantwortet, aber Fakt ist: Für Migranten mit Bleiberecht ist die Integration in die freiheitlich-demokratische Grundordnung Deutschlands von fundamentaler Bedeutung für den gesellschaftlichen Frieden. Eine Integration soll nicht die ureigensten Besonderheiten dieser Minderheiten beschneiden, aber nur eine erfolgreiche Integration kann „Parallelwelten" mit „paralleler Rechtsprechung", Radikalisierung, Festschreibung von Vorurteilen (und deren Weitervermittlung an die jüngeren Generationen) und generelle Skepsis gegenüber dem Staat und seine Einrichtungen - und damit der gesamten Gesellschaft - verhindern.

Weitere Probleme der Globalisierung konkretisieren sich in unterschiedlichen kriminellen Vorgängen. In weiten Teilen der Bevölkerung werden darüber hinaus vor allem „importierte Bedrohungen" als besonders gefährlich wahrgenommen, also Gefährdungen der eigenen Person durch Krisen, die eigentlich in anderen Teilen der Welt entstehen. Dazu gehören die islamistischen Terroranschläge in den westlichen Staaten, auch in Deutschland. Weiterhin bildet der internationale Drogenhandel ein Gefahrenpotenzial. Die angesprochenen Krypto-Währungen stehen dabei auch im Verdacht, die Finanzierung des Drogenhandels sowie anderer illegaler internationaler Geschäfte zu erleichtern.

Damit zeigt sich: Fast immer ist bei solchen kriminellen Handlungen auch die Wirtschaft betroffen. Die einfachste Formel dazu lautet: Niemand investiert gerne in Gebieten mit hoher Kriminalitätsrate. Dazu gehören aber auch die „klassischen" Wirtschaftsdelikte wie die schon angesprochenen „Hacker-Angriffe", die Wirtschaftsspionage, die Markenpiraterie, das Dumping und viele mehr.

Zum Schluss soll noch einmal intensiver auf die oben angesprochenen beiden „qualitativen" wirtschaftspolitischen Ziele eingegangen werden:

Eine gerechte Einkommens- und Vermögensverteilung

In den vergangenen Jahren verstärkte sich auch in Deutschland die Tendenz zur Verkleinerung der Mittelschicht. Der Staat hat die Aufgabe, solchen Entwicklungen entgegenzuarbeiten und damit die Abstiegs- und Existenzängste weiter Bevölkerungsschichten zu vermindern. Schon aus diesem Grund ist die Bekämpfung struktureller Armut (konkretisiert z. B. in der weit verbreiteten der Armut in den Familien mit Alleinerziehern oder der Altersarmut) eine besonders wichtige Aufgabe der Politik.

Auch die Bekämpfung der Inflation und eine zielgerichteten Arbeitsmarktpolitik leisten Beiträge zur Armutsbekämpfung. Eine weitere Zukunftsaufgabe in diesem Zusammenhang ist aber auch die Beseitigung der Wohnungsnot. Eine zukunftsorientierte Wohnungswirtschaft muss dazu wahrscheinlich den Sozialen Wohnungsbau wiederbeleben.

Nun ist es aber sicherlich nicht der richtige Weg, immer und überall nach dem Staat zu rufen. In der Zukunft werden werden alle handlungsfähigen Wirtschaftssubjekte verstärkt Eigeninitiative und (Eigen-) Verantwortung zeigen müssen. Das Damoklesschwert der Altersarmut soll hier als Beispiel dienen: Wer damit rechnen muss, dass die staatliche bzw. sozialversicherungsmäßige Altersrente nicht ausreichen wird, der muss darauf mit einer seriösen privaten Altersvorsorge reagieren. Dazu ist natürlich ein gewisses Maß an wirtschaftlichen Kenntnissen notwendig. Natürlich kann sich nicht jeder Bürger eine angemessene private Altersvorsorge leisten; hier muss der Staat helfend eingreifen – ganz im Sinne der sozialen Marktwirtschaft.

Der beste Ansatz gegenüber gesellschaftlichen Fehlentwicklungen ist eine verantwortungsvolle politische und gesellschaftliche (auch wirtschaftliche) Bildung und Weiterbildung. Nur ein aufgeklärter, „mündiger" und nicht staatlich gegängelter Bürger kann Verantwortung entwickeln – für sich selbst und für die Gesellschaft. Hier ist in der Zukunft noch eine Menge zu tun, wie die regelmäßigen (und für Deutschland regelmäßig schwachen) Ergebnisse der PISA-Studien der OECD darlegen. Vor allem spiegeln die Ergebnisse regelmäßig wider, dass es nirgendwo anders in den OECD-Staaten ein solch enger Zusammenhang zwischen von schulicher und universitärer Bildung einerseits und gesellschaftlicher Stellung der Elternhäuser andrerseits existiert wie in Deutschland. In diesem Zusammenhang muss auch darüber nachgedacht werden, ob der „klassische Fächerkanon" in den Schulen noch sinnvoll ist. Die deutsche Gesellschaft und ihr Schulsystem bringen z. B. viel weniger Arbeitskräfte im Pflegebereich und im „MINT-Bereich" (Mathematik, Informatik, Naturwissenschaft, Technik) hervor als benötigt werden. Auch wirtschaftliche Kenntnisse werden in vielen Schulen (immer noch nicht) vermittelt.

Das berufliche Schulwesen mit seiner üblicherweise dualen Ausbildung in Betrieb und Berufsschule gilt hingegen international immer noch als wegweisend. Deutschland muss aber auch hier daran arbeiten, damit dies auch für die Zukunft gilt. In beiden Ausbildungsorten des dualen Systems müssen die Voraussetzungen dafür geschaffen werden, dass die Ausbildung immer aktuell bleibt. Auch hier spielt die Digitalisierung eine gewichtige Rolle.

Zu den wichtigsten Aufgaben von Staat und Gesellschaft gehört die Fortentwicklung der Toleranz. Natürlich hat jeder politisch denkende Mensch eine bestimmte Weltanschauung. Aber er darf nie vergessen, dass auch andere Meinungen ihre Berechtigungen haben. Niemand darf glauben, dass die eigenen und die eigene Ideologie die einzig richtige ist. Überkommene und überzogene Moralvorstellungen sowie radikale Weltanschauungen (dazu gehören auch radikale religiöse Überzeugungen) haben in der Vergangenheit in vielen Gesellschaften, auch in Deutschland, viel Unheil angerichtet.

In einer Demokratie sind alle Regeln auf irgendeine Weise auf den Willen des Volkes zurückzuführen; daher haben Gesetze und andere rechtliche Vorschriften immer einen höheren Stellenwert als die eigene – oftmals abweichende – Meinung dazu. Das darf andererseits natürlich nicht zu einer blinden, unreflektierten Gefolgschaft werden; auch hier gab es in der deutschen Vergangenheit genügend Negativ-Beispiele. Die Demokratie muss sich immer wieder selbst weiter entwickeln – und ein mündiger Bürger muss einen kritischen Blick behalten. Das Gebot der Toleranz darf sich dabei aber nie auf Bestrebungen beziehen, die die freiheitlich-demokratische Grundordnung in Frage stellen. Dass diese Grundregeln immer wieder zu Meinungsverschiedenheiten und Streit führen, ist eine Basis des demokratischen Denkens und Handelns.

Zur Toleranz gehört unzweifelhaft auch die Weitertentwicklung der Emanzipation gesellschaftlich herkömmlicherweise benachteiligter Personengruppen. Konservative Vorstellungen haben sicherlich in vielen Aspekten des Lebens ihre Berechtigung, aber es darf nie vergessen werden: Veränderungen bringen immer auch Chancen mit sich. Die Weiterentwicklung gesellschaftlicher Gruppen, die sich bisher benachteiligt fühlten, stärkt auch die Identifikation dieser Gruppenmitglieder mit Staat und Gesellschaft (wobei natürlich keine neuen Benachteiligungen anderer Gruppen entstehen dürfen).

Deutschland hat gegenüber vielen anderen Staaten Vorteile bezüglich des (wenig anfälligen) Rechtssystems. Die Wahrung des Rechtsstaats, der demokratischen Prinzipien, der Persönlichkeitsrechte (versus Überwachungsstaat), der Sicherheit und der der Toleranz sowie ein verantwortungsvoller Ausbau von Emanzipation und Integration werden entscheidend sein, um die politische Stabilität und das Vertrauen der Bevölkerung in die Institutionen aufrechtzuerhalten. Dazu gehört – und das ist kein Widerspruch – auch ein „starker Staat", der seine Aufgaben zuverlässig erfüllt, aber seine Bürger in ihren Freiheitsrechten nicht einschränkt.

Umweltschutz und Klimawandel:

Der Umweltschutz ist sicherlich das Ziel der Wirtschaftspolitik, das in der Vergangenheit zu wenig berücksichtigt wurde. Die Volkswirtschaftslehre hat die Natur zwar immer als einen der drei universalen Produktionsfaktoren (neben der Arbeit und dem Kapital) erkannt, sie aber oft verkürzt oftmals als „Produktionsfaktor Boden" bezeichnet und vergleichsweise wenig beachtet. In der Gegenwart stehen Umweltschutz und Klimawandel aber im Zentrum der politischen Debatten.

Auch der Umweltschutz funktioniert nur global, wie die folgende – sicher nicht vollständige – Aufzählung von Problemen darstellt:

- die Erderwärmung,
- die Verknappung von Rohstoffen einschließlich der fossilen Energieträger,
- das Artensterben (bei Pflanzen und Tieren, einschließlich der Verdrängung heimischer Arten durch eingewanderte bzw. eingeführte Arten),
- die Ausweitung der Wüstengebiete,
- die Übervölkerung vieler Gebiete,
- der wachsende „Müllberg" (an Land, aber auch im Meer),
- die Überfischung der Meere,
- die Überdüngung landwirtschaftlicher Flächen mit der Folge von Giftstoffen in Lebensmitteln,
- die Verknappung des Trinkwassers.

Die Aufarbeitung der genannten (und der weiteren) Probleme ist eine internationale Aufgabe. Vor allem müssen die größten „Umweltsünder", China und die USA, mit einbezogen werden. Alleingänge kleinerer Staaten erreichen, von regionalen Besonderheiten abgesehen, für den globalen Klimaschutz kaum mehr als eine symbolische Bedeutung. Der Umweltschutz ist eine komplexe Aufgabe; sie kann nicht darin bestehen, Industrieansiedlungen um jeden Preis zu verhindern (und möglicherweise an anderer Stelle mit weniger stringenten Umweltschutzvorschriften doch zu errichten). Auch im Umweltschutz sind vielmehr verantwortungsvolle und intelligente technische und wirtschaftliche Lösungen gefragt. Auch hierbei spielt die Bildung eine hervorstechende Rolle.

Der Klimawandel stellt sicherlich auch die Wirtschaft vor neue Herausforderungen, wie z. B. die Anpassung an extreme Wetterereignisse oder die Entwicklung neuer Technologien zur Dekarbonisierung. Die Unternehmen werden sich verstärkt um den Klimaschutz bemühen. Dies wird zu höheren Kosten für Unternehmen und Verbraucher führen.

Die Kosten für die Bekämpfung des Klimawandels sind aber gleichzeitig auch Investitionen in den Umweltschutz. Der Übergang zu einer kohlenstoffarmen Wirtschaft könnte daher nicht nur ökologische Vorteile mit sich bringen, sondern auch neue Geschäftsmöglichkeiten schaffen.

Die Geschichte der **Braunkohlen-Industrie-Aktiengesellschaft Zukunft** *in Weisweiler kann als Blaupause für die Renaturierung ehemaliger Bergbau- und Industriegebiete dienen: Sie wurde 1913 gegründet als Zusammenschluss mehrerer Braunkohle-Gewerkschaften, deren Geschichten bis in das Jahr 1819 zurück reichen. Später gehörte sie zum Konzern des RWE*

Nach dem Ende des Tagebergbaus werden die Flächen rekultiviert. Im Gebiet der Bergbaufeldes Zukunft begann diese Rekultivierung schon im Jahre 1956. Vielfach entstanden und entstehen ausgedehnte Binnenseen, so auch in den Gebieten der ehemaligen Bergbaugebiete „Roddergrube" („Heidescher Bergsee") und „Zukunft" (bei Inden: „Indescher Ozean")

Fazit:

Die zukünftige Entwicklung der deutschen Wirtschaft hängt von einer Vielzahl von Faktoren ab. Dazu zählen politische Entscheidungen, technologische Entwicklungen, soziale Veränderungen und die globale wirtschaftliche Lage. Von entscheidender Bedeutung (auch für die Entwicklung der Wirtschaft) wird sein, die radikalen politischen Strömungen von linksaußen und – in Deutschland offensichtlich noch wichtiger – von rechtsaußen einzudämmen. Der Populismus mit seinen Merkmalen (der Ausländerfeindlichkeit mit Rassismus und Antisemitismus, dem antiquierten Gesellschaftsbild, den zu einfachen Antworten auf komplexe Problembereiche, den haltlosen Versprechungen ohne seriöse Finanzierungen und der Abwälzung von Verantwortung und eigenen Fehlern auf Andere) schadet Staat und Gesellschaft. Auch ideologisch geprägte Sichtweisen und Handlungen sind weder in der Politik, noch in der Wirtschaft hilfreich, gefragt sich stattdessen Fairness und Vernunft. Eine proaktive und ausgewogene Herangehensweise an Herausforderungen wird entscheidend sein, um soziale Gerechtigkeit und nachhaltige wirtschaftliche Stabilität zu gewährleisten.

Der Staat hat also auch in Zukunft mannigfache Aufgaben. Doch der Staat kann nicht alleine alle Probleme lösen, dies allein schon deshalb, weil auch seine Mittel langfristig begrenzt sind. Daher müssen in Zukunft alle handlungsfähigen Wirtschaftssubjekte, geschult durch eine entsprechend substanzielle Bildung, verstärkt Eigeninitiative und (Eigen-) Verantwortung zeigen.

Wir dürfen nie vergessen: Die Staat, das sind wir alle - genauso wie wir alle auch die Gesellschaft – und auch die Wirtschaft - bilden. Daher sind wir alle auch für die Zukunft verantwortlich.